John Sack

Auge um Auge

John Sack

Auge um Auge

Die Geschichte von Juden, die Rache für den Holocaust suchten

Aus dem Amerikanischen von
Barbara Schaden

Kabel

Die Originalausgabe erschien unter dem Titel »An Eye for an Eye«
1993 bei BasicBooks Inc., New York.

Umschlag: Peter Albers
Umschlagfoto: dpa
Gesetzt aus der Times
Satz: Offizin Andersen Nexö Leipzig GmbH
Druck und Bindung: Mohndruck
Graphische Betriebe GmbH, Gütersloh
ISBN 3-8225-0339-8

1 3 5 7 9 10 8 6 4 2

Inhalt

Für alle, die gestorben sind,
und für alle,
die wegen dieser Geschichte
vielleicht leben

Vorwort

Die Mutter meiner Mutter stammte aus Krakau, fünfundvierzig Kilometer von Auschwitz entfernt. Wäre sie (und meine anderen Großeltern) nicht in den neunziger Jahren des letzten Jahrhunderts nach Amerika ausgewandert, dann wäre ich wohl Anfang der vierziger Jahre nach Auschwitz geschickt worden. Ich wäre ungefähr zwölf gewesen. Wie die anderen Jungen damals hätte ich einen grauen Wollanzug getragen und eine flache graue »Golfmütze«. Ich wäre mit meiner Mutter, meinem Vater und meiner neunjährigen, sommersprossigen Schwester aus dem Zug gestiegen und hätte auf der betonierten Rampe im Lager von Auschwitz gestanden. Doch ich fuhr erst vor vier Jahren nach Auschwitz, als fast Sechzigjähriger, und mir drohte keinerlei Gefahr. Ich stand auf der breiten Betonrampe und starrte auf die Gleise, auf denen der Zug gestanden hätte, aber ich sah mich nicht aus dem Waggon steigen. Ich versuchte mir das vorzustellen, aber die Zeit, der Ort, die Realität von Auschwitz waren so fern von meiner eigenen Welt und meiner Vergangenheit, daß ich ebensogut hätte versuchen können, mir ein Bild von mir selbst – oder meinen Atomen – kurz vor dem Urknall zu machen.

Ich hatte über Auschwitz gelesen. Ich wußte, daß Mengele an dem Tag auf der Rampe gewesen wäre, und ich ging dorthin, wo er gestanden hätte. Ich wußte, daß er zu meinen Eltern gesagt hätte: »Nach rechts«, und zu meiner Schwester und mir: »Nach links«, aber ich konnte es mir trotzdem nicht vorstellen. Ich ging zu den Überresten des Ankleide- oder vielmehr Auskleideraums, dann zur Gaskammer – sie hatte kein Dach mehr, verrottete Balken lagen da, Unrat, Gras und Löwenzahn hatten sich breitgemacht – und als ich näher hinsah, entdeckte ich die winzigen weißen Knochensplitter, die in den vierziger Jahren dort vom Himmel gefallen waren. Wieder versuchte ich, mir meine Schwester und mich in dieser Gaskammer vorzustellen, nackt, aneinandergeklammert, tausend Menschen rings um uns, schreiend, dann das auf uns herabströmende Gas; aber ich *konnte* es mir nicht vorstellen. Es gab keinerlei Orientierung für meine Empfindungen: wie wären sie gewesen? Genausogut hätte ich mir den Kopf darüber zerbrechen können, warum das Universum existiert und was wäre, wenn es nicht existierte. Ich ging fort, ohne mir irgendwelche Notizen zu machen, aber ich erinnere mich, daß ich eine gewisse Vorstellung davon hatte, was in den Männern und Frauen vorging, die behaupten, der Holocaust habe nicht stattgefunden. Wer das sagt, ist ein Idiot, meist Schlimmeres, aber ich kann das jetzt besser verstehen als vorher: Der Holocaust ist für unser Vorstellungsvermögen etwas zu Ungeheuerliches.

Ich war nach Auschwitz und in diesen Teil Polens gefahren, um für dieses Buch zu recherchieren. Ich hatte von einer jungen Jüdin gehört, Lola, die nach eineinhalb Häftlingsjahren in Auschwitz den Spieß umgedreht hatte: sie war Kommandantin eines großen Gefangenenlagers für Deutsche geworden – in Gleiwitz, fünfundvierzig Kilometer von hier – und hatte in mancher Hinsicht die KZ-Aufseherinnen in Auschwitz imitiert. Über sie wollte ich schreiben. Lola lebte nicht mehr in Polen. Als ich mit Juden, Polen und Deutschen über sie sprach und in einem spinnwebverhangenen polnischen Keller und einer Betonfestung am Rhein Dokumente studierte, wurde mir allmählich klar, daß die Wahrheit weitaus komplexer war, als daß sie sich auf Lola reduzieren ließe. Ich erfuhr, daß Hunderte von Juden, die Anfang der vierziger Jahre auf der Rampe in Auschwitz (oder den unzähligen vergleichbaren Orten anderswo) gestanden hatten, sich Dinge vorstellen konnten, bei denen meine Phantasie versagte, und mehr noch:

Dinge *tun* konnten, die ihnen selbst noch in den dreißiger Jahren niemals in den Sinn gekommen wären. Als der Holocaust vorüber war, wurde eine Reihe von Juden Lagerkommandanten – so wie Lola. Ihr Motiv verstand ich durchaus; tatsächlich waren die Juden manchmal aber ebenso grausam wie ihre Vorbilder in Auschwitz. Sie waren für die Organisation der Gefängnisse und der – wie ich erfuhr – Konzentrationslager für deutsche Zivilisten in Polen und im polnisch verwalteten Teil Deutschlands verantwortlich. Wieder merkte ich, daß ich da mit etwas zu tun hatte, das über mein Vorstellungsvermögen ging. Ja, der Holocaust hatte stattgefunden, die Deutschen hatten Juden umgebracht, aber wie ich jetzt erfuhr, war eine zweite Ungeheuerlichkeit geschehen, und die Juden, die dafür verantwortlich waren, vertuschten sie: Juden hatten Deutsche umgebracht. Gott weiß es, die Juden hatten wahrhaftig genügend Rechtfertigung; sie hatten 1945 eine große Zahl Deutscher getötet, und es waren nicht nur Nazis, nicht nur Hitlers Schergen, sondern deutsche Zivilisten, Männer, Frauen, Kinder, *Babys*, deren »Verbrechen« darin bestanden hatte, Deutsche zu sein. Dem Zorn der Juden, so verständlich er war, fielen mehr deutsche Zivilisten zum Opfer als den Bomben auf Dresden, mindestens so viele, wie Japaner in Hiroshima umkamen, Amerikaner in Pearl Harbor, Briten in der Schlacht um England oder Juden selbst bei allen Pogromen in Polen. Das erfuhr ich jetzt, und ich war entsetzt. Dies war kein Holocaust oder dessen moralisches Äquivalent. Wenn ich aber darüber berichtete, dann wäre das – nennen wir es *Chuzpe*; denn ich konnte mir denken, was die Welt dazu sagen würde. Trotzdem hatte ich das Gefühl, daß ich damit das Richtige tat, sowohl als Reporter wie auch als Mensch, der selbst Jude ist.

Ich bin kein Bibelkenner, aber ich besuchte die Samstagsschule (ich wurde dort immerhin als »besonders fromm« ausgezeichnet) und weiß, daß die Thora uns lehrt, kein falsches Zeugnis abzulegen, ja, mehr noch: sie lehrt, daß wir uns auch dann schuldig machen, wenn einer sündigt und wir davon wissen, dies aber verschweigen. Die Männer (und Frauen, meint ein Gelehrter), die die Thora niederschrieben, vertuschten keine Missetaten der Juden. Als Abraham, der Vater des jüdischen Volkes, sündigte – Gott befahl ihm, sich nach Israel zu begeben, doch er ging statt dessen nach Ägypten –, berichtet die Thora darüber. Sie berichtet, daß Juda, von dessen Namen das Wort »Jude« stammt, mit einer Hure schlief, und sie berichtet, daß Moses, sogar Moses, sich wider den Herrn versündigte, der ihn daraufhin nicht ins Gelobte Land ließ. Die Menschen, die die Thora schrieben (oder, nach Auffassung der orthodoxen Juden, der Gott, der sie schrieb) waren überzeugt, daß wir Juden nicht fordern dürften: »Du sollst nicht begehren«, »Du sollst nicht stehlen«, »Du sollst nicht töten«, wenn wir selbst diese Sünden begehen und sie verheimlichen. Und ich dachte, wenn die Juden irgendeine moralische Autorität beanspruchen wollen, dann muß ich als Jude, der in Europa recherchiert hat, von den Taten der jüdischen Kommandanten berichten. Ich rechnete damit, daß manche Juden mich fragen würden: »Wie kann ein Jude so ein Buch schreiben?«, und ich wußte, daß meine Antwort lauten mußte: »Nein, anders: Wie kann ein Jude dieses Buch *nicht* schreiben?«

Als ich aus Europa zurückkehrte und zu schreiben begann, wollte ich mich auf die persönliche Geschichte von Lola und ihrem Umkreis konzentrieren. Für eine gesamte, offizielle Geschichte wäre ein Bataillon von Historikern nötig, und selbst dann würde die Wahrheit einer Geheimorganisation im Jahr 1945 vermutlich nicht ans Licht kommen. Was mich betrifft, so wollte ich nichts von der Art schreiben wie »Da sieht man's, waren die Juden nicht schrecklich?«, genauso, wie ich derlei auch in meinen Büchern über die amerikanischen Soldaten in Vietnam vermieden habe und, hoffe ich, auch vermeiden würde, sollte ich mich je mit der SS befassen. Nur unter *einer* Voraussetzung ist es zulässig zu berichten, daß ein Jude einen Deutschen geschlagen, gefoltert oder umgebracht hat: daß der

Leser die Geschichte dieses Juden kennt, daß er weiß, was den Juden dazu bewogen hat, daß er spürt: *Wenn ich dieser Jude gewesen wäre – ich hätte nicht anders gehandelt.* Ich hoffe von ganzem Herzen, daß mir dies gelungen ist. Wichtig ist mir außerdem, daß dieses Buch nicht nur von den Juden handelt, die von der Thora abfielen, sondern auch von jenen anderen, die sie zur Umkehr bewegten. *Auge um Auge* ist mehr als die Geschichte der jüdischen Rache: es ist auch die Geschichte von der Rettung der Juden.

Ein Wort noch an die Leser, denen sich heute, in den neunziger Jahren, die Grenzen zwischen Dokumentation, Dokumentarspiel und Fiktion vor dem Hintergrund dokumentierter Fakten verwischen. Die Personen in diesem Buch sind real. Die hier dargestellten Ereignisse sind wirklich geschehen. Die Zitate in diesem Buch sind, mit drei unerheblichen Ausnahmen, auf die ich in den Anmerkungen eingehe, nicht »rekonstruiert«, sondern sind das, was die Personen ihrer Erinnerung nach tatsächlich sagten oder, in seltenen Fällen, hätten sagen müssen; und was an Gedanken wiedergegeben wird, ist das, was sie laut eigenem Bekunden dachten oder, in seltenen Fällen, hätten denken müssen. Am Ende dieses Buches finden sich Anmerkungen und Quellen, darunter auch die Dokumentation über die Juden in der Verwaltung der Gefangenenlager, über die Posten, die sie innehatten, über die Zahl der Gefängnisse und der Konzentrationslager für Deutsche und die Zahl der Deutschen, die dort ums Leben kamen, sowie der Deutschen, die insgesamt starben. Sollte der eine oder andere Leser trotzdem den Eindruck haben, auf irgendeiner sonderbaren Rampe in Polen zu stehen und denken: »Das kann ich nicht glauben«, so kann ich das wohl nachfühlen, denn ich habe selbst mit diesem Gefühl dort gestanden. Ich kann nur versichern: Ich werde ein gewissenhafter Berichterstatter sein – *Auge um Auge* ist wahr.

August 1993 *John Sack*

Zur Aussprache der polnischen Namen

Im Polnischen spricht man alle Vokale kurz und offen aus, Doppelvokale (*au* und *eu*) getrennt, *ie* als je. Die Betonung liegt, von seltenen Ausnahmen abgesehen, immer auf der vorletzten Silbe.

Anders als im Deutschen werden folgende Buchstaben ausgesprochen:

ą	–	on, nasal wie französisch: ballon
c	–	tz, auch vor k und als Auslaut
ć oder ci	–	tj, zu einem Laut verbunden
ch	–	hart, wie deutsch: Dach
cz	–	tsch, wie deutsch: Peitsche
ę	–	in, nasal wie französisch: bassin
h	–	ch, wie deutsch: Dach
ł	–	etwa w wie englisch: water
ń	–	nj, wie spanisch: señor
ó	–	u
rz	–	j, wie französisch: journal
s	–	ß
ś oder si	–	ßj, zu einem Laut verbunden, also weicher als ch deutsch: Licht
sz	–	sch, wie deutsch: Schule
z	–	s, wie deutsch: Rose
ź oder zi	–	sj (s dabei stimmhaft), zu einem Laut verbunden
ż	–	j, wie französisch: journal

Zur Nutzung des umfangreichen Anmerkungsteils:
Die Anmerkungen und Dokumente zum Text sind ab S. 287 belegt. Die Nutzung ist einfach; die Erläuterungen entsprechen dem Aufbau des Textes: Kapitel-Nummer plus erste Zeile des Absatzes (ein Absatz beginnt mit einem fettgedruckten Buchstaben) führen zur jeweiligen Dokumentation.

AUGE UM AUGE

1

Um fünf Uhr morgens am Freitag, dem 12. Januar 1945, wurde die Stille am polnischen Fluß Wisla, der Weichsel, von Tausenden Kommandos durchbrochen: »Feuer!« Tausende russischer Offiziere riefen *»Ogon!«*. Der Wind trug ihre Worte ans Ohr der russischen Artilleristen. Binnen Sekunden schien die Erde zu bersten: zwanzigtausend Kanonen-, Raketen- und Mörsergeschosse explodierten über den schlafenden Soldaten von Hitlers Armee. »Richten! Laden! Feuer!«, der Donner zwanzigtausend weiterer Geschosse, »Feuer!«, »Feuer!«, »Feuer!«, hunderttausend waren es jetzt. Granaten prasselten auf die Deutschen nieder, eine Stunde und fünfundvierzig Minuten lang. Als der Lärm verstummte, waren die Deutschen, die überlebt hatten, wie zerschmettert, Blut rann ihnen aus den Ohren, den Nasen, den offenen Mündern, während Rußlands drei Millionen Soldaten über sie hinwegrollten. Auf die russischen Panzer waren die Worte gemalt: *NA BERLIN! Nach Berlin!*

Sechs Tage später standen die Russen hundertfünfzig Kilometer weiter westlich. Jetzt erschütterten ihre Granaten die Fenster am Haus der Waffen-SS in der Stadt Oświęcim, Auschwitz. Darin hielten sich die Männer und Frauen von Hitlers Privatarmee auf, der SS, die sich jahrelang an Schweinefleisch, Hecht, Ente, Hasenbraten und Rotkohl hatten sattessen und ihre Prassereien mit bulgarischem Wein und jugoslawischem Schnaps hatten hinunterspülen können. Nach solchen Gelagen zogen die SS-Männer den Frauen die Stühle unter dem Hintern weg, die Frauen plumpsten auf den Boden, schreiend, die Männer spieen auf die Perserteppiche und wetteten, wer der nächste sein würde, der sich übergab, und die dicken, rotgesichtigen Frauen grölten zusammen mit den Männern. Als aber die Russen näherrückten, hatte die SS das Haus unter Wehklagen und verstärktem Zuspruch zur Schnapsflasche bereits verlassen: »Alles ist aus!«

An diesem Abend, am 18. Januar, versetzten die russischen Kanonen die SS in Panik. Gott im Himmel! Welche Milde konnte ein SS-Mann oder, schlimmer, eine nach *Nuit de Paris* duftende KZ-Aufseherin von der russischen Infanterie erwarten? Nicht weniger furchterregend war der Befehl Himmlers, des SS-Führers in Berlin, nach Groß-Rosen zu fliehen, dreihundert Kilometer westlich in Deutschland gelegen, und die 64 438 Mörder, Diebe und Juden mitzunehmen, die jahrelang Sklavenarbeit in Auschwitz geleistet hatten. Was konnte bei einem Rückzug Hals über Kopf hinderlicher sein als die langsamen, stolpernden Füße von sechzigtausend Sklaven? Doch die SS-Leute setzten sich fluchend die Mützen mit dem Totenkopfabzeichen auf und fielen gestiefelt, gespornt, auf Mopeds und Motorrädern über die weiträumigen Baracken her, Blocks genannt, in denen die Sechzigtausend hatten leben müssen, jeweils zwei oder drei Dutzend pro Stube.

»Aufstehen!« schrie die SS, und als die Ratten davonstoben, die in so vertrauter Nähe der Männer und Frauen gehaust hatten: »Stinkende Schweine! Hinaus!« Dann stampften die Aufseher durch die glitschigen Gänge, rutschten im Kot aus, fluchten, wischten sich die Stiefel an den Strohmatratzen ab und traten die noch halb schlafenden Gefangenen. Um sich vor Läusen zu schützen, berührte die SS niemals einen Häftling, außer mit dem Stiefel, dem Riemen, dem Ochsenziemer oder – wie im Fall einer Aufseherin – einer Peitsche mit perlengeschmücktem Griff. »Schneller!« schrien die SS-Männer und erschossen mit der Luger jeden, der zu erschöpft war oder Typhus hatte; sie sahen zu, wie die Sechzigtausend ihren einzigen Besitz an sich rafften, ihre Schuhe, und ins Freie rannten, in die rötlich gefärbte Nacht. »Aufstellen!« brüllte ein SS-Scharführer; »Appell! Appell!« und schlug wild mit der Holzkeule um sich. »Nein, dazu ist keine Zeit«, schrien die anderen, »wir marschieren jetzt!« Und im Marschrhythmus »Links! Links! Links!« schritten die Gefangenen durch das Tor von Auschwitz, ließen den surrenden Stacheldraht mit sechstausend Volt hinter sich und die Inschrift ARBEIT MACHT FREI.

Eine von den Zehntausenden, die in dieser Winternacht aufbrachen, war Lola Potok, eine junge Jüdin aus Polen, noch nicht ganz vierundzwanzig.

Es hatte acht Grad unter Null auf der Straße nach Deutschland. Es schneite, und auf Lolas Augenbrauen gefror der Schnee zu Eis. Die Russen, nicht weit hinter ihr, hatten ihre Stiefel mit der *Prawda* ausgestopft, die SS benutzte die *Abendpost*, Lola jedoch ging in zwei linken Schuhen. Ihre schmerzenden Füße verursachten ihr Höllenqualen, die Knie rieben aneinander, wurden wund, das Blut rann an ihren bloßen Beinen entlang, bevor es gefror. Die Russen murrten in pelzgefütterten Mänteln aus Amerika: »*Sabatschi cholod!* Saukälte!«. Lola aber trug ein altes Kleid und einen Mantel mit dem Sklavenabzeichen auf der Schulter: ein aufgemaltes Kreuz aus harter roter Farbe. Die Kälte kroch durch die Haut, durch die Knochen, bis zu dem Teil ihres Körpers, der noch warm war, dem Herzen.

Lolas einziger Gedanke war ihre Familie. Sie war in Będzin geboren, dreißig Kilometer entfernt. Ihre Eltern waren gläubige Juden gewesen, die sich in der Thora auskannten. Sie hatte zehn ältere Geschwister gehabt, einer war Boxer, einer Vorarbeiter, einer staatlich geprüfter Buchhalter, einer Schneider, einer Bandleader, dessen Spitzennummer *Blue Skies (Smiling at Me)* war, eine Philologin und einer Pilot. Aber als 1943 die Deutschen ihre Haustür eintraten und schrien: »Dreckige Juden! Raus!«, als sie Brüder, Schwestern, Neffen, Nichten, auch Lolas Mutter und Lolas Tochter im

Viehwaggon nach Auschwitz deportierten, war Lola die einzige gewesen, die von den Deutschen für arbeitsfähig befunden worden war; damals war sie einundzwanzig. Alle anderen wurden von Mengele, dem pfeifenden SS-Arzt, selektiert, dann vergast (beziehungsweise, in einem Fall, gehängt) und im Ofen verbrannt, dessen übelkeiterregender Gestank die SS zu der höhnischen Bezeichnung *Anus Mundi* für Auschwitz inspiriert hatte. Unter den Ermordeten war Lolas Tochter gewesen, ein Jahr alt.

Jetzt, eineinhalb Jahre später, während sechzigtausend Menschen dahinzogen wie die Verdammten, während SS-Männer in schwarzen Wollumhängen sie anschrien: »Weiter!«, während SS-Hunde in schwarzen Wollmäntelchen knurrten und die Zähne fletschten, während die SS auf ihrem überstürzten Rückzug jeden erschoß, der aus irgendeinem Grund stehenblieb, während manchen der Kot an den Beinen hinunterlief und Lola an ein-, zwei-, dreihundert Leichen vorbeihumpelte, jetzt dachte Lola nur an Ada und Zlata. Ada und Zlata, zwei ihrer Schwägerinnen, die sich neben ihr dahinschleppten, waren, soweit sie wußte, ihre einzigen überlebenden Verwandten. Sie hatte sie in Auschwitz am Leben erhalten, indem sie ihnen die übelriechende Suppe (waren es Rüben? Nesseln? Kohlrüben? – die Juden hielten es für Giftsumach) löffelweise eingeflößt und befohlen hatte: »Iß«; Ada und Zlata weinten und sagten: »Ich kann nicht!« Aber Lola schrie sie an: »Schluck's runter!«, und sie hielten sich die Nase zu und schluckten. In ihrer Entschlossenheit, die Potok-Familie nicht aussterben zu lassen, hatte Lola in Auschwitz gebrüllt wie ein Exerziermeister. Und auch jetzt stahl sie sich aus der langsam vorankriechenden Kolonne, um vier gefrorene Kartoffeln auszugraben: für Ada und Zlata, die sie in die Achselhöhlen nahmen, um sie aufzutauen, bevor sie sie heißhungrig verschlangen. *Sie brauchen mich*, redete Lola sich ein, denn ihr eigener Überlebenswille hing vom Leben ihrer Schwägerinnen ab.

Die Nacht ging zu Ende, der Himmel wurde grau. Die Luft und der Boden hatten die Farbe von Pappkarton, die Häuser am Straßenrand waren darin lediglich dunklere Flecken. Es war so kalt, daß der eine oder andere Schlagbolzen brach, wenn die SS-Männer Juden erschossen; Hunderte von Juden. Mittags rief Ada: »Ich seh ein Stück Fleisch!« und lief auf eine verschneite Wiese, wo ein totes Tier lag, aber bevor die SS sie erschießen konnte, kehrte sie um: »Nein, das ist ein Mensch.« Als der Abend hereinbrach, befahl die SS endlich: »Stehenbleiben!« Während Zlata sich in den Schnee fallen ließ und ihn zu essen begann, klopfte Lola an die Tür eines Deutschen und sagte: »Wir brauchen Brot.« Was sie bekam, teilte sie mit Zlata – nur mit Zlata, denn Ada war inzwischen verschwunden. Adas Schuhe waren auseinander- und ihr von den Füßen gefallen.

Lolas Schuhe waren eine Marter. Sie saß mit Zlata in einer Scheune am Straßenrand und zog sie aus. Ihre Füße waren dunkelblau und schwollen sofort an, sobald sie befreit waren. Zlata schrie sie an: »Zieh sofort die Schuhe wieder an! Sonst schaffst du's nie mehr!«

»Zlata, sie werden brandig...«

»Nein, zieh sie wieder an!« rief Zlata und quetschte ihr fast mit Gewalt die Füße in die Schuhe. Die ganze Nacht hindurch litt Lola Qualen und gab Zlata die Schuld daran. Am Morgen sagten die SS-Männer: »Es geht weiter«, und die Sechzig- oder Fünfzig- oder Vierzigtausend nahmen ihren Totenmarsch wieder auf.

Am darauffolgenden Abend konnte Lola nicht mehr. Sie befand sich in Deutschland, irgendwo südlich von Gleiwitz. Die Temperatur betrug minus zehn Grad, und ihre Füße steckten in eisernen Folterinstrumenten. Sie wog sechsundsechzig Pfund. Obwohl sie Auschwitz überlebt hatte und die KZ-Aufseherinnen sie verstümmelt hatten, obwohl ihr Rücken Ischias, ihre Hand den Wundbrand, ihr Körper Typhus und vierzig Grad Fieber überstanden hatten und obwohl Mengele auch sie in die Gaskammer hatte schicken wollen – jetzt hatte Lola den Lebenswillen verloren. Sie gab auf. Auf Jiddisch flüsterte sie Zlata zu: »Ich gehe keinen Schritt weiter.«

»Was willst du tun?«

»Ich hab' genug. Ich gehe weg.«

»Aber sie bringen dich um!«

»Wenn das mein Schicksal ist, dann soll es hier und gleich geschehen.«

»Dann seh' ich dich nie wieder!«

»Was immer passiert...«

»Tu's nicht! Sie bringen dich um!« flehte Zlata. »Paß auf!« rief sie ihr nach, als Lola sich auf die Seite schleppte.

Am Straßenrand standen etliche deutsche Zivilisten, die die vorüberziehende Kolonne anstarrten. Im Dämmerlicht erkannten die Deutschen das rote Kreuz auf Lolas Mantel nicht, und Zlata beobachtete mit Entsetzen, wie ein SS-Mann mit einer Luger, einen knurrenden Hund an der Leine und den Totenkopf auf den Kragenspiegeln, auf Lola zielte und schrie: »Sie, gehören Sie dazu?« Zlata hörte nicht, was Lola antwortete. Während sie weitergingen, hörte Zlata den Knall einer Luger und dachte: *Lola ist tot!* Sie irrte sich.

In dieser Nacht gelangten Zlata und tausend andere zu einem Bahnhof. Sie stiegen im Morgengrauen in die Waggons – in Kohlewaggons, der Kälte schutzlos ausgeliefert. Der Zug setzte sich in Bewegung und fuhr nach Norden, nach Süden, Osten, Westen, bergauf und bergab, den ganzen Januar und Februar hindurch, um nicht den Russen in die Hände zu gelangen. In den offenen Waggons erfroren die Menschen, die oben lagen, wer unten war, erstickte. Die SS-Wächter riefen immer wieder: »Die Körper hinaus!«, woraufhin die Leichen über Bord geworfen wurden. Zlata war in der mittleren Schicht. Sie blieb am Leben, aß Schnee und das Brot, das Deutsche ihr an einem Bahnhof gegeben hatten. In Buchenwald durfte sie nicht aussteigen, aber in einem Konzentrationslager nahe Dänemark wurde sie abgesetzt. Dort blieb sie den ganzen März und April hindurch. Sie aß dieselbe Suppe wie in Auschwitz, aber den sandigen Spinat ließ sie stehen, weil Lola ihr nicht mehr befehlen konnte: »Iß!« Sie flickte die Einschußlöcher in deutschen Uniformen, bis die Amerikaner sie am Mittwoch, dem 2. Mai, befreiten. Zusammen mit sieben anderen jungen Frauen, alle Jüdinnen, machte sie sich auf den Weg zurück nach Będżin, und als sie im oberschlesischen Gleiwitz angelangt war, nahe der Stelle, an der Lola geflohen war, sagte ihr jemand, daß Lola hier in Gleiwitz in der Langen Reihe 25 lebe. »Lola Potok?« fragte Zlata.

»Ja, aus Będżin.«

»Das kann nicht sein«, antwortete Zlata. Aber dann machte sie sich mit den anderen auf die Suche, überquerten den Paradeplatz der Deutschen, auf dem während des Krieges täglich die Reiter ihre Pferde Dressur geritten hatten, und bogen in eine kopfsteingepflasterte Straße ein, die Lange Reihe. Sie gelangten zu einem ziegelgedeckten Haus mit einem hübschen roten Tulpenbeet: Hausnummer 25. Die Tür hatte ein kleines quadratisches Fenster mit Spitzenvorhang, der auf Zlatas Klopfen hin alsbald beiseite geschoben wurde. Dahinter erschien das Gesicht einer etwa dreißigjährigen Deutschen; sie öffnete die Tür und sagte: »Sie müssen Zlata sein.« Sie ließ die verblüfften Frauen ins Wohnzimmer eintreten, und während sie die holzgetäfelten Wände, die Ölgemälde, den Stutzflügel anstarrten, führte sie ein Telefongespräch auf Deutsch. Bald darauf ertönte draußen ein lautes Knattern, ein deutsches Motorrad fuhr vor, von dem ein uniformierter Mann abstieg; er trug eine Luger. Er stürmte ins Wohnzimmer, und während die Mädchen standen und starrten, nahm er die Brille und die Kappe mit einem Adlerzeichen ab. Blonde Haare fielen herab, und Zlata stieß hervor: »Lola! Du bist das!«

»Zlata! Du lebst!«

Die jungen Frauen waren sprachlos. Lola – denn niemand anderer war der »Mann« – hatte seit Januar immerhin die

Hälfte ihres damaligen Körpergewichts zugelegt; an die hundert Pfund wog sie jetzt und wirkte beinahe kräftig. Auch ihr Gesicht war voller geworden. An der olivfarbenen Uniformjacke blitzten Messingknöpfe, auch sie mit Adler, und der Stehkragen war mit einer Art Silberstickerei verziert, die bei den Amerikanern unter dem Namen »Rühreier« bekannt ist. Über ihrer Brust hing ein Lederkoppel mit Schulterriemen, auf der Hüfte ein Halfter mit Pistole, und der Rock aus olivgrünem Wollstoff reichte bis auf die glänzenden schwarzen Reiterstiefel hinab. Lola durchquerte mit großen Schritten den Raum und breitete die Arme aus, aber Zlata schrak zurück: nie hatte sie einen Mann oder eine Frau in Uniform erlebt, die versucht hätten, sie zu umarmen.

»Lola, diese Uniform…«

Lola zuckte die Achseln. Sie vollführte eine kleine Wendung nach rechts, nach links, wie um sie besser zur Schau zu stellen, die Hand auf der Hüfte, sie zog die Luger und führte sie vor wie eine Trophäe.

»Lola! Du machst mir angst!« sagte Zlata. »Steck das weg!«

»Keine Sorge«, sagte Lola. Sie steckte die Luger zurück und wandte sich an die Deutsche mit den Worten: »Gertrude! Bring ihnen was zu essen!« Gertrude ging.

»Lola, wo bist du *hinein*geraten? In die russische Armee?« fragte Zlata.

»Nein. Ich bin Offizier beim –« Und Lola nannte ein paar Buchstaben, von denen Zlata nicht wußte, was sie bedeuteten. Doch dann zählte Lola die Namen einiger anderer Offiziere jener olivfarben uniformierten Organisation auf, die Zlata kannte. Soundso aus Auschwitz, Soundso aus Auschwitz, Soundso aus der Schule von Będzin. Als Gertrude mit einer Platte voller deutscher Würste zurückkam, hatte Zlata das Muster hinter all diesen Namen erkannt.

»Lauter Juden.«

»Eßt etwas. Ja.«

Während die Frauen aßen, berichtete Lola über die Leute in den olivgrünen Uniformen. Sie sagte, es seien Hunderte von Juden, die in ganz Polen und im polnisch verwalteten Teil Deutschlands für diese Organisation arbeiteten. Ihre Anführer seien jüdische Generäle in Warschau, Aufgabe der Organisation sei es, nach SS-Angehörigen, Nazis und Nazikollaborateuren zu fahnden, sie zu bestrafen, gegebenenfalls auch hinzurichten und sich auf diese Weise an den deutschen Judenmördern zu rächen. Das jedenfalls sagte Lola.

Zlata konnte es kaum glauben. In Auschwitz hatte natürlich jeder davon geträumt, den Deutschen heimzuzahlen, was sie anderen angetan hatten: sie zu zwingen, in Wind, Regen und Schnee zu stehen, stundenlang, nackt, die Hände erhoben zum »sächsischen Gruß«, sie zu schlagen, sie auszupeitschen, wenn sie »Nicht!« schrien, und sie im Marschrhythmus in die Gaskammer zu schicken: »Und links!« Aber der Traum verblaßte mit dem täglichen Ruf: »Aufstellen!«, und nun fragte sich Zlata, ob in Lolas Kopf Wunsch und Wirklichkeit wohl durcheinandergeraten waren. »Lola«, fragte Zlata. »Bist *du* für irgendwelche Deutsche verantwortlich?«

»Tausend. Ungefähr eineinhalb Kilometer von hier.«

»Und, was machst du mit ihnen?«

»Dasselbe, was die Deutschen mit uns gemacht haben.«

»Lola, was soll das bedeuten?«

»Willst du's sehen? Komm mit«, sagte Lola.

2

Lola kam am Sonntag, dem 20. März 1921, in Będzin zur Welt. Um nach Będzin zu gelangen, bestieg man damals den Zug in Kattowitz, der wichtigsten Stadt von Schlesien, dem deutschen Kohlebergbaugebiet; zehn Minuten später war der Ruß aus der Luft verschwunden, man war in Polen, in Będzin. Vom Bahnhof aus schlenderte man die kopfsteingepflasterten Straßen hinauf, wo die Hausierer auf Jiddisch ihre Waren anpriesen: *»Bagel!«*, *»Semmil!«*, *»Lemonad!«*… Andere trugen eine Stange über den Schultern, von der rechts und links ein Metalleimer herabhing, und riefen: *»Waßer! Zen groschn!«* An der Spitze eines kleinen Hügels angelangt, erblickte man die einzige »Sehenswürdigkeit« von Będzin, den Burgberg, klein, eher von Spielzeugformat, die Mauern teilweise eingestürzt, der Burggraben eine blühende Wiese. 1921 war die Burg längst nicht mehr bewohnt, aber die Buben stürmten sie manchmal, und die Mädchen spielten auf der Zufahrt Himmel und Hölle und hüpften von א nach ת.

Juden lebten in Będzin seit den Kreuzzügen. Anfang des 13. Jahrhunderts waren die ersten hergezogen, und um 1920 waren es zwanzigtausend. Sie sahen nicht aus wie das Ensemble von *Anatevka*; sie waren Ärzte, Rechtsanwälte, Fabrikanten, nicht Leute, die auf Hockern saßen und Männerunterhosen zusammennähten. Gewiß, es gab auch in Będzin Schlomo den Schneider, aber der benutzte Nähmaschinen, und seine feschen Zweireiher waren sogar in Deutschland der letzte Schrei. Nach der Arbeit zündete Schlomo sich eine »Silesia« an, ließ sie lässig vom Mundwinkel herabhängen, wodurch er Humphrey Bogart verblüffend ähnlich sah, und fuhr nach Deutschland, angetan mit Stiefeln, Breeches, Tweedjackett und Krawatte, um die Nacht hindurch Tango zu tanzen auf dem Tanzboden des *Carioca.*

In den zwanziger Jahren dieses Jahrhunderts wäre ein Geiger auf irgendeinem Będziner Dach außer Hörweite gewesen, denn die Häuser hatten, wie in vielen europäischen Kleinstädten, mehrere Stockwerke. In einem dieser Stadthäuser, in der Modrzejowska-Straße, lebten die Potoks – Mutter, Vater, zwei Töchter und acht sehr lebhafte Söhne –, als Lola zur Welt kam. Das Erdgeschoß ihres Hauses hatte mehr von einer Festung als die Burg auf dem Hügel. Natürlich kannten die acht Brüder die Thora, und die Thora gebot ihnen, ihre Nachbarn zu lieben. Aber wehe, einer nannte einen der Potok-Buben »*Głupku!* – Trottel!«, »*Kretynie!* – Dummkopf!« oder, Gott helfe ihm, »*Parszywy Żydzie!* – Grindiger Jude!« Ein blaues Auge, eine blutige Nase oder etliche ausgeschlagene Zähne waren die Folge solcher antipotokscher Verlautbarungen. Die Brüder waren auch sehr darauf bedacht, daß kein Junge ihren Schwestern etwas zuleide tat, und jeden, der seine Aufwartung machen wollte, fragten sie ganz genau: »Wer bist du?, Was ist dein Vater?, Was willst du? …«

Der Erzeuger dieses kleinen Minjan* war Bierbrauer und die Mutter eine in Thora und Talmud sehr belesene Frau. Zu Passah lehrte Rivka ihre Jüngsten die Worte des *Dayenu*, zu Purim das Lied *Heute sind wir fröhlich!*, und am Freitag zündete sie die zwei Sabbatkerzen an. Rivkas Mann hielt schon das Weinglas in der Hand, während er eilig das Sabbatgebet hinter sich brachte, aber Rivka sagte es gewissenhaft auf und kam als Letzte zum Ende. »… Hast uns gegeben deinen heiligen Sabbat«, betete Rivka. »Gesegnet seist du, o Herr, der den

* Minjan: Die für den jüdischen Gottesdienst erforderliche Anzahl von zehn männlichen Juden, die mit dem Eintritt ins 14. Lebensjahr die religiöse Mündigkeit erlangt haben. A. d. Ü.

Sabbat heiligt. *Ihr*«, fuhr sie, zu Mann und Kindern gewandt, fort, »nehmt den Expreßzug und ich den Personenzug. Trotzdem müßt ihr auf mich warten.«

Danach trug Rivka die frischgebackene *chala* auf, die Hühnersuppe, die *gefilte fisch*. Manchmal waren am Fensterladen Geräusche zu hören, prasselnde Kieselsteine, und die Söhne riefen: »Das sind wieder diese Polen!« Sie wollten aufspringen und hinauslaufen, aber Rivka hielt sie zurück.

»Nein«, sagte sie. »Es ist Sabbat. Wir leben so, wie die Thora uns lehrt. Wir sind anders als sie.« Die Söhne setzten sich wieder, mit geballten Fäusten zwar, aber gehorsam. Rivka sprach zu ihnen: »Hört zu. Kennt ihr die Geschichte vom Mann und dem polnischen Polizisten?«

»Nein, Mama...«

»Der Mann«, sagte Rivka und lächelte verschmitzt, »stand am Straßenrand und machte Pipi. Und der Polizist sagte zu ihm: ›Sie! Sie mit Ihrem Ding im Freien! Hören Sie auf und verstecken Sie's wieder!‹ Wißt ihr, was der Mann geantwortet hat?«

»Nein...«

»Der Mann sagte: ›In Ordnung, ich hab's versteckt – aber ich hab nicht aufgehört!‹« Die Buben lachten; Rivka aber fuhr fort: »Ihr mit eurem Haß. Ihr habt ihn nur versteckt, aber nicht damit aufgehört. Den polnischen Kindern kann euer Haß nichts anhaben, euch selber schadet er. Er frißt eure Seele auf. Also hört auf damit.«

»In Ordnung, Mama.«

Daraufhin trug die kluge Frau den Nachtisch auf: Honig, Trauben und Karotten. »Ja, noch ein Kind. Das schaff' ich schon«, antwortete Rivka den Leuten, als Lola unterwegs war. »Ich gieße ein bißchen mehr Wasser in die Hühnersuppe.« Ihre älteste Tochter war einundzwanzig, die zweite sechzehn und die Söhne zwischen siebzehn und vier, als an einem Sonntag, am 20. März 1921, in Rivkas Schlafzimmer mit den Spitzenvorhängen Lola geboren wurde.

Am selben Tag begaben sich jenseits der Grenze die Deutschen in ihre Wahllokale, wie der Versailler Vertrag es vorschrieb. Die Frage auf den Stimmzetteln lautete: »Wollen Sie, daß dieses Gebiet in Deutschland oder in Polen liegt?« Die Mehrheit stimmte für Deutschland, doch die polnische Bevölkerung rebellierte, und Kattowitz mit seinen Kohlengruben und allen Einwohnern wurde polnisches Staatsgebiet.

Im März 1933 wurde Hitler Reichskanzler und Lola zwölf. Sie war sehr hübsch, blond und braunäugig, aber ihre roten Backen störten sie, und manchmal sagte sie: »Ach Mama, ich seh' aus wie eine Bauerntochter!« (»Du wirst noch mal dankbar dafür sein!«) Ihre hohen Wangenknochen aber waren durchaus untypisch für ein polnisches Bauerngesicht; sie paßten eher zu einer indischen Prinzessin. Lola war eifrig, energisch und fröhlich, und auf dem Schulweg sang sie Lieder – gewiß, auch die anderen Mädchen sangen, aber auf Hebräisch und Jiddisch, Deutsch und Russisch, auch – zumindest die neuesten Schlager – auf Polnisch: zum Beispiel *Pani Maryśka, Telefonistka* (»Fräulein Marie, Telefonistin«). Lola hingegen hüpfte zur Schule und sang in der fremdländischsten aller Zungen:

On the Good Ship
Lollipop,
It's a sweet trip
To a candy shop

und andere Lieder aus der Hitparade, obwohl Lola gewiß nicht wußte, was ein Lollipop war. Die exotischen Texte hatte sie von ihrem jüngsten Bruder, der Klavier und Trompete spielte und Chef der Gruppe »Melody Makers« war, der Band mit dem englischen Namen, der auf der großen Baßtrommel stand.

Eines Tages im Jahr 1933 starb der Vater, der Diabetiker gewesen war. Lolas Brüder nahmen, achtfach, seine Stelle ein. Sie tanzten, als die älteste Schwester den Besitzer eines

Steinbruchs in der Nähe von Krakau heiratete, aber als die andere Schwester mit einem Molkereibesitzer nach Königshütte durchbrannte, einem Deutschen, der kein Jude war, zerrissen sie ihr Gewand. Mit geschwellter Brust suchten sie den Molkereibesitzer zu Hause auf, beugten sich drohend über ihn wie Gorillas und verkündeten: »Wir nehmen sie mit.« Und tatsächlich nahmen sie ihm seine weinende Frau weg. Bei Lola zogen die Brüder bereits ihre »Wer bist du?«-Nummer ab, wenn sie nichts Schlimmeres tat, als irgendeinem biederen Jüngling ihre Polnisch-, Geschichts- und Geographiebücher zu leihen. Eines Sommerabends war Lola nicht pünktlich um sechs Uhr zu Hause, woraufhin sich ihre Brüder in alle Himmelsrichtungen aufmachten und die Leute fragten: »Habt ihr Lola gesehen?« Sie waren außer sich, als Lola um Mitternacht heimkam – sie war im Kino eingeschlafen, nachdem sie alle vier Vorführungen von *Rose Marie* gesehen und den *Indian Love Song* auswendig gelernt hatte.

Am nächsten Tag hüpfte Lola zur Schule und sang

When I'm calling you-ou-ou,
Will you answer too-oo-oo,

den Blick hügelwärts gerichtet wie Nelson Eddy. Sie träumte nicht von Amerika (sie wollte in Polen bleiben, wo die Potoks lebten), aber auf ihr amerikanisches Repertoire waren alle anderen Mädchen neidisch, deren Kenntnis romantischer Balladen mit *David un Donia* bereits erschöpft war, einem Lied auf Jiddisch über einen Jeschiwa-Studenten und seine ukrainische *schikse.* »Bring's uns bei«, baten sie, und Lola schrieb ihre jüngste Errungenschaft in polnischer Phonetik nieder:

Bifor da fydlers hew fled,
Bifor dej esk as tu pej da byl
Ęd łajl łi styl hew da częs,
Lec fejs da miuzyk ęd dęs.

»Hm...«, sagten die anderen Mädchen.

»Before the fiddlers have fled – Bevor die Geiger fort sind«, übersetzte Lola geduldig, und die Mädchen kämpften sich mehr schlecht als recht durch den Text, bis Lola zum grandiosen Schluß kam: *»And while we still have the chance let's face the music and dance!«*

Eines der Mädchen, das an Lolas Liedern teilhaben durfte, war Ada Neufeld. Ada war Jüdin, was sie aber sang, hätte von den religiösen Liedern der jüdischen Feste nicht weiter entfernt sein können. Ada, die mit einem katholischen Jungen befreundet war und diese farbenprächtige Religion liebte, die das Vaterunser beherrschte und dem katholischen Pfarrer sagte: »Wenn ich groß bin, werde ich Nonne«, woraufhin der Pfarrer ihr auf die Schulter klopfte und sagte: »Brav!«, – Ada sang Weihnachtslieder. Auch mitten im Sommer sang Ada auf dem Schulweg

W żłobie leży,
Któż pobieży,
Kolędować...,

die Hände gefaltet wie eine Karmeliterin. Neugierig geworden, sah sich Lola eines Tages die katholische Kirche an, ein Bauwerk aus dem vierzehnten Jahrhundert mit Kuppel, darauf eine Spitze, darauf eine Kugel, und über allem ein Kreuz.

Es war Sonntag. Die Kirchentür war fünfzehn Zentimeter dick, aber sie schwang gemächlich auf, als Lola sie nur berührte. Verstohlen spähte sie hinein und betrachtete die Kirchgänger, prachtvoll anzusehen im Licht der farbigen Fenster. Die Glasmalerei zeigte eine Frau im blauen Umhang, die ein Baby mit goldenem Glorienschein hielt. Auf der Stirnwand war dasselbe Paar abgebildet, darüber stützten zwei Karyatiden irgendwelche Heilige, und noch höher prangten Schwerter, ein Kreuz und ein Buch mit dem Titel GLORIA PATRI, FILIO ET SPIRITU SANCTO. Auf der holzgeschnitzten Kanzel stand im roten, goldbestickten Ornat Adas Pfarrer und predigte über die Juden. »Sie haben unseren Herrn erniedrigt«, hörte Lola ihn sagen, »sie haben ihn geschmäht und gekreuzigt. Sie sind nicht gut!« Seine kleinen runden Augengläser spiegelten das goldene Licht, und der Priester sagte: »Die Juden sind der Antichrist!«

Lola floh. An den Kastanienbäumen der Kirche vorbei, rannte sie nach Hause in die Modrzejowska-Straße. An ihrem achtzehnten Geburtstag, 1939, sang sie noch immer amerikanische Songs.

Im Jahr 1939 war Kattowitz nach wie vor polnisch. Deutschland begann dreißig Kilometer weiter westlich in der idyllischen Stadt Gleiwitz. Hunderttausend Einwohner hatte die Stadt. Im Zentrum stand ein kurioses Rathaus mit Wasserspeiern in Form von Walen. Wenn es regnete, troff das Wasser aus den Walmäulern. Auf dem Platz vor dem Rathaus spielten die Kinder rund um eine Neptunstatue, und die Mütter saßen ringsum auf den Bänken und schwatzten oder lasen den *Völkischen Beobachter* (»MOBILMACHUNG IN POLEN«). Neptuns Dreizack spie einen dreifachen Wasserstrahl auf die Köpfe der Kinder und den bronzenen Bauch des Gottes, der davon die Farbe alter Goldmünzen angenommen hatte. Die pastellfarbenen Fassaden der vierstöckigen Wohnhäuser rund um den Platz waren mit recht ungewöhnlichen Verzierungen geschmückt – ionischen Säulen und Hirschgeweihen. Zu ebener Erde wiesen die Ladenschilder ein CAFE, ein RESTAURANT, eine APOTHEKE aus. Vom Zentrum breitete Gleiwitz sich in konzentrischen Kreisen aus, eine elektrische Straßenbahn fuhr die Kaufleute, Verwaltungsangestellten der Kohlebergwerke und die vielen Soldaten und SS-Leute hin und her; zwanzig Pfennig kostete die Fahrt.

Abends besuchten die Gleiwitzer die Oper und lauschten ihren Dauerfavoriten, *Il Trovatore* und *Tannhäuser*, während die Kinder in Lolas Alter sich bei der Hitlerjugend und seinem

Gegenstück, dem Bund deutscher Mädchen, meldeten. Dort lernten sie, mit Holzgewehren zu schießen und patriotische Lieder zu singen, wie zum Beispiel dieses:

Wach auf, wach auf, du deutsches Land,
Du hast genug geschlafen!
Bedenk, was Gott an dich gewandt,
Wozu er dich erschaffen!

Und zum Abschluß des Abends sangen sie:

Um deutsche Erde kämpfen wir!
Für Adolf Hitler sterben wir!

Auf dem Heimweg pflügten die Straßenbahnwagen wie Panzer durch die Kopfsteinstraßen, die Buben starrten ehrfürchtig (und die Mädchen voller Bewunderung) auf die Soldaten und die SS-Leute und verkündeten stolz: »Bei der HJ haben wir mit dem Gewehr geschossen!«

Eines Tages im August 1939 erhielt die SS in Gleiwitz einen Telefonanruf aus Berlin mit der Meldung: »Die Großmutter ist tot.« Daraufhin zogen sie polnische Uniformen an und fuhren hinaus zum Stadtrand, wo ein Funkturm stand, zwanzig Stockwerke hoch, der aussah wie ein verrückter Bausatz, errichtet aus einer Unmenge von geteerten Holzklötzen und L-förmigen Winkeleisen. Im dazugehörigen Studio saß ein Deutscher, der für den Propagandaminister Goebbels arbeitete, und übertrug Rundfunksendungen nach Polen, als die SS angriff. Die SS-Leute feuerten in die Decke, griffen nach dem Mikrofon und brüllten auf Polnisch: »Achtung! Dieser Turm ist jetzt polnisch! Lang lebe Polen!« Vier Minuten später waren sie wieder verschwunden, aber sie hinterließen »Konserven«, wie sie es nannten: mehrere Leichen in polnischen Uniformen. Am nächsten Tag – es war Freitag, der 1. September – lasen die Mütter an der Neptunstatue im *Völkischen Beob-*

achter von der polnischen Provokation: »Es war eindeutig das Signal zu einem Generalangriff«, hieß es dort. Hitler ging am selben Tag zum »Gegenangriff« über und begann damit den Zweiten Weltkrieg.

Innerhalb von zwei Tagen waren die Deutschen in Będzin. Lola erschrak, als die Schützenpanzer einrollten, aber viele Juden winkten, weil sie glaubten, die Bombenangriffe seien nun vorüber. Dem war nicht so. Am Freitag, als die Juden in der Synagoge mit den Worten des 92. Psalms »Herr, du lässest mich fröhlich singen von den Werken deiner Hände« den Beginn des Sabbat feierten, brach auf einmal ein Feuer aus. Die Flammen loderten an den weißen Vorhängen empor und brachten das goldbemalte Glas zum Schmelzen. Die Juden versuchten die Thora zu retten, die Pergamentrolle mit den fünf Büchern Mosis, die als von Gott geschrieben gilt; andere stürzten durch die Türen hinaus ins Freie, wo die SS sie erschoß. Die Todesangst der Gläubigen war wie ein einziger, gellender Aufschrei. Achthundert starben, hundert flüchteten sich nach nebenan, zum katholischen Pfarrer, der sie versteckte, trotz des Gesetzes, wonach ein Pole, der einem Juden Zuflucht gewährte, sterben mußte. Der Priester, der die Juden als Antichrist bezeichnet hatte, war mittlerweile Bischof geworden; Będzin hatte einen neuen Pfarrer.

Zwei Wochen später durfte Lola nicht mehr das Trottoir benutzen, sondern mußte auf der Straße gehen, und in der Będziner Straßenbahn hatte sie in der Mitte zu sitzen. Sie ging so wenig wie möglich aus, denn auf den Straßen von Będzin – Bendsburg, wie die Deutschen sagten – ging es schlimmer zu als in Shanghai. Tag für Tag griffen die SS-Leute Lolas Schulkameradinnen auf, drückten ihnen Schaufeln in die Hand und befahlen ihnen, Unrat aller Art beiseite zu räumen, oder sie schickten sie nach Deutschland auf Bauernhöfe und in Fabriken. Mit achtzehn Jahren war Lola gerade im rechten Alter für die entfernt liegenden Arbeitslager, von der SS Konzentrationslager genannt. Sie war *1-A*, und das wußte sie.

Der Zweite Weltkrieg hatte aber eben erst begonnen. Die Mädchen, die von der SS verschleppt wurden, wußten nicht, was ein Konzentrationslager war. Die im ersten Kontingent flüsterten noch: »Psst. Erzählt es niemandem. Wir kommen in eine Schokoladenfabrik.« Als sie westwärts marschierten – wobei die SS ihnen befahl: »Die Arme ruhig« – und die Mädchen mit angelegten Armen wie die Zinnsoldaten dahinzogen, – als sie so marschierten, begannen sie zu lachen: »Bald werden wir Schokolade essen!« Sie dachten an die Nudeln, die ihre Mütter kochten, und stellten sich Schokoladeriegel auf den Nudeln vor, die durch die Hitze schmolzen. Erst als sie in Gleiwitz eintrafen und in eine Halle voller Gasbrenner gebracht wurden, erkannten Lolas Schulfreundinnen: Schokolade war das nicht.

Tatsächlich befanden sie sich in einer Rußfabrik, einer Fabrik, die Ruß produzierte. Nach den Nachrichten, die Lola zu Ohren kamen, mußten die Mädchen jeden Tag von acht bis vier, von vier bis Mitternacht oder von Mitternacht bis acht arbeiten, um die Flammen auf 375 °C zu halten. Wenn der Ruß sich senkte, saugten die Mädchen ihn mit Staubsaugern auf und verpackten ihn in Fünfzig-Pfund-Säcke, die sie mit Draht verschnürten, mit einem »P« für »Pulver« beschrifteten – der Ruß würde für Schießpulver verwendet, hieß es –, auf Förderbänder legten und verluden. Und die SS befahl: »Schnell!« Der Ruß drang ihnen in die Ohren, die Augen, zwischen die Zähne – binnen Minuten waren die Mädchen unkenntlich und riefen einander zu: »Abba?«, »Anna?«, »Aviva? Wo bist du?« Am Ende einer Schicht waren sie schwarz wie Schornsteinfeger – oder wie Neger, sagten sie, und ein Mädchen sang traurig:

Wir sehen aus, als wären unsere Mütter schwarz,
Von unseren Kindern werden die einen schwarz,
Die anderen werden weiß …

Wenn sie zum Duschraum gingen, stand der Kommandant mit lüsternem Blick in der Tür, und wenn die Mädchen eingeseift waren, kam die sogenannte Judenälteste in Stiefeln, drehte die Hähne ab und schrie: »Hinaus!« Die Judenälteste, ein Mädchen mit pockennarbigem Gesicht und mißgünstigem Charakter, hatte ihren Posten erhalten, als eine der Lageraufseherinnen gefragt hatte: »Wer will Judenälteste sein?« Sie hatte sich sofort gemeldet; dafür war sie von der Rußherstellung befreit und erhielt außerdem ihre eigene Dusche.

Aber das war nicht alles. Lola hörte, daß die Mädchen im Lager vom SS-Kommandanten und der Judenältesten mit Gummiknüppeln geschlagen wurden. Sie bekam Angst, sie wollte unbedingt in Będzin bleiben, und eines Tages sagte Rivka, ihre Mutter, zu ihr: »Ich weiß jetzt, wie.« Denn wie Rivka beobachtete, hatten die Mädchen, die von der SS abgeführt wurden, eines gemeinsam: sie waren unverheiratet. Ein Ehemann und Kinder befreiten eine Frau offenbar vom Arbeitsdienst, folgerte Rivka. Eine von Lolas Freundinnen hatte einen Bruder von Schlomo dem Schneider geheiratet. Lolas Freundin Ada, die eine katholische Schule besucht hatte, die Klassenbeste gewesen war, aber – als Jüdin – zur Zweitbesten degradiert wurde, die ihre Weihnachtslieder mittlerweile aufgegeben hatte und statt dessen zionistische Lieder sang:

See Kinnereth! Mein Galiläisches Meer!
Bist du wahr? Oder bist du ein Traum?

– Ada hatte einen von Lolas Brüdern geheiratet. Ein anderes Mädchen aus Będzin war mit einem weiteren Bruder verheiratet, und die beste Köchin von Będzin, Zlata Martyn, hatte ebenfalls einen Potok geheiratet. Wie Rivka festgestellt hatte: alle drei waren nicht von der SS verschleppt worden. Folglich riet sie Lola: »Heirate!«

Erkundigungen wurden angestellt. Rivka hatte eine Freundin, deren Neffe der umworbenste Junggeselle von Będzin war. Obwohl bereits fünfunddreißig, fanden die Frauen ihn unwiderstehlich, riefen ihn an, gestanden ihm, auf Jiddisch: *»Ch hob dich lib«*, oder schütteten in seinem Wohnzimmer eine Flasche Jod in sich hinein in der Hoffnung, dramatisch für ihn zu sterben. Lola und der Casanova trafen einander, ihre Zwangslage und seine Leidenschaft fügten sich zusammen, und im August 1941 wurde Lola in Będzin mit Schlomo dem Schneider verheiratet, der eigentlich Ackerfeld hieß. »Jetzt werden die Deutschen dich nicht abholen«, sagte Rivka. »Aber beeil dich! Sieh zu, daß du schwanger wirst!« Die Aufforderung war nicht nötig, Lola war bereits schwanger.

Im April 1942 brachte sie Ituscha, genannt Itu, zur Welt. Mit einundzwanzig bereits Mutter, wollte sie für ihre Tochter wie acht Brüder sein, denn sie fand, ein Mädchen müsse behütet werden, und Schlomo, ihr Gatte, war dazu nicht in der Lage. Lola wickelte Itu, stillte sie und sang ihr Wiegenlieder auf Hebräisch:

Leg dich nieder, mein Kind,
Dein Vater arbeitet,
Die Schakale heulen,
Weit in der Ferne…

Aber für Schlomo gab es keine Arbeit, denn die SS war nähergerückt. Itu war einen Monat alt, als die SS einige ältere Menschen nach Auschwitz schickte, und sie konnte gerade krabbeln, als die SS sie, Lola, Schlomo und alle anderen Juden in ein Ghetto außerhalb von Będzin verbannte. Itu lebte zusammen mit zwölf Erwachsenen in einem Raum, und Lola versuchte immer noch, ihr Mutter und Bruder zugleich zu sein.

Unterdessen hatte die SS begonnen, Menschen umzubringen. Der erste war Lolas sanft lächelnder Freund Pinek Mąka – jedenfalls war das die Nachricht, die Lola zu Ohren kam; viel später aber erfuhr sie, daß er am Leben und ein hochrangiger

Offizier in der olivgrünen Organisation war, der Nemesis für die SS. Die (falsche) Nachricht von seinem Tod war ein Schlag für Lola, die mit Pinek, einem Nachbarjungen, aufgewachsen war, mit ihm auf den Löwenzahnwiesen der Burg gespielt und während eines zionistischen Sommerlagers nahe der tschechischen Grenze mit ihm am Lagerfeuer gesessen hatte. Die Funken stoben, als Lola auf Jiddisch sang:

Arum dejm fajer
Singen mir lider
Die nacht is tajer,
un mir wern nit mider

Hinter den Flammen sah sie Pineks pausbäckiges Gesicht, rot und rund wie der Herbstmond. In einer Nacht, als Lola schlief, kroch Pinek in ihr Zelt und verübte die gemeinste Tat, deren er fähig war: er malte ihr einen Schnurrbart. Als Lola erwachte, war sie höchst überrascht. In zwanzig Jahren hatte sie Pinek immer nur als herzensguten Menschen erlebt, der keiner Fliege etwas zuleide tun konnte; und das verzieh die Welt ihm nicht.

Nach seinem Schulabschluß in Będzin zog Pinek nach Warschau und studierte am Polytechnikum Maschinenbau. Eines Tages trat sein Mathematikprofessor an die Tafel und zeichnete eine geometrische Kurve, sagen wir: die Zissoide des Diokles. Dann schrieb er die Formel dafür auf, $r = 2a \tan\Theta \sin\Theta$, und fragte: »Kann mir jemand sagen, was die Tangente wäre?« Pinek hob eifrig die Hand, aber der Professor sagte: »Jüdische Antworten brauchen wir nicht.«

Pinek war ein höflicher Mensch. Er fragte daher sehr sanft: »Herr Professor, wenn Sie jüdische Antworten nicht brauchen, warum« – und er hielt sein Exemplar der *Analytischen Geometrie* von Professor Henryk Mąka von der Stefan-Batory-Universität in Wilna hoch – »warum benutzen Sie dann das Lehrbuch meines Onkels?«

»Du Hurensohn! Setzen!« herrschte der Professor ihn an, und als die Vorlesung zu Ende war, schlugen die anderen Studenten ihm mit Holzstöcken auf den Kopf, bis Pinek das Bewußtsein verlor.

Im darauffolgenden Jahr waren die Deutschen in Będzin, und der Chef der jüdischen Polizei kam in Pineks Haus. Er trug eine blau-weiße Armbinde und eine Mütze mit blauweißem Schirm und Davidstern, in der Hand eine Peitsche, die er von den Deutschen bekommen hatte. »Wir brauchen Freiwillige für die Lager«, sagte er zu Pinek.

»Nein, ich arbeite schon hier in Będzin für die Deutschen«, erklärte Pinek.

»Den Teufel tust du! Du willst dir ein schönes Leben machen wie vor dem Krieg!«

»Nein, Julek, ich arbeite wirklich hart«, sagte Pinek, der tatsächlich in einer deutschen Fabrik Messer herstellte.

Das dicke, runde Gesicht des Polizeichefs rötete sich. »Du wirst schon sehen, wie ich dich ins Lager schicke!« schrie er und hieb ihm mit der Peitsche über die Wange. »Ich werd' dich lehren, wer hier der Boß ist!« Instinktiv packte Pinek seine Krawatte, aber der Polizeichef und seine vier Beamten fielen gemeinsam über Pinek her, schlugen ihn und beschimpften ihn als »Unruhestifter! Hurensohn! Goj!« Pinek verlor abermals das Bewußtsein. Der Polizeichef nahm ihn mit und lieferte ihn bei der deutschen Polizei ab. Dann wischte er die Hände aneinander ab, als wollte er sagen: »Den Dreck bin ich los.« Doch es erschien der Direktor der Messerfabrik. Er forderte die deutschen Polizisten auf: »Sehen Sie seine Hände an«, und wies auf Pinek, »und sehen Sie sich die Hände dieses Schweinehunds an!«, womit er den Chef der jüdischen Polizei meinte. »Und sagen Sie mir, *wer* für uns arbeitet!«

Die Deutschen schickten Pinek wieder nach Hause. Pineks letzter Zusammenstoß mit mißgünstigen Widersachern, die ihm Böses wollten, ereignete sich 1942, als er in einer deutschen Fabrik Radnabenmuttern für deutsche Panzer herstellte. Eines Nachts blieb die Maschine stehen. Der Fabrikdirektor, ein Nazi, tobte, bis Pinek die Maschine wieder in Gang gebracht hatte; dennoch behauptete jemand, Pinek sei schuld an der Panne. Die Gestapo erschien und nahm ihn fest. Er wurde in die rußige Stadt Kattowitz gebracht, ins Hauptquartier, in ein Büro, das so groß war wie ein Filmstudio in Hollywood. Drei Kristallüster hingen von der Decke herab wie im *Hotel Berlin*, und eine Kollektion von Naziflaggen, -emblemen und Kavalleriesäbeln schmückte die Wände. An der hinteren Wand hing ein Hitlerbild, darunter standen ein gewaltiger Mahagonischreibtisch und ein brauner Ledersessel, in dem ein Gestapo-Oberst saß. »Warum haben Sie mich verhaftet?« fragte Pinek.

»Sabotage«, antwortet der Oberst. Seine schwarze Kappe hatte er schief aufgesetzt wie eine Baskenmütze. Er sah Pinek verschlagen an.

»Nein, das stimmt nicht«, sagte Pinek.

Da traf ihn der erste Hieb. Der eine der beiden Wächter, die Pineks Arme mit Eisengriff umklammerten, hielt ihn weiter fest, der andere aber ließ ihn los und schlug noch einmal zu. »Geben Sie zu, daß Sie's getan haben«, sagte der Oberst.

»Nein, ich habe jeden Tag für das Deutsche Reich gearbeitet!«

Der nächste Schlag. Tag für Tag wurde Pinek in denselben Raum vor den Oberst mit der schiefen Uniformmütze geführt. Die beiden Gestapo-Männer schlugen ihn mit Fäusten, Stöcken und Holzkeulen. Sie boxten ihm in den Magen, und wenn er nach Luft rang, schlugen sie ein zweites Mal zu. »Nein, ich habe Zeugen!« rief Pinek, aber es half nichts. Sie schoben ihm Stecknadeln unter die Fingernägel, langsam, wie chirurgische Instrumente. Pinek brüllte. Er verlor das Bewußtsein, aber die beiden ohrfeigten ihn, bis er wieder zu sich kam. Sie quälten ihn weiter, sein Blut tropfte auf eine Gummimatte. Schließlich, als seine Stirn blutig war, seine Fingernägel schwarz und sein Körper von der Farbe verfaulten Fleisches, als sein Gehirn nur noch einen Gedanken hatte – *Warum die Qual noch länger hinziehen? Was immer ich sage oder tue, sie bringen mich ja doch um* –, schließlich beschloß Pinek zu lügen und sagte: »Ja, ich habe Sabotage verübt.« Daraufhin reichte ihm der Oberst eine Füllfeder und ein zweiseitiges Geständnis auf deutsch:

> *Ich, Pinek Mąka, gestehe freiwillig und ohne Zwang, daß ich die Maschine in der Schlesischen Fabrik zerstört habe. Ich tat dies, um die kriegswichtige Arbeit des Dritten Reichs zu sabotieren und…*

Und Pinek unterschrieb.

Woraufhin der Oberst tatsächlich erleichtert aufseufzte. Seine Kiefernmuskeln entspannten sich, als wäre *für ihn* die Tortur nun endlich vorbei. »Na also«, sagte er. »Die ganze Zeit sagte ich doch, daß Sie's getan haben. Sehen Sie, ich hatte recht.« Pinek blieb keine Zeit, um sich die Frage zu beantworten, weshalb ein deutscher Offizier einen Juden zur Bestätigung brauchte, denn der Mann verurteilte ihn zum Tod durch den Strang und ließ ihn fortschaffen. In Będzin hieß es, Pinek sei tot, während Lola um ihn trauerte, dachte sie bei sich: Wenn die Deutschen den sanftesten Menschen umbringen, den es gibt, wen werden sie dann überhaupt am Leben lassen? Sie selbst? Ihren Mann? Ihr Kind?

Itu war fünfzehn Monate alt und konnte *Mama* und *Papa* sagen, als die SS sie und ihre beiden Eltern nach Auschwitz deportierte. Tags zuvor, am 31. Juli 1943, einem Samstag, wurden die Juden gewarnt, daß die SS unterwegs sei. In Będzin gab es eine deutsche Uniformfabrik, in der Ada und Zlata, zwei Schwägerinnen Lolas, tarnfarbene Wollstoffe zuschnitten und zu Kleidungsstücken zusammennähten. An diesem Tag sagte der Fabrikdirektor, ein Deutscher mit gewelltem schwarzem Haar, zu einigen der Juden: »Heute abend findet die Judensäuberung statt. Holt eure Familien, bringt sie her, ich verstecke euch.« Als es Nacht wurde, standen vierhundert Menschen unter deutscher Tarnung, aber Lola und ihr fescher Gatte waren nicht darunter. »Sie bringen uns um in Auschwitz!« hatte Lola zu ihm gesagt, aber Schlomo meinte: »Nein, unmöglich.«

Die SS kam nach Mitternacht. Kaum hörte Lola die Schüsse auf der Straße, flüchteten sie, Itu und Schlomo in einen geheimen Kartoffelkeller und schlossen die Falltür hinter sich. Kartoffelgeruch umgab sie. Ein halbes Dutzend weiterer Menschen waren dort versammelt, die Chassidim beteten, die Babys wimmerten, die Mütter legten ihnen hastig die Hände auf den Mund, damit sie still waren. Babys erstickten, starben, die Mütter waren entsetzt. Über ihnen trat die SS die Türen ein, brüllte »Juden raus!«, trampelte wie eine wildgewordene Herde durch die Räume. Durch die Ritzen in der Decke rieselte der Staub auf Lolas und Schlomos Köpfe. Sekunden später flog die Falltür auf, ein Lichtstrahl flammte auf wie ein Blitz, und die SS schrie: »Raus!« Lola und Schlomo krochen heraus, die SS-Männer zogen sie an den Haaren, traten sie, schlugen sie, beschimpften sie als »Dreckige Juden!« Lola wollte Schlomo anschreien: »Tu doch was!« und dachte bei sich: *Meine Brüder hätten etwas getan!*

Sie hielt Itu fest im Arm. Als die Sonne aufging, marschierten sie und die anderen zum Bahnhof. Die SS-Männer verkündeten voller Häme: »Jetzt ist die Stadt endlich judenrein«. Sie griffen sich Babys und rissen sie in zwei Teile, schlugen sie an die Mauer oder warfen sie in die Luft, um sie wie Wurfringe mit dem Bajonett wieder aufzufangen – Lola aber hielt Itu fest. Vor dem Bahnhof, einem hübschen gelben Ziegelgebäude, legte eine junge Frau ihr Neugeborenes vor der Statue der Jungfrau Maria nieder in der Hoffnung, daß eine Polin es fände und sich seiner annähme – aber Lola ließ ihr Kind nicht los. Die Juden wurden in den Bahnhof getrieben, vorbei an den Schildern INFORMACJA und KASA BILETOWA, die weiße Granittreppe hinauf und in den Zug nach Auschwitz; Lola hielt Itu fest, mochte kommen, was wollte. *Ich werde sie nie loslassen*, dachte Lola.

3

Am selben Tag kamen die versteckten Juden aus der Uniformfabrik wieder zum Vorschein, und der junge deutsche Direktor ging zum Gestapo-Kommandanten von Będzin. »Ich habe vierhundert Menschen«, sagte er, »sie leisten kriegswichtige Arbeit.«

»Woher haben Sie sie?«

»Tatsache ist, daß ich sie habe«, antwortete der Direktor. Kurz darauf arbeiteten die vierhundert Menschen für ihn, schnitten zu, nähten, fegten die Hallen und so weiter, schliefen auf Feldbetten und aßen Kuchen, den die deutschen Soldatenposten ihnen schenkten. In der Fabrik wußte keiner, ob Lola noch am Leben war, aber zwei ihrer Brüder und deren Frauen, Ada und Zlata, nähten noch immer Knöpfe an. Ada sang vom *See Kinnereth*, und Zlata, eine rundliche, lustige, freimütige junge Frau, erzählte jiddische Witze.

Ada war schwanger. Sie war im siebten Monat, als die Gestapo im Januar 1944 den Fabrikdirektor verhaftete. Alsbald ging das Gerücht, die Juden würden nach Auschwitz deportiert. Ada wußte mittlerweile, daß ein Kind in Auschwitz eine tödliche Last war, es verurteilte sich selbst und seine Mutter zum Tod in der Gaskammer. Daher zahlte Ada einem polnischen Arzt sechstausend Złoty, etwa dreitausend Reichsmark, damit er in die Fabrik käme und ihr erstes Kind mittels Kaiserschnitt abtriebe. Ada hatte sich noch längst nicht erholt, als am 20. Januar 1944 die Gestapo Lolas Brüder in weit entfernte Konzentrationslager deportierte, Ada und Zlata hingegen nach Auschwitz, dreißig Kilometer südlich.

»Auschwitz. Mein Sanatorium«, sagte Ada sarkastisch zu Zlata.

Ein Lastwagen holte Ada und Zlata ab. Als er anfuhr, schlug Zlata eine Plane zur Seite, und ein Schwall eisiger Luft drang herein. Die deutschen Soldaten, die mit ihr auf der Ladefläche standen, hoben argwöhnisch die Gewehre, und die anderen Näher und Näherinnen schrien sie an: »Bist du wahnsinnig? Sie bringen dich um!« – »Mag sein«, sagte Zlata, »aber wenn sie mich umbringen, möchte ich dabei lieber hinausschauen.« Sie starrte auf die schneebedeckte Hügellandschaft und sah den Krähen nach, die schwarze Striche durch den Himmel zogen. Die Krähen waren fort, als Ada und Zlata durch einen Torbogen ins Lager Auschwitz einfuhren.

Überall ringsum war Stacheldraht. Ein Zug junger Frauen in Fünfergruppen marschierte vorbei und sang mit jiddischem Akzent deutsche Lieder. Zlata, die immer noch hinausspähte, hatte gehört, daß die SS manche Juden verschonte; die mußten dann dabei helfen, die Juden umzubringen, die nach ihnen kamen. Tatsächlich gehörten die vorbeimarschierenden Frauen zum »Gepäckskommando«. Sobald ein Jude tot war, prüften die Frauen seine Habseligkeiten und sortierten Seife, Zahnpasta, Zahnbürste und die runden Büchsen mit Sambo-, Bison- oder Egu-Schuhcreme aus. Sie waren gerade auf dem Rückweg, und Zlata sah genauer hin, ob nicht eine von ihnen Lola war. Doch Lola war nicht zu entdecken. Zlata wandte sich an einen deutschen Soldaten und fragte: »Was arbeiten diese Frauen?«

»Sei still! Sie bringen uns um!« sagten die anderen.

»Was hab' ich denn zu verlieren? Was arbeiten sie?«

»Ich weiß es nicht«, antwortete der Soldat. »Aber Sie werden dieselbe Arbeit tun.«

»Wir müssen also nicht ins Krematorium?«

»Nein«, sagte der freundliche Soldat.

Doch sie hielten vor einem Gebäude mit überdimensionalem Schornstein. Ada, die Galoschen trug, und Zlata in guten Lederstiefeln und die fünfundfünfzig anderen stiegen aus. Die deutschen Soldaten führten sie in einen Raum mit Reihen alter, rostzerfressener Hähne an der Decke, einen Duschraum. Hinter ihnen schloß sich die Tür, und die Juden nahmen zu Recht an, daß sie sich in der Gaskammer befanden. Eine Frau schluckte eine Giftpille, die anderen brachen in Wehklagen aus: »*Nit arojs!* – Wir kommen hier nie mehr raus!« Indessen überlebte die Hälfte dieser Menschen und konnte später berichten: Der SS-Mann, der normalerweise die Zyklon-B-Blechbüchsen mit der Aufschrift GIFTGAS! besorgte, die er dann mit Hammer, Stecheisen und Dosenöffner aufstemmte, in einen Lüftungsschlitz entleerte und dabei lachte: »Na, gib ihnen schön zu fressen«, – dieser SS-Mann war nicht da, denn die SS wollte in einem Raum, der nur zu drei Prozent voll war, kein Insektenvertilgungsmittel vergeuden. Deshalb erhielten die Soldaten den Befehl, die Juden zu bewachen, bis der nächste Zug eintraf.

Also ging die Tür wieder auf, und eine seltsame Nacht begann. »Hat jemand Hunger?« fragte ein Soldat, und als die Juden bejahten, gaben die Deutschen ihnen gekochte Kartoffeln zu essen, sogar ein wenig Wein. »Zigarette?« fragten sie, und als Zlata dastand und rauchte, trat ein Deutscher zu ihr und sagte: »Ich mach' mir Sorgen um meine Frau und meine Kinder in Deutschland.«

»Warum?«

»Die vielen Bomben. Ich hab' lange keine Briefe mehr von ihnen bekommen.«

»Aha...«

Die Nacht zog sich hin. Ada und Zlata hörten ganz in der Nähe ein schabendes Geräusch wie von Eisen auf Eisen. Tatsächlich stammte es von den Kaminrosten der Krematorien. Ada und Zlata erfuhren es, als ein Jude von der Verbrennungstruppe die Tür zu dem graugestrichenen Raum öffnete, in dem sie sich aufhielten. Der Anblick lebender Menschen, die dort schliefen und schnarchten, schien ihn zu überraschen, und er fragte Zlata: »Wo kommt ihr denn her?«

»Aus Będzin.«

»Tja, bald seid ihr alle Frikadellen.«

»Ach, tatsächlich!« sagte Zlata. Sie trug Unterkleider, eine weite Hose, und sie stellte einen Fuß auf die Bank, damit sie den unverschämten Burschen notfalls mit dem Knie abwehren konnte. »Ich kenne eine Frau in Będzin, die Würste macht. Macht ihr dasselbe?«

»Zlata…«, begannen die anderen.

»Warte nur ab«, sagte der Junge von der Verbrennungstruppe. »Wir machen Fleischlaibchen aus euch.«

»Und du? Glaubst du, du wirst anders enden?«

»Zlata, reiz ihn nicht«, warnten die anderen.

»Warum nicht«, fragte Zlata. »Wir sterben sowieso.«

In diesem Moment erschien ein zweiter Junge an der Luke, mit einer Miene, als wollte er fragen: Was ist da los? Er sah Ada an, die zweiundzwanzig war, dann die ein wenig ältere Zlata, und sagte zu den deutschen Soldaten: »Ihr könnt die Leute nicht vergasen. Sie sind noch nicht selektiert worden.« Dann eilte er davon. Im Morgengrauen kehrte er zurück: »Mengele kommt. Also macht euch schön.«

»Wieso?« fragte Zlata. »Will er mich heiraten?« Aber sie legte Lippenstift auf und frisierte ihr Haar nach der damaligen Mode in Polen: zwei Knoten rechts und links, wie Mickeymaus-Ohren. Auch Ada machte sich bereit, und eine junge Frau färbte sich die Wangen mit Rouge, während sie ihre beiden Söhne von sich stieß, vier und sechs Jahre alt. »Sagt ja niemandem, daß ihr zu mir gehört«, befahl sie ihnen.

Nun erschien ein Mann. Er trug weiße Handschuhe, schwarze Stiefel und eine enganliegende SS-Uniform. Der Mann, der tatsächlich Mengele war, der Lagerarzt in Auschwitz, fragte sofort: »Sind hier irgendwelche Schneider?«

»Ja!« Nachdem jeder der Erwachsenen aus der Uniformfabrik kam, riefen alle Erwachsenen einstimmig: »Ja!«

»Gut. Wir brauchen Schneider«, sagte Mengele. Dann begann er mit der Selektion: er zeigte auf jeden einzelnen und sagte »Nach rechts« oder »Nach links«. Die älteren Leute, die Mütter und Kinder, einschließlich des Vier- und des Sechsjährigen, und eine junge Frau, die bei ihrer Mutter bleiben wollte, gingen nach links, neunundzwanzig Menschen. Ada, Zlata, die Mutter der beiden Buben, die Frau, die das Gift geschluckt hatte – es war zu alt gewesen und damit wirkungslos – gingen nach rechts, achtundzwanzig waren es. »Aufstellen!« befahl Mengeles Gehilfe der zweiten Gruppe, und während Ada und Zlata zur Lageraufnahme gingen, waren sie so froh, als seien sie vor dem Ertrinken gerettet worden.

Ihre Euphorie hielt an, als die SS-Männer ihnen befahlen: »Die Kleider runter!« Zlata zog einen Hundertmarkschein hervor, den sie sich an die Fußsohle geklebt hatte, und reichte ihn einem SS-Mann; eine andere Frau hatte Geldscheine in der Vagina versteckt, die sie aber nicht hergab. »Zum Haareschneiden!« befahl die SS, und ein Mann schnitt Zlatas Mickeymaus-Ohren ab und rasierte Adas langes Haar bis auf zwei wirre Büschel unter den Brillenbügeln. »Ada«, sagte Zlata beim Anblick der neuen, zerzausten Koteletten, »du siehst aus wie ein Jeschiwa-Student.« – »Zu den Duschen!« befahlen die SS-Wächter jetzt, »Einseifen! Abwaschen! Hinaus! Schneller!« Ada und Zlata wurden mit einer faulig riechenden Flüssigkeit übergossen. »Anziehen!« hieß es daraufhin, und Zlata erhielt einen Rock, der ihr viel zu klein war, Ada ein Kleid, das ihr genausowenig paßte. Dann wurden sie tätowiert: Ada erhielt die Nummer 74729, und Zlata, die kurz nach ihr kam, war 74731. Dann stapften sie davon in zu großen Schuhen, zu ihren Pritschen in einer niedrigen Holzbaracke, die Nadelstiche brannten, und die kahle Kopfhaut war starr vor Kälte.

Sie schliefen sofort ein. Gegen drei Uhr erwachte Zlata durch ein Klopfen am Fenster. Sie hörte ein Flüstern: »Zlata!« Sie fuhr auf und spähte durch die frostbeschlagene Fensterscheibe. Draußen in der kalten Nacht stand eine kahlköpfige junge Frau. Zlata stockte der Atem: »Lola?«

»Ich komm' am Abend wieder«, flüsterte Lola und hastete davon.

Wenig später wurden Ada, Zlata und die anderen eintausendfünfhundert Frauen in der Baracke von dem Ruf »Aufstehen!« geweckt. Die Holzbaracke war ein ehemaliger Stall, seine früheren Bewohner waren die Pferde des deutschen Afrikakorps gewesen. An den Wänden hingen noch die starken Eisenringe, an denen die Pferde festgebunden gewesen waren, außerdem Schilder mit Aufschriften wie ALLE RÄUDIGEN TIERE SIND AUSZUSORTIEREN. Die Baracke war in achtzehn Boxen unterteilt. Im Hinblick auf den neuen Zweck, die Unterbringung von Menschen, hatte die SS-Führung weitere Schilder anbringen lassen – RAUCHEN IM BLOCK VERBOTEN, MÜTZENTRAGEN IM BLOCK VERBOTEN, RUHE IM BLOCK – und dreistöckige Holzpritschen aufgestellt, so daß in jeder Box ein Dutzend Frauen auf dem Boden, ein weiteres Dutzend auf dem unteren Brett und ein drittes Dutzend auf dem oberen Brett schlafen konnten. Das oberste Stockwerk war das beste. Es stank weniger, und der Regen, der durch das Dach tropfte, sickerte weiter nach unten; er sammelte sich auf dem Boden, so daß die untersten Etagen im Schlamm standen. Zwischen zwei Etagen war genau fünfundsiebzig Zentimeter Platz – nicht genug, um aufrecht zu sitzen. Beim Weckruf mußten Ada und Zlata sich seitwärts aus ihren Kojen winden wie Raupen.

Der Appell dauerte bis zum Morgengrauen. Beim Abzählen schlugen die SS-Männer die Frauen, die nicht völlig reglos standen, mit Gummi- und Holzknüppeln und schrien sie an: »Dreckige Hündin!«, »Mistbiene!«, »Arschloch!« Zum Frühstück erhielten die Frauen jede einen halben Liter einer gelblichen Flüssigkeit, und den Rest des Tages standen, saßen oder lagen sie im Schnee, während die Sonne über den Himmel kroch. Das Lager ringsum erstreckte sich über eine Fläche von hundertzwanzig Hektar. Zlata war, den Umständen entsprechend, guten Mutes, doch Ada litt noch immer unter ihrer Abtreibung und war zutiefst niedergeschlagen. Die Frau, die ihren Kindern befohlen hatte, niemandem zu verraten, daß sie zu ihr gehörten, starrte unverwandt auf den Rauch, der aus den Schornsteinen quoll und sich wie Regenwolken vor die Sonne schob, und immer wieder sagte sie: »Das sind meine Kinder...« Es hieß zwar, daß alle Juden in Auschwitz durch den Kamin wanderten, ohne Ausnahme, doch die Frauen in Adas und Zlatas Gruppe sollten bald eine Aufgabe erhalten: die Leichen in die Öfen schieben, Diamanten von den Gebetsschals abtrennen, Brillen stapeln, und so weiter. Einstweilen jedoch waren sie noch in Quarantäne, liefen ziellos umher und warteten aufs Abendessen, das für jede aus vier Scheiben Schwarzbrot mit Margarine bestand.

Zlata ekelte es vor dem Essen. Sie hatte das beste Restaurant von Będzin geführt; dieses Brot, fand sie, schmeckte grauenhaft. Sie aß es nicht – bis Lola wieder vor ihrem Fenster stand wie eine Erscheinung und rief: »Du mußt es essen!«

»Lola, ich kann nicht...«

»Dann kannst du dich genausogut umbringen! Du kannst genausogut in den elektrischen Zaun laufen!« Ja, Lola schrie sie an. Ihr Gesicht war rot, wurde rosa, und ihr Atem schlug sich an der Fensterscheibe nieder. Zlata kam es vor, als hätte Lola sich in einen oder in alle ihre Brüder verwandelt, die brüllend befahlen: »Tu dies, tu jenes!« Und so war es tatsächlich: Lola war jetzt allein, mit einundzwanzig, sie war ihr eigener großer Bruder.

Ihre Angehörigen, das wußte Lola mittlerweile, waren alle tot. Bei der Judensäuberung im August hatte Rivka, ihre Mutter, sich im Haus polnischer Freunde versteckt, doch die Deutschen verkündeten, daß alle Polen, die Juden bei sich aufnahmen, sterben mußten; tapfer hatte Rivka sich gestellt und war zusammen mit Lolas Neffen, Zlatas fünf Jahre altem Sohn, in Auschwitz in der Gaskammer umgekommen. Lolas älteste Schwester und ihr Mann, der Steinbruchbesitzer, waren unterdessen ebenfalls vergast worden, zusammen mit ihrer zerbrechlichen fünfjährigen Tochter. Ihre zweite Tochter, die sechzehn war, die sich oft die Modellkleider ihrer Mutter ausgeliehen und gesagt hatte: »Eines Tages werd' ich das alles erben«, hatte noch bis vor kurzem in Auschwitz gelebt. Doch dann bekam sie Typhus, und Lola war durch den Stacheldraht gekrochen, um ihr ein Quentchen von Rivkas Allheilmittel zu bringen, Senf. »Das weckt dein Herz auf«, hatte Lola gesagt. Doch ihre Nichte war am Ende ihrer Kraft. Sie lag im Bett, bis sie von Mengele »selektiert« und von Hößler, dem Kommandanten des Auschwitzer Frauenlagers, ins Gas geschickt wurde. Drei weitere Schwägerinnen waren mit ihren Kindern ebenfalls in den Gaskammern umgekommen. Nur der Bruder, der Buchhalter gewesen war, lebte angeblich noch. Auch Schlomo war noch am Leben, Lolas untauglicher Ehemann, der im August, als man ihm erzählt hatte: »Sie verbrennen die Juden«, ungläubig auf die Schornsteine gestarrt und gefragt hatte: »Seid ihr verrückt?« Noch im September, als der dicke graue Rauch über ihn hinwegzog und kleine weiße Knochensplitter in den Schlamm rings um ihn herabfielen, glaubte er es nicht. Und was Itu anging, ihre kleine Tochter – Lola konnte sich schlicht nicht erinnern, was mit ihr geschehen war. Am Sonntagmorgen, dem 1. August, als Lola in Auschwitz eintraf, war Itu noch bei ihr gewesen, in der Nacht jedoch war sie verschwunden. Lola hatte keinerlei Erinnerung daran. Insgesamt waren dreizehn Menschen aus Lolas Familie tot, und Lola konnte nicht anders, sie mußte handeln wie ihre Brüder, um die übrigen am Leben zu erhalten.

»Iß!!!« brüllte sie Zlata an, und Zlata aß das KZ-Brot.

Nacht für Nacht kam Lola, wie die unerbittlichste aller jüdischen Mütter, und schrie: »Iß!« Welche Arbeit auch immer sie tagsüber verrichtete, am Sonntag hatte sie offensichtlich frei, denn an diesem Tag erschien sie bei Ada und Zlata in der Baracke. Sie war mager geworden, wog vielleicht noch vierzig Kilo. Ihr Lumpenkleid hing an ihr herunter wie an einem Kleiderbügel, aber sie hatte etwas, das Ada und Zlata fehlte: einen Ausdruck in den Augen, der sagte: *Ich werde überleben!* Einige Frauen aus Będzin waren bereits tot. Die junge Frau, die ihren Kindern befohlen hatte: »Sagt ja niemandem, daß ihr zu mir gehört«, hatte sich umgebracht; sie war in den elektrischen Stacheldraht gelaufen. Ada siechte auf ihrem Strohsack dahin, starrte auf die Holzspäne über ihr und träumte vom Haus des katholischen Jungen in Będzin. Dort stand im Wohnzimmer ein Stutzflügel, träumte sie, darauf eine Vase mit roten Lilien, auf dem Notenhalter ein aufgeschlagenes Buch mit Weihnachtsliedern, und Ada sang mit. Dann wachte sie auf und war in Auschwitz, ohne Haare, mit eisigem Kopf, den Mund wie voller Pfefferschoten: es waren die wunden Stellen, die das Sägemehlbrot verursachte. Sie schien zum Sterben verurteilt – bis zu dem Sonntag, an dem Lola kam.

Lola verhielt sich nicht ganz so, wie ihre Brüder sich verhalten hätten. Sie stopfte Ada nicht das schwarze Brot in den Mund, aber sie schrie sie an, ja sie brüllte: »Du *mußt* essen!«

»Ich kann nicht…«

»Wenn du das Brot nicht ißt, stirbst du! Du stirbst am Hunger, du stirbst am Typhus, du stirbst!«

»Es brennt so…«

»Du stirbst!«

Ada war das gleichgültig. Sie wollte sterben, aber noch mehr wollte sie, daß Lola sie endlich in Ruhe ließe. Noch immer weinend, aß sie das Brot. Aber Lola ließ sie noch nicht in Ruhe.

»Steh auf! Runter von der Pritsche!«

»Ich bin krank…«

»Verwöhnt bist du! Mein Bruder hat dich verwöhnt!« sagte Lola, eifersüchtig auf Ada, deren Mann – Lolas Bruder – seine Frau statt seiner kleinen Schwester verwöhnt hatte. »Mein Bruder ist jetzt nicht für dich da!« sagte Lola, deren Bruder auch für sie nicht da war. »Du mußt selber schauen, wo du bleibst. Komm raus!«

Ada kletterte aus dem Verschlag, Lola ging. Ada hatte nun Durchfall, und ihr Mund brannte, als hätte sie Feuer geschluckt. Sie versuchte, den Schmerz zu beruhigen, indem sie leise sang:

Vielleicht ist das alles nie geschehen,
Vielleicht wachte ich nie morgens auf,
Vielleicht ertrank ich nie
im See Kinnereth.
Oh, Kinnereth! Mein Galiläisches Meer…

Andere Frauen der Baracke traten zu ihr. Eine sang mit, doch eine andere rief: »Sei still! Laß sie allein singen!« Die Stubenälteste, eine Jüdin mit Holzkeule, kam herbei. »Was soll der Lärm?« rief sie, aber als sie hinhörte, sagte sie: »Das erinnert mich an Plonsk«, ihr Heimatdorf in Polen. »Mein Bruder war dort bei den Zionisten. Sing weiter.« Ada sang weiter, die Stubenälteste brachte ihr heiße Milch mit Honig. Fortan sang Ada jeden Tag. Sie und Zlata überlebten.

Im Februar 1944 war die Quarantäne vorbei. Normalerweise hätten Ada und Zlata nun einer Truppe wie dem Gepäckskommando zugeordnet werden müssen, doch es gelang Lola, die in einer deutschen Fabrik beschäftigt war, die beiden ebenfalls dort unterzubringen. Eines Tages nach dem Appell marschierten Ada und Zlata zusammen mit Lola und Hunderten anderer junger Frauen um fünf Uhr morgens durch das Tor. Sie sangen:

Von der Maas bis an die Memel,
Von der Etsch bis an den Belt,
Deutschland, Deutschland über alles
über alles in der Welt!

»Lauter! Lauter!« riefen die Aufseherinnen den frierenden

Frauen zu. Die KZ-Aufseherinnen gehörten nicht der SS an, sondern waren ebenfalls Gefangene: keine Jüdinnen, sondern Kriminelle, die von ihren Schlagstöcken Gebrauch machten, wenn eine Frau nicht sang, wenn beim Gehen ihre Arme schwangen, oder wenn sie unterwegs Abfall auflas und aß. Viele Aufseherinnen waren Polinnen und Tschechinnen, aber die mächtigste war eine Deutsche, eine rothaarige, sommersprossige Prostituierte, deren Schrei die eisige Luft zum Zerspringen brachte. »Schweinehunde! Dreckige Juden!« Sie ging wie ein Affe, es sah aus, als könnte sie jeden Moment auf allen vieren landen – und tatsächlich passierte es ihr einmal: erschöpft vom Schlagen der Juden fiel sie in den Schnee.

Ada und Zlata nahmen Lola beim Wort: sie hatten es vergleichsweise gut. Nach einem Marsch von vier, fünf Kilometern waren sie in der Unions-Fabrik. Ada erhielt einen kleinen Löffel, kleiner als ein Mokkalöffel, und mußte Schwarzpulver in schrotkorngroße Kugeln füllen. Zlata hatte die Aufgabe, heiße Schrauben in kleine Metallkegel zu drehen. Die anderen Frauen aus Będzin mußten Muttern mit heißem Öl schmieren und auf die Schrauben setzen. Das Öl spritzte ihnen auf die Arme und verbrannte sie, so daß sie ihr Brot verkauften, um dafür leere Zementsäcke aus Papier zu erstehen, die sie anlegten wie die Armschienen einer Ritterrüstung. Lola hingegen bohrte fünf Millimeter große Löcher in die Spitze der Metallkegel. Außerdem war sie Vorarbeiterin und befahl den Arbeiterinnen, sogar den deutschen Ingenieuren: »Tu dies! Tu jenes!« Sie war so durchgreifend und machtbewußt geworden wie ihre Brüder. Nur eine einzige Unvollkommenheit hatte sie – dieselbe wie der Oberst in *Die Brücke am Kwai*. Niemals hielt sie inne und fragte sich: *Was tue ich eigentlich?*

Denn die Fabrik stellte Munition her. Krupp hatte sie im April 1943 auf Befehl Hitlers gegründet, der gemurrt hatte: »Ich habe hundertfünfzigtausend Strafgefangene, die Pantoffeln machen!« Ein halbes Jahr später befahl die SS den Krupp-

Leuten: »Eure Zeit ist um.« Statt dessen wurden die Unions-Arbeiter eingestellt, und bald darauf produzierte die Fabrik Zünder für 37-Millimeter-Flak-Geschosse. In jedes Loch, das Lola bohrte, kam ein Holzstößel. Dieser trieb, sobald das Geschoß die Außenhaut eines Alliierten-Bombers traf, einen Schlagbolzen in Adas Sprengstoff, der daraufhin explodierte. Das Stahlgehäuse, das Zlata zusammenschraubte, konnte eine Flying Fortress zum Absturz bringen. Lola, die nur Augen für Zlata und Ada hatte, sah nicht, wie kontraproduktiv sie war. Sie tauschte ihr Brot gegen Galoschen für Zlata, sie unterwies Ada in der Kunst zu handeln, sie herrschte Zlata an: »Halt dir die Nase zu!« und flößte ihr die stinkende Suppe ein, sie tröstete die ihr Nahestehenden und Liebsten, wenn sie geschlagen worden waren – und sie stellte Fliegerabwehrgeschosse her. Sie sah eben nur ihr Nahziel.

Die Frauen rings herum arbeiteten langsam. Wenn die SS nicht hinsah, setzten sie sich auf die Bänke und lasen die Berichte in den Zeitungen, in die die Aufseher ihre Würste eingewickelt hatten, oder sie setzten sich hin und schrieben an ihren »Schatz« in Auschwitz Briefe wie diesen:

Mein lieber Heniek,
ich habe mich geschämt, als wir uns zum erstenmal am Drahtzaun trafen. So, wie ich aussehe, gefiel ich niemandem, außer dir. Ein rasierter Kopf, ein gestreifter Sträflingsanzug mit einer ekelhaften Schnur und Holzschuhe, die laut auf das Pflaster schlugen. Und doch…

Oder sie saßen und redeten. »Sie behauptet, sie sei vergewaltigt worden«, berichtete eine Frau. »Der Anwalt in Sosnowiec fragte sie, wie. Daraufhin legte sie sich hin und zog ihre Unterhose aus!«

»Im Anwaltsbüro?«

»Ja!« Und der Klatsch ging weiter. Er konnte die Frauen ganz in Anspruch nehmen, und es kam vor, daß die SS nichts merkte. Wie tote Fliegen lagen die Schrauben für die Flak-Geschosse in den Behältern, nur Lola rannte mit dem einen oder anderen Auftrag geschäftig hin und her.

Ihre beiden Schwägerinnen drückten sich ebenfalls, wo es ging. Zlata schlief immer wieder ein. Einmal hatte sie die *chuzpe*, einem SS-Mann ihr Leid zu klagen: »Ich hab' Zahnweh!«, und der SS-Mann, kaum zu glauben, besorgte ihr ein Bett, eine Decke, Aspirin und einen warmen Flak-Zünder, den sie sich auf die Wange legen sollte. Ada sang auf deutsch *Lili Marleen*, auf polnisch *Pani Maryśka, Telefonistka,* auf russisch *Katuschka* und sogar auf englisch:

Sweetheart! Sweetheart! Sweetheart!
Will you love me...,

während sie die Löcher in den kleinen Metallkegeln prüfte. Sie tat auch etwas, wofür die SS sie hätte hängen können. In Będzin war Ada in der Untergrundbewegung gewesen – was Lola nicht wußte –, und jetzt warf sie die Kegel mit den zu großen Löchern zu den brauchbaren Zündern statt in den Behälter für den Ausschuß. Wenn die Geschosse zum Einsatz kamen, würde die Luft, die durch die Löcher zischte, den Schlagbolzen vorzeitig in den Sprengstoff treiben, so daß die Explosion zu früh erfolgen und die deutschen Flak-Schützen töten oder zumindest verwunden würde.

Lola wußte das alles nicht. Bis zum Sommer 1944 stellte sie sich niemals die Frage: *Was tue ich eigentlich?* Eines Tages gab ihr eine Cousine, ein kleingewachsenes Mädchen, das in der Sprengstoffherstellung arbeitete, ein Stück Stoff, klein wie Papierkügelchen, das sie aus der Fabrik schmuggeln sollte. Lola diskutierte nicht, sondern versteckte das Stoffkügelchen in ihrem kurzen blonden Haar. Um sechs Uhr verließ sie das Gebäude, die SS durchsuchte die Frauen vor ihr und die Frauen nach ihr, aber Lola kam ungeschoren durch. Sie trug ihr Kopftuch fest gebunden, während sie durch den Schlamm marschierte und, wie Ada und Zlata, *»Deutschland, Deutschland«* sang, die Aufseherinnen »Lauter!« schrien und die »jüdischen Schweinehunde« schlugen. Eine Stunde später war Lola in ihrer Baracke; wie sie nahmen Ada, Zlata und viele andere Frauen Stoffstückchen aus dem Haar, dem Mund, der Vagina und wickelten sie auf. In jedem Stück Stoff war eine Prise Schwarzpulver – Schießpulver –, das die Frauen in einen Beutel schütteten und wie eine illegale Droge den Männern von der Verbrennungstruppe zusteckten. Den ganzen Sommer über schmuggelten die Frauen Sprengstoff aus der Fabrik. *Sweetheart. Sweetheart. Sweetheart.*

Die achthundert Männer, die an den Öfen arbeiteten, versteckten das Schießpulver in der Decke eines Krematoriums. An den Öfen benutzten sie eine lange eiserne Gabel, um die Leichen hineinzuschieben und die Schlacken herauszustochern. In jede Verbrennungskammer paßten drei Leichen, in jedem Ofen gab es zwei oder drei Kammern, und in jedem Krematorium entweder zwei oder fünf Öfen, so daß in jedem Krematorium fortwährend bis zu fünfundvierzig Menschen brannten. In allen fünf Krematorien loderten die Flammen dieser ganzen Menschheit aus den gedrungenen, viereckigen Kaminen wie riesige Fackeln. Daraus wurden dichte Rauchschwaden, die, als das feuchte Herbstwetter einsetzte, nicht mehr in den Himmel aufstiegen, sondern sich wie eine Plane über das Frauenlager und – jenseits der Bahngleise – über das Männerlager legten. Dort stand jeden Abend ein Jude namens Adam Krawecki, der wie Lola bald als Offizier der Organisation mit den olivgrünen Uniformen beitreten sollte. Er starrte perplex in den Rauch.

Was ihn befremdete, war die Menge. Vielleicht, es konnte ja sein, hatte die SS genügend Haß in der Seele, um das ganze weite Himmelsgewölbe damit zu füllen. Aber dann zogen die Wolken ab, und die SS hatte noch immer genügend Haß, um den Himmel am nächsten Tag erneut zu füllen, und am übernächsten Tag wieder. Was, fragte sich Adam, war die Ursache dieses unerschöpflichen Hasses? In der Schule zu Konin, wo er Philosophie studiert hatte, war er mit Spinoza vertraut geworden, dem jüdischen Philosophen, der die Affekte der Menschennatur wie Liebe und Haß so präzise wie gleichschenklige Dreiecke analysiert und nach der mathematischen Methode des Euklid in Grundbegriffen, Axiomen, Propositionen, Demonstrationen, Korollarien und Beweisen dargestellt hatte. »Proposition XIII. Anmerkung«, schrieb Spinoza, und Adam erinnerte sich genau. »Haß ist Schmerz, begleitet von der Vorstellung einer äußeren Ursache.« In Ordnung, dachte Adam, die SS empfindet Schmerz und hält zugleich an der sonderbaren Vorstellung fest, die Juden seien schuld daran. Aber *soviel* Schmerz? So tief wie der See in Thors Kelch? So tief, daß die Weite des Himmels nicht ausreicht, um ihn darin aufgehen zu lassen? »Proposition XX. Wer sich vorstellt, der Gegenstand seines Hasses würde vernichtet, empfindet Vergnügen.« Ja, dachte Adam, die SS empfand Vergnügen; aber zehn Sekunden später war der Schmerz, war der Haß nur noch größer geworden. Er quoll hervor und strömte und stieg auf – woher? Das fragte sich Adam in Auschwitz.

Eines Abends, als Adam die sichtbare Manifestation des Hasses über ihm betrachtete, kam ein katholischer Priester vorbei – ja, ein katholischer Bischof sogar, ebenfalls ein Gefangener –, und Adam kam mit ihm ins Gespräch. Adam, muß hinzugefügt werden, war noch nicht vierundzwanzig. Seine klaren Augen, die halb geöffneten Lippen gaben jedem zu verstehen: »Ja, ich höre zu.« Der Bischof war ein viel älterer Mann, und während sie nebeneinander durch den Schlamm gingen, nahm Adam die Rolle des Novizen ein. »Warum hassen die Christen die Juden?« fragte Adam.

»Das ist so«, antwortete der Bischof. »Ein Löwe liegt im Wald, satt und zufrieden, und ein Hirsch kommt vorbei. Der Löwe ist wahrlich nicht hungrig, und der Hirsch wird ihm nichts zuleide tun. Dennoch springt der Löwe ihn an.«

»Aber warum?«

»Der Löwe hat den Instinkt des Raubtiers, verstehst du, und dieser Instinkt befiehlt ihm, den Hirsch zu töten. Dasselbe gilt für den Nichtjuden. Der Jude wird ihm nichts zuleide tun, dennoch schimpft der Christ ihn einen Schweinehund. Das ist sein Instinkt gegen den Juden.«

»Aber woher kommt der Instinkt?«

»Vielleicht«, fuhr der Bischof fort, »nimmt der Christ ihn mit der Muttermilch auf. Vom Tag seiner Geburt an hört er, daß der Jude kommt und ihn holt, wenn er nicht ißt, wenn er nicht schläft, wenn er dies nicht tut und jenes nicht tut. Vielleicht ist es das.«

Adam überzeugte das nicht. Seine Mutter in Konin hatte ähnliche Methoden angewandt: »Wenn du nicht ißt, holt dich die Polizei.« Adam war mit einer Abneigung gegen Polizisten aufgewachsen, aber der Gedanke, auch nur einen einzigen seiner Feinde in die Gaskammer, in den Verbrennungsofen zu schieben und ein 980 Grad heißes Feuer anzuheizen, um ihn unschädlich zu machen, war im Verhältnis zu seinen Vorbehalten gegenüber Polizisten derart unangemessen, daß er die beiden Vorstellungen nicht zusammenbringen konnte: sobald er sich mit der einen befaßte, entfiel ihm die andere, und so dankte Adam dem wohlmeinenden Bischof und legte sich in seiner Baracke schlafen – immer noch perplex.

Lang vor Morgengrauen marschierte er durch das Tor von Auschwitz, sang deutsche Lieder und zog vor der SS seine Mütze. Um sechs Uhr begann er wieder mit seiner Arbeit in der Unions-Fabrik. Seine Aufgabe im Rahmen des Schießpulverschmuggels bestand darin, ein Auge auf die schmuggelnden Frauen zu haben, für den Fall, daß die SS sie erwischte. Adam stahl außerdem eine Schere mit rosafarbenen Gummigriffen, die man benutzen konnte, um den elektrischen Draht zu zerschneiden, und er steckte sie einer Frau zu, die sie an den SS-Posten vorbeischleusen sollte. Der Plan war, daß die Verbrennungstruppe mit dem Schießpulver die Krematorien in die

Luft sprengen sollte, was täglich zehntausend Menschen das Leben retten würde. War dies geschehen, würden sie mit der Schere den Stacheldraht zerschneiden, und alle sechzigtausend Sklaven würden fliehen. Der Aufstand war für Oktober 1944 geplant.

Im Oktober arbeitete Adam noch immer in der Unions-Fabrik. Er schärfte Lolas Bohrer, Lola bohrte Lücher in die Zünder, und Ada prüfte Lolas Löcher. »*V'od*. Und noch –«, Ada sang jetzt auf hebräisch:

Und noch ein weiteres Geheimnis!
Ich bin in einer Flamme verbrannt.
Man sagt, es ist Liebe in der Welt.
Woher soll ich den Namen der Liebe wissen?

Ihre Stimme an diesem Ort war wie ein kühles, erfrischendes Wasser, und aus Dankbarkeit schenkte eine Frau ihr ein halbvolles Glas Marmelade und eine zusätzliche Scheibe Brot, nachdem sie mit einem Flak-Bolzen *KOCHAM CIĘ– Ich liebe dich* in die Margarine gekratzt hatte. Zu ihrem zweiundzwanzigsten Geburtstag schenkte ihr ein Junge Butterblumen, die er unterwegs am Straßenrand gepflückt hatte. Einer ihrer Aufseher, ein einäugiger Mörder, Deutscher, sagte zu ihr: »Du bist mein Gold«, und ein anderer, ein Pole, küßte sie sogar. Sogar ein paar SS-Leute, deren musikalische Vergnügungen darin bestanden, sonntags in Habtachtstellung *»Deutschland, Deutschland«* zu singen und anschließend auf Faltstühlen zu sitzen und Wagner zu hören, sogar die SS-Leute nickten manchmal, wenn Ada sang, während sie den Ausschuß in den Behälter für brauchbare Geschoßhülsen warf.

Doch eines Tages hörte Ada hinter sich Geschrei. Sie drehte sich um und sah eine Aufseherin, eine Schachtel mit Flak-Teilen von der deutschen Wehrmacht in der Hand. »Wer inspiziert die Bestandteile Nummer neun?« schrie sie.

»Ich«, sagte Ada zögernd. Woraufhin die Frau ihr einen heftigen Schlag versetzte und das Mädchen, das neben Ada stand, zu weinen begann. »Nicht weinen«, flüsterte Ada auf polnisch.

»Was hast du gesagt?« schrie die Aufseherin, schlug sie erneut und befahl sie zum Rapport ins SS-Büro. Adas Kehle war wie ausgedörrt. Tatsächlich bedeutete das: »Zum Rapport ins SS-Büro, wo du geschlagen wirst, gefoltert, in Block elf verlegt und anschließend gehängt.«

Zum Glück für Ada trat der einäugige Mörder auf sie zu und versprach ihr: »Das regle ich.« Es gelang ihm auch irgendwie; doch die SS beendete Adas Einfrauenkrieg und machte kurz darauf auch dem Aufstand in Auschwitz ein Ende. Am Samstag, dem 7. Oktober, warfen die Leute von der Verbrennungstruppe einen ihrer Aufseher in den Ofen, brachten die SS-Männer Josef, Rudolf und Willi um, sprengten ein Krematorium mit Hilfe einer schießpulvergefüllten Sardinenbüchse, zerschnitten den Stacheldraht mit der isolierten Schere und flohen, auf russisch, polnisch, tschechisch und deutsch die *Internationale* singend, in die Birkenwälder, wo die MG-Schützen der SS sie alle umbrachten, zweihundertfünfzig junge Männer. Ihren letzten Atemzug taten sie im Auschwitz-Code:

> *4324326. 7. 40. 1245111611. 242731. 72726…*
> *Die desperaten Männer gerieten der SS in die*
> *Hände …*

Zwei Tage später führten die SS-Männer vier Frauen ab, die Schießpulver geschmuggelt hatten, darunter auch Lolas Cousine. Sie wurde geschlagen, ausgepeitscht, gefoltert, ihre Hände und Füße zerquetscht wie Nußschalen, aber Lolas Namen verriet sie nicht. Die vier Frauen konnten nicht mehr gehen, deshalb schleppten die SS-Männer sie zu den Galgen vor Lolas Fenster. Sie zerrten sie die Stufen hinauf und legten ihnen die Schlingen um den Hals; eine von ihnen schrie noch auf jiddisch: »Rächt mich!«

Lola stand am Fenster und sah zu. Als die Falltür sich öffnete und die Frauen hindurch fielen, spürte Lola eine Hitze in sich aufsteigen, übermächtig wie glühende Lava, die sie inwendig verbrannte und einen Ausweg ins Freie suchte. Aber es gab keinen Ausweg. Lolas Bettnachbarin, deren Schwester unter den Gehängten war, begann zu schreien; Lola drückte sie in die Strohmatratze und flüsterte: »Pssst!«

Ein erstickter Schrei.

»Sie werden dich hören!«

Auch die Männer in Auschwitz, auch Adam, sahen die Körper fallen. Aber sie fanden ein Ventil für die glühende Lava im Innern, denn in einer ihrer Baracken lebte der Bursche, der Lolas Cousine verraten hatte, ein Jude, der bekannt war unter dem Namen Klein Leon. »Wir feiern Neujahr«, sagte ein älterer Gefangener im Dezember 1944. »Feiern wir ohne Leon.« In dieser Nacht versteckten sich Adam und die anderen in der Latrine, und als Leon hereinkam, fand ihr Haß seinen Weg. Sie warfen eine Decke über ihn und strangulierten ihn. Doch merkwürdig, ihr Haß hatte sich damit verbraucht. Im Morgengrauen flammte er erneut auf, genährt aus irgendeiner dunklen Quelle. Beim Anblick der Latrinen und des schmächtigen, erbärmlichen Körpers, der daneben lag, empfanden sie keine Genugtuung, sondern nur noch mehr Abscheu, noch mehr Haß.

In Lola hingegen rumorte die Lava, verbrannte ihren Magen, ihren Darm, ihr Herz, zehrte ihre Kräfte auf. Sie fühlte sich, als hätte sie einen Wolf im Leib, der ihre inneren Organe auffraß. In der Nacht jenes 18. Januar 1945, als die SS-Männer durch Lolas Baracke stampften, schlugen und schrien: »Stinkende Schweine! Raus!«, war Lola unfähig, sich zu rühren. Sie sagte zu Zlata: »Komm, wir verstecken uns unter dem Bett.«

»Nein, Lola! Dann bringen sie uns um!«

Zlata zerrte Lola ins Freie, und Lola begann in zwei linken

Schuhen ihren Marsch nach Deutschland. Ihre Familie war alles, woran sie dachte. Ihre Mutter, ihr Vater, ihr Kind waren tot, ihr Ehemann unerträglich. Ihre Brüder und Schwestern waren, soweit sie wußte, ebenfalls tot – mit Ausnahme vielleicht des staatlich geprüften Buchhalters. Was mit Ada geschehen war, wußte niemand, aber Zlata war der Satan, der sie quälte, der ihre abgestorbenen Füße in die Schuhe zwängte. Aus Lolas blutenden Knien rann nach und nach auch der letzte Tropfen Ausdauer, den sie noch gehabt hatte. Am Samstagabend sagte sie zu Zlata: »Ich hab' genug.«

»Sie bringen dich um!«

»Ich gehe weg.«

»Paß auf!« sagte Zlata und warf ihr noch ein kleines Päckchen zu, bevor Lola sich unter die Menge der Deutschen am Straßenrand mischte.

Sofort war ein SS-Mann zur Stelle mit seiner Luger, dem knurrenden Hund an der Leine, dem Totenkopfemblem. Man muß dazu sagen, daß die Männer mit den Schäferhunden der Abschaum der SS von Auschwitz waren. Die Hälfte der SS hatte sich freiwillig für die Arbeit als »Hundeführer« gemeldet, und diese pflegten sich unerwünschter Subjekte zu entledigen, indem sie bestimmten: »Du, du und du…« Selbst Höß, der Lagerleiter von Auschwitz, der die Gaskammern erfunden und zwei Millionen Menschen ins Gas geschickt hatte, selbst er beklagte sich, daß die Hundeführer ihre Bestien einfach so zum Spaß auf die Juden hetzten. Dieser SS-Mann, der Lola sofort erspäht hatte, war ein cholerischer Mensch, und er war müde, und sein Mund war viereckig, als er Lola anbrüllte: »Sie, gehören Sie dazu?« Sein Hund zerrte an der Leine und fletschte die Zähne.

»**W**as, sind Sie verrückt?« schrie Lola in ihrem Deutsch, das sie in der Unions-Fabrik gelernt hatte. Sie wog nur noch sechsundsechzig Pfund, doch der Mantel verbarg ihren ausgemergelten Körper. Ihr Haar war kurz wie Borsten, doch unsichtbar unter dem Kopftuch, und ihr Gesicht war nicht bleich, sondern rot von der Kälte, rot wie das Gesicht einer Bauerntochter (»Irgendwann wirst du dafür noch einmal dankbar sein«, hatte ihre Mutter gesagt). Ihre eingefallenen Wangen entsprachen der Mode der Zeit, der Traum jedes Fotomodells, und die Todesangst in ihren Augen hätte auch Empörung sein können, daß der Mann sie für eine Jüdin hielt. »Nein! Ich gehöre nicht dazu!« schrie Lola, und das Erbteil ihrer Brüder verlieh ihr die Kraft, das Wort *dazu* auszuspucken wie einen Bissen verdorbenes Fleisch. Der SS-Mann starrte sie eine Weile an, als wollte er sagen: »He, Fräulein, versuchen Sie nicht, *mich* einzuschüchtern.« Dann drehte er sich um und ging mit seinem Hund weiter.

Die Deutschen rings um Lola hatten keinen Laut von sich gegeben. Vielleicht hatten sie die rote Farbe auf der Rückseite ihres braunen Mantels nicht gesehen, vielleicht dachten sie, der Krieg sei ohnehin so gut wie vorbei, vielleicht hatten sie auch Mitleid mit den Juden – Lola wußte es nicht. Sie wandte sich an den ihr zunächst stehenden Mann, der einen abgeschabten schwarzen Regenmantel trug, und fragte auf deutsch: »Darf ich Ihren Mantel haben? Auf meinem ist eine Markierung, und die möchte ich verstecken.«

»Nein, das dürfen Sie nicht!« schnaubte der Mann. »Ich komme selbst gerade aus einem Arbeitslager!« Lola erwiderte nichts, und zwei Minuten vergingen. »Aber das kann ich Ihnen geben«, sagte der Mann unerwartet, langte in die Tasche und gab ihr eine Mark und fünfzig Pfennig.

»Danke, mein Herr«, sagte Lola. Als endlich der Zug der Juden und der SS wie ein Trupp aneinandergeketteter Sträflinge vorüber war, kämpfte sie sich durch den knietiefen Schnee bis zu einem Kohlenschuppen im Hinterhof irgendeines Hauses. Dort angelangt, zog sie ihre beiden linken Schuhe aus und brach zusammen, ein Häuflein alter, rußfleckiger Lumpen.

Gegen Morgen weckten sie die Hähne. Sie setzte sich auf, langsam wie ein Körper vor dem Jüngsten Gericht. Sie war eiskalt, ihre Hände blau, stellenweise violett, ihre Füße gefühllos. Sie hob die eisverkrusteten Schuhe auf und wankte ins Freie. Sie war in einem der Dörfer, die 1921 dafür gestimmt hatten, deutsch zu bleiben, die dann von den Polen vereinnahmt worden und jetzt wieder deutsch waren. In der Nähe stand ein altes Holzhaus, aus dem jetzt ein alter schnauzbärtiger Mann trat, der diesen ungebetenen Gast anstarrte.

»Herr«, sagte Lola auf polnisch, mit dem Mut der Verzweiflung. »Ich habe Durst. Hätten Sie etwas Tee?«

Der Mann starrte sie noch eine Weile an. Dann ging er ins Haus, doch er kam wieder und brachte eine Tasse dünnen Kaffee und ein Stück Sandkuchen.

»Danke«, sagte Lola. *Heute muß Sonntag sein*, dachte sie, während sie den Kuchen aß und den Kaffee trank. »Herr, mir ist kalt«, fuhr sie fort. »Ich muß mich aufwärmen.«

Der Mann starrte noch immer. Dann sagte er: »In Ordnung«, führte sie die windschiefe Treppe hinauf in eine kleine Stube und setzte sie vor den Kanonenofen. In diesem Augenblick rief eine Frau: »Laß sie nicht rein! Das ist eine Jüdin!«

»Ich tu, was ich will.«

»Das ist unser Tod! Sie wird...«

»Halt deinen Mund.«

»Ich gehe, sobald ich kann«, versprach Lola. Sie bat den Mann um Schere, Fingerhut, Nadel und Faden, und nachdem sie erhalten hatte, was sie brauchte, schnitt sie mit steifen, zitternden Fingern den unteren Rand des Mantels ab und nähte ihn auf das rote Kreuz, damit es nicht mehr zu sehen war. Dann zog sie den Mantel wieder an. Ihr Kopftuch war schmutzig, die Strümpfe voller Blutflecken, aber in Zlatas kleinem Päckchen fand sie ein neues Kopftuch und neue Strümpfe, die sie anzog; auch die Schuhe zog sie wieder an. Der Mann gab ihr ein belegtes Brot mit, und Lola sagte: »Danke, Herr«, und ging.

Es war tatsächlich Sonntag. Die Glocken läuteten, alle Deutschen waren auf der Straße, unterwegs zur Messe. Lola ging mit ihnen in eine katholische Kirche, doch der Pfarrer sah sie an, als sei ihr das Wort JUDE auf die Stirn geschrieben. Die versammelte Gemeinde drehte sich nach ihr um, bis Lola rückwärts die Kirche verließ. Sie wanderte nach Westen, bis sie an einem Bahnübergang eine Szene wie aus Dantes *Inferno* erblickte. Im Schnee sah sie die Juden vom Tag zuvor. Tausend mochten es sein, lebend, sterbend oder bereits tot – die Lebenden schrien, die Sterbenden weinten, Tote knieten, die Hände auf dem Kopf, die Leiber weiß wie Schneemänner, hartgefroren. Auf den Schienen standen mehrere offene Kohlewaggons, und die SS-Wächter benutzten ihre Gewehre wie Viehpeitschen, um die Menschen in die Waggons zu treiben. »Hinein!« schrien sie, und allen, die es nicht schafften einzusteigen, befahlen sie: »Niederknien!« Dort blieben sie, bei zehn Grad unter Null. Die Szene sah aus wie ein Stahlstich, schwarz und weiß: eine Darstellung des neunten Höllenkreises.

Lola floh. Sie hielt nicht Ausschau nach Ada und Zlata. Die beiden waren gewiß tot, dachte sie, und wenn nicht, so würden sie bald sterben. Sie rannte kreuz und quer durch das Dorf, kopflos auf der Flucht. Sie lief am Krämer, an der Metzgerei, an der Apotheke vorbei. In den Schaufenstern hielt ihr Spiegelbild mit ihr Schritt. Einmal erblickte Lola ihre blasse Doppelgängerin und geriet vollends aus der Fassung, denn sie sah aus wie eine junge Dame, ein Fotomodell, das es eilig hat, um zur Aufnahme zurecht zu kommen. *Mein Gott*, dachte Lola. *Wer bin ich? Was soll ich tun? Wo soll ich hin?*

Einen Ort gibt es, wo ich hin kann, dachte Lola, und machte sich auf nach Osten. Der Himmel war blau, und der Schnee knirschte unter ihren Füßen wie geröstetes Brot zwischen den Zähnen. Die Ulmen und Akazien rechts und links von ihr waren kahl wie Gerippe, auch der Feuerturm im Osten des Dorfes sah aus wie ein Skelett. Er war aus Holzstämmen und Leitern errichtet, schien aufs Geratewohl zusammengebaut wie aus Mikadostäben: so erhob sich der Turm Stockwerk um Stockwerk, taumelte nach links, nach rechts, nach links und hielt doch zusammen, sechs Stockwerke hoch, ragte wankend über den Kartoffeläckern auf wie ein Mensch auf riesigen Stelzen. Ein groteskes Bauwerk – in Lolas Augen sah es aus wie ein gigantischer Wachturm der SS. Oben auf der Spitze saß eine Krähe, ein Erlkönig, der auf sie, die unten dahinstolperte, hinabspähte.

Auf einem Straßenschild hieß es: MYSLOWITZ 50 KILOMETER. Dorthin wandte sich Lola, Richtung Nordosten. Sie hörte Menschen auf Russisch singen, und ihr Herz tat einen Sprung, doch gleich darauf verließ sie der Mut wieder, denn als sie an ihr vorüberzogen, sah sie, daß es Russen aus Hitlers Wehrmacht waren, auf dem Rückzug. Sie trugen Helme aus dem Ersten Weltkrieg und riefen Lola zu: »Süße, komm mit uns!«, und dann sangen sie ihr ein Lied:

Es waren einst Kosaken vom Don,
Die zogen in den Krieg!
Sie trafen eine schöne Maid, Galja,
Und nahmen sie mit!

Das darf nicht wahr sein, dachte Lola, und um ihrer Sicherheit willen hielt sie sich an eine deutsche Frau, die in dieselbe Richtung ging.

»Guten Morgen«, sagte die Deutsche. »Ich bin auf dem Weg nach Myslowitz. Mein Bruder wurde dort verwundet.« Sie schleppte eine schwere Einkaufstasche aus Stroh. »Was ist mit Ihnen?«

»Ich geh' auch dorthin«, antwortete Lola und nahm einen Griff der Tasche.

»Danke. Wie kommt es, daß Sie mit leeren Händen unterwegs sind?«

»Ich habe nichts mehr.«

»Wie das?«

»Ich wurde ausgebombt.«

»Oh, ich wurde auch ausgebombt...«

Die beiden Frauen wanderten fünfzig Kilometer. Als sie abends in Myslowitz eintrafen, kaufte sich Lola für ihr Geld eine Fahrkarte für den Zug nach Kattowitz und für die Straßenbahn nach Königshütte. In der Bahn fuhren zwei deutsche Männer, die sie fragten: »Wer sind Sie? Wo kommen Sie her? Wo wollen Sie hin?« Immer wieder suchten sie Kontakt: »Wo finde ich Sie wieder?« fragte der eine.

Lola blieb stumm. Die Straßenbahn hielt. Der Fahrer, ein Deutscher, stieg aus und lief ein Stück voraus. Mit einem gewaltigen Schraubenschlüssel stellte er die Weiche in Richtung Königshütte Ost, statt zum Hermann-Göring-Platz. Dann stieg er wieder ein, die Bahn rumpelte weiter, und wieder begannen die Deutschen, Lola zu bedrängen. Als die Straßenbahn hielt, stieg Lola aus; leider auch die beiden Deutschen. Sie stieg wieder ein, und ihre Verehrer hinterher. Am Bismarckplatz schließlich sprang Lola ab und nahm die nächste Straßenbahn nach Königshütte. Dort stieg sie aus und stolperte eine dunkle Straße entlang bis zu einem deutschen Haus. Sie klopfte. Der Mann, der ihr öffnete, war ihr einziger lebender Verwandter: der deutsche Molkereibesitzer, der Mann ihrer Schwester, über den ihre Brüder wie die Gorillas hergefallen waren und ihm die Frau weggenommen hatten. Bei Lolas Anblick stockte ihm der Atem. Auf seiner Fußmatte brach sie zusammen.

4

Etliche Stunden später kam sie wieder zu sich. Das erste, was sie sah, war das Gesicht des Deutschen. Er stand über ihr, und die Tränen flossen ihm über die roten Backen. Er mußte sie auf ein Sofa gelegt haben, denn sie spürte, daß ihr Rücken in etwas Weiches gebettet war. Außerdem hatte er eine warme Decke über sie gebreitet. Jetzt brachte er ihr eine Tasse heiße Suppe, deren Wärme durch ihren ganzen Körper strömte, bis zu den Zehenspitzen, und anschließend ein Festmahl aus Fleisch, Käse, Gemüse. Auf ihre wunden Knie trug er Salbe auf und ließ ihr ein Bad ein; wie Seufzer wichen die Schmerzen aus ihren Knochen und lösten sich im Wasser auf. Er gab ihr frische Kleider und führte sie dann in den Garten und in einen Bunker: beim Laternenlicht sah sie, daß dort sechs jüdische Familien lebten. Den ganzen Krieg über hatte er sie hier versteckt, und auch Lola sollte sich hier verborgen halten. Er sagte ihr gute Nacht, und sie legte sich nieder, in den Geruch der Erde.

Sie fiel in Tiefschlaf. Der Geschützlärm weckte sie nicht; aber die Deutschen, die dreißig Kilometer von hier noch immer in Auschwitz saßen, wurden nervös. Kopflos – wie Lola am selben Tag – rannten sie in alle Himmelsrichtungen oder fuhren davon. Höß, der Lagerkommandant, war nicht dabei, aber Hößler raffte dicke braune Aktenmappen zusammen, und Mengele suchte nach etwa noch vorhandenen Juden. Im Krankenbau waren zweitausend Menschen am Verdursten, aber die SS hatte nicht die Absicht, zweitausend Kugeln zu vergeuden, um sie zum Schweigen zu bringen. Andere hielten sich im

Warenlager unter Stapeln von Hemden, Röcken, Hosen verborgen, mit trockener Kehle und blauschwarzen Lippen, weil sie Tinte getrunken hatten, aber die SS fand schließlich auch sie. »Ihr seid Spione!« schrien die SS-Männer. Sie sperrten sie in einen hell erleuchteten Raum im Lagerbordell und wußten nicht, was sie mit ihnen anfangen sollten: »Wir erschießen euch!« – »Nein, wir schaffen euch raus!« – »Nein...« Einen fand die SS nicht: Adam, den Spinoza-Kenner, der sich zusammen mit einigen anderen in Block acht versteckt hatte.

Am Mittwoch, es war der 24. Januar, war die SS völlig aus der Fassung. Im Radio hörten die Männer vom russischen Vormarsch, und jetzt schrien sie durcheinander: »Schnell!«, »Laß das!«, »Raus aus dem Scheißwagen!« Um drei Uhr nachmittags hatten sie sich aus dem Staub gemacht. Wenig später fuhr ein olivfarbener Wagen voller Deutscher vor, ein Generaloberst stieg aus. In Block acht erklärte Adam, er wolle hinausgehen. Adam war nicht ganz so heldenmütig wie die alttestamentliche Ester, die verkündet hatte, sie werde zu König Artaxerxes gehen und versuchen, Tausende von Juden zu retten. Ester sprach: »Wenn ich umkommen soll, werde ich umkommen«, oder, wie ein Kommentator ihre Rede auslegte: »Ich will mich für Israel opfern«. Adam sagte nur: »Irgendwer muß es tun.«

»Hoffentlich kommst du zurück«, sagten die anderen.

Adam und ein anderer, ein früherer Mittelgewichtsboxer, ebenfalls Jude, verließen ihr Versteck in Block acht. Beide gehörten zur Auschwitzer Feuerwehr und trugen schwarze Kleider mit je einem hellroten Streifen an Armen und Beinen. Der General sah sie befremdet an und fragte: »Wo sind wir eigentlich?«

»Auschwitz. Unser Konzentrationslager«, sagte der Mittelgewichtsboxer.

»Auschwitz...?« Der General schien darüber nichts zu wissen.

»Ja.«

»Sie sind Gefangene? Tja, sie werden in allernächster Zeit befreit werden.«

»Herr General«, unterbrach Adam. »Wir brauchen etwas von Ihnen. Sie sehen das Wasserbecken dort? Wir sind bei der Feuerwehr, und wir müssen unsere Pumpen und Schläuche dort hinbringen.«

»Wozu?«

»Der Krankenbau hat kein Wasser, wir müssen eine Leitung legen und pumpen.«

»Ach so...?«

»Wir brauchen Ihren Schutz, Herr General. Wenn die SS uns erwischt, sind wir tot.«

Der General runzelte die Stirn. Er war einen Meter neunzig groß, wahrscheinlich ein Preuße, und für Hitlers SS schien er wenig Sympathie zu hegen. »Nur zu. *Ich* habe jetzt die Verantwortung für diese Front«, sagte er und blieb in Auschwitz, bis Adam und der Mittelgewichtler am Becken standen und pumpten. Des Boxers Kinn war wie ein Spaten, ein unerschütterliches Fundament für sein breites, warmherziges Lächeln. Er betätigte die Zweimannpumpe mit soviel Kraft und Behutsamkeit wie ein Mann, der ein halbes Dutzend Nachbarskinder auf der Schaukel anschiebt. Er stammte aus Miechów, nahe Krakau, hatte Amateurkämpfe ausgetragen und war in der polnischen Kavallerie geritten, bis die Deutschen im September 1939 das Pferd unter ihm weggeschossen hatten. In seiner ersten Woche in Auschwitz hatte er den deutschen Aufseher niedergeschlagen. »Ich bring' dich um!« brüllte der Deutsche, der blutend auf dem Boden lag, aber der Boxer sagte: »Wenn ich tot bin, bist du's auch«, woraufhin der Deutsche seine Mordabsicht aufgab. Der Boxer war ein Anführer der Widerstandsbewegung geworden. Zwei Wochen nach diesem Vorfall war er mit einer Luger bewaffnet und schoß in einem Kattowitzer Restaurant das Magazin leer, bis alle anwesenden SS-Männer tot waren, denn er war der erste

Gefangene aus Auschwitz, der Mitglied der olivgrün uniformierten Organisation wurde. Sein Name war Barek Eisenstein.

Am Samstag, dem 27. Januar, stürmten die Russen Auschwitz – sie stürmten in der Tat: in weißen Tarnuniformen rannten sie von Baum zu Baum. In Block acht fanden Adam, Barek und die anderen ein rotes Tischtuch und banden es an einen Besenstiel: eine russische Flagge. Die Frauen, die Adam und Barek in dem hellerleuchteten Raum des Bordells gefunden hatten, kämmten ihr Haar, schnitten sich Vierecke aus dem Tischtuch und trugen sie als Kopftücher. Einer der Männer hielt vorsichtig die Flagge aus der Tür, und als die Russen nicht feuerten, rannte er hinaus und schwang sie in großen Achtern, als stünde er an der Spitze einer Maiparade. Beifallsrufe brachen aus, und nun stürzten die Männer und Frauen aus der Tür, rannten zu den weißgekleideten Soldaten, umarmten und küßten sie und schenkten ihnen alle ihre irdischen Güter; einen Kamm zum Beispiel oder was immer sie besaßen. Barek fühlte sich, als hätte er einen Boxkampf durch K. O. gewonnen. Eine Minute später fuhr ein Bataillon auf Lastwagen ein, und die Russen riefen laut und begeistert: »Ihr seid frei! Ihr seid frei! Keine Deutschen mehr! Keine SS mehr! Geht nach Hause! Es ist vorbei! Ihr seid frei!«

Daraufhin geschah etwas Überraschendes. Die Freude zerplatzte wie ein Luftballon, die Juden begannen zu weinen. Der Flaggenträger ließ seine Fahne fallen, eine der Frauen lief in ihre Baracke und fiel schluchzend auf eine Holzpritsche. An diesem Tag war ihr Spiegel zerbrochen, als ein russisches Geschoß über sie hinwegfegte, und jetzt fragte sie sich, ob das nicht ein böses Vorzeichen gewesen sei. Draußen stand ein völlig verwirrter Oberstleutnant und fragte auf russisch: »Warum weint ihr?«

»*My nie mamy domów!*« rief Barek auf polnisch.

»Ich kann kein Polnisch!« schrie der Oberst. Er war groß, schmal, ungefähr in Bareks Alter, siebenundzwanzig. »*Kto go-*

worit po russki? – Spricht irgend jemand russich? *Redt emezer jiddisch?*«

»Jo!« riefen Barek und dreißig andere.

»Gut! Ich bin Jude! Was ist los?«

Barek und die anderen berichteten. »Ihr habt uns befreit. Wir sind glücklich darüber. Aber ihr habt gesagt: ›Geht nach Hause.‹ Da fiel uns ein, daß wir kein Zuhause mehr haben, wir wissen nicht, wohin!« Sie begannen von neuem zu weinen, auch Barek – seine Mutter, sein Vater und seine beiden Schwestern waren in Treblinka umgekommen.

Der Oberst lief die Treppe vor der Baracke hinauf. Er verlangte einen Stuhl und stellte sich darauf. »Kameraden!« rief er seinen Soldaten zu. »Dies ist Auschwitz. Meine Mutter, mein Vater und viele unserer Kameraden sind hier zugrunde gegangen. Die einzigen, die noch übrig sind, das sind die Leute, die ihr hier seht. Was für ein Sieg, daß wir sie befreit haben! Aber wir dürfen keine Geschenke von ihnen annehmen. *Wir* müssen ihnen Geschenke geben.« Wie Kinder gaben die Russen die Kämme zurück und versorgten die Juden mit Brot, Zigaretten und Wodka. »Jetzt haben wir eine andere Aufgabe zu erledigen!« rief der Oberst. »Wir müssen nach Berlin!«

»Nach Berlin! Nach Berlin!« wiederholten die russischen Soldaten. Sie winkten mit erhobenen Armen, als wollten sie einen Bus mit Zielort Berlin anhalten. Die Rede ihres Obersten hatte ihnen die Tränen in die Augen getrieben. »Wie weit ist Berlin?« fragten sie die Juden immer wieder und hielten Ausschau nach Westen, als könnten sie durch das Tor mit der Inschrift ARBEIT MACHT FREI die Stadt bereits sehen.

Der Oberst gab Barek ein Pferd mit Wagen, zwei Dutzend Menschen stiegen auf. Adam blieb zurück, um den zweitausend Kranken zu helfen, aber Barek fuhr los: nach Osten, nach Westen, nach Süden und nach Norden durch die niedrige Hügellandschaft. Fast alle stiegen unterwegs ab, Barek indessen blieb der Ewige Jude. In einem katholischen Kloster bekam er Suppe, er schlief im Haus eines Katholiken und verkaufte die

Kleider von Toten, die er aus dem Warenlager von Auschwitz mitgenommen hatte. Tagelang sah er kein jüdisches Gesicht. »Die Menschen aus den Konzentrationslagern«, fragte er die Polen, »wo gehen sie hin?« Aber die Polen antworteten: »Es hat ja keiner überlebt. Die Deutschen haben alle Juden umgebracht.« Als der Januar zu Ende ging, erkannte Barek, daß die Deutschen ihm nicht nur die Kriegsjahre gestohlen hatten, sondern auch seine Zukunft.

Er haßte sie dafür. »Mein Blut kocht«, sagte er zu dem einen Menschen, der bei ihm geblieben war, einer Frau; und er wünschte, er hätte ein Ventil, um den heißen Dampf abzulassen. Einen Monat zuvor, in Auschwitz, hatte er miterlebt, wie einer der Kapos, ein Österreicher, den Seife, Zahnpaste und Zahnbürsten stapelnden Juden verriet, wie sie es anstellen konnten, um nicht vor Haß zu zerplatzen. Der Mann hatte sich auf einen Stuhl gestellt und zu achtzehnhundert Gefangenen und einem SS-Untersturmführer gesprochen: »Freunde! Der Krieg ist bald vorbei. Habt Geduld; bald werden wir uns an den Deutschen rächen.« Der SS-Mann war entsetzt: »Hans! Ist dir klar, was du sagst?« – »Selbstverständlich. Und wenn's dir nicht gefällt, kannst du mir Handschellen anlegen«, antwortete der Österreicher. Dann stieg er vom Stuhl; Barek hatte mit einemmal einen Ausweg gesehen, ein Ventil für sein siedendes Blut: er konnte die Deutschen darin kochen.

Es war tatsächlich keine abwegige Vorstellung. Der Krieg zog weiter westwärts. Die SS-Mörder wurden nicht zu Seife gemacht wie die Juden von Danzig. Die Mörder flohen teils nach Deutschland, teils versteckten sie sich in Kloaken und Kellern und, unter falschem Namen, in Fabriken und auf Bauernhöfen in Polen und im polnisch verwalteten Teil Deutschlands. Die SS, die Nazi-Parteimitglieder und die Nazikollaborateure aufzuspüren und sie zu strafen, wie sie es verdient hatten (in manchen Fällen durch das Erschießungskommando), war für die polnische Übergangsregierung in Lublin vordringliches Ziel. Zu diesem Zweck riefen die Polen eine

Organisation ins Leben, genannt Staatlicher Sicherheitsdienst oder Amt für Staatssicherheit. Die Mitglieder, von denen einige Generalsrang hatten, trugen Uniformen aus olivgrünem Drillich und schwarze Halfter, darin die Luger, mit der sie Säuberungen durchführten. In Kattowitz, erfuhr Barek, wurden neue Mitarbeiter geworben, und er dachte, als Hochschulabsolvent, Mittelgewichtsboxer, Kriegsveteran und Widerstandskämpfer wäre er ein aussichtsreicher Kandidat – wenn er polnischer Katholik wäre. Aber als Jude?

Er wollte es jedenfalls versuchen. Mit dem Rest seines Geldes kaufte er eine Straßenbahnkarte und fuhr nach Kattowitz. Am Donnerstag, dem 1. Februar, kam er an. Kattowitz wirkte wie eine Geisterstadt, denn die Russen waren kurz zuvor einmarschiert und viele der deutschen Einwohner offensichtlich daraufhin nach Breslau, Berlin und weiter in den Westen geflüchtet. Ausnahmsweise lagen auch weder Ruß noch der beißende Geruch von Holzkohle in der Luft, denn die Betreiber der Stahlwerke waren ebenfalls fort. Von der Straßenbahnhaltestelle aus ging Barek zu einem Gebäude in der Beatestraße. Zwei Männer saßen an Schreibtischen, die isoliert im Raum standen wie Sägeböcke, zwischen zerbrochenen Fensterscheiben, geborstenem Putz und abblätternder Farbe – der einzige Hinweis, daß das Gebäude nicht völlig menschenleer war; zwei Männer und Dutzende, die auf ein Vorstellungsgespräch warteten. Die Männer an den Schreibtischen waren die Anwerber des Amtes für Staatssicherheit, und als Barek an die Reihe kam, war sein einziger Zweifel: *Lassen sie auch Juden rein?*

Läßt die New Yorker Polizei auch Iren herein? Der erste, auf den Barek zutrat, war ein jüdischer Lebensmittelhändler aus Michów, Bareks Heimatstadt. Barek erblickte ihn und rief aus: »Moische!«

»Bolek!« rief der andere voll Freude; er nannte ihn bei seinem polnischen, nicht seinem jüdischen Namen. »Du lebst!«

sagte der Mann und umarmte ihn. »Aber nenn mich nicht mehr Moische, ich heiße jetzt Max.« Er nahm Barek mit in den zweiten Stock, um ihn anderen Offizieren des Staatssicherheitsdienstes vorzustellen – Oberleutnants und Hauptleuten –, aber Barek kannte die meisten bereits. Viele waren Juden aus Miechów. Die wenigsten benutzten noch den Namen, unter dem Barek sie kennengelernt hatte. Andere waren Juden aus dem Konzentrationslager, wo auch er zuerst gewesen war, wieder andere waren Katholiken, die Barek noch nie gesehen hatte. Oder waren diese »Katholiken« etwa auch Juden? »Hey, Bolek ist da, Bolek ist da!« rief der Mann namens Moische/Max immer wieder, und ohne einen Gedanken an eine etwa nötige Vereidigung fügte er sofort hinzu: »Bolek wird mit uns zusammenarbeiten!«

»Sehr gut!« – »Großartig!« – »Willkommen!« riefen die anderen. Angesichts der großen Zahl von Juden war Barek angenehm überrascht, ja verwundert; hingegen erstaunte es ihn nicht, daß in einer polnischen Paramiliz die Juden polnische Namen benutzten. Er selbst, sagte er, würde den Namen eines Metzgers aus Miechów annehmen und sich fortan Bolek Jurkowski nennen. »Und deine Freundin?« fragte Moische/Max, denn Barek hatte ihm gestanden, daß er sich in das Mädchen, das mit ihm auf dem Wagen mitgefahren war, verliebt habe.

»Sie heißt Regina, also nennen wir sie Resia«, sagte Barek.

Am 5. Februar schon begann er mit der Arbeit. Er erhielt ein Büro in der Beatestraße, außerdem eine ehemals deutsche, nun verlassene, sonnige Wohnung. Als Leutnant stürmte er alsbald die Kanalisation; in einen Kanaleinstieg nahe dem Restaurant *Savoy* warf er Granaten und tötete drei SS-Männer. Häufiger jedoch sprach er mit deutschen Informanten und verhaftete aufgrund ihrer Hinweise verdächtige Deutsche. Nach der Arbeit trafen sich Barek und die anderen Offiziere in ihren Wohnungen und hörten Radio. »Die Truppen überquerten die Oder südöstlich von Breslau«, hieß es etwa. »Dazu...«

»Sie sind noch nicht in Breslau. Sie sollten es bombardieren«, kommentierte dann einer von ihnen.

»Selbst wenn sie es bombardieren«, meinte daraufhin ein anderer, »werden die Truppen von Haus zu Haus ziehen müssen.«

»Wenn sie es bombardieren, steht kein Haus mehr!«

»Doch, natürlich.«

»Pssst...«

»...und sowjetische Einheiten richteten mehrere Brückenköpfe ein.« Die Nachrichten waren zu Ende, und bis zur nächsten Nachrichtensendung tranken die Männer Wodka aus Kelchgläsern, der Hinterlassenschaft der deutschen Bewohner, und schnitten Würste mit deutschen Messern; sie gingen nicht zimperlich vor. Dann griff einer von ihnen zur Mandoline, stimmte ein Lied an, und die anderen fielen in den Refrain ein:

Schön ist es, Soldat zu sein,
Die Mädchen kommen jeden Tag!

Hoppei-schupa! Hoppei-schupa!
Hoppei-schupa! Dana!

Früher trieben sie's auf dem Sofa,
Heute treiben sie's im Heu!

Hoppei-schupa! Hoppei-schupa! –

Und wieder meldete sich der Nachrichtensprecher: »Von allen Seiten sammeln sich unsere Infanterie, Panzertruppen und Artillerie an den Brückenköpfen...«

»Gut. Sie haben Breslau eingekreist«, bemerkte der Mandolinspieler.

Sie sprachen meistens Jiddisch miteinander. Gottes Gnade oder eine gute Fee hatte es gefügt, daß drei Viertel der Offiziere – zweihundert junge Burschen – im Kattowitzer Staatlichen Sicherheitsdienst Juden waren; und sie spürten, wie ihr Blut kochte, ihre Muskeln zuckten, ihre Knochen schmerzten vor Haß auf die deutschen Mörder. Manche von ihnen waren, wie Barek, in Auschwitz befreit worden. Andere waren bei der Evakuierung dabeigewesen, hatten sich aber in Häusern oder hinter Schneewehen versteckt oder waren in die Wälder gelaufen und hatten zugesehen, wie die SS alle erschoß, die mit ihnen geflohen waren. Wieder andere waren von den Kohlewaggons gesprungen – und hatten zugesehen, wie die SS andere erschoß, die dasselbe versuchten. Bei ihren Festen in Kattowitz sprachen sie nicht von Auschwitz, aber manchmal, wenn sie ein jiddisches Lied sangen, wie *Far wos is der himl*, brachen sie plötzlich ab, weinend, und dachten zurück an das Leben in Będzin oder wo auch immer ihre Heimat gewesen war. Sie legten sich Namen wie Stanisław Niegosławski zu: so hatte ein Pole in einem Będziner Wurstladen geheißen.

Nicht jeder Jude im Staatlichen Sicherheitsdienst kam aus Auschwitz. Manche waren in anderen Lagern gewesen, manche hatten sich während des Krieges versteckt. Andere, die jetzt Kommandanten der vielen Gefängnisse und – weil der Platz dort nicht ausreichte – der Keller und Lager voller SS-Leute, Nazis und mutmaßlicher Nazikollaborateure waren, kamen aus der polnischen Armee oder aus der polnischen Widerstandsbewegung. Bei ihren Partys waren sie die Härtesten, fast wie die Potok-Brüder damals in Będzin. Einer, dessen linker Arm bei den Partisanen verstümmelt worden war, geriet bei Diskussionen – »Sie sollten es bombardieren« – »Nein, auf keinen Fall« – stets in Rage, packte mit dem gesunden Arm seinen Gegner am Kragen oder hieb ihm auf die Nase. Und der Mandolinspieler, der bei den jüdischen Partisanen gekämpft hatte und jetzt ein Lager voller verdächtiger Deutscher in Schwientochlowitz nahe Kattowitz befehligte, der sonst *Hoppei-Schupa* sang, er stimmte auch Lieder wie dieses an:

Wir richten unsere Gewehre
auf das Herz des Feindes...

Auch Mädchen kamen zu den Partys. Barek brachte Regina mit, die junge Frau, die er im Bordell der SS gefunden hatte, und die jetzt in seiner Wohnung in Kattowitz lebte und hinter ihm die Tür versperrte, damit nicht ein russischer Soldat hereinkäme und sie zu vergewaltigen versuchte. Andere Offiziere brachten ebenfalls Mädchen mit, und eines Tages erschien der Mandolinspieler mit einer kurzhaarigen blonden Frau, die er in Kattowitz getroffen hatte. Nach anderthalb Jahren Auschwitz wog sie jetzt vierzig Kilo. Der junge Mann stellte sie als Lola Potok vor.

Manche Mädchen poussierten mit ihren Freunden, Lola nicht. Sie nippte von einem Becher Wodka, während die Männer jeder eine ganze Flasche leerten, und blickte sie tief beeindruckt an, wenn sie von ihren Taten als Offiziere des Amts für Staatssicherheit berichteten.

Sterben werde ich,
Und keiner wird wissen,
Wo man mich beerdigt...

Bei ihren Liedern sang sie nicht mit; sie kannte keines davon. Sie sagte fast nichts, als müßte sie sich erst wieder daran gewöhnen, daß sie am Leben war. Nach ihrer Ankunft in Königshütte hatte sie sieben Tage im Bunker verbracht, bevor sie alle befreit wurden; dann fuhr sie nach Kattowitz, um zugunsten des Molkereibesitzers auszusagen, damit er nicht der NS-Zugehörigkeit verdächtigt würde. Sie war auch nach Będzin gefahren, um herauszufinden, ob wenigstens einer ihrer Brüder in ihr Vorkriegshaus in der Modrzejowska-Straße zurückgekehrt war. Sie fand niemanden mehr; in dem Haus lebten jetzt Polen. Keiner ihrer Brüder hatte ein Lebenszeichen nach

Będzin geschickt, nicht einmal der staatlich geprüfte Buchhalter, Auschwitz-Häftling wie sie, war nach Będzin zurückgekehrt. Und er würde nie mehr zurückkehren, erfuhr Lola bei jener Party in Kattowitz.

Der Überbringer der schlimmen Nachricht war ein Jude aus dem KZ Gintergrube, dreißig Kilometer von Auschwitz entfernt. Es war ein Kohlebergwerk, berichtete er Lola, und im Oktober oder November 1944 waren die gesündesten jungen Männer von Auschwitz dorthin verfrachtet worden. Darunter auch Lolas Bruder Ittel, der Buchhalter, der als Bergmann gearbeitet hatte, bis die SS eines Nachts die Baracken stürmte und brüllte: »Appell! Appell!« Ittels Nummer wurde aufgerufen, die SS-Männer schleppten ihn in die Folterkammer und banden ihn an einen Pfahl, schlugen, peitschten, streckten ihn, bis er schrie: »Ja, ich habe versucht, aus dem Lager zu fliehen!« Dann bauten sie einen Galgen und führten ihn im Parademarsch zur Richtstätte, vor den Augen der anderen; auch Lolas Informant hatte der Hinrichtung zugesehen. Ittels vorletzte Worte waren hebräisch: »*Shema Yisroel!* – Höre, Israel! Der Herr unser Gott, der Herr ist Einer!«, und seine letzten Worte Jiddisch: »*Ir solt nekome nemen!* – Ihr sollt Rache nehmen!« Dann wurde er gehängt.

Ittel war vierzehn gewesen, als Lola zur Welt kam. Mit ihr hatte er nicht gespielt, aber er war ein begeisterter Fußballer gewesen, auch zu Passah, wenn er seine glänzenden neuen Schuhe trug. Auf einer Rechenmaschine, die einen Metallgriff hatte wie ein Spielautomat, stellte er Berechnungen an, während Lola daneben saß und mühsam ihr Einmaleins lernte. Er stand ihr nicht sehr nahe, aber im Tod hatte er getan, was die anderen Brüder und Schwestern versäumt hatten. Als Lola Ittels letzte Worte vernahm, »Nehmt Rache!«, spürte sie erneut die Lava aufwallen, aber diesmal hielt nichts sie auf. Die Hitze, die sie in Auschwitz unterdrückt hatte, brach sich endlich Bahn, und sie schrie: »Nein!« Ihre Finger preßten ihr Glas, als wollten sie es zerquetschen; was sie aber in Wahrheit zerquetschen wollte, war ein SS-Mann – oder Höß oder Hößler oder Mengele. Am nächsten Tag machte sie sich auf zu dem fensterlosen Gebäude in der Beatestraße und bewarb sich um Aufnahme im Staatlichen Sicherheitsdienst.

Lola kochte vor Haß. Sie erhielt ein vierseitiges Formular, auf dem GEHEIM stand, und begann mit dem Ausfüllen. Name? Mit Feder und Tinte schrieb Lola: »Lola Potok.« Vatersname? Lola schrieb: »Abram Potok.« Geburtstag? »20. März 1921.« Geburtsort? »Będzin.« Nach Lolas Geschlecht wurde nicht gefragt, denn es kam nicht oft vor, daß eine Frau sich beim Staatlichen Sicherheitsdienst bewarb. Nationalität? »Polnisch, jüdischer Herkunft.« Staatsangehörigkeit? »Polnisch.« Beruf? Lola schrieb: »Schneiderin«, denn sie hatte einmal bei einem Schneider in Będzin gearbeitet. Religion? Lola schrieb: »Keine«, denn Gott war in Auschwitz vergast worden. Militärdienst? »Nein.« Untergrundarbeit? »Nein.« Kriegsverletzungen? »Nein.« Auszeichnungen? »Nein.« Zugehörigkeit zu Parteien vor dem Krieg? »Nein.« Zugehörigkeit zu Parteien während des Krieges? »Nein. Ich war in einem Konzentrationslager.« Anschrift der Eltern? »Sie sind tot.« Anschriften von Geschwistern? »Keine Familienangehörigen in Polen.« Man wollte auch nicht wissen, ob Lola verheiratet sei – es kam eben nicht oft vor, daß eine Frau sich beim Staatlichen Sicherheitsdienst bewarb. Besitz? »Nichts.« Kinder? »Keine.«

Als nächstes wurde Lola aufgefordert, eine Zusammenfassung zu schreiben. Mit Tinte und Feder und einigen Schreibfehlern, zum Beispiel beim polnischen Wort für *ich*, schrieb Lola: »Ich wurde in einer mittelständischen Familie in Będzin geboren. Wir waren elf Kinder, die Umstände waren deshalb nicht einfach. Mit siebzehn begann ich als Schneiderin zu arbeiten, aber dann brach der Krieg aus, und ich arbeitete nicht sehr lang. Ich wurde während des Krieges verheiratet, aber zwei Jahre später gab es eine große Deportation, und ich verlor meine ganze Familie. Ich kam ins Konzentrationslager

Auschwitz, wo ich durch Gehenna* ging. Mein ganzes Leben bis zu diesem Zeitpunkt war nicht so reich an Erfahrungen wie diese zwei grauenvollen Jahre in den Händen der deutschen Verbrecher. Ich war Zeugin der Hinrichtung meiner Brüder und Schwestern und entging ihr selbst nur durch ein Wunder. Wir arbeiteten in einer Munitionsfabrik und planten die Flucht aller Häftlinge. Zu diesem Zweck schmuggelten wir Schießpulver hinaus. Zu unserem Unglück wurden wir verraten, und die mir nächststehenden Menschen endeten am Galgen. Vor der vorrückenden russischen Armee zogen wir von Auschwitz Richtung Breslau, aber ich entkam unterwegs. Jetzt möchte ich mitarbeiten im Kampf gegen die Deutschen, unsere Peiniger.«

Nachdem Lola das Formular ausgefüllt hatte, unterschrieb sie. Man legte ihre Bewerbung zu den Anträgen Hunderter von Männern. Doch Lola tat noch ein Übriges, was die Männer nicht taten: sie suchte das Gebäude der schlesischen Regierung in der Bernhardstraße auf, um persönlich beim Sekretär für Staatssicherheit vorzusprechen. Das Haus hatte unzählige Fenstertüren, und das Büro des Sekretärs war so groß wie ein Filmstudio in Hollywood. Tatsächlich war dieser Raum noch wenige Wochen zuvor das Büro des Gestapokommandanten gewesen – der Ort, an dem Lolas sanft lächelnder Freund Pinek 1942 gefoltert und zum Galgen verurteilt worden war. Die Säbel hingen noch an der Wand, als Lola eintrat, aber dort, wo das Hitlerbild gehangen hatte, war ein heller, leerer Fleck; und hinter dem gewaltigen Mahagonischreibtisch saß ein polnischer Hauptmann, jetzt Sekretär für Staatssicherheit. Lola wußte, wer der Hauptmann war, er hingegen rechnete gewiß nicht damit, sie zu sehen. Als sie auf ihn zuging, sprang er auf und rief jubelnd: »Lola!« Seine Au-

* Die Hölle bei den Juden, so genannt seit der Zeit des Babylonischen Exils: der Name ist nach Jeremia (7,31–32) abgeleitet von Ge-Hinnom, d. h. »Tal Hinnom«, bei Jerusalem, wohin das Aas und die Leichen von Verbrechern geworfen wurden.

gen waren feucht, als er auf sie zulief und sie in die Arme nahm. Der Hauptmann war Pinek.

1942 hatte ein Deutscher ihn gerettet. Während seiner Jugend war Pinek von polnischen Studenten, jüdischen Polizisten und, nicht zu vergessen, der Gestapo geschlagen worden. In Kattowitz hatte er ein zweiseitiges Geständnis unterzeichnet:

> *Ich, Pinek Mąka, gestehe freiwillig und ohne Zwang, daß ich die Maschine in der Schlesischen Fabrik zerstört habe…*

Man führte ihn ab. In diesem Augenblick, buchstäblich in letzter Minute, stürzte der deutsche Fabrikdirektor ins Büro der Gestapo. »Sie beschuldigen einen Juden. Es ist freilich leicht, einen Juden zu beschuldigen, aber ich kann ohne ihn den Betrieb nicht aufrechterhalten«, behauptete der Direktor, was sicherlich eine Übertreibung war. »Unsere Jungen leiden, wenn ich ihn nicht habe!« Die Gestapo brachte Pinek nicht um, sondern wies ihn ins Krankenhaus ein. Drei Wochen später hatte seine Haut wieder ihre normale Farbe, auch die Fingernägel wuchsen nach, und die Gestapo schickte ihn nach Będzin zurück mit der Warnung: »Wenn Sie zu irgend jemandem ein Wort reden, verhaften wir Sie und bringen Sie um.«

Pinek hielt den Mund. Zurück im Ghetto, äußerte er gegenüber seiner Mutter, seinem Vater, seiner hübschen Schwester nichts anderes als: »Ich bin verhört worden.« Aber der Freund seiner Schwester, der selbst etwas von einem Inquisitor hatte, gab sich nicht zufrieden und bedrängte Pinek immer wieder: »Was ist in Kattowitz passiert?«

»Ich hab's dir gesagt.«

»Aber was haben sie mit dir gemacht?«

»Das erzähl' ich nicht einmal meiner Schwester.«

»Du verheimlichst etwas.«

»Warum sollte ich, Chaim?«

»Natürlich verheimlichst du was.« Der Freund von Pineks Schwester stellte viele Fragen, und eine oder zwei trafen sogar ins Schwarze. »Du planst etwas, stimmt's? Willst du dich in Będzin verstecken? Willst du nach Südamerika?« Der Junge war ein Jude, aber er hatte dieselben eisigen Augen wie der Gestapo-Oberst.

»Südamerika! Rußland wäre einfacher!«

In Wahrheit war Pinek jetzt bei den Partisanen. Im Kattowitzer Spital hatte ein anderer Patient, ein Pole, seine schwarzblauen Blutergüsse betrachtet, und mit den Worten: »Ein Mann, der die Gestapo überlebt, ist der Richtige für uns« hatte er ihm die Adresse einer Widerstandsgruppe im Norden von Będzin gegeben. Jetzt stellte Pinek in der Schlesischen Fabrik alle fünfzig Sekunden einen Bolzen her, und nachts übergab er der Partisaneneinheit die Personalausweise, die er tagsüber gestohlen hatte.

»Warum sagst du's mir nicht?« fragte der Freund seiner Schwester, aber Pinek schwieg. In der Samstagnacht vom 31. Juli 1943, als die SS brüllte: »Juden raus!« und Lola mitnahm, war Pinek bei der Partisanentruppe, die die deutsche Polizei überfiel, und ein Jahr später, als Lola mit geringem Erfolg Schießpulver sammelte wie Diamantenstaub, benutzte er Maschinengewehre, um SS-Leute umzubringen und sich noch mehr Maschinengewehre zu beschaffen. Er bekam eine Kugel ins Bein, holte sie wieder heraus, kurierte sich aus und erhielt als amtierender Oberstleutnant den Befehl über dreihundert Männer. Zusammen mit den Russen befreiten seine Leute Będzin im Januar 1945, und kurze Zeit später erhielt er ein Saugpostpapier, auf dem stand: »Hiermit ernennen wir Sie zum Sekretär für Staatssicherheit in Schlesien.« Die Provinz umfaßte ganz Südwestpolen sowie den Teil Deutschlands, der unter polnischer Verwaltung stand: an die fünf Millionen Menschen und mehr als fünfzigtausend Quadratkilometer. Ein gewaltiger Bezirk. Pinek, sechs Monate jünger als Lola, war dreiundzwanzig.

Ein Oberleutnant fuhr ihn nach Kattowitz. Ein Major zeigte ihm sein Büro und den großen Mahagonischreibtisch – Pinek starrte auf das Pfeifengestell und hatte ein Déjà-vu-Erlebnis: rund war es, mit sechs braunen Pfeifen darin – »O mein Gott«, rief Pinek. »Ich wäre hier beinahe umgebracht worden!« Er brach in Tränen aus.

»Wie bitte...?« fragte der Major.

»Die Deutschen!« antwortete Pinek und berichtete, was 1942 geschehen war. Der Major, der nun ebenfalls weinte, umarmte und küßte ihn, und Pinek ließ sich überwältigt, wie betäubt, in seinem neuen Heim mit den drei Kronleuchtern nieder. Das Licht fiel durch die Fenstertüren, und ihm kam der Gedanke: *Es ist Gottes Wille, daß ich hier bin.* Doch während andere dachten, es sei Gottes Wille, daß die Deutschen alles, was sie anderen zugefügt hatten, nun am eigenen Leib erführen, Auge um Auge, Zahn um Zahn, glaubte Pinek, Gott wolle vielmehr, daß er das Gegenteil tue und die Verhältnisse wieder ins Lot bringe.

Er hatte sich nicht verändert. Er war noch immer gut, nichts als gut, denn er hatte nicht erdulden müssen, was Lola erlitten hatte. Sein Vater war während des Krieges an einer Fußinfektion gestorben, seine Mutter, seine Schwester und deren wißbegieriger Freund hatten auf einem polnischen Bauernhof außerhalb von Będzin ein Versteck gefunden, das Pinek für sie aufgetan hatte. Ein Bruder war bei den Untergrundkämpfern, einem anderen war im Mai 1944, im Zuge eines SS-Verhörs, die Flucht aus dem Konzentrationslager Markstädt gelungen. »Deine Brüder sind Freischärler!« hatte der SS-Mann während des Verhörs geschrien und Pineks Bruder geschlagen, bis ihm das Blut aus dem Mund rann, dann hatte er ihn in einen Wagen der SS geworfen und war losgefahren. Unterwegs sagte er: »Olek! Ich bin's doch«, denn der »SS-Mann« war Pineks anderer Bruder in SS-Uniform.

Aller Zorn, den Pinek während des Krieges empfunden

hatte, verflog, als er deutsche Waffenlager und deutsche Züge in die Luft sprengte. Sein Zorn war nicht in Haß umgeschlagen, wie bei Lola in Auschwitz, und deshalb war Pinek nicht bereit, innerhalb seines Bereichs der Nachkriegswelt die wütenden Hunde der Rache – des in die Tat umgesetzten Hasses – loszulassen. Er saß in seinem Büro, entschlossen, sein Amt für seine Kameraden, für das Leben, für die Freiheit und das Glück aller, die von den Deutschen geschädigt worden waren, zu nutzen, für seine Familie, seine Freunde, die Juden, die Polen – für alle vom Krieg zugrunde gerichteten Völker Europas (natürlich mit Ausnahme der Deutschen).

»Ich will Rache«, sagte Lola. Sie trug ein Kleid, das sie in Königshütte in einem Schrank gefunden hatte, und saß steif am Kaffeetisch in Pineks Büro – steif, denn sie trug ein Korsett mit Stahlgestänge, um die Ischiasschmerzen zu lindern, die von den Schlägen der SS in Auschwitz herrührten. Eine Sekretärin (offensichtlich arbeiteten auch Frauen in der Regierung) hatte ihr Tee eingeschenkt, und Lola hielt ihre Tasse recht unbeholfen, denn ihr Daumen war von einer der Flak-Maschinen in Auschwitz zerquetscht worden. Pinek, der bei ihr saß, kamen immer wieder die Tränen. Lola hatte ihm berichtet, daß ihre Mutter, ihre Tochter, mindestens zwölf ihrer Geschwister, Nichten und Neffen und damit ein Teil ihrer selbst in Auschwitz oder, im Fall ihres Bruders Ittel, in Gintergrube umgebracht worden waren. Und Pinek hörte sie sagen: »Ich will Rache.«

Der Satz war ihm nicht neu. Hundertmal hatte Pinek ihn von den Juden gehört, die im Staatlichen Sicherheitsdienst arbeiten wollten. Er hatte ihn stets überhört, absichtlich und mit Verachtung, denn mutwillige Zerstörung und Mord war nichts, was die Juden die er in Będzin gekannt hatte, je taten. Juden wurden so nicht erzogen – er selbst hatte sich schuldig gefühlt, als er während des Krieges einen Deutschen umbrachte. »Ach, Lola«, sagte Pinek. »Du bist keine Mörderin, du bist kein Mensch, der durch die Straßen geht und Leute erschießt. Willst du wirklich Rache?«

»Ja.«

»Hm. Und wie willst du dich rächen?«

Lola wußte es nicht. In ihren Phantasien hatte sie Höß, Hößler oder Mengele zu Tode gewürgt; mit den Einzelheiten hatte sie sich freilich nicht befaßt. Würde sie denn die Hände um die Kehle ihres Feindes legen und ihre beiden Daumen benutzen, den gesunden und den zerquetschten, um ihn zu erdrosseln? Oder würde sie den Schal verwenden, den sie in Königshütte ebenfalls in einem Schrank gefunden hatte? Oder den Gürtel, der daneben gelegen hatte? Höß, Hößler oder Mengele würden sich natürlich wehren – würde sie die jüdischen Männer vom Staatlichen Sicherheitsdienst bitten, ihn niederzuhalten, während sie ihn erwürgte, oder seine Arme am Stuhl festzubinden, damit sie ihn ohne Hast umbringen konnte? Würde sie ihn auch verbrennen?

»Du könntest es nicht«, sagte Pinek. »Du bist kein Nazi.«

»Ich will, daß sie leiden wie wir«, sagte Lola.

Pinek sah sie an. Sie saß kerzengerade, die Tasse hielt sie fest umklammert. *Sie ist ein zähes Mädchen, eine Kosakin – eine Potok*, dachte Pinek. Eines Tages, in Będzin, war die SS in sein Haus eingedrungen, um seine bettlägerige alte Großmutter abzuholen, aber ein Potok-Junge war zu ihr ins Bett gekrochen, hatte ihr die Decke über den Kopf gezogen, und als die SS-Leute ins Zimmer kamen, lag er harmlos da, als wollte er sagen: »Ich bin's doch nur.« Er hatte sie gerettet, und als Pinek Lola jetzt ansah, dachte er: *Sie ist genauso, zäh und unnachgiebig*. Sie war die richtige Person – das Amt für Staatssicherheit brauchte Leute wie sie. Er wollte sie einstellen.

Pinek war jedoch nicht die gute Fee, die drei Viertel der verfügbaren Posten an Juden vergab. Der Staatliche Sicherheitsdienst war eine polnische *nationale* Organisation, und als Staatssicherheitssekretär für die Provinz Schlesien war Pinek im Grunde ein Verwaltungsbeamter. Er verfügte über keine gesetzliche Autorität, denn die Leute in den olivgrünen Uniformen arbeiteten nicht für ihn, sondern für jemanden, der von Warschau ernannt worden war, und er konnte nicht kraft gesetzlicher Autorität zum Telefon greifen und befehlen: »Verhaften Sie Soundso. Bringen Sie Soundso vor Gericht. Und stellen Sie Lola Potok ein.« Aber im Januar 1945 waren noch nicht alle Gesetze geschrieben, und normalerweise bekam Pinek, was er wollte. Er hatte bereits seine beiden Brüder in Dienst genommen, ebenso den Freund seiner Schwester, den Burschen mit den eiskalten Augen, den er – durchaus vernünftig – mit der Durchführung der Verhöre in Kattowitz betraut hatte. Auch Frauen hatte er eingestellt, zum Beispiel eine Jüdin, die als Sekretärin in einer Warschauer Anstalt für Geisteskranke beschäftigt gewesen war und ihn um Hilfe gebeten hatte, sie würde sonst selbst verrückt; sie war jetzt Sekretärin in Kattowitz.

Auch Lola könnte Sekretärin werden, dachte Pinek, doch er fand, sie habe das Zeug zum Offizier. Freie Stellen gab es in allen fünf Bereichen des Amtes für Staatssicherheit: Fahndung, Vernehmung, Gewahrsam, Strafverfolgung und Strafvollzug. Die Fahnder, wie Barek, hatten die Aufgabe, SS-Männer, Nazis und Nazi-Kollaborateure aufzuspüren, und standen damit manchmal unter Beschuß, das war nichts für Lola. Wer Verhöre durchführte, wie der Freund von Pineks Schwester, mußte manchmal harte Methoden anwenden, und die Gefängnisaufseher mußten zu jedem Zeitpunkt, unter allen denkbaren Bedingungen, mit Hunderten von Verdächtigen fertigwerden. In der Strafverfolgung arbeiteten Rechtsanwälte, und die Abteilung Vollzug – oder, wie sie allgemein genannt wurde, Sektion Fünf – war ebenfalls nichts für eine junge Jüdin, denn sie bestand im wesentlichen aus Erschießungskommandos. Nach reiflicher Überlegung beschloß Pinek, Lola in der Abteilung Gewahrsam einzusetzen, in einem seiner vielen Gefängnisse, von denen manche klein wie ein Keller, andere hingegen riesige Lager für viele hundert

Menschen waren. »Ich habe eine Arbeit für dich«, sagte er und fügte sicherheitshalber hinzu: »Es ist eine Arbeit, bei der du sagen kannst: ›Ich bin jetzt der Boß. Was immer ich tun will, kann ich tun – *aber ich werde es nicht tun.*‹ « Er sah Lola ruhig an, Lola wandte den Blick nicht ab, und er bot ihr den Posten des Kommandanten im Gefängnis von Gleiwitz an, der Stadt, in der die Deutschen den Zweiten Weltkrieg begonnen hatten.

Es war Dienstag, der 13. Februar 1945. Lola war noch nicht ganz vierundzwanzig. Zwei Wochen zuvor hatte sie in Königshütte auf einem Feldbett geschlafen und abermals zwei Wochen vorher auf einer Strohmatratze in Auschwitz. Ihre Augen waren ein schwarzer Abgrund, ihre Haare noch immer streichholzkurz. Aber sie war eine Potok und so qualifiziert wie jeder andere in Kattowitz während des Krieges. Sie brauchte über Pineks Angebot nicht lange nachzudenken, denn sie war sicher, daß sie in Gleiwitz einen Weg finden würde, um den Haß, der sie inwendig verbrannte, loszuwerden. Sie erkannte, daß sie die Hierarchie von Auschwitz jetzt umkehren konnte, sie hoffte sogar, daß sie ihre drei Erzfeinde Höß, Hößler und Mengele fangen würde und Gott weiß was mit ihnen tun könnte. Sie sah, daß sie als erster Leutnant im Staatlichen Sicherheitsdienst gut verpflegt, gut untergebracht und gut bezahlt würde. Lola nahm die Stelle an.

5

Gleiwitz war nun besetzt. Am Dienstag, dem 23. Januar, waren die Russen vor dem kuriosen Rathaus und der Neptunstatue aufgefahren. Die Nazibonzen – die »Goldfasanen« in den feinen braunen Uniformen – hatten schon lang vorher die Flucht ergriffen, der untergehenden Sonne entgegen; die gewöhnlichen Sterblichen hingegen hockten in den Kellern und warteten. Die Mütter und Väter lagen auf knolligen Kartoffeln, ihre Sprößlinge spielten mit Weihnachtsgeschenken – mit Messerschmitt-Flugzeugen aus Holz, geschmückt mit dem Hakenkreuz. »Bumm-bumm! Du bist ein Russe! Du bist tot!« schrien die Kinder, bis sie am Dienstag den russischen Geschützdonner hörten und ihre Mütter und Väter sowohl Holzflugzeuge wie auch Hitlerbilder in den Ofen schoben: »Es muß sein. Sonst bringen die Russen uns um.«

Die ersten Granaten explodierten auf der Kaiser-Wilhelm-Straße und töteten zwei deutsche Schulmädchen. Die Russen – im Pelz, mit Schifferklavier, Gewehr und über der Brust gekreuztem Patronengürtel – tobten in den darauffolgenden Tagen durch Gleiwitz und brachten planlos Menschen um, schrien: »*Du Gitler!* – Du Hitler!« und erschossen Polizisten, Feuerwehrleute, Postboten und Zugführer in marineblauer Uniform, auch einen Mann, in dessen Haus sie ein goldbetreßtes Schulterstück aus dem ersten Weltkrieg fanden. Sie erschossen Ärzte, Anwälte, Schneider, Krankenschwestern, Zimmerleute, Steinmetze, Friseure, Rechnungsprüfer, Uhrmacher, Tabakhändler, Schuster, Buchbinder, Schulleiter, Bergleute, auch mehrere Auschwitz-Überlebende, auch Juden. Die

Deutschen schütteten den Schnaps in die Senkgruben im Keller, damit die Russen nicht noch betrunkener würden, die Frauen schnitten sich die Haare ab, um nicht vergewaltigt zu werden. Aber es half ihnen nichts: »Frau, komm!« sagten die Russen und standen Schlange zur Vergewaltigung; auch achtjährige Kinder und achtzigjährige Nonnen entgingen ihnen nicht.

Für die Menschen in Gleiwitz war es, als sei der Hunnensturm über sie hereingebrochen; doch das Schlimmste stand ihnen noch bevor. Beim Abendessen in Teheran, im November 1943, hatte Stalin ganz Ostpolen gefordert; Churchill legte daraufhin drei Streichhölzer auf den Tisch, die Rußland, Polen und Deutschland darstellten, schob das russische und das polnische Streichholz auf das deutsche zu und schlug vor, daß Polen, wenn es seinen Osten an Rußland verlöre, dafür Ostdeutschland bekommen solle. Roosevelt war einverstanden. Im Januar 1945 lautete der Plan, Gleiwitz, Breslau, Stettin, Stolp und 114000 Quadratkilometer Deutschland an polnische Funktionäre (wie Lola) zu übergeben. Doch Anfang Februar, als Stalin, Churchill und Roosevelt in Jalta, im Sommerpalast des Zaren an der Schwarzmeerküste, erneut zusammentrafen, verlangte Stalin zusätzlich zehn Milliarden Dollar und, wie sich herausstellte, zweihunderttausend Zwangsarbeiter aus Deutschland. Am Mittwoch, dem 14. Februar, Lolas erstem Arbeitstag im Staatlichen Sicherheitsdienst, hängten die Russen in Gleiwitz ein Plakat auf:

1. *Alle männlichen Deutschen zwischen 16 und 50 Jahren haben sich innerhalb von 48 Stunden bei der Arbeiterrekrutierungsstelle zu melden. ...*

2. *Mitzubringen sind mindestens zwei vollständige Garnituren Winterkleidung, Decken, Kochgerät sowie Nahrung für mindestens 10 Tage. ...*

Nachdem die Rekrutierung von Arbeitern im Gleiwitzer Gefängnis stattfand, ging Lola nicht sofort nach Gleiwitz, sondern wartete in Kattowitz ab, bis die Russen ihre »Selektion« durchgeführt und das Gefängnis polnischer Verwaltung übergeben hätten.

Unterdessen leisteten die Deutschen in Gleiwitz dem Gestellungsbefehl Folge. Wenn einer sich weigerte, suchten die Russen ihn zu Hause auf und sagten: »Mitkommen.« Auch auf der Straße griffen sie Männer auf, sogar Fünfundsiebzigjährige. Im Gefängnis marschierten die Deutschen im Kreis entgegen dem Uhrzeigersinn, bis sie in Viehwaggons verladen wurden, hundertzwanzig Mann pro Waggon. Wie vor ihnen die Juden mußten die meisten aufrecht stehen, Krümel essen und das Kondenswasser an den Türriegeln ablecken, während sie in die Lager achthundert Kilometer östlich von Moskau fuhren, wo sie bei Temperaturen bis zu 50 Grad Torf stachen oder bei minus 50 Grad Schnee schaufelten. Manche aber wurden in ein Lager ganz in der Nähe von Gleiwitz geschickt. »Wir waren in Auschwitz«, schrieb ein Bergmann einem katholischen Priester. »Bei trübem Mondlicht sah jeder Laternenpfahl wie ein Galgen aus und jede Wasserlache wie eine Grube, die nur auf uns wartete. Wir waren sicher, daß wir aus dieser Hölle niemals lebend herauskommen würden.«

Auschwitz war inzwischen zu einem Fremdenverkehrsort geworden. In Lastwagenkonvois trafen die russischen und polnischen Soldaten ein, um etwas über ihre Feinde zu erfahren. Die Besichtigungstouren führte ein jüdischer Auschwitz-Überlebender: Adam, der Philosoph und Spinoza-Anhänger. »Also, hier fuhren die Züge ein«, pflegte Adam zu erklären, in so sachlichem Ton, als säße er am Auskunftsschalter der Bahn. »Und hier«, fuhr er fort, während er weiterging, »hielten die Züge, und die alten Menschen, Mütter, Väter und Kinder stiegen aus. Es ging chaotisch zu. Alle schrien durcheinander: ›Jakob!‹, ›Josef! Wo bist du?‹, und alle wurden angeschrien:

›Schnell!‹ Die Männer mußten auf diese Seite, und die Frauen auf die andere. Jeder fragte sich natürlich, was passieren würde. Und dann kam ein Deutscher und sagte: ›Guten Morgen. Im Namen der Lagerverwaltung heißen wir Sie alle willkommen. Da wir hier Epidemien vermeiden wollen, werden wir zunächst duschen…‹«

»Die Hurensöhne!« rief dann ein russischer oder polnischer Soldat.

»Dort drüben war der Duschraum«, erklärte Adam weiter und führte die Gruppe zu einem roten Ziegelgebäude, das die SS im November 1944 gesprengt hatte, damit die Welt nichts erführe. Adam stand am Rand, zeigte hinunter auf die Ruinen eines fünfzig Meter langen Umkleideraums und fuhr fort: »Dann sagte der Deutsche: ›Bitte ziehen Sie sich aus. Hängen Sie Ihre Kleider an den Haken, aber merken Sie sich, welche Nummer Sie haben…‹«

»Die Bastarde!«

»Barbaren!«

»Umbringen könnte ich sie!«

»Das kann ich nicht glauben!«

»Sie können's nicht glauben?« Bei Kommentaren wie diesem verlor Adam seine stoische Haltung. Er zeigte auf die Knochen ringsum und sagte: »Ziehen Sie sich aus und probieren Sie's. Dann werden Sie's vielleicht glauben.«

An einem Sonntag im März hielt Adam seinen Vortrag vor einer Gruppe polnischer Soldaten, darunter war auch ein jüdischer Major. Der Mann war klein, seine Lippen schmal wie Striche, die Augenbrauen noch dünner, und seine Stirn wölbte sich blank bis hinauf zur Mitte des Schädels. In der Uniform mit dem hohen Stehkragen sah er aus wie ein fremdes Wesen aus dem All, aber als Adam zu Ende gesprochen hatte, trat er auf ihn zu und stellte sich als Major Jurkowski vor. Er sagte nicht: »Das kann ich nicht glauben«, sondern daß er Ähnliches gesehen habe, als er ins KZ Płaszów gekommen sei. Hundert Leichen hätten dort auf der Erde gelegen und darüber Holzplanken, und auf den Planken wiederum Leichen und weitere Planken, sechs Schichten hoch. Diesen Scheiterhaufen hatte die SS in Brand gesteckt, so daß keiner mehr sagen konnte, ob die so entstandene Kohle tierischer oder pflanzlicher Herkunft sei. »Und Sie«, fuhr der Major fort, »Sie waren in Auschwitz?«

»Ja«, sagte Adam.

»Was haben Sie jetzt vor?«

»Keine Ahnung.«

»Also, ich arbeite in Kattowitz«, sagte der Major. »Wir bauen dort ein neues Polen auf.« Adam wußte mittlerweile, daß Formulierungen wie diese, der Zusatz *neu* zu irgendeinem Begriff, kommunistisch waren; der Major mußte demnach ein alter Kommunist sein. Das störte ihn nicht weiter, denn Stalin hatte ihn befreit, und als der Major ihm vorschlug, mit nach Kattowitz zu kommen, war Adam einverstanden.

Er fuhr im schwarzen Wagen des Majors und wohnte bei ihm zu Hause. Sein Landsmann stattete ihn vollkommen neu aus, nachdem er seine alten, läuseverseuchten Kleider verbrannt hatte, und Adam ging hinaus, um sich mit den Sehenswürdigkeiten der Stadt bekanntzumachen. Es war ein frostiger Wintertag, die Luft noch klar, doch vom eiterfarbenen Rauch aus den Stahlwerken begann der Himmel sich bereits zu trüben. In der Nähe der Beatestraße erspähte Adam eine junge Frau, die er vom Schießpulverkomplott in Auschwitz her kannte. Er rief sie an: »Lola!«

»Adam! Du lebst!« sagte Lola.

Sie rannte auf ihn zu und umarmte ihn. Sie war halbwegs wieder zu Kräften gekommen, ihr Gewicht näherte sich den fünfzig Kilo. Sie hielt sich noch immer in Kattowitz auf, konnte es aber kaum erwarten, endlich nach Gleiwitz in ihr Gefängnis zu kommen. Tagsüber aß sie, nachts widmete sie sich ihrer Romanze mit dem Mandolinenspieler, dem Kommandanten von Schwientochlowitz. Die olivgrüne Uniform mit dem Abzeichen eines ersten Leutnants, zwei silbernen Sternen, besaß sie bereits, aber sie fühlte sich in Männerhosen nicht wohl und hatte sich deshalb einen Rock genäht, den sie zu schwarzen Stiefeln trug, wie sie es bei einer KZ-Aufseherin gesehen hatte. Auch eine Luger hatte sie erhalten und schoß häufig auf leere Kaffeedosen, wobei der Junge aus Gintergrube, der bei der Hinrichtung ihres Bruders Ittel zugesehen hatte, ihr Anweisungen gab und auf polnisch, nicht jiddisch, sagte: »Ścisnąć. – Drück ab.« Lola war in Zivil, als Adam sie traf, als sie sich umarmten und küßten und einander erzählten, wie es ihnen ergangen war.

»Wo wohnst du in Kattowitz?« fragte Lola.

»Im Haus eines Majors.«

»Was ist das für ein Major?«

»Major Jurkowski.«

Lola legte die Hand auf den Mund, erschrocken und beeindruckt. »Oh!« sagte sie, »weißt du denn, wer das ist?«

»Nein.«

»Er ist der Chef des UB!« sagte Lola. Die Initialen sprach sie polnisch aus: »U-bey«. Sie standen für *Urząd Bezpieczeństwa Publicznego*, Amt für Staatssicherheit oder Staatlicher Sicherheitsdienst, aber das wußte Adam nicht.

»Was ist das UB?«

»Dasselbe wie das russische NKWD.«

»Versteh ich nicht.«

»Wie die Gestapo!«

»Ach«, sagte Adam.

Später am Tag traf Adam auch Barek, seinen Freund, den Halbschwergewichtler im Staatlichen Sicherheitsdienst, und anschließend besuchte er den jüdischen Major in seinem prächtigen Büro. Der Mann, der tatsächlich der Leiter des UB für Schlesien war, machte Adam den Vorschlag, mit ihnen zusammenzuarbeiten. »Wir werden ein neues Polen aufbauen, ein neues Europa, eine neue Welt«, sagte der jüdische Major. Mit dreiunddreißig war er in der Tat ein alter Kommunist.

Er war in Lublin in einer orthodoxen Famile zur Welt gekommen. Mit drei besuchte er die jüdische Schule, mit zwölf feierte er sein Bar Mizwa. Er hatte ein Käppchen getragen, die *tefillin* angelegt und die schwarzen Lederriemen in der שדי-Form des heiligen Namens Gottes gewickelt, er hatte sich den *tallit*, den Gebetsschal, umgelegt und jeden Tag die Worte gesprochen: »*Baruch ata.* – Gesegnet seist du.« Niemand hatte ihn je einen »*Parszywy Żydzie*«, einen »grindigen Juden«, geschimpft, denn er sah nicht aus wie ein Jude, und sein jüdischer Name, Josef Jurkowski, konnte ebensogut polnisch sein – er mußte nur das *s* in Josef betont stimmhaft aussprechen. Aber manchmal nannten die Polen bei der Lubliner Feuerwehr Josefs Bruder einen »grindigen Juden« und schlugen ihn zusammen. Natürlich war Josef sehr daran gelegen, dem Antisemitismus in Polen ein Ende zu machen. Mit fünfzehn entdeckte er Karl Marx und las folgende Worte:

> *Was ist der weltliche Kultus des Juden? Schachern. Sehr gut! Eine Gesellschaft, welche die Vorbedingungen des Schacherns abschafft, macht den Juden unmöglich.*

Kein Kapitalismus hieß: kein Schachern, kein Schachern hieß: keine Juden, keine Juden hieß: kein Antisemitismus. So Marx, und Josef fand nichts Beleidigendes an dieser Argumentation. Er dachte an die Stunden, die er, wie ein Masochist, in schwarzen Lederriemen verbracht hatte, und kam zu dem Schluß, die jüdische Religion sei das Opium der Juden.

Er schloß sich einer kommunistischen Zelle in Lublin an, hörte auf, »*Baruch ata*« zu sprechen und nahm statt dessen Schlagworte wie *Der unausweichliche Sieg des Proletariats* in seinen Wortschatz auf. Ereignisse wie der Fall Roms oder der Einmarsch der Deutschen in Polen erschienen ihm lediglich als leise Erschütterungen vor dem kommenden Großen Tag. Was würde die Welt in fünfzig Jahren noch davon wissen? Nur daß die Wandalen eben Wandalen waren und die Deutschen

Konterrevolutionäre. Weil er Kommunist war, saß Josef im Gefängnis, als die Deutschen einmarschierten. Die Wärter flohen, und er zerlegte sein Bett, schlug die Zellentür ein, brach auch die Tür zum Büro des Direktors auf, holte sich die Schlüssel, öffnete alle Zellentüren und rief: »Wir sind frei!« Dann marschierte er nach Rußland, den Deutschen knapp voran.

Rußland war der Traum von Karl Marx. Antisemitismus gab es hier nicht, soweit das Josef beurteilen konnte. Nahe der chinesischen Grenze errichteten Juden eine jüdische Republik, eine Heimstatt für jiddische Literatur, jiddisches Theater und jiddische Kunst, nicht für jüdische Schacherer oder jüdische Religion. Molotows Frau war Jüdin, Kaganowitsch (»Kohns Sohn«) war ein Genosse von Stalin, und Stalin selbst hatte zu einem jüdischen Reporter gesagt: »Antisemitismus ist Kannibalismus« – darauf stehe in Rußland die Todesstrafe. Josef meldete sich umgehend als Freiwilliger bei der russischen Armee. Er wich zurück bis Stalingrad, wechselte zur polnischen Armee über und führte sein Bataillon durch die Welt von Fabrikschloten – alles andere lag in Schutt und Asche – nach Warschau. Er wurde zum Leiter des Staatlichen Sicherheitsdienstes in Schlesien ernannt, eröffnete in Kattowitz ein Büro, hängte ein Bild von Stalin auf und setzte in den Bereichen Fahndung, Gewahrsam und so weiter sowie drei Vierteln der übrigen Offiziersposten Juden ein. Dennoch: auch Josef war nicht die gute Fee.

Die gute Fee war Stalin. Stalins Judenfreundlichkeit erschien den Juden nicht sonderbar – sie nahmen einfach an, daß Stalin den Deutschen die Höllenhunde auf den Hals hetzen wollte: sie selbst. In Wahrheit aber haßte Stalin die Deutschen nicht. Mit dreiunddreißig hatte er in Wien gelebt, während Hitler ganz in seiner Nähe Postkarten und Kosmetik-Plakate malte. Als Hitlers Armee hundertsechzig Kilometer vor Moskau stand, verkündete Stalin: »Hitlers kommen und gehen, aber das deutsche Volk bleibt.« Und es war ihm keineswegs ernst mit seiner Forderung an die Alliierten in Teheran, nach dem Krieg fünfzigtausend deutsche Offiziere zu erschießen. »Niemals!« gab Churchill zurück. »Fünfzigtausend«, beharrte Stalin. »Lieber lasse ich mich selber erschießen!« antwortete Churchill. »Also gut, neunundvierzigtausend«, lenkte Roosevelt ein, aber Stalin hatte sie nur auf den Arm genommen. Und nun schickte Stalin die Deutschen in russische Lager, die nicht unter dem Motto standen: »Laßt alle Hoffnung fahren«, sondern: »Hitlers kommen und gehen, aber das deutsche Volk bleibt.«

Warum also ergriff Stalin Partei für die Juden? Er selbst ließ nichts darüber verlauten. Am Weihnachtsabend des Jahres 1943 lud er mehrere Polen, Juden und Katholiken, die in Moskau lebten, zum Diner in den Kreml. Er servierte ihnen georgischen Wein und trank auf Polen; dann erklärte er sie zur Provisorischen Regierung Polens. Auf seinen Befehl hin wurde ein Jude, dessen Vater in Treblinka umgekommen war, zum Leiter des Amtes für Staatssicherheit erhoben; auch sämtliche Unterabteilungen sollten unter jüdischer Leitung stehen, aber ihre jüdischen Namen mußten sie ablegen und sich fortan als »General Romkowski« und »Oberst Rozanski« betiteln. Als es dann soweit war, ernannten alle damals im Kreml anwesenden Gäste die Verantwortlichen für die polnische Staatssicherheit – auch Josef, der nun Józef hieß und sich nie fragte: *Warum mag Stalin die Juden?*

Adam der jetzt in Josefs eindrucksvollem Büro saß, stellte sich diese Frage ebensowenig. Adams Vater war tot, seine Mutter noch immer in Bergen-Belsen, seine Freundin in Ravensbrück. Er hatte kurz zuvor eine Gedenkrede bei einem Massenbegräbnis in Auschwitz gehalten und mit den Worten geendet: »Ich werde Rache nehmen.« Aber seine Rache bestand bisher in der Versorgung der Krankenstation mit Lebensmitteln, Medikamenten und Wasser und seinen KZ-Führungen für Touristen: »Also, hier fuhren die Züge ein.« – »Wie sollte ich eine neue Welt aufbauen?« fragte er Josef neugierig.

»Zuerst müssen wir die Nazis ausrotten«, antwortete Josef – nein, er nannte sie nicht »Nazis«, er bezeichnete sie als Faschisten, als Banditen, Verbrecher, Volksfeinde, reaktionäre Elemente, Unterdrücker, Imperialisten und Konterrevolutionäre. »Zuerst müssen wir die Hitlerfaschisten ausrotten.«

»Was sollte ich dabei tun?«

»Sie müßten sie aufspüren.«

»Und dann?«

»Machen wir ihnen den Prozeß.«

»In Ordnung«, sagte Adam, wurde zum Hauptmann ernannt und mit der Vernehmung der Verhafteten betraut. Er besuchte einen einwöchigen Kurs bei einem jüdischen Leutnant, der seinen Zuhörern einschärfte: »Sie werden vielleicht keine Gewalt anwenden. Aber«, fuhr er fort, hinter sich die Tafel, vor sich ein halbes Bataillon Studenten, »wenn ein Deutscher Sie schlagen will – also, sie haben uns lang genug geschlagen: Sie können zurückschlagen.« Adam fiel auf, daß der jüdische Leutnant nicht sagte: »Wenn er Sie schlägt«, sondern »wenn er Sie schlagen *will*«. Adam, vier weitere Juden und ein Katholik waren die besten Studenten. Mit der Abschlußprüfung wurde Adam zum Vernehmungsleiter in der Stadt Gleiwitz ernannt, für die Lola zuständig war. Am Donnerstag, dem 15. März, fuhr er im Mercedes zu seinem Dienstort.

Gleiwitz war der Wilde Westen. Die Bösen waren Russen, die der Krieg aus dem fernsten Asien hierher verschlagen hatte, und Kriminelle, die ihre Strafe in der russischen Armee verbüßten. Zu Fuß, auf Stöcken, Krücken und auf Rädern unternahmen sie Eintagestouren nach Gleiwitz – Jesse-James-Imitatoren auf dem Fahrrad. Bis zu den Achseln und bis hinauf zu den *Knien* waren sie mit Uhren bestückt, die sie mit steinzeitlichen Lauten – »*Urr!*«, was »Uhr« bedeutete – den Deutschen abgenommen hatten. Ununterbrochen zogen sie ihre Uhren auf, als müßten sie befürchten, andernfalls um Mitternacht stehenzubleiben wie die mechanischen Disneyland-Figuren.

Auch an Feuerzeugen hatten sie großen Bedarf, um Lagerfeuer anzuzünden, oder an Gaslampen für ihre Zelte, und den Smirnoff-Düften zogen sie *Nuit de Paris* vor. »*Otwirai!* – Aufmachen!« riefen sie vor den Häusern der Deutschen. Sie nahmen den Männern ab, was sie brauchen konnten, vergewaltigten die Frauen, spielten mit den Kindern, wuschen sich in der Klosettschüssel und wurden immer betrunkener; den Deutschen befahlen sie, ebenfalls zu trinken und mit ihnen auf das Väterchen der Völker anzustoßen: »Lang lebe Stalin!«

Den Russen war es gleichgültig, ob ein Deutscher zur SS gehörte oder nicht. Sie stürmten einen Häuserblock, verschleppten alle männlichen Bewohner über sechzehn ins Gleiwitzer Gefängnis und schickten manche, die meisten oder alle nach Rußland; dann nahmen sie sich den nächsten Block vor. Da sehr viele Gleiwitzer Bergleute und somit vom Wehrdienst befreit waren, kamen mindestens dreißigtausend für die Zwangsarbeit in Rußland in Frage. Zuvor wurden sie durch das Gefängnis geschleust, das auch im März noch aus allen Nähten barst, so daß Adam sein Büro außerhalb, im ehemaligen Gestapohaus von Gleiwitz, einrichten mußte. In einem früheren Vernehmungsraum hängte er seine Offiziersmütze auf und wartete auf die Deutschen, die er verhören und, falls sie das Verhör nicht bestanden, ins Lager Schwientochlowitz schicken sollte; zu gegebener Zeit würden sie vor Gericht gebracht und interniert beziehungsweise vor die Erschießungskommandos in Kattowitz gestellt werden.

Häufig durchquerte er zu Fuß die Stadt. Aus den offenen Walmäulern am Gleiwitzer Rathaus hingen Eiszapfen, der Rathausplatz war voller Schneematsch, schmutziggrau vom Ruß aus den Stahlwerken. Die Straße vom Rathausplatz zum Bahnhof wirkte geisterhaft – die Deutschen in Gleiwitz wagten sich kaum aus ihren Häusern. In regelmäßigen Abständen fuhr eine Straßenbahn oder eine Pferdekutsche voller Russen vorbei und bespritzte die Bäume mit dem rußfarbenen Matsch. An einem solchen trüben Tag, als Adam, in Zivil bis auf die halb verborgene Pistole, durch seine Straße ging, bot sich ihm ein ungewohnter Anblick: eine Zivilistin, eine gutaussehende Frau im dicken schwarzen Pelzmantel. Vierzig mochte sie sein. Adam blieb stehen und sagte: »Verzeihung, ich bin von der Polizei. Darf ich wissen, wer Sie sind?«

»Sophie Schmidt.« Oder irgendein ähnlicher Name.

»Können Sie sich ausweisen?«

»Selbstverständlich.« Die Frau griff in ihre Handtasche und zog den Brief eines polnischen Pfarrers hervor, der ungefähr folgenden Wortlaut hatte:

An alle Betroffenen:
Frau Sophie Schmidt ist Gemeindemitglied der Heiligen Dreifaltigkeitskirche zu Lemberg. Ich bestätige hiermit, daß...

Noch während Adam den Brief las, erschien ein polnischer Polizist. Er hatte die Frau ihre Tasche öffnen sehen, daraus den Schluß gezogen, daß Adam sie ausraubte, und fragte, die Hand auf der Pistole: »Wer sind Sie?«

»Ich bin vom UB.«

»Was ist das denn?« Der Polizist wußte es nicht, die Deutsche hingegen sehr wohl. Bei den Deutschen hieß der Staatliche Sicherheitsdienst zwangsläufig »die polnische SS«, »die polnische Gestapo«, und vor der hatten sie Angst. Die Frau kramte in ihrer Handtasche nach Briefen von polnischen Schulen und polnischen Vereinen, während sie ununterbrochen auf Adam einredete: »Ich bin auch in wohltätigen Einrichtungen aktiv, und...«

Adam wurde argwöhnisch. Er wandte sich an den polnischen Polizisten und sagte: »Gut, wenn Sie vom UB noch nichts gehört haben, können sie uns in die Teuchertstraße begleiten.« Er führte sie am Rathaus vorbei zu einem bedrohlich aussehenden Gebäude – bedrohlich vor allem wegen der schwarzen Steine zwischen den üblichen roten Ziegeln. Der Wächter an der Tür ließ Adam und die Frau ein, dem Polizisten jedoch war der Zutritt verwehrt. Adam führte die Deutsche in sein Büro im dritten Stock, wies ihr einen Holzstuhl an und setzte sich ihr gegenüber. Graues Licht fiel durch die Fensterscheiben. »Wer sind Sie?« fragte Adam.

»Das habe ich doch schon gesagt. Sophie Schmidt.«

»Und woher kommen Sie?«

»Lemberg. Wie's in dem Brief steht.«

Die Frau war nervös. Ihr Haar wurde von einem Knoten am Hinterkopf gehalten wie von einer Hand, derart festgezurrt, daß die Gesichtshaut sich spannte. Irgendwann während des Verhörs stand Adam auf, entschuldigte sich und ging hinaus. Als er zurückkam, war die Frau verschwunden. Mehrere Angestellte drängten sich am offenen Fenster. Adam trat zu ihnen, blickte hinunter. Auf dem Betonboden unter sich sah er einen schwarzen Pelz liegen, wie ein toter Schwarzbär. »Was ist passiert?« fragte er.

»Sie ist wohl hinausgesprungen«, antwortete jemand.

Sie war tot. Später fand Adam heraus, daß sie die Geliebte eines Nazibonzen gewesen war, eines Menschen, den er nach Schwientochlowitz hätte schicken können, dann vor das Gericht in Kattowitz und schließlich in ein Gefängnis unter Leitung des Staatlichen Sicherheitsdienstes, für – wie lange? Zwei Jahre? Sicher nicht länger. *Sie hätte keine Angst vor uns haben müssen,* dachte Adam. *Sie hätte sich nicht umbringen müssen.*

Lola war unterdessen mit ihrer Geduld am Ende. Ruhelos lief sie durch Kattowitz – sie fühlte sich wie ein Boxer im Ring, der vergeblich auf seinen Gegner wartet. Sechs Wochen schon! Ihr Gefängnis war nicht für irgendeinen Bergmann Karl oder Franz, sondern für Höß, Hößler und Mengele! Würde noch irgendeiner, den sie verhaften konnte, in Gleiwitz sein, wenn die Russen endlich fertig waren? Während Lola in der Beatestraße darüber brütete, stieg sie oft in den Keller hinab, zu den Zellen mit den Totenschädeln, die die jüdischen Gefängniswächter mit Kreide an die Türen gezeichnet hatten (»Das bedeutet, daß sie uns umbringen werden«, sagten die Deutschen). Sie studierte die Gesichter der Inhaftierten, ob irgendeiner von der SS in Auschwitz darunter war; einmal benahm sie sich wie ein rechter Potok und schlug einen Gefangenen. Ironischerweise war ihr Opfer kein Deutscher, sondern ein Jude, der frühere Polizeihauptmann von Będzin, derselbe, der Pinek verprügelt, als Unruhestifter, Hurensohn und Goj beschimpft und ihn mit der Pilatusgeste der Unschuld der Gestapo ausgehändigt hatte. Während des Krieges hatte er dreitausend Złoty (fünfzehnhundert Reichsmark) für ein Versteck bei einem Polen bezahlt, aber nun hatte Pinek ihn verhaftet und ihn per Dekret zur Zwangsarbeit in einer Kattowitzer Kohlengrube verdammt, ohne das Urteil »Schuldig« abzuwarten. Dem Mann wurde der Prozeß gemacht, als Lola ihn aufspürte. Sie wußte, daß er Rivka, ihre Mutter, aufgegriffen und auf ein Fußballfeld hatte bringen lassen, wo er ihr und den anderen dort versammelten alten Menschen verkündete, er würde sie alle nach Auschwitz schicken; doch dann hatte er sie ihren gefährlichen Söhnen übergeben müssen (»Ich hab' gewußt, daß sie mich rausholen würden!« sagte Rivka). Lola ohrfeigte ihn vor den Augen der Gefängniswärter, der Polizeihauptmann kauerte in einer Ecke, und Lola war so in Kattowitz zumindest ein kleines ihrer Gespenster losgeworden.

Es beruhigte sie aber nicht. Sie wurde nur noch ungeduldiger und konnte es nicht mehr erwarten, endlich die wahrhaft Schuldigen in die Hände zu bekommen, die SS. Im Radio hörte sie russische Nachrichten, etwa: »Wir haben den Henker des polnischen Volkes gefaßt«. Sie saß auf Kohlen. Auf Partys leerte sie ihr Wodkaglas inzwischen in einem Zug, und in den Kattowitzer Clubs tanzte sie zu den Kriegsliedern der Alliierten auf den Tischen:

It's a long way to Tipperary!
It's a long way to go!

Ihr Liebhaber, der Mandolinspieler, trank noch viel mehr, er schüttete die Wodkas in sich hinein wie einer, der kurz vor der Polizeistunde noch möglichs betrunken werden will.

»Wodka! Ich will mehr Wodka!« grölte einer.

»Ach, sauf deine Pisse!« gab der Einarmige zurück.

»*Do rana pijemy!* – Wir trinken bis zum Morgen!«

Weit nach Mitternacht fuhr der Mandolinenspieler entweder in sein Haus in Schwientochlowitz oder in Lolas Wohnung in der Nähe des Bahnhofs von Kattowitz. Die Nacht vom Mittwoch, dem 28. März, war jedoch anders als die übrigen Kattowitzer Nächte.

Es war Passah, und Lola war bei Schlomo Singer eingeladen. Schlomos Vorname war das einzige, was der Hausherr mit Lolas verschwundenem Gatten gemein hatte. Er war jünger, fünfundzwanzig, kleiner, einen Meter fünfundsechzig, auch rundlicher; zwischen seinen Vorderzähnen klaffte eine Lücke, und wenn er lächelte, sah er aus, als könnte er keiner Fliege etwas zuleide tun. Er stammte aus Będzin. Seine Eltern waren strenggläubig, sie hatten ihn gelehrt, daß das Käppchen, die Gebetsriemen für Arm und Kopf, der Gebetschal und die Mesusa, die kleine Schriftrolle am Türpfosten, sowie die 613 weiteren Pflichten der Juden lauter Zeichen seien, die an Gottes Allgegenwärtigkeit gemahnten. Schlomo konnte keine Sternschnuppe, kein Stück Brot sehen, ohne »*Baruch ata* – Gesegnet seist du« zu sprechen, und dieses unerschütterliche Gottesbewußtsein erfüllte ihn mit Freude. Es war, als ginge ein Licht von ihm aus, das alle, die um ihm waren, wärmte wie das Licht, das durch die goldbemalten Glasscheiben einer Synagoge fällt.

Er war zur gleichen Zeit nach Auschwitz deportiert worden wie Lola. Aber er bewahrte seinen Glauben, sprach seine Gebete zu Neujahr und fastete am Versöhnungstag. Als er nach Warschau, Gęsia, geschickt wurde, um den Mörtel von alten Ziegelsteinen zu klopfen, machte er Pläne für das Passahfest 1944. Besonders wichtig waren die Mazzen, das dünne, harte, ungesäuerte Brot, das die Juden bei ihrem jähen Auszug aus

Ägypten gebacken hatten. In Gęsia gab es freilich nichts dergleichen, aber Schlomo tauschte sein Schwarzbrot gegen vier Pfund Mehl, und eines Nachts im April schlich er sich zusammen mit einem anderen in den Waschraum. Sie rührten das Mehl mit Wasser an, kneteten den Teig in einer Seifenschale, rollten ihn mit einer Sodaflasche aus und legten die Fladen auf den heißen Badeofen. »Beeil dich«, sagte der andere, flüsternd, damit die SS ihn nicht hörte.

»Wir brauchen mehr Holz«, sagte Schlomo.

»Aber dann sehen sie den Rauch!«

»Es hilft nichts – er ist noch nicht heiß genug.«

»Gut. Aber mach schnell.«

»Weißt du was?« sagte Schlomo. »Wir backen Mazzen auf dieselbe Weise wie das jüdische Volk auf seiner Flucht aus Ägypten.«

»Ja, sie hatten es auch eilig.«

»Und ich hab' noch mehr Angst als sie damals«, sagte Schlomo.

Er buk acht Mazzen; dann ging er zurück ins Bett und verbarg sie in seiner Strohmatratze. In der Osternacht sprach Schlomo: »Gesegnet seist du, o Herr, unser Gott, der uns befohlen hat, Mazzen zu essen.« Und er aß die spröden Fladen statt des üblichen Schwarzbrots mit Mehlsuppe. Die Mazzen erfüllten Schlomo mit Freude. Sie erinnerten ihn daran, daß die Juden schon vor langer Zeit Sklaven gewesen waren und Ziegelsteine geformt hatten, aber Gott hatte sie befreit. Davon zehrte er noch immer, als er sich in einem Warschauer Keller versteckte, von September 1944 bis Januar 1945, als die Russen sein Moses wurden. Er kehrte nach Będzin zurück und stellte fest, daß Gott gegeben und genommen hatte, denn sein Vater, seine Mutter, seine drei Schwestern und alle Onkel, Tanten, Vettern und Basen waren tot. »Gesegnet seist du«, sprach Schlomo und begab sich nach Kattowitz als derselbe heiligmäßige Mann, der er beim Einmarsch der Deutschen gewesen war.

Nun machte er Pläne für Passah 1945. Diesmal bekam Schlomo seine Mazzen vom Bäcker, und die anderen wesentlichen Bestandteile des Mahls – Eier, Äpfel, Meerrettich, Petersilie, Zucker und Salz – von einem riesigen, bärenhaften, lauten Mann, den er in Kattowitz kennengelernt hatte, einem russischen Oberst, der ebenfalls Jude war. Die Erbsen, Karotten und Kartoffeln stammten vom Kattowitzer Markt und der Wein von einem jüdischen Wohltätigkeitsverein in New York. Zum Seder-Abend am 28. März lud Schlomo Lola ein, den jungen Mann, der im Vorjahr mit ihm Mazzen gebacken hatte, Pinek und andere Freunde aus Będzin. Er lud auch den russischen Obersten ein – mit Vorbehalt, denn der Oberst war schon mehrmals in Schlomos Wohnung gewesen, maßlos und wie von Sinnen; es konnte vorkommen, daß er die Pistole zog, ein Mädchen ins Schlafzimmer jagte und anbrüllte: »Ich bin gut! Ich bin lieb! Ich bin schön! Ich hab' dich *befreit*! Warum willst du nicht mit mir schlafen?« Jedesmal hatte Schlomo dem verrückten Russen zu erklären versucht: »Es ist falsch, was du tust.«

Am späten Nachmittag erschienen Lola und zwei Dutzend andere Gäste in Schlomos Wohnung. An den Wänden hingen die Ölgemälde, die der frühere Besitzer, ein SS-Mann, zurückgelassen hatte, der Tisch war gedeckt mit seinem Leinen, seinem Porzellan, seinen Kristallgläsern – auch der Becher für den Propheten Elia stand bereit, für den Fall seiner willkommenen Rückkehr. Alle setzten sich, Schlomo sprach: »Gesegnet seist du«, man trank ein wenig Wein und aß Petersilie mit Salz. Dann forderte Schlomo einen seiner Gäste auf, aus einem Gebetsbuch vorzulesen, das ein Jude während des Krieges versteckt hatte. »Warum«, begann der Vorleser, »ist diese Nacht anders als alle anderen Nächte? In allen anderen Nächten essen wir sowohl gesäuertes wie auch ungesäuertes Brot, doch in dieser Nacht nur ungesäuertes Brot. In allen anderen Nächten...«

Fast alle, die um den Tisch saßen, hatten Tränen in den Augen, aber laut sprachen sie die Antwort mit: »Wir waren Knechte des Pharao in Ägypten, und der Herr, unser Gott, führte uns aus Ägypten mit mächtiger Hand und ausgerecktem Arm...« Doch dann begannen die Juden, die Gott aus dem Holocaust errettet hatte, zu weinen, und sie konnten nicht weiterlesen.

Schlomo legte das Gebetsbuch nieder. Zu seiner Rechten saß, heftig weinend, eine breitschultrige junge Frau, die er ohne Hoffnung liebte – ohne Hoffnung, denn er war fünf Zentimeter kleiner als sie, und diese Kluft war zu tief für die Liebe in den vierziger Jahren. Er berührte sie sanft und sagte: »Erzähl uns davon, Rivka.«

»Ich war in Auschwitz«, sagte Rivka schluchzend. »Wir gingen Richtung Deutschland, aber ich lief fort. Ich versteckte mich in einer Scheune unter dem Heu. Aber der Bauer kam und stach immer wieder mit der Gabel ins Heu, und er sagte immer wieder: ›Da ist doch jemand!‹ Aber, gepriesen sei sein Name«, sagte Rivka, denn ein Jude soll den Namen »Gott« außer im Gebet nicht aussprechen, »der Deutsche fand mich nicht. Meine Füße waren aber erfroren. Ich klopfte an die Tür des Deutschen, seine Frau machte mir auf. Sie sagte: ›Ach, Sie kommen aus dem Konzentrationslager! Hier sind deutsche Soldaten!‹ Sie nahm mich mit in den Schweinestall und sagte: ›Setzen Sie sich hin.‹ Mit dem Messer schnitt sie mir die Schuhe herunter, dann stellte sie meine Füße in heißes, dann kaltes, dann wieder heißes und wieder kaltes Wasser, bis sie wieder lebendig wurden. Sie brachte mir heiße Milch, ein Stück frisches Brot und ein Paar Schuhe von ihrem Mann. Ich weinte und nannte sie einen Engel, dann machte ich mich zu Fuß auf den Weg nach Kattowitz. Aber ein Deutscher kaufte mir eine Fahrkarte, und ich fuhr mit dem Zug. Gepriesen sei sein Name.«

Rivka und alle anderen Juden weinten. Schlomo wischte sich die Tränen ab und wandte sich an Rivkas Cousine, auch sie eine kräftig aussehende junge Frau. »Jetzt du, Adela«, sagte er.

»Ich war auch auf dem Weg nach Deutschland«, sagte Adela. »Ich bin auch weggelaufen und habe mich in einem Haus versteckt. Aber dort lag ein deutsches Pistolenhalfter, und ich war mir sicher, daß der Deutsche, dem es gehörte, es holen würde. Ich zog die Pistole heraus und wartete. Ich hatte furchtbare Angst«, sagte Adela, ihre Finger hielten eine unsichtbare Waffe. »Als der Deutsche wirklich kam, zielte ich auf ihn. Ich hielt meinen Arm aber ganz falsch« – ausgestreckt wie zum Hitlergruß hielt sie ihn – »und zitterte wie verrückt! Ich habe nie vorher geschossen, und Dank sei seinem Namen, daß ich es nicht getan habe. Der Mann nahm mir die Pistole aus der Hand. Er lachte und lachte«, sagte Adela, und auch sie lachte, aber gleichzeitig weinte sie. »Meine Schuhe, meine Kleider, mein schmutziges Gesicht! Ach, ich muß komisch ausgesehen haben. Dann kam ein zweiter Mann und lachte ebenfalls. Er gab mir Frauenkleider, setzte mich vorn auf sein Fahrrad, auf die Querstange, und fuhr mich zum Bahnhof. Er kaufte mir eine Fahrkarte nach Sosnowiec. Gelobt sei sein Name.«

Nun lachten und weinten alle zugleich, und Schlomo sagte: »Lola, jetzt du.«

»Ich bin ebenfalls geflohen«, berichtete Lola. »Ich sah einen SS-Mann mit Hund...« Im Unterschied zu den beiden anderen blieb Lola völlig teilnahmslos, während sie erzählte: »Darf ich Ihren Mantel haben?« – »Nein, das dürfen Sie nicht!« – »Hätten Sie etwas Tee?« – »Laß sie nicht rein! Das ist eine Jüdin!« – *Wo soll ich hin?* – »Süße, komm mit uns!« Dann ihre lange Flucht nach Königshütte. Ihr Weinen, ihr Lächeln blieben ihr in der Kehle stecken. Als ein Klumpen erstickter Wut quollen die Worte aus ihr heraus. Sie konnte den Namen Gottes nicht preisen. Ihre Mutter, ihre Brüder, ihre Schwestern, die Menschen, mit denen sie Passah gefeiert und gesungen hatte: »*Dayenu*. Es wäre genug gewesen«,

Wenn Er uns Reichtümer gegeben
Und nicht das Meer geteilt hätte,
Dayenu!

Wenn Er das Meer geteilt
Und uns nicht hindurchgeführt hätte,
Dayenu!

Wenn er uns hindurchgeführt hätte –

Die Menschen, die sie liebte, waren tot, in Ägypten, fern vom Verheißenen Land. Für sie, dachte Lola, gab es keinen Auszug.

Auch sie selbst war Ägypten nicht entkommen. Als Funktionärin des Staatlichen Sicherheitsdienstes wußte sie, daß die SS in Kanälen und Kellern auf der Lauer lag. Werwölfe nannten sie sich. Sie kannte die Äußerung des polnischen Gouverneurs von Schlesien: »Ich dachte, die Deutschen hätten alle Juden umgebracht. Aber nein, die Juden übernehmen wieder die Macht«, und sie wußte, daß der Bürgermeister von Kattowitz gesagt hatte: »Wir müssen sie aufhalten.« Sie wußte, daß in Kattowitz Juden vom Staatlichen Sicherheitsdienst umgebracht wurden. Von einem wußte sie, der einen Mann verhaften wollte; der ließ sein Taschentuch fallen, bückte sich, als wolle er es aufheben, zog aber statt dessen eine Pistole und erschoß ihn. Sie wußte, daß auch der Leutnant, der sie unterwiesen hatte – »Sie werden vielleicht keine Gewalt anwenden, aber ...« – ermordet worden war. Vor allem konnte Lola nicht feiern, solange nicht ihr Zorn wie das Meer über dem Pharao und allen seinen Mannen zusammengeschlagen war. Ihre eigene Flucht war nicht genug.

»Und so kam ich nach Königshütte«, schloß Lola.

»Gepriesen sei sein Name«, sagte Schlomo. Nachdem jeder gesprochen hatte, hob er sein Weinglas und sprach: »Er führte uns aus der Sklaverei zur Befreiung, von der Sorge zur Freude, von der Trauer zum Fest, von der Dunkelheit ins Licht, von der

Gefangenschaft in die Freiheit. Wir werden ihm ein neues Lied singen! Halleluja!« Alle hoben ihr Glas und tranken, alle aßen den scharfen Meerrettich und den süßen Brei aus Zucker und Äpfeln. »Gesegnet seist du, o Herr«, sagte Schlomo; dann aßen sie gemeinsam das Passahmahl. Schlomo strahlte wie die Sonne, Lola nahm ein weiteres Pfund zu, und der Russe sagte zu ihr: »Du bist wunderbar!«, aber er machte keine Anstalten, sie zu vergewaltigen. »Nächstes Jahr in Jerusalem«, sagte Schlomo.

»Nächstes Jahr in Jerusalem«, wiederholten die anderen.

Dann gingen sie alle. Lola saß noch einen ganzen Monat tatenlos in Kattowitz fest, hörte Radio, ging mit dem Mandolinenspieler aus, auch mit dem russischen Oberst, tanzte Tango mit beiden und feuerte ungeduldig ihre Luger ab, bis die Russen Ende April mit Gleiwitz abgeschlossen hatten und Lola mit einer Limousine die dreißig Kilometer nach Gleiwitz fuhr, in die Klosterstraße 10. Dort läutete sie, ein mächtiges Eisentor schwang auf, und sie stand vor einem fünfstöckigen Gefängnis mit je fünf eisernen Stangen vor jedem Fenster. »*Dobry djen* – Guten Tag«, sagte ein Russe und führte sie in ein Büro im ersten Stock, wo unter Stalins finsterem Blick ein Schreibtisch, ein Stuhl, eine Reihe hölzerner Garderobeständer und ein Gefängnisbett standen. Der Russe wies sie in ihre künftigen Aufgaben ein und ging, zusammen mit allen anderen. Lola legte Pistole und Kleider ab und kroch ins Bett. Für diese eine Nacht war sie die einzige Insassin ihres Gefängnisses in Gleiwitz, Deutschland. Nächstes Jahr in Jerusalem. Nächstes Jahr.

6

Am nächsten Tag kamen die Deutschen: ein Lastwagen voller Männer und Frauen. Naß vom Aprilregen stand Lola in dem steinernen Innenhof und sah sie einfahren. Sie trug ihre Uniform, aber nicht die Luger, damit nicht ein Deutscher auf die Idee käme, sie ihr zu entreißen. Neben ihr stand der jüdische Junge, der ihren Bruder Ittel hatte sterben sehen, und der jetzt ihr Adjutant war; außerdem fünfzig andere – Männer und Frauen, Juden und Nichtjuden –, jetzt ihre Gefangenenwächter. In ihren Pistolenhalftern steckten ungarische Zigaretten, aber wenn sie auf den Mauern patrouillierten – wie die SS auf den Wachttürmen von Auschwitz –, trugen sie auf Lolas Befehl Gewehre. Der Lastwagen hielt an, und als die Deutschen herauskletterten, schrie ein junger jüdischer Aufseher auf polnisch: »*Szybciej!* – Schneller!« und klatschte mehrmals rasch in die Hände – eine Geste, die den Deutschen bekannt war, die sie verstanden. Doch als der Junge, wieder auf polnisch, rief: »*Mężczyzni tu!* – Die Männer hierher! *Kobiety tam!* – Die Frauen dorthin!«, rührten die Deutschen sich nicht von der Stelle. »*Mężczyzni tu!*« wiederholte er, lauter und gestenreich, »*Kobiety tam!*«

»Ich verstehe nicht«, sagte ein Deutscher, der, wie die übrigen, Zivilkleider trug, auf deutsch.

»*Głupku!* – Trottel!« brüllte der Aufseher. Er zog den Mann auf die eine Seite, dann einen zweiten und dritten, und schob die Frauen auf die andere, bis die Deutschen begriffen und sich in zwei Lager teilten. »*W jednej linii!*« brüllte der Junge.

»Aufstellen!« übersetzte einer der Deutschen.

»*Pierdolony Szwabie! Cicho!* – Du beschissener Deutscher! Halt's Maul!« gab der Junge zurück und ohrfeigte den Deutschen, denn er wußte nicht, ob das deutsche Wort tatsächlich »Aufstellen« bedeutete oder vielmehr »Attacke«. Zur Strafe befahl er ihm: »In die Hocke! Aufstehen! In die Hocke! Aufstehen! Noch zwanzigmal!«

Der Deutsche gehorchte. Lola betrachtete ihn genau, sie kannte ihn aber nicht. Ihr Blick wanderte von einem Häftling zum nächsten; die Informanten des Staatlichen Sicherheitsdienstes hatten sie allesamt als SS-Mitglieder, Nazis oder Nazi-Kollaborateure identifiziert. Manche waren erst sechzehn, andere hatten offensichtlich das richtige Alter für einen SS-Mann, wieder andere waren recht alt. Viele trugen Mäntel, manche hingegen nicht und froren an diesem klammen Morgen: wie Bedürftige vor der Armenküche standen sie in einer Reihe und schlugen mit den Ellenbogen – lauter flatternde Hühner. Keiner von ihnen war Höß, Hößler, Mengele oder irgendein anderer aus Auschwitz, den Lola kannte, und sie befahl ihren Wächtern recht unwirsch: »Bringt sie rein!«

»Ja, Frau Kommandant.«

Das Gefängnisgebäude hatte die Form eines T: der Längsbalken war der Männertrakt, im Querbalken wurden die Frauen untergebracht. »*Do paki!* – Ab in den Bau!« sagten die Aufseherinnen zu den Frauen und stießen sie vorwärts, wenn sie nicht begriffen; die Männer wurden durch eine schmale Gittertür in den Längstrakt befördert.

Lola ging mit den Männern. Sie stand in einer geräumigen Halle, ausladend wie das Hauptschiff einer Kathedrale, sechzig Meter lang und sechzehn Meter hoch. Licht fiel durch frostbeschlagene Luken in der Decke; rechts und links von ihr, wo die Fenster hätten sein sollen, führten Stockwerk um Stockwerk graugestrichene Laufplanken an den Wänden entlang – die oberen waren in ein graues, regnerisches Licht getaucht, die mittleren lagen im Zwielicht, und im Erdgeschoß, dort, wo Lola stand, war es dunkel wie in einem Keller. Lola sah zu, wie ein Wächter bei Lampenlicht an einem Tisch den Deutschen Geld, Uhren und Ringe abnahm und ihnen befahl: »*Zdjąć ubranie!* – Ausziehen!«

»Ausziehen!« flüsterten die Deutschen.

»*Do łazni!* – Zu den Duschen!«

»Zu den Duschen!« flüsterten die Deutschen.

Lola blieb. Die Gefangenen konnten Läuse haben, die beinahe unsichtbaren Überträger des Typhus – der Krankheit, der die Juden in Auschwitz reihenweise zum Opfer gefallen waren. Auch in Lolas Baracke hatte ein Schild an der Wand gehangen, auf dem stand: EINE LAUS, DEIN TOD. Lola wollte nicht eine einzige Laus in ihrem eigenen Quartier in Gleiwitz sehen. Sie sah also zu, wie die Deutschen duschten, sich abtrockneten und mit Lysol einrieben, wie ein deutscher Friseur ihnen die Haare schnitt und anschließend, die Schere in der Hand, in den anderen Trakt hinüberging, um auch den Frauen das Haar abzuschneiden. »Anziehen!« sagte ein Aufseher, und die Deutschen zogen dieselben Kleider wieder an, in denen sie gekommen waren. Einer der Deutschen erhielt den Auftrag, Kartoffelsuppe zu kochen und, eimerweise, zu verteilen. Die übrigen Gefangenen wurden in den Zellen entlang den Wänden untergebracht, jeweils vier pro Zelle, zwei auf den unteren und zwei auf den oberen Pritschen. Die Wächter schlossen hinter ihnen die Tür und versperrten sie mit einem fünfzehn Zentimeter langen Schlüssel – so groß, daß sie einen zweiten Schlüssel als Hebel benutzen mußten, um ihn herumzudrehen. Lola nahm Geld, Uhren und Ringe an sich und verstaute sie in einer Holztruhe in ihrem Büro, das zugleich ihre private Unterkunft war.

Später am Tag traf eine zweite Lkw-Ladung Deutscher ein. Anfang Mai waren es an die tausend, acht und mehr in jeder Zelle, zwei und mehr pro Bett, auch auf dem Boden schliefen sie. Die Zellentüren waren massiv wie die Portale einer Kirche, aber wenn bei der Verteilung der Kartoffelsuppe oder der Leerung der Koteimer eine Tür offenstand, konnte Lola die

Gefangenen sehen; manchmal öffnete sie auch die Luken der Türen und spähte hinein. Beim Licht, das durch die Fenster fiel, oder nachts, im matten Schein einer Glühbirne, beobachtete Lola die Deutschen. Tagsüber waren die Pritschen zusammengelegt, und die Gefangenen hockten auf Schemeln oder auf dem Boden und spielten »Sechsundsechzig« oder »Mensch-ärgere-dich-nicht« mit Holzschnitzeln. Natürlich war sich Lola bewußt, daß die Deutschen noch nicht verurteilt waren, ja nicht einmal angeklagt, daß sie so unschuldig sein konnten wie die Juden in Auschwitz. Dennoch erboste es sie, zu sehen, wie sie ein vergleichsweise angenehmes Leben führten, und noch mehr erzürnte sie, daß keiner von ihnen Höß, Hößler oder Mengele war.

Sie wollte diese drei! Höß, der Lagerkommandant von Auschwitz, ein SS-Mann mit Bulldoggenvisage, war derjenige, der die Gaskammern erfunden hatte, um – wie er einmal zu Himmler gesagt hatte – seinem Vaterland einen Dienst zu erweisen. Hößler, der Kommandant des Frauenlagers, der aussah wie der amerikanische Vizepräsident Truman, war derjenige, der den Juden sagte: »Guten Morgen! Wir werden jetzt duschen!«, und Mengele, der Arzt, hochgewachsen, dunkelhaarig, gutaussehend, schickte sie »nach rechts« oder »nach links« und pfiff dazu eine Wagnerarie. Lola war selbst einmal von Mengele »selektiert« worden, nachdem sie sich in der Unions-Fabrik den Daumen zerquetscht hatte, doch die Frau, die ihre Nummer eintrug, strich sie später wieder aus. Höß und Hößler hatten nie mit eigener Hand einen Juden geschlagen, und Mengele hatte sogar auf seine Weise mit ihr geflirtet – »Dein Arsch wird fetter« –, aber diese drei waren die Macht in Auschwitz und die logischen Ziele, auf die Lolas Zorn sich in erster Linie richtete.

Doch hundertdreißig Kilometer weiter westlich tobte noch immer der Krieg. In Berlin hatte Hitler sich erschossen – war zusammengebrochen, hatte dabei eine Vase mit Narzissen zu Boden gerissen und war gestorben –, aber Höß war Sonderbeauftragter für die Judenvernichtung, Hößler hielt sich in Bergen-Belsen auf, und Mengele war Militärarzt in der Tschechoslowakei. Sie waren nicht in Gleiwitz, ebensowenig wie irgendein anderer SS-Mann, den Lola kannte; so verbrachte sie Stunden in ihrem Büro und stürzte sich auf ihre Unterlagen statt auf SS-Kehlen. Ihr Adjutant machte sich Sorgen. *Wie kann ich ihr helfen?* fragt er sich.

Der Adjutant, Mosche Grossmann, der Lolas Bruder am Galgen in Gintergrube gesehen und seinen Schrei vernommen hatte: »Höre, Israel«, – Mosche Grossmann hatte mit dem Einmarsch der Deutschen seine Mutter, seinen Vater und ein blühendes Geschäft in Lodz verloren. Als die Russen kamen, verlor er noch mehr. Bei der Evakuierung des KZs war er entkommen, indem er sich am Straßenrand in der Nähe von Gleiwitz in den Schnee fallen ließ und sich verbarg, bis Gleiwitz fiel. Er fand ein Pferd und einen Wagen, aber weit kam er nicht, denn die Russen sagten: »Wie? Du fährst, und wir gehen zu Fuß?« Sie beschlagnahmten sein Gefährt. Dann fand er ein Fahrrad, aber auch das nahmen die Russen ihm ab, und so marschierte Mosche zu Fuß nach Kattowitz, trat dem Sicherheitsdienst bei, ging wieder zurück nach Gleiwitz und fing ganz von vorn an. Er war ein dünner, argwöhnischer, wachsamer junger Mann. Seine Fähigkeiten lagen im Geschäftemachen oder, um mit Marx zu sprechen, im Schachern. In Gleiwitz freundete er sich rasch mit dem fetten russischen Quartiermeister an. Den aufgedunsenen Mann besuchte er häufig wegen der Kartoffeln für Lolas Gefangene, brachte bei seine Besorgungen aber auch eine Flasche Wodka mit, um sie beispielsweise gegen ein Faß Heringe zu tauschen, die er dann an den Besitzer eines Restaurants abtrat, um für den Erlös einer bedürftigen Frau Goldringe abzukaufen und zu verstecken, bis er irgendwann, irgendwie in den Westen gelangen würde.

Angesichts der Tatsache, daß Krieg herrschte, war Mosche

nicht schlecht im Geschäft; außerdem wollte er sich Lolas Gunst nicht verscherzen. Oft stand er am Tor zur Klosterstraße und hielt Ausschau nach potentiellen SS-Gesichtern. Eines Tages im Mai wurde er fündig: er entdeckte einen Mann in Wehrmachtsuniform. Entgegen der üblichen Vorgehensweise führte er ihn nicht dem Vernehmungsbeamten vor, dessen Büro neben Lolas lag, sondern brachte ihn direkt zu Lola. »Da ist jemand, den du vielleicht sehen möchtest«, sagte er und schob ihr den Deutschen ins Zimmer.

Lola stand auf. Durch die Fenster schien die Sonne herein, und sie stand im Gegenlicht. »Wer bist du?« fragte sie auf Deutsch; sie duzte ihn, wie die Deutschen Kinder, Pferde, Hunde duzen.

»Ein Soldat. Ein gewöhnlicher Soldat.«

»Wieso bist du nicht in einem Kriegsgefangenenlager?«

»Ich habe meinen Wehrpaß verloren.«

»Was ist mit deiner Marke?«

»Die habe ich auch verloren.«

Lola sah ihn prüfend an. Der Mann mochte um die Vierzig sein; sein dickes Gesicht hatte den arroganten, herablassenden Ausdruck dessen, der es gewohnt ist, zu befehlen. Doch der Streifen auf seinem Ärmel wies ihn als simplen Gefreiten aus. Lola konnte es nicht glauben. Sie wußte so gut wie nichts über die deutsche Wehrmacht, aber das konnte wiederum der Deutsche nicht wissen; deshalb versuchte sie zu bluffen. »In welcher Einheit warst du?«

»Vierundzwanzigster Panzeraufklärungsverband, vierundzwanzigste Panzerdivision.« Oder irgend etwas von der Art.

»Wo hast du gekämpft?«

»Sebastopol, Stalingrad...« Oder in irgendeiner anderen Panzerschlacht.

»Bist du sicher nicht bei der SS gewesen?«

»Nein! Ich bin nur ein ordinärer Soldat!«

»Bist du ganz sicher?«

»Ich bin sicher! Ich wurde fürs Vaterland eingezogen!«

»In Ordnung«, sagte Lola zu Mosche. »Zieh ihn aus.«

Mosche hatte bisher stumm daneben gestanden. Auf Lolas Befehl hin zog er dem Deutschen die alte graue Jacke aus, auch das weiße Unterhemd. Lolas Anweisung überraschte ihn nicht, denn Mosche hatte, wie sie, in Kattowitz einen Kurs besucht und einiges über die SS erfahren; auch der Deutsche wußte, wonach Lola suchte. Er stand wie ein Angeklagter vor dem Kriegsgericht. Mosche hob den schwammigen linken Arm hoch und entdeckte in der Achselhöhle eine winzige Tätowierung: die Blutgruppe, die jeder SS-Mann eintätowiert hatte. Mosche wies schweigend auf das Zeichen, und Lola explodierte.

»Du Lügner!« brüllte sie. Sie holte aus, blitzschnell, wie von einer Feder getrieben, und schlug dem Deutschen quer übers Gesicht. Wie lang hatte sie auf diesen Tag gewartet! »Du dreckiger SS-Kerl!« schrie Lola. »Wie viele Juden hast du ermordet?«

»Keinen einzigen! Ich war kein –«

»Du verfluchter Lügner!«

»Ich habe in Kattowitz in einem Büro gearbeitet!«

»Noch schlimmer!« schrie Lola. Wieder schlug sie ihn und schrie: »Je höher oben ihr wart, desto schlimmere Mörder seid ihr!«

»Nein, ich war nur ein kleiner Mann!«

»Das warst du nicht!«

»Frau Kommandant«, sagte Mosche leise. »Schau, was ich gefunden habe.« Er hielt ihr eine Schwarzweißfotografie hin, die er aus der Jacke des Deutschen gezogen hatte – ein Foto von ihm selbst mit SS-Mütze, Totenkopfemblem, auch dem Gestapoabzeichen, mit hochnäsigem Ausdruck. Auf der Rückseite stand handgeschrieben: »Ein Blick.«

»Du verfluchtes Gestaposchwein!« schrie Lola auf. Wieder holte sie aus, doch ihre Hand blieb in der Luft hängen, denn Mosche war über ihn hergefallen und bearbeitete ihn mit den Fäusten. Auch ein zweiter Aufseher, ein Jude, begann den

Deutschen zu schlagen, dem bald das Blut aus der Nase rann; schließlich brach er auf dem Boden zusammen, wo die beiden Männer ihn weiter schlugen und traten. »Du mieses Schwein! Du elendes Schwein! Du –« schrie Lola.

»Nein! Nicht!« weinte der Deutsche, er weinte wirklich. Er krümmte sich, um sich vor Fäusten und Füßen zu schützen, kroch auf Lola zu und umklammerte ihre Lederstiefel. »Nein, Frau Kommandant! Ich war kein hohes Tier bei der SS!«

»Natürlich warst du! Du miese, fette Sau!«

»Nein, ich hab' keine Juden umgebracht!«

»Das steht dir in die Visage geschrieben, daß du's getan hast!«

»Gnade!«

»Wieso?« schrie Lola. Der Deutsche brachte sie zur Weißglut. Einmal, in Auschwitz, hatte sie zu ihrer tschechischen Blockältesten gesagt: »Ich habe kein Brot bekommen.« – »Doch.« – »Nein, ich schwöre!« Woraufhin die Frau sie geschlagen und getreten und in den strömenden Regen hinausgetrieben hatte. Lola mußte im Schlamm knien, die Arme hoch über den Kopf wie eine Ertrinkende, naß bis auf die Haut; jede Stunde kam die Frau heraus und schlug sie. Wo war der fette SS-Mann an diesem Tag gewesen? Warum hatte er der Tschechin nicht befohlen, Erbarmen zu haben? In einer anderen Welt, vor dem Krieg, in Będzin, hatte Rivka oft den Talmud zitiert, das Buch der jüdischen Gesetze: »Sei barmherzig, wie auch er barmherzig ist«, aber wo war »er«, der in Auschwitz Erbarmen für Lola gehabt hätte? Sie schüttelte den Klammergriff des Mannes ab und rief: »Mosche! Bring ihn fort!«

»Was soll ich mit ihm anfangen?«

Lola zuckte die Achseln. »Bring ihn nicht um!«

Unter Fausthieben schleppten Mosche und der andere Wächter ihn hinab in die Abgründe dieses Ortes, wo die Letzten die Ersten wurden und die Ersten die Letzten. »Bitte nicht!« hörte Lola ihn noch flehen, und während sie ihren Bericht schrieb, hörte sie, wie seine Schreie die weite Halle erfüllen, sich ausbreiteten wie Orgeltöne, bis hinauf zur höchsten Empore, bis zu den frostbeschlagenen Oberlichtern, und als Widerhall zurückkehrten. »Nein! Bitte nicht! Bitte, Gnade! Bitte, nein!« *Hat nicht ein Jude Augen? Hat nicht ein Jude Leidenschaften? Wenn ihr uns stecht, bluten wir nicht? Und wenn ihr uns beleidigt, sollen wir uns nicht rächen?*

Im Grunde war es nicht Lolas Aufgabe, Gefangene zu verhören. Theoretisch leitete sie das Gefängnis, die Fragen stellten andere, Juden und Nichtjuden von der Abteilung Verhör: »Was haben Sie während des Zweiten Weltkrieges getan?« In dem einzigen kleinen Vernehmungsraum, den es im Gefängnis gab, standen ein Schreibtisch und zwei Stühle – der Stuhl, auf dem der Gefangene saß, war am Boden befestigt, damit er oder sie nicht damit zuschlagen konnte. Ein Raum für tausend Verdächtige war zuwenig – den Leuten von der Abteilung Verhör standen mehrere Räume in Gleiwitz zur Verfügung, in der ehemaligen Fahrschule und dem ehemaligen Gestapohaus, sowie weitere Räume in Kattowitz. Dort sahen die Deutschen aus Lolas Gefängnis in die eiskalten Augen des Freundes von Pineks Schwester – es traf sie ein Blick, der so kalt, so mitleidslos, so ohne jegliche Menschlichkeit war, der deutlich zu verstehen gab, was mit jedem, der nicht geständig war, geschehen würde, daß viele Deutsche auf der Stelle gestanden; einer hängte sich kurze Zeit später auf. Wirklich geriet der Freund von Pineks Schwester derart in Aufregung, wenn ein Deutscher *nichts* gestand, daß Pinek ihn oft ermahnte: »Vergiß es, Chaim! Der Mann könnte tatsächlich unschuldig sein!«

Der Vernehmungsleiter in Gleiwitz war Adam, der Philosoph und Menschenfreund aus Auschwitz. Adam war sich freilich bewußt, daß kein Deutscher je sagen würde: »Ich war bei der SS«, »Ich war ein Nazi« oder »Ich war Nazikollaborateur«, wenn er sich denken konnte, daß Adam ihm daraufhin die

Knochen weichprügeln würde. Aber Adam wußte auch, daß die Thora verbot, einen Ochsen oder einen Esel zu schlagen, geschweige denn ein Wesen nach Gottes Ebenbild; deshalb wies er seine Mitarbeiter an, sich an die Worte des Buches Levitikus zu halten: »Du sollst dich nicht rächen.« Das Problem war, daß die Deutschen mit Sicherheit logen, und für Adam waren Lügen wie Schläge ins Gesicht. Es mochte zwei Uhr morgens sein, und er hatte vielleicht nur zwei Stunden geschlafen. Man führte ihm einen Mann in Wehrmachtsuniform vor – Adam wird zuerst geraten haben: »Sie haben ihren Wehrpaß verloren.«

»Ja, ich hab ihn verloren.«

»Und auch Ihre Hundemarke.«

»Ja, die hab' ich auch verloren.«

»In welcher Einheit waren Sie?«

»In der 295. Infantriedivision.«

»Sie lügen«, mochte Adam daraufhin gesagt haben. »Die 295. wurde in Stalingrad ausgelöscht.«

»Das hab' ich nicht gewußt. Da war ich schon verlegt worden.«

»Wann?«

»1941.«

»Wohin?«

»Nach Lublin.«

»Warum?«

»Um – äh – gegen die polnischen Freischärler zu kämpfen.«

»Du lügst! Damals gab es dort überhaupt keinen polnischen Widerstand!« Woraufhin ihm Adam wahrscheinlich, instinktiv, in seine Klugscheißervisage schlug.

Zuerst benutzte Adam seine bloßen Hände, wenn ein Deutscher ihn übers Ohr zu hauen versuchte. Aber das tat auch ihm selber weh, und bald ging er dazu über, die unverschämtesten, offensichtlichsten Lügner mit einem Rohrstock zu schlagen. Seine Assistenten in Gleiwitz benutzten Besenstiele und Knüppel, so dick wie die Keulen der Höhlenmenschen, dazu ein Werkzeug, das die Deutschen »Totschläger« nannten: eine sechzig Zentimeter lange, mit Stoff oder Leder überzogene stählerne Spirale mit einer harten Bleikugel am Ende. Mit dieser Waffe konnte der Verhörende dem Deutschen einen dreifach verstärkten Schlag auf Arme, Beine, den Körper oder ins Gesicht versetzen, ohne sich etwa eine Zerrung zuzuziehen. In Lolas Gefängnis war der Totschläger die bevorzugte Waffe; dort wurde sie an Deutschen angewandt, wie jenem, den Lola nicht erkannte, der jedoch in der Auschwitzer SS gewesen war. Hätte der Mann einfach gesagt: »Ja, ich habe im Männerlager von Auschwitz gearbeitet«, wäre er vielleicht genauso schlimm verprügelt worden wie der andere, der die Fotografie »Ein Blick« mit sich herumtrug; aber er hatte unmögliche Behauptungen aufgestellt wie »Nein! Ich hatte die Juden gern!«, »Nein! Ich habe den Juden geholfen!«, »Nein! Ich habe den Juden Gutes getan!« Die empörten Befrager schwangen den Totschläger, bis der Mann aufhörte, sie zu verhöhnen. Dann schleppten sie ihn in die nächste Zelle, Nummer 105, stellten ihn nicht unter Anklage, sondern erklärten ihn zu einer Sorte Vollzeitverdächtigen: jede zweite Nacht holten sie ihn ab, bis an seinem blauschwarzen Körper keine weiße Stelle mehr war. Wenn er kein Stöhnen von sich gab, sah er aus wie eine vier Wochen alte Leiche.

Adam, der in der Teuchertstraße, vier Häuserblocks weiter, amtierte, wußte davon nichts. Aber die blauen Flecken und gebrochenen Knochen, die er selbst manchmal einem Gefangenen mit A- oder B- oder 0-Tätowierung zufügte, einfach um ihn zu dem Geständnis zu bringen: »Ja, ich war bei der SS«, verursachten ihm selbst Schmerzen. Er begriff nicht, weshalb, und eines Nachts nahm er eine Flasche *Bimber*, polnischen Mondschein-Wodka, aus dem Aktenschrank, lehnte sich in seinem Sessel zurück, legte die Füße auf seine Ottomane, trank Wodka und fragte sich: *Wieso komme ich mir so niederträchtig vor?* Niemand verdient Prügel so sehr wie Hitlers Schergen. Adam war überzeugt, daß ein Mann nicht die

Weichherzigkeit einer Frau – *muliebris misericordia*, wie Spinoza sie genannt hatte – zeigen durfte. Aber er erinnerte sich auch, daß Spinoza allein durch Argumente der Vernunft bewiesen hatte, daß ein Mensch keinen anderen verletzen sollte – nicht einmal ein ganz verruchtes Individuum. Spinoza, ein Jude, hatte im siebzehnten Jahrhundert gelebt, in einer Zeit, in der alle Philosophen, wie Kepler, sagten: »Die Geometrie ist Gott selbst«, und Spinoza hatte die menschlichen Eigenschaften so präzise zusammengefaßt, wie Euklid a^2, b^2 und c^2 in seinen *Elementen* definiert hatte. »Proposition XXVII«, schrieb Spinoza, und Adam memorierte mit geschlossenen Augen: »Wenn wir uns vorstellen, daß ein Geschöpf, das uns ähnlich ist, von einer Empfindung bewegt wird, sind wir selbst von einer ähnlichen Empfindung bewegt.« Nun ja, dachte Adam, ein SS-Mann ist ein Geschöpf wie ich. Daraus folgt: »Proposition XLVII. Wenn wir uns vorstellen, daß ein Geschöpf, das uns ähnlich ist, von einem Schmerz ergriffen wird, fühlen wir selbst Schmerz.« In Ordnung, dachte Adam, wenn ich einem SS-Mann weh tue, dann tue ich mir selber weh. Aber was soll ich denn *sonst* tun? Lolas Gefängnistüren öffnen? Die Kriegsverbrecher freilassen? Sie ermahnen: Gehet hin und sündiget nicht mehr? Bitte, bitte?

Jede Nacht grübelte Adam: *Was soll ich tun?* Er trank seinen gesamten Wodka aus, bis auf den letzten Tropfen leerte er die Flasche ohne Etikett. Seine Sekretärin bestellte neuen Wodka, aber Adam leerte ihn genauso rasch und ungerührt, als wäre seine Kehle aus Asbest, und seine Sekretärin mußte das schiefergraue Zeug immer wieder nachbestellen. Seine Trinkerei brachte die anderen nicht weiter in Verlegenheit, denn auch sie tranken – wie die SS in Auschwitz, die mindestens sechs Gläser Schnaps und eine Viertelpackung Zigaretten pro Tag erhielt und es offensichtlich brauchte. Auch mehrere Aufseher in Lolas Gefängnis leerten eine Flasche *Bimber* am Tag; dann standen sie auf den Mauern, feuerten in die Luft und schrien: »Zur Hölle mit den Deutschen!« Adam trank soviel wie alle Juden im Staatlichen Sicherheitsdienst.

Häufig hielt Adam sich von den Verhören fern und saß stattdessen in seinem Büro, trank und lauschte den fernen Schreien: »Nein!« Wahrscheinlich war einer seiner Leute damit beschäftigt, einem Deutschen den Arm in der Tür zu quetschen und ihm währenddessen Nadeln unter die Fingernägel zu treiben; das wollte er nicht mitansehen. Adam war einmal selbst gefoltert worden, am Spieß hatten sie ihn gedreht, bis er der Gestapo gestand: »Ja, ich bin ein Jude!« und geradezu dankbar nach Auschwitz ging; und jetzt, in Gleiwitz, schmerzten ihn wieder die Knochen, diesmal von den Schreien der Deutschen. Er saß in seinem Büro und wünschte sich manchmal, seine Mitarbeiter würden etwas wirklich *Monströses* tun, damit der Deutsche einfach gestand und die Schreie endlich aufhörten.

Eines Nachts, als Adam die Schmerzen eines Deutschen wie ein Geschwür in seinem eigenen Ohr empfand, kam ihm eine Idee. Er rief nicht »Heureka!«, aber er sprang auf, eilte, auf halbwegs sicheren Beinen, zu der Tür, hinter der der Mann verhört wurde, und stürzte in den lärmerfüllten Raum. »Was ist los?« schrie Adam.

»Der Mann ist von der SS –«

»Hört auf ihn zu schlagen!«

»Ja, Genosse Hauptmann.«

»Und nehmt ihm die Maske ab!«

»Ja, Genosse Hauptmann.«

»Es tut mir leid«, sagte Adam zu dem Deutschen. »Wie heißt der Mann?« wandte er sich an den katholischen Befrager.

»Müller.« Oder wie auch immer.

»Welches Verbrechen hat er begangen?«

»Das sagt er uns nicht.«

»Müller«, sagte Adam, »Meine Männer hätten Sie nicht schlagen sollen. Ich bedaure, daß sie es getan haben. Ich war in Auschwitz«, fuhr Adam fort und zeigte dem Deutschen seinen Arm mit der Nummer 104346. »Ich bin geschlagen worden. Mein Vater und mein Bruder sind umgekommen. Ich bin verbittert, aber ich bin kein Untier wie ihr Deutschen. Ich will Sie nicht verletzen. Ich will Sie nicht *umbringen*!« sagte Adam, während er dem Deutschen seinen 45er Colt zeigte. »Aber was soll ich tun? Freilassen kann ich Sie nicht. Ich kann Sie nicht vor Gericht bringen, wenn ich nicht weiß, was Sie getan haben. Bitte«, sagte Adam, »Sie müssen mir helfen. Gestehen Sie. Sagen Sie: ›Ich war in diesem oder jenem Lager, und ich habe dies und jenes getan.‹ Sie kommen sofort vor Gericht. Man wird Ihnen einen fairen Prozeß machen.« Und er beugte sich vor, ließ den Deutschen seine drei Sterne sehen und spielte – in den Augen eines Deutschen – sein As aus: »Dafür haben Sie das Wort eines Offiziers. Denken Sie darüber nach«, schloß er. »Ich komme in fünf Minuten wieder.«

Adam verließ den Raum. Er wartete draußen. In seiner Vorstellung sah er das blöde Grinsen der Männer drinnen und er hörte, wie sie ihre Knüppel in die flache Hand fallen ließen. Dann trat er mit schnellem Schritt wieder ein. »Meine Geduld ist erschöpft«, sagte er dem Deutschen. »Wollen Sie lieber mit diesen hier zu tun haben oder lieber mit mir?«

»Ich habe in einem Lager in Kattowitz gearbeitet«, begann der Deutsche.

»Schreib mit«, befahl Adam den sehr erleichterten Vernehmungsbeamten. »Unterschreiben Sie«, sagte er am Ende zu dem Deutschen, und zu den anderen: »Schickt ihn nach Schwientochlowitz« – das Lager für die Deutschen, die auf ihren Prozeß in Kattowitz warteten, das Lager, das unter der Leitung von Lolas Geliebtem, dem Mandolinspieler, stand. »Danke«, sagte er zu dem Deutschen und ging zurück in sein Büro.

Und griff zur Wodkaflasche. Die ganze Nacht hindurch ging er von einem Vernehmungsraum zum nächsten. Immer wieder zog er dieselbe Masche ab: »Bitte helfen Sie mir«, aber sie funktionierte nur unter der Voraussetzung des Schmerzes, dem »Nein!«, das aus dem Zimmer der Bösen ins Büro des Guten gellte; und Spinoza hatte recht: auch in Adam schrie irgend etwas »Nein!« Er haßte die Deutschen dafür, daß sie ihm auch noch diesen Schmerz zufügten, und er saß in seinem weichen Polstersessel, seine Gedanken drehten sich im Kreis, er trank Unmengen Wodka, und im Morgengrauen schließlich kippte er um.

Auch Lola brachten die Schreie der Deutschen aus der Fassung. Einen Häuserblock weiter fragte sich die deutsche Zivilbevölkerung: »Was schreien die Leute so? Das ist *schrecklich*!« Aber für Lola war es immer noch das Miauen einer Katze im Vergleich zu den Schreien in ihrer Vorstellung: tausend Menschen in der Gaskammer. Nachts lag sie auf dem Bett in ihrem Büro, hörte das gellende »Nein!« eines Deutschen, dachte an Itu, ihr Kind, an Ittel, ihren Bruder, an Abramik, Abramik, Abramik, ihre Neffen, oder dachte einfach nur: *Wie soll man dabei schlafen?* Die Antwort kam ihr durch einen Kollegen vom Sicherheitsdienst, der sie eines Tages besuchte: den jungen Mann, der mit seinem gesunden rechten Arm den Leuten in Kattowitz die Nasen eingeschlagen hatte.

Er hieß Efraim. Er stammte aus Lublin und war der Sohn eines Beschneiders. Als die Deutschen kamen, war Efraim in die Wälder geflohen, hatte ein Loch von der Größe eines Doppelbetts gegraben und unter Zweigen, Blättern und Erde versteckt: darin wollte er leben wie ein Kobold, Pilze, Kaninchen und Wildschweine essen, bis der Krieg vorbei war. Aber die Deutschen machten Jagd auf ihn, und um zu überleben, mußte er sich Gewehre beschaffen, eine Freischärlertruppe aufstellen, auf polnisch »*Hura!*« brüllen, was soviel bedeutet wie »Zum Angriff!«, und die Deutschen umbringen, bevor sie *ihn* töteten. Efraims Vater, seine Mutter, alle neun Geschwister und alle dreißig Cousins und Cousinen starben, sein eigener linker Arm wurde durch ein »freundliches Feuer« verstümmelt. Nach der Befreiung ließ er sich vom Amt für Staatssicherheit anheuern und wurde ein wüster, draufgängerischer Offizier, der vor nichts zurückschreckte, denn es war ihm gleich, ob er dabei umkam oder nicht. Anfang Mai tauchte er in Lolas Gefängnis auf und sagte zu ihr: »Du mußt nicht hier leben. Komm mit.« Und die beiden machten sich in Gleiwitz auf Wohnungssuche.

Sie gingen die Klosterstraße entlang, die verkehrsreich und laut war, denn die Straßenbahnen fuhren hindurch, aber bald kamen sie zu einer ruhigen Seitenstraße, über die sich ein Bogen aus rotem Ahorn wölbte, die Schwerinstraße. Dort bogen sie ab. Sie gelangten zum ehemaligen Paradeplatz und in eien lange, hübsche, kopfsteingepflasterte Straße, in der die Häuser rote Giebeldächer hatten und kleine Vorgärten mit Tulpenbeeten, makellos wie Porzellan. Die Straße hieß Lange Reihe. Efraim suchte sich ein Haus aus, Nummer 25, dessen Besitzer ein alter Gleiwitzer Glasbläser war. Mit seinem gesunden rechten Arm klopfte er an die Tür, ein Deutscher öffnete und fragte: »Ja?«

»Raus!« herrschte Efraim ihn an. »Laßt alles hier! Kommt niemals zurück! Sofort!«

Ohne ein Wort verschwand der Deutsche. Höflich ließ Efraim Lola den Vortritt. Vom Vorzimmer aus führten ein paar Stufen in ein wunderliches Wohnzimmer, das Lola bald danach mit einem Stutzflügel schmückte, den sie als Mitglied des Staatlichen Sicherheitsdienstes in einem deutschen Möbellager beschlagnahmt hatte. Sie stellte ein deutsches Zimmermädchen ein, Gertrude, und schickte einen Wagen nach Będzin, um, statt Eltern und Geschwistern, Pineks hübsche Schwester abholen und in Lolas neues Heim bringen zu lassen.

Zwei Stunden später traf Schoschana ein. Sie war drei Jahre älter als Lola, einst ein Mädchen, deren Wangengrübchen ganz Będzin entzückt hatten. Bis September 1939 hatte sie sich ihr sonniges Gemüt bewahrt, und Lola hatte sie oft zu Hause besucht, das Grammophon angekurbelt, und wenn die Musik aus dem Trichter tönte, tanzten sie mit der Będziner Jugend:

Tango Milonga,
Tango der Träume

Dann wurde die Stadt »judenfrei« gemacht. Lola wurde nach Auschwitz verschleppt, aber Schoschana, die Blondgelockte, die von ihrem Bruder Pinek, dem Partisanen, einen Ausweis erhalten hatte, kam als polnische Katholikin durch. Sie lernte das Vaterunser: »*Ojcze nasz...*« und das Avemaria: »*Zdrowaś Mario...*« und fand Arbeit in einem deutschen Luftwaffenarsenal. Dort betrieb sie Sabotage, bis die Gestapo im Juni 1944 ihr Tun entdeckte, sie verhaftete und folterte. Eine ihrer Lungen kollabierte, sie erkrankte an Tuberkulose, und jetzt, als der Krieg vorbei, die Deutschen geschlagen waren, als die Russen, Amerikaner, Briten und Franzosen in Berlin standen, – jetzt lag Schoschana in Gleiwitz im Sterben.

Lola nahm sie in Empfang und führte sie in den ersten Stock ihres neuen Hauses. Auf jeder Stufe blieb Schoschana stehen und rang nach Luft, sagte: »Es tut mir leid«, worauf Lola erwiderte: »Du machst es sehr gut!« Lola brachte sie in ein Schlafzimmer. Schoschana ließ sich aufs Bett fallen, aber nicht um zu schlafen: aus ihrer Handtasche nahm sie ein Foto des kaltäugigen Inquisitors in Kattowitz, den sie unerklärlicherweise liebte. »Er ist schön, nicht wahr?« fragte Schoschana und stellte die Fotografie auf den Nachttisch, an das Wasserglas gelehnt, das Lola zu diesem Zweck geholt hatte. Dann sank sie unter heftigem Husten zurück.

Den ganzen Mai über ließ Lola verschiedene Ärzte rufen. »Ich bitte Sie!« sagte sie. »Keine Toten mehr durch die Deutschen!« Mittags stieg sie auf ihr Motorrad, das sie bei einem Deutschen requiriert hatte, und fuhr vom Gefängnis nach Hause, in die Lange Reihe 25. Sie stieg ab und rannte die Treppe hinauf, während Gertrude, die Haushälterin, mehr oder weniger mit Gewalt versuchte, ihr die Stiefel auszuziehen: »Gnädige Frau! Einen Augenblick bitte!« Mit einem Stiefel am Bein stürzte Lola in Schoschanas Schlafzimmer, und sie log: »Du siehst schon besser aus!«

»Hast du von Chaim gehört?«

»Nein, er ist in Kattowitz sehr beschäftigt.«

»Weißt du, wann er mich besuchen kommt?«

»Sicher sehr bald.« Lola stiegen die Tränen in die Augen. Sie konnte ihr nicht sagen, daß Chaim, der Inquisitor, mit einer kranken Freundin nichts zu tun haben wollte und derzeit mit der Braut des jüdischen Gefängnisleiters herumzog.

»Ich liebe ihn«, sagte Schoschana und weinte und küßte sein glänzendes Foto. Tag für Tag lag sie im Bett, saß im Lehnstuhl, schleppte sich zum Bad und rang nach Luft. Ihr Fieber, ihr Husten, die Schwellungen unter ihren Augen waren schlimmer geworden, seit sie in Gleiwitz war. Lola zerriß es das Herz vor Liebe zu dieser schönen jungen Frau und vor Haß, vor maßlosem Haß auf die Deutschen, die sie zugrunde gerichtet hatten.

Noch mehr erschöpfte, gequälte Menschen zogen bei Lola ein. Der erste war ein junger polnischer Jude, der in vier Konzentrationslagern in Deutschland gewesen war. Nach dem Krieg kehrte er nach Będzin zurück, aber die Polen, die mittlerweile in seinem Haus wohnten, ließen ihn nicht ein. Daraufhin kam er nach Gleiwitz. Lola nahm ihn in den Arm und tröstete ihn: »Du wohnst bei mir.« Weitere Menschen trafen ein, aus Auschwitz, Bergen-Belsen, Buchenwald, das ganze brutale Alphabet hindurch, und Mitte Mai schließlich kamen die acht zähen Frauen von der dänischen Grenze, gekleidet wie Zigeunerinnen in Samt, Seide und Silberfuchs – die »Geschenke« von Deutschen unterwegs. Ihre Königin war Zlata, die hervorstieß: »Lola! Du bist es wirklich!«, die sie ausfragte über ihre Uniform, ihre Luger, ihre Aufgabe im Amt für Staatssicherheit, auch über Lolas Brüder – Zlatas und Adas standhafte Ehemänner – und über Ada selbst. Lola hatte nichts von ihnen gehört, und Zlata sagte: »Ich werde in Będzin auf sie warten.«

»Nein, du bleibst hier bei mir.«

»Aber wir sind zu acht!«

»Und –?«

»Wir haben versprochen, zusammenzubleiben.«

Lola zuckte nur die Achseln. Sie schickte nach Mosche, ihrem Adjutanten, der alsbald mit mehreren Gefängniswächtern erschien. Lola und alle anderen gingen zum Nachbarn, einem deutschen Ingenieur. Mosche klopfte an, der Deutsche machte auf, und Lola schrie: »Raus! Sie haben eine Stunde Zeit!« Der Deutsche, seine Frau und seine Tochter gehorchten. Die acht verblüfften Frauen zogen in das Haus ein, Lola rollte die Teppiche zusammen, um sie gegen Eier zu tauschen, und meinte erklärend: »Was soll's! Sie haben's mit uns genauso gemacht.«

Ein paar Tage später war Freitag, der Beginn des Sabbat. Es war warm, die Kastanien in der Langen Reihe standen voller weißer Blütenkerzen. Ein Mädchen, das bei Lola wohnte, eine Nichte von Zlata, hatte die leeren Geschäfte durchstreift und schließlich gefunden, wonach sie suchte, zwei Kerzen für den Sabbat. Sie steckte sie auf versilberte Kerzenständer, bei Sonnenuntergang zündete sie sie an und sprach: »*Baruch ata.* Gesegnet seist du, o Herr, unser Gott, der uns befohlen hat, die Sabbatlichter zu entzünden.« Damit war Sabbat, und Zlatas Nichte sprach: »*Schabbat schalom.* Der Friede des Sabbat.«

»*Schabbat schalom*«, antworteten die anderen.

Sie aßen Heringe. Sie sprachen von Będzin, von ihren Vätern, Müttern, allen ihren Angehörigen, die sie verloren hatten, und Lola versicherte jedem, daß die Toten gerächt würden, hier in Gleiwitz. »Ich mach' ihnen viel *zores*, den Deutschen«, sagte Lola auf Jiddisch.

»Bist du richtig gemein?« fragte Zlata.

»Ich bin gemein. Willst du's sehen.«

»Nein«, sagte Zlata. Sie begriff nicht, wie ein Jude imstande sein konnte, die alte Glut des Hasses von neuem anzufachen – zumal am Sabbat –, indem er auch nur ein einziges Mal einem

SS-Mann wieder in die Augen blickte. Sie erinnerte sich aber auch an den SS-Mann in Auschwitz, der ihr ein Bett, eine Decke, Aspirin, ein Paar guter Lederhandschuhe besorgt und sich für sie eingesetzt hatte, als die jüdische Aufseherin zu ihr gesagt hatte: »Du bist gefeuert.« Woher, dachte Zlata, konnte Lola wissen, daß der SS-Mann, dem sie Zores gab, sie auch verdiente? »Nein, Lola«, sagte Zlata. »Ich hab' genug gesehen.«

»Was ist mit dir, Gucia?« fragte Lola Zlates Nichte. »Willst du's sehen?«

»Nein, Lola«, sagte Gucia.

»Mosche? Mania? Pola?« fragte Lola. »Wollt ihr es sehen?«

»Nein, Lola«, sagte Lolas neue Familie.

7

Zur selben Zeit hielt Schlomo, der heiligmäßige Mann, der in Warschau Mazzen gebacken und in Kattowitz Mazzen aufgetrieben hatte, um sie Lola zu Passah vorzusetzen, in seiner Kattowitzer Wohnung den Sabbat ein. Rivka war bei ihm, die junge Frau, die fünf Zentimeter größer war als er, was eine Liebe zwischen den beiden unmöglich machte. Sie verhielten sich, als wären die Worte HALTET DEN SABBAT in Stein gemeißelt, was auch so war. Die ganze Nacht und den ganzen Samstag hindurch zündeten Schlomo und Rivka kein Feuer an, löschten kein Feuer aus, schalteten kein Licht ein und kein Licht aus, banden und lösten keine Knoten, hörten nicht Radio, rührten das Telefon nicht an, spielten nicht Klavier, gossen keine Pflanzen, trugen keinen aufgespannten Schirm und gingen nicht weiter nach Westen als bis Königshütte. Schlomo schrieb kein Wort und strich auch kein Wort durch, zerriß kein Papier und klebte kein Papier zusammen, polierte nicht seine Schuhe, und er schabte keine Buchstaben von einer Seite der Torah; Rivka wusch keine Wäsche und kein Geschirr, buk keine Kuchen, flocht nicht ihr Haar und schminkte nicht die Augen, sie nähte nicht und gab keinen Safran in die Hühnersuppe. Es fiel ihnen nicht schwer, sich an diese Regeln zu halten, denn für Schlomo und Rivka waren sie die Erinnerung daran, daß Gott die Welt erschaffen hat. Das Werk war vollbracht, nun konnten sie ruhen und Gefallen daran finden. An diesem Sabbat saßen die beiden zusammen und lasen die Torah, und Schlomo lächelte sein breites Lächeln, von seiner Zahnlücke bis zu den Ohren, und Rivka lächelte zurück. »Der Sabbat ist Gottes schönstes Geschenk«, sagte Schlomo.

Später im Mai erhielt Schlomo seinen Einzugsbefehl zur polnischen Armee, und er entschied sich, statt dessen für den Staatlichen Sicherheitsdienst zu arbeiten. Er änderte seinen Namen und nannte sich Ignaz, sagte Rivka Lebewohl – »*Saj gesunt*« – und fuhr im Lastwagen nach Neisse, Deutschland, hundertdreißig Kilometer westlich. Die Straße war übersät mit Granatentrichtern, so daß der Lastwagenfahrer navigieren mußte wie ein Kapitän, der die Lorelei umrundet. Mit an Bord war ein junger Jude aus Będzin, der künftige Kommandant in Neisse, außerdem noch ein weiteres Dutzend junger Männer, die, wie Schlomo, unter ihm arbeiten sollten. Die meisten waren Juden, wie der Junge, der Schlomo in Warschau beim Mazzen-Backen geholfen und ihn zur Eile angetrieben hatte, und ein anderer, der in Auschwitz »selektiert«, dann »deselektiert« worden war, und ein Dritter, der in Auschwitz im Rahmen eines SS-Experimentes kastriert worden war. In Neisse würden alle für die Abteilungen Fahndung, Vernehmung, Gewahrsam arbeiten, bis auf Schlomo: er wurde Küchenoffizier.

Vier Stunden dauerte die Fahrt. Als der Lastwagen durch Neisse fuhr, sah Schlomo den fünfhundertjährigen Marktplatz, jetzt dem Erdboden gleich, und die Jakobskirche, auch sie aus dem fünfzehnten Jahrhundert: ein Schutthaufen über den Bildern von Jakob, Jesus und Maria. Durch die Ruinen streiften die zerlumpten Menschen von Neisse. Wenige waren in der SS gewesen, denn es hatte in der Nähe von Neisse keine Lager gegeben, doch vermutlich war, wie überall in Deutschland, jeder Zehnte ein Nazi, und die Aufgabe der Leute vom Sicherheitsdienst bestand darin, sie aufzuspüren. In der Kochstraße, vor der Hausnummer 28, befahl der Kommandant zu halten, und Schlomo sagte – auf polnisch, nicht auf jiddisch: »*Czysty dom* – ein hübsches Haus.« In dieses Haus, das einem Deutschen gehört hatte, zogen sie ein. Dann gingen sie über die Straße und betraten ein graues Mietshaus voll verlassener Wohnungen, die sie zu ihren Büros machten. Schlomo richtete eine

Küche ein, ein Junge baute den Keller in ein Gefängnis um, indem er vor die Tür ein eisernes Tor schraubte und Eisenstangen vor die Fenster, im Heizraum acht zweistöckige Betten und weitere acht im Vorratsraum aufstellte. In der einen Zelle konnten sechzehn Männer, in der anderen sechzehn Frauen untergebracht werden.

Am nächsten Tag machte Schlomo sich auf die Suche nach Kartoffeln, die anderen nach Naziverdächtigen. Sie gingen die Breslauer Straße entlang, die Hauptstraße von Neisse, und kamen mit ein paar Deutschen zurück, die gegen ein Kopfgeld von tausend Złoty (oder fünfhundert Reichsmark) auf Menschen zeigten und sagten: »Da! Der Mann war ein Nazi!... Diese Frau auch.« Woraufhin die Leute vom UB ihre Achtunddreißiger sehen ließen, die Verdächtigen verhafteten und sie, zu Fuß, in die Zellen in der Kochstraße brachten. Bald waren alle Pritschen gefüllt, aber die Denunziationen gingen weiter, die Verhaftungen ebenso. Ende Mai lagen auf jeder Strohmatratze zwei, drei, vier Menschen, auch unter den Betten und in den Gängen dazwischen lagen sie. Schlomo vollbrachte, was die Juden eine *mizwe* nennen, eine gute Tat, indem er den Deutschen Teller voll Kartoffeln, Rüben und Karotten schickte; aber für ihre Notdurft standen ihnen lediglich Eimer zur Verfügung, und die Luft in den Zellen war bald zum Schneiden. Es stank nach Kot, es herrschte eine Hitze wie in Kalkutta, und die Decke war schwarz vor Fliegen. Die Gefangenen glaubten zu ersticken – einer griff vor Verzweiflung nach dem gemeinschaftlichen Rassiermesser und schnitt sich die Kehle durch. Nach Luft ringend, starb er, und die Leute vom Sicherheitsdienst kamen mit Pferd und Wagen und schafften die Leiche fort, zum Friedhof jenseits der Neisse.

Jeden Tag wurden die Deutschen aus Schlomos Keller in die Büros im ersten und zweiten Stock geholt. Acht Vernehmungsbeamte, fast alle jüdisch, umringten einen Gefangenen und fragten: »Warst du in der Partei?« Manchmal sagte einer

»Ja«; dann schrien sie ihn an: »Du Schwein!«, schlugen ihn, brachen ihm wohl auch einmal den Arm, bevor sie ihn zurück in die Zelle schickten und von dort aus nach Schwientochlowitz und vor das Kattowitzer Gericht. Aber die meisten verneinten, und die Vernehmer, die von ihren deutschen Informanten anderes gehört hatten, antworteten: »Du lügst. Du warst ein Nazi.«

»Nein, nie.«

»Du lügst! Wir wissen alles über dich!«

»Nein, ich war wirklich keiner –«

»Du lügst!« schrien sie und schlugen den Verstockten. »Es wäre besser, du gestehst! Dein Urteil wird sonst nur um so härter! Jetzt sofort! Warst du in der Partei?«

»Nein!« sagte der Verhörte häufig und wurde erneut geschlagen, so lange, bis er echte Tränen vergoß und sagte: »Ich war ein Nazi! Ja!«

Manche gestanden nie. Ein solcher Härtefall war ein fünfzigjähriger Mann, der durch die Straßen geschlendert war, als ein 500-Mark-Spitzel ihn erblickte: »Sie waren in der Partei! Das weiß ich!« Der Mann wurde festgenommen und in das graue Gebäude gebracht. Im Vernehmungszimmer im zweiten Stock fragte man ihn: »Warst du in der Partei?«

»Nein.«

»Wie viele Leute arbeiten für dich?«

»In der Hochsaison fünfunddreißig.«

»Dann mußt du in der Partei gewesen sein!« schloß der Vernehmer. Er verlangte die Brieftasche des Deutschen; darin fand er eine Angellizenz, ausgestellt vom Deutschen Anglerverein. Er prüfte sie sorgfältig und sagte dann: »Der Stempel ist von der Partei.«

»Das stimmt doch nicht!« sagte der Deutsche. Er hatte im Ersten Weltkrieg seinen linken Arm verloren und gestikulierte mit dem rechten, was der Vernehmungsbeamte wohl als Hitlergruß auslegte. Jedenfalls geriet er in Rage. Er packte den Mann am Kragen, schlug ihn mit dem Kopf gegen die Wand, an die zehn Mal, dann warf er ihn auf den Boden und sprang ihm, in Stiefeln, auf die zusammengekrümmte Brust, immer wieder, wie ein Seilspringer. Ein halbes Dutzend weitere Befrager, fast alle Juden, hievten ihn auf eine Liege, zogen ihm die Hosen aus und schlugen ihn mit Hartgummiknüppeln und Schläuchen, die mit Steinen gefüllt waren. Der Schweiß lief ihnen die Arme herab, und über die nackten Beine des Mannes floß das Blut.

»Warst du in der Partei?«

»Nein!«

»Warst du in der Partei?«

»Nein!« schrie der Deutsche – und er schrie so lange und so laut, daß die Männer gezwungen waren, einen Holzlöffel aus Schlomos Küche zu holen und ihm damit Lumpen in den Mund zu stopfen. Dann prügelten sie weiter.

Aber die Schreie waren weithin zu hören, auch am anderen Ufer der Neisse, auch in Schlomos Büro. *Hoffentlich ist er ein Nazi!* dachte Schlomo, genauso wie die sechs prügelnden Befrager. Je mehr sie ihn schlugen, desto dringender brauchten sie seine Versicherung: »Ja! Ich war in der Partei! Ja, ich habe verdient, was ihr mir antut! Ihr seid gerecht!« Und deshalb schlugen sie ihn noch mehr, bis sie schließlich nicht mehr konnten und ihm die Lumpen aus dem Mund nahmen. »Warst du in der Partei?«

»Nein! Ich war nicht!«

»Hinunter!« schrie einer, zog seinen Revolver und trieb den Deutschen durch das Treppenhaus in den Keller und in die überfüllte Zelle.

All dies geschah an einem Donnerstag. Zwei Tage später, am Sabbat, dem Tag, an dem Schlomo dachte, ein Jude dürfe auch nicht dem geringsten Lebewesen ein Leid zufügen, holten die Vernehmer den Deutschen wieder aus dem Keller, um am Samstag die drastischen Maßnahmen vom Donnerstag zu wiederholen. Sie fragten: »Warst du in der Partei?«, und als der Mann erneut verneinte, fingen sie wieder an, ihn zu schlagen und diesmal auch zu peitschen. Je öfter er ihnen widersprach, desto mehr haßten sie ihn dafür. Sie schossen neben seinem rechten Ohr durchs offene Fenster, sagten: »Jetzt aber schnell!« und jagten ihn mit gezogenem Revolver durch die Räume. »Nein, ich war nicht in der Partei!« beharrte der Deutsche. Die Tage vergingen, es wurde Juni, und wenn sie ihn holten, scholl sein Schreien, sein »Nein!« über die Neisse wie Rabengekrächze – wie die Schreie vieler anderer Männer und Frauen.

Schlomo konnte es nicht ertragen. Er war nicht wie Lola, die bei den Schreien der Deutschen die Schreie ihrer Angehörigen in Auschwitz hörte; Schlomo hörte die Deutschen selbst schreien. *Das ist nicht richtig*, dachte Schlomo. »Drei Eigenschaften besitzen Juden«, heißt es in Schlomos geliebtem Talmud, und die erste lautet: »Sie sind barmherzig.« Schlomo machte sich noch andere Sorgen: *Was, wenn der Mann, den sie schlagen, kein Nazi ist?* Dann lehrte der Talmud, daß die Gottlosen die Juden seien. Aber der Vater aller Juden, Abraham, hatte mit Gott selbst gehadert: »Willst du denn den Gerechten mit den Gottlosen strafen? Das sei ferne von dir, daß du das tust.« Von den 613 Pflichten der Juden lautet die fünfhundertfünfundvierzigste: »Du sollst nicht stehen wider deines Nächsten Blut«, und endlich stand Schlomo auf, um den jüdischen Vernehmern Einhalt zu gebieten. Im Hof trat er auf sie zu und sagte: »Ihr müßt damit aufhören.«

»Nein, wir müssen es tun«, gab einer von ihnen zurück.

»Warum?«

»Im Namen unserer ermordeten Angehörigen.«

»Seid ihr denn sicher, daß dieses bestimmte Individuum zu den Mördern gehört?«

»Das müssen wir herausfinden.«

»Nein, es ist nicht recht«, sagte Schlomo, aber die Vernehmer stiegen die Treppen hinauf, und der Deutsche, der jede Parteizugehörigkeit leugnete, wurde zum achten Verhör geholt. Von den vielen Schlägen auf den Kopf war der Mann mittlerweile halb bewußtlos, konnte nicht mehr klar denken. Die Männer bearbeiteten ihn mit Schlagstöcken aus Hartgummi und Eichenholz und fragten: »Behauptest du immer noch, daß du nicht in der Partei warst?«

»Nein! Ich habe nicht gesagt, daß ich nicht in der Partei war!«

»Das hast du nicht?«

»Nein!« sagte der benommene Mann. »Das hab' ich nie gesagt.«

»Du warst also in der Partei?«

»Ja.«

Sie hörten auf, ihn zu schlagen. Sie seufzten buchstäblich vor Erleichterung, als wäre ihre Tortur nun endlich vorüber. Sie steckten sich Zigaretten an und begannen ein Gespräch über Vorkriegszeiten, während der Deutsche betäubt in der Ecke saß. »Ich war Großhändler, dick im Geschäft«, sagte einer von ihnen. »Und ihr?«

»Ich war Hausbesitzer.«

»Hau ab!« sagte einer zu dem Deutschen. Der Mann stand auf und hatte schon die Hand auf dem Türknauf, als einer der Befrager in einer plötzlichen Laune ihm auf den Hinterkopf schlug. Bewußtlos fiel er zu Boden. »Aufstehen, du deutsches Schwein«, riefen die Männer und traten ihn, bis er aufstand, aber gleich darauf wieder zusammensackte. Zwei der Männer trugen ihn in die Zelle zurück und ließen ihn dort in die Ecke fallen. Ein Mitgefangener stand auf und machte für ihn seine Koje frei. Tagelang lag der Mann auf dem Stroh, aber Schlomo vollbrachte *mizweß* und schickte ihm Kartoffeln, Rüben und Karotten in den Keller. Der Jude, der den Teller brachte, schüttete das Essen manchmal einem der Deutschen ins Gesicht. Dann schickte Schlomo einen neuen Teller.

Mittlerweile hatten neunzig Prozent der deutschen Männer in Schlomos Keller – fünfundachtzig von insgesamt vierundneunzig – ihre Zugehörigkeit zur Partei gestanden. Die meisten Männer und Frauen in den Kellern des Staatlichen Sicherheitsdienstes hatten gestanden. Es gab sehr viele Keller, und weder die jüdischen noch die christlichen Vernehmungsbeamten waren gesonnen, einem Deutschen zu sagen: »Du warst kein Nazi. Geh nach Haus.« Sie fragten: »Warst du in der Partei?«, und der Verhörte antwortete, praktisch in den Worten der Zehn Gebote: »Nein. Ich glaube an Einen Gott. Nicht zwei.« Aber die Befrager schlugen die Gefangenen, Männer und Frauen, mit Peitschen, Knüppeln und Ketten, legten ihnen die Finger an den Türstock und schlugen die Tür zu, trieben ihnen Holzkeile unter die Fingernägel, so lange, bis sie sagten: »Ja.« Die Inquisitoren vom Staatlichen Sicherheitsdienst suchten die Wahrheit nach der Methode, nach der man Olivenöl herstellt: durch das Zerquetschen des Marks.

Manchmal schlugen sie einen Deutschen schon zusammen, bevor er sagte: »Nein, ich war nicht in der Partei.« In Bielsko-Biała, Polen, fragte der jüdische Kommandant einen Naziverdächtigen: »Wie heißt du?«

»Mathias Hemschik.« Ein deutscher Name. Zwei weitere Mitarbeiter des Sicherheitsdienstes fingen an ihn zu ohrfeigen. »Herr Kommandant? Warum schlagen sie mich?« fragte der Deutsche.

»Ich habe achtzehn Angehörige verloren«, antwortete der Kommandant. »Und jetzt nehme ich Rache.« Seine zwei Assistenten traten den Deutschen in die Hoden und sperrten ihn in einen Keller; zwei Wochen später stellten sie die Frage: »Warst du in der Partei?«

»Nein, ich war nicht.«

»Natürlich warst du. Wieso gibst du's nicht zu?«

»Ich wurde aufgefordert, Mitglied zu werden, aber ich hab' mich geweigert.«

»Du warst auch bei den Jungbauern.«

»Wie sollte ich? Ich bin dreiundsechzig.«

»Leg dich hin.« Der Mann gehorchte. Zwei Burschen verprügelten ihn mit Peitsche und Säbel, bis eine Frau, ebenfalls Vernehmungsbeamtin, hinzutrat und sagte: »Hört auf.«

»Nein, schlagt mich!« schrie der Deutsche. »Schlagt mich tot! Ich bin *trotzdem* kein Nazi!«

Häufig beschränkten die Vernehmer sich nicht auf die Frage nach der Parteizugehörigkeit. Im Keller von Neisse-Neuland fragten sie einen Deutschen: »Wie oft hast du diesen und jenen geschlagen?«, und als der Deutsche sagte: »Nie!«, brachten sie ihm die Trommelfelle zum Platzen. Im Keller von Bunzlau fragte der jüdische Kommandant eine Deutsche: »Wie lang warst du im Freien Deutschland?« Die Frau antwortete: »Davon hab' ich nie gehört«, woraufhin der Kommandant sagte: »Gestehe. Oder wir hängen deine Eltern auf.« Im Keller von Wünschelburg fragten die Vernehmer einen Deutschen: »Wo hast du deine Pistole versteckt? Wen hast du damit erschossen? Warum?«, und als der Mann sagte: »Ich hab' gar keine Pistole!«, zertrat ihm einer die Hände, ein anderer die Füße. Natürlich schlugen sie für ein Ja genauso wie für ein Nein. In Glatz fragte der jüdische Kommandant einen deutschen Polizisten: »Warst du in der Partei?«

»Natürlich! Ich mußte ja!«

»Leg dich hin«, forderte der Kommandant. Sechs Wochen später peitschten ihm seine Mitarbeiter noch immer die Fußsohlen.

Es waren Deutsche, die deutsche Verdächtige denunzierten. Die Vernehmer forderten ihre Gefangenen außerdem stets auf, weitere Verdächtige zu nennen. In einem anderen Keller in Glatz brachen sie einem Deutschen die Rippen, bis er schrieb: »Ich verpflichte mich zur Zusammenarbeit mit dem Amt für Staatssicherheit.« Im Keller von Ottmachau stellten sie einen Deutschen so lange nackt in kaltes Wasser, bis er unterschrieb: »Ich verspreche, für den Staatlichen Sicherheitsdienst als Kundschafter zu arbeiten.« – »Wo sind die Werwölfe?« fragten die Vernehmer in Schreiberhau, und als eine deutsche Frau sagte: »Das weiß ich nicht«, schlugen sie sie fünfundzwanzigmal mit einem Gummiknüppel. »Wo ist Herr Klose?« fragten sie in Markt Bohrau; ein Pfarrer, der darauf keine Antwort wußte, wurde so lange geschlagen, bis er das Bewußtsein verlor. »Wer gehört außer dir noch zur SS?« fragten sie in Pineks Keller in Kattowitz; einen Mann, der protestierte: »Ich war nicht in der SS!«, verprügelten sie; dann nähten sie ihm einen Totenkopf auf die Jacke und sagten: »Du kommst hier nie raus!«

Pinek, der ein paar Treppen höher saß, wußte davon nichts. Er wußte auch nicht, was in Neisse oder Neisse-Neuland, in Bielsko-Biała, Ottmachau, Schreiberhau, Markt Bohrau, Bunzlau, Wünschelburg, Glatz und in den vielen anderen schlesischen Kellern vor sich ging. Pinek steckte bis über beide Ohren in wichtigeren Angelegenheiten. Mit dreiundzwanzig war er nicht mehr nur Sekretär des Amtes für Staatssicherheit, sondern mittlerweile auch Sekretär des Gouverneurs. Der Mann, der im Januar Gouverneur gewesen war, der zu Pinek oft gesagt hatte: »Ihr« – womit er die Juden meinte – »ihr glaubt, ihr seid gescheiter als ich«, war ein erklärter Antisemit. Pinek hatte ziemlich bald einen Bericht über ihn nach Warschau geschickt und als seinen Nachfolger einen Mann empfohlen, der mit einer Będziner Jüdin verheiratet war. »*Skurwysynie!* – Pinek, du Hurensohn!« war die joviale Begrüßung ebenjenes Herrn, als er nach Kattowitz kam, und Pinek – oder Paweł, wie er sich jetzt nannte – war nun der zweite Mann in der Provinz Schlesien. Jeden Abend arbeitete er bis sieben oder acht. Dann ging er zu Fuß nach Hause, in Begleitung eines polnischen Leibwächters, und speiste von Rosenthal-Porzellan mit Goldrand. Oft fuhr er im Mercedes nach Neisse, inspizierte auch alle anderen Orte, doch die Inquisitoren waren auf der Hut und hielten ihre Knüppel an solchen Tagen unter Verschluß. Pinek hörte keinen Deutschen schreien.

Hätte er sie gehört, hätte er wie Schlomo gesagt: »Ihr müßt damit aufhören.« Er war ja selbst denunziert worden, war in der Schlesischen Fabrik in Będzin verhaftet und im selben Büro in Kattowitz, in dem er jetzt amtierte, verprügelt worden, er hatte ein Geständnis unterschrieben, mit dem er sich der Sabotage bezichtigte, und er wußte aus eigener Erfahrung, daß jeder, der lange genug geschlagen wird, früher oder später gesteht: »Ja, ich war ein Nazi.« Er wußte auch, daß die wirklichen Nazis bereits im Januar geflohen oder von den Russen erschossen worden waren, daß die Deutschen, die jetzt noch in Schlesien waren, vermutlich keine Nazis waren; und daß in der Tat nicht jedes Nazi-Parteimitglied notwendigerweise ein Verbrecher war. Eines Tages, als Pinek ein Kattowitzer Gefängnis inspizierte, erblickte er den ehemaligen Direktor der Schlesischen Fabrik, denselben, der ihn aus den Händen der Gestapo gerettet hatte mit dem Satz, er könne ohne ihn den Betrieb nicht aufrechterhalten. »Herr Pitschner!« rief Pinek aus. »Was tun Sie hier?«

»Ich bin verhaftet worden«, antwortete verstört der Direktor. Er starrte Pinek mit seinen drei Hauptmannssternen an, als stünde der leibhaftige Tod vor ihm, und Pinek wandte sich zornig an einen Gefängnisaufseher:

»Warum habt ihr ihn verhaftet?«

»Er hat eine deutsche Fabrik geleitet!«

»Hat er Juden umgebracht? Hat er Polen umgebracht?«

»Nein, aber...«

»Ihr könnt nicht einfach hingehen und ihn verhaften!«

»...aber er ist ein Nazi!«

»Ich lasse ihn frei!« sagte Pinek und nahm seinen ehemaligen Direktor mit zu sich nach Hause, zu einem Abendessen auf Rosenthal-Porzellan. Am darauffolgenden Tag verschickte er ein Memorandum:

> *Entsprechend den Vorschriften muß gegen jeden Deutschen sorgfältig ermittelt werden, bevor er oder sie verhaftet wird...*

Als zum zwanzigstenmal der Freund seiner Schwester in Pineks Büro erschien und sich beschwerte: »Ich hab' wieder einen Deutschen, der nicht gestehen will!«, explodierte der Sekretär. Er ahnte, daß Chaim den Deutschen, Opfer von Spitzeln, gefoltert hatte, und schrie ihn an: »Ich sag's dir nicht zum erstenmal, Chaim! Neunzig Prozent dieser Leute sind unschuldig!« Im Grunde seines Herzens war Pinek geneigt den Burschen zu feuern, doch seine sterbenskranke Schwester, die nach Kattowitz zurückgekehrt war, um ihrem blauäugigen Idol näher zu sein, hatte ihn angefleht: »Sei gut zu Chaim.« Pinek beförderte ihn zum stellvertretenden Leiter der Abteilung Gewahrsam.

Die Hochzeitsglocken in Kattowitz läuteten zum erstenmal für Barek, den Fahnder. Auf recht eigenwillige Weise, während einer Zugfahrt im Juni, hielt er um Reginas Hand an; sie war das Mädchen, das er im Freudenhaus der SS in Auschwitz gefunden hatte. Im selben Waggon reisten sechs Russen, allesamt betrunken; sie taumelten durch den Korridor, rissen die Abteiltüren auf und grölten: »Ihr nehmt uns den Platz weg!« – »*Wy Fritze!* Ihr seid Deutsche!« brüllten sie auch Regina und Barek an, »*wyljesaitje!* Raus mit euch!« Barek aber zeigte seinen Revolver und sprach die gefürchteten Worte: »Ich bin vom UB.«

»Und sie, was ist mit ihr?«

»Wir sind verlobt«, sagte Barek. Regina hielt den Atem an.

»Oh, Verzeihung.«

Sie heirateten am Samstag, dem 23. Juni, in ihrer staubigen Wohnung gegenüber dem Kattowitzer Gefängnis. Regina trug ein cremefarbenes, enganliegendes Kleid, das Barek in Kattowitz aufgestöbert hatte, ihre Schwester, die Trauzeugin, einen weißen Plisseerock und ihre Brautführerin, die sie zu »übergeben« hatte, einen blauen Faltenrock mit aufgemaltem roten Hakenkreuz, ein Relikt aus ihrem Konzentrationslager. Unter der *huppa*, dem Hochzeitsbaldachin, stand die Brautführerin so reglos, daß die Falten das jetzt unangebrachte Hakenkreuz verbargen. Zu Füßen von Braut und Bräutigam standen eiserne Eimer voller roter Gladiolen vom Kattowitzer Markt. »Wie viele?« hatte der Schwarzmarkthändler gefragt, und Barek sagte: »Alle. Ich kaufe auch die Eimer.«

Der letzte überlebende Rabbi von Kattowitz nahm die Trauung vor. Den *tallit*, den Gebetsmantel, um die Schultern, sprach er: »Gesegnet seist du, o Herr, der du die Liebe geschaffen hast.« Der Bräutigam steckte der Braut einen Ring vom Schwarzmarkt an den Finger, und sie gab ihm einen Ring mit der Eingravierung *25. Februar 1914*, den sie in einem Stapel gebrauchter Kleider in Auschwitz gefunden hatte. »Nun seid ihr Mann und Frau«, sagte der Rabbi. Er zog sein Taschentuch hervor, wickelte ein leeres Glas darin ein und legte es vor Bareks rechten Fuß. »Zerbrich es«, sagte er. Barek tat es, und der Rabbi sprach: »Glück für hundertzwanzig Jahre!« Die dreißig Hochzeitsgäste von den Abteilungen Fahndung, Verhör und Gewahrsam brachen in Hurrarufe aus, Braut und Bräutigam küßten sich, ein Junge begann auf einen Holzstuhl zu schlagen – der Tanz begann. Sie tanzten Polka, Tango und Hora, ihre stampfenden Stiefel wirbelten Staub aus den Teppichen auf, die Wände drehten sich, und die Röcke flogen hoch bis über die nackten Knie der Mädchen. »Ach!« sagte Reginas Schwester. »Weißt du noch, wie wir in Auschwitz getanzt haben? *Auf einem persischen Markt?*«

»Ja!« sagte Regina. »Und die Röcke haben wir hochgehalten wie die sieben Schleier!«

»Man konnte unsere Unterwäsche sehen!«

»Ja, unsere Papiertüten!« sagte Regina und drehte sich im Kreis. »Zementsäcke! ZEMENT stand darauf!«

»Und wißt ihr noch?« sagte ein anderes Mädchen. »Als die Blockälteste kam und sagte: ›Mädchen…‹«

»›…ihr seid zu laut! Wollt ihr…‹«

»›…wollt ihr noch eine Tracht Prügel?‹«

»Ach Gott«, sagte eine andere. »Weißt du noch, Regina, wie du einmal zur Blockältesten gesagt hast: ›Ich möchte mehr Suppe‹?«

»Ja! Und sie hat geantwortet: ›Nein, du Schwein.‹«

»Und du hast ihr die Suppe ins Gesicht geschüttet!«

»Junge, hat die mich verprügelt!«

»Wie am Spieß hat sie geschrien: ›Du Schwein! Du ...‹«

»›... Schweeeiiin!‹ Aber ihr habt mir alle applaudiert!«

»Wenn sie uns jetzt bloß sehen könnte!«

»Sie und die SS! Was gäb' ich dafür!«

Der Tanz ging zu Ende, die Mädchen stürzten sich auf Kirschen, Erdbeeren und Würste. Braut und Bräutigam schnitten den Biskuitkuchen, und die Mädchen machten sich gierig darüber her. Sie erinnerten sich, wie die SS gebrüllt hatte: »Wir marschieren nach Deutschland!«, wie sie sich unter alten Kleidern versteckt hatten, von der SS entdeckt und als Spione im Bordell eingesperrt worden waren. »Und dort habe ich meinen Barek getroffen!« sagte Regina.

»Er sieht so gut aus!«

»Sein Kinn gefällt mir!«

»Achtundvierzig Länder haben Krieg geführt, damit du ihm begegnen konntest, Regina!«

»Wie hast du das gemacht?«

»*Mit masl!*« rief Regina lachend.

Unterdessen war es vier Uhr morgens geworden. Das Brautpaar und seine Gäste bildeten einen Kreis und sangen das Lied aus dem Sommerlager der Zionisten:

Un sol doß fajer
farloschn wern,
schajnt ojf der himl
mit sajne schtern

Dann legten sie sich auf dem Wohnzimmerteppich schlafen. Am nächsten Tag sagte Regina. »Warum sollen wir den Rabbi eigentlich nicht nützen?« Und so fanden noch zwei weitere Hochzeiten statt, mit demselben Rabbi, denselben Blumen, demselben Essen. Für den Staatlichen Sicherheitsdienst begann der Sommer der Liebe.

An einem Sommertag traf eine von der Liebe ergriffene junge Jüdin in Lolas Stadt Gleiwitz ein. Es war Ada, gelobt sei Gott, die Frau von Lolas Bruder, Ada, die in Będzin *Stille Nacht* gesungen hatte und *Sweetheart* in Auschwitz, deren Schuhe sich auf dem Weg nach Deutschland in ihre Bestandteile aufgelöst hatten. Ada aber hatte einen großen rechten und einen kleinen linken Schuh gefunden, und in einem Stall hatte sie sich gegen die erbosten Schweine zur Wehr gesetzt und ihre Kartoffeln gegessen. In einem Kohlenwagen war sie nach Deutschland gefahren, war dort bombardiert und befreit worden und hatte monatelang in der Tschechoslowakei nach ihrem Mann gesucht. Sie fand ihn nicht. Aber sie hörte, daß Lola in Gleiwitz sei, und machte sich auf den Weg dorthin, mit dem Zug, der Straßenbahn und zu Fuß. Dann stand sie vor Lolas Haus.

Oder besser gesagt: vor Lolas drei Häusern. Baß erstaunt betrachtete Ada die Besitztümer ihrer alten Schulfreundin in der Langen Reihe. Die Tulpen im Garten waren so zart wie die Haut eines Säuglings und die Häuser bis unters Dach voll schmalgliedriger Mädchen und sehnsüchtiger Burschen – Ada glaubte sich im Schlafsaal eines Internats. Natürlich erkannte sie Zlata sofort, die auf sie zulief und ihr um den Hals fiel, doch außer Zlata gab es hier noch weitere sechzig Kostgänger. Es war Mittag; die Juden setzten sich um die üppig gedeckten Tische und bemühten sich, zuzunehmen, verliebten sich neu oder schwärmten von vergangenen Romanzen in Lolas Asyl. Ein Mädchen erzählte, wie sie sich auf den ersten Blick in einen Jungen verliebte, der nichts anderes getan hatte, als zur Tür hereinzukommen, eine andere hatte den Mann ihres Lebens an der Ecke der Kaiser-Wilhelm-Straße getroffen. »Er hat mich gefragt, was diese Nummer bedeutet«, erzählte sie

Ada. »Ich sagte, wir hätten sie in Auschwitz bekommen, und fragte, wo er gewesen sei. ›In der polnischen Armee‹, sagte er, und wir haben uns auf der Stelle ineinander verliebt.« Das Mädchen war in Auschwitz eine Pritschengenossin von Ada gewesen und versicherte ihr nun überschwenglich, Gleiwitz sei das Paradies.

Kurz darauf vernahm Ada Motorenlärm, und ein Offizier mit Luger betrat das Haus. »Lola!« sagte Ada, wie vom Donner gerührt. Lola umarmte und küßte sie; dann nahm sie wie eine gute Hausherrin am Kopfende des Tisches Platz und stellte Fragen: »Was war in Deutschland? In welchem Lager warst du? Was ist dann passiert?« und schließlich: »Wo ist David?« David war Lolas Bruder, Adas Mann.

»Ich suche noch nach ihm.«

»Du solltest dich von ihm trennen.«

»Lola!« rief Ada verblüfft.

»Er ist zu alt für dich.«

»Aber...«

»Außerdem ist er nicht gesund.«

»Das weiß ich«, rief Ada. Eines Abends in Będzin hatte Lolas Mutter geseufzt und gesagt: »Hätte ich nur ein paar Zwiebeln!« David ging, trotz der Ausgangssperre, um Zwiebeln zu besorgen. Eine SS-Patrouille entdeckte ihn und fragte: »Wieso sind sie auf der Straße?« – »Um Zwiebeln zu holen.« – »Das ist eine Lüge.« – »Nein. Meine Mutter macht Fleischklöße, und dazu...« – »Du lügst!« schrien die SS-Männer und schickten ihn ins Gefängnis von Myslowitz. Dort mußte David monatelang auf dem Bauch liegen, während die Gestapo ihn verhörte – »Warum warst du auf der Straße?« / »Um Zwiebeln zu beschaffen!« / »Du lügst!« – und ihn auf die Leber schlugen, bis sie kaum noch funktionierte. Dann wurde er nach Będzin zurückgeschickt, und Ada, die Mitleid mit ihm hatte, heiratete ihn. »Ich glaube, ich liebe ihn«, sagte Ada jetzt zu Lola.

»Nein, Ada. Lebe dein Leben.«

»Aber was ist mit David?«

»Laß ihn das seine leben.«

Sie mache es genauso, meinte Lola. Ihr Matinee-Gatte Schlomo war in Gleiwitz aufgetaucht, ein ausgemergelter Auschwitz-Überlebender, aber Lola konnte bei seinem Anblick nur an Itu denken, ihre kleine Tochter. »Rühr mich nicht an!« schrie sie. In dieser Nacht schlief Schlomo auf dem Bettvorleger, und Lola lag mit ihrer Pistole im Bett, denn sie wußte, das am häufigsten gemeldete (und am seltensten geahndete) Verbrechen in Gleiwitz war Vergewaltigung. Schließlich verschwand Schlomo in ein Flüchtlingslager in Deutschland, und Lola begann eine Affäre mit dem verrückten Russen aus Kattowitz. Sie sahen sich Fred Astaire im Kino an oder spazierten durch den Chopin-Park, während von den Ahornbäumen die Samen segelten wie Propeller. »Bleib hier, Ada«, sagte Lola.

»Ich kann doch nicht!« sagte Ada, obwohl Gleiwitz sie sehr lockte. Das Mittagessen ging zu Ende, Lola machte sich wieder auf den Weg, und Ada sah voll ehrfürchtiger Scheu zu, wie Lola sich auf ihre schwere Maschine schwang, auf den Anlasser trat, Gas gab und davonbrauste; wie eine Schleppe zog die Auspuffwolke hinter ihr her. Um sechs Uhr kam sie unter großem Getöse wieder zurück, rannte die Treppe hinauf, und Ada hörte, wie sie die vierfüßige Badewanne vollaufen ließ, badete und nach Gertrude rief. »Ja, Gnädigste«, antwortete Gertrude und eilte nach oben. Neugierig geworden, ging Ada ihr nach und spähte durchs Schlüsselloch ins Bad. Da hielt sie den Atem an: »Das ist die Höhe!« flüsterte sie.

»Was ist los, Ada?« fragte eine junge Frau aus Auschwitz, die ebenfalls neugierig war.

»Lola ist nackt, und Gertrude *pudert* sie!«

»Nein, das glaub ich nicht!«

»Schau selber!«

»O mein Gott! Es stimmt!« rief die andere aus. »Ob die Königin von England wohl jemand hat, der sie einpudert?«

»Nein! Aber dieses arme kleine Mädchen aus Będzin! Auf einmal ist sie...«

»...ejne dame!« ergänzte die andere auf Jiddisch.

»Ejne daaame!« stimmte Ada zu, und die beiden Mädchen liefen kichernd davon in ihr Schlafzimmer, setzten sich vor den Toilettentisch und puderten sich gegenseitig unter Gelächter aus einer imaginären Puderdose. In Auschwitz hatter der SS-Kommandant Höß in einer weißen Villa residiert, die Juden hatten für ihn gekocht, geputzt und den Garten gepflegt, bis seine roten Begonien in blauen Kästen durch die Zwischenräume seines weißen Lattenzaunes wuchsen. »Ach, hier könnt' ich's bis an mein Lebensende aushalten!« hatte Frau Hedwig, seine Gattin, ausgerufen. Ada war entzückt über Lolas Luxusleben in Gleiwitz.

»Willst du's sehen?« fragte Lola Ada am nächsten Tag.

»Ja!« sagte Ada, und während Lola auf dem Motorrad langsam hinter ihr herfuhr, ging Ada die ahorngesäumte Straße entlang bis zur Klosterstraße 10. Der Wächter am Tor salutierte und ließ die beiden Frauen ein. Lola führte Ada in den Hof, in dem Fliederbüsche wuchsen, und zeigte ihr das ungewöhnlich aussehende Gefängnis, das aus roten und leuchtendblauen Steinen erbaut war. Am Gesims bildeten die Steine ein rautenförmiges Muster, und die Ziegelkamine waren alt und krumm wie in Charles Dickens' London. Sie betraten das Gebäude, durchquerten das »Kirchenschiff«, und Lola sperrte eine Zelle auf, deren Insassen nicht im blutigen Vernehmungsraum gewesen waren. Als Ada hineinsah, sprangen die Deutschen auf und standen stramm, die Arme an der Hosennaht, wie eine Schar aufgeschreckter Soldaten, bis Lola die Tür wieder verriegelte.

Von hier aus gingen sie in Lolas Büro, das voller Blumen war. Ein Wächter brachte einen deutschen Gefangenen und reichte Lola dessen Akte. Lola blickte auf die Aufschrift »Gefängnis Gleiwitz«, den Namen des Deutschen und den Vermerk »SS«, der grundsätzlich oben links auf jeder Aktenmappe stand. »Du warst in der SS«, sagte Lola.

»Nein, das war ich nicht.«

»Du lügst.«

»Nein, wirklich nicht!«

»Du lügst!« sagte Lola und schlug ihm ins Gesicht, als folgte sich damit einer alten Gewohnheit.

»Nein!« sagte es stumm in Ada. Sie vertraute dem Deutschen nicht unbedingt, obwohl ihr seine Augen sagten, daß er unschuldig war. In Będzin war Ada einmal von der Gestapo verhört worden: »Kennen Sie einen Mann in der Schweiz?«, worauf Ada harmlos antwortete: »Ja!« – »Haben Sie ein Paket von ihm erhalten?« – »Ja!« – »Was war darin?« – »Sardinen! Sie waren gut!« – »Sie haben sie gegessen?« – »Ja, sicher, wieso nicht?« – »Sie haben sie nicht verkauft?« – »Nein!« – »Sie haben von dem Geld keine Gewehre gekauft?« – »Aber nein! Ich hatte Hunger!« – »Sie haben nicht...« – »Wenn ich wieder einmal Sardinen bekomme, soll ich sie herbringen?« – »Nein. Sie können gehen«, sagten die Gestapoleute, und Ada ging. Aber jetzt dachte sie, daß ein SS-Mann genauso überzeugend lügen konnte, wie sie selbst in Będzin gelogen hatte. Doch Ada, die die Thora studiert hatte, erkannte ebenso deutlich, wie ungerecht es war, den einen Deutschen zu bestrafen, weil er sagte: »Ich war bei der SS«, und den anderen, weil er sagte: »Ich war nicht bei der SS.« Wohin sollte dieser Deutsche, der sich unterwürfig in Lolas Büro duckte, denn Zuflucht nehmen? Für sein Ja genauso verurteilt wie für sein Nein, wurde er verdammt, weil er als Deutscher geboren war – wie die Juden in Auschwitz, dachte Ada.

Lola dachte anders. Die zweifach Verdammte war sie selbst. Nichts, was der Deutsche hätte sagen können, vermochte die glühende Lava in ihr abzukühlen. Sie haßte ihn, weil er bestritt, bei der SS gewesen zu sein. Hätte er sich zur SS-Zugehörigkeit bekannt, hätte sie ihn genauso gehaßt. So oder so brachte er sie zur Weißglut! Doch würde er sich schuldig bekennen, Juden umgebracht zu haben, könnte Lola ihn schlagen, ohne von Gewissensbissen geplagt zu werden! Würde er nur zugeben: »Ja! Ich war in Auschwitz! Ja, ich bin verantwortlich für die Morde an Itu, an Ittel...«, ja, dann könnte Lola ihm das Herz aus dem Leib reißen, ohne immer wieder diese leise Stimme zu hören, die ihr sagte: *Er ist nur angeklagt, weiter nichts*. Wie konnte der Mann es wagen, ihr die süße Rache zu vereiteln, indem er sich weigerte, seine Schuld zuzugeben? Eine Art Krampf erfaßte Lola, ihre Wangen röteten sich – wie die einer Bauerntochter –, ihre Lippen wurden schmal, gaben ihre Zähne frei – Ada sah sie an und dachte an die häßlichen Grimassen der KZ-Aufseherinnen in Auschwitz, an die parfümierte Frau in Lolas Alter, die ihren perlenbesetzten Peitschenstiel an den Jüdinnen zerbrochen hatte, auch auf Lolas Rücken. Lola bebte am ganzen Körper wie eine Maschine auf Hochtouren, während sie den Deutschen wieder und wieder schlug. Jetzt rächte sie sich dafür, daß er ihr durch seine anhaltenden Schreie »Nein! Ich war nicht in der SS!« auch noch Schuldgefühle verursachte.

»Du lügst!« schrie Lola.

Es war zuviel für Ada. Sie blieb noch, bis Lola schrie: »Bringt ihn fort!« Dann kehrte sie zurück in Lolas Haus, packte ihre Sachen und ging, um nicht durch ein paar Monate Gleiwitz zu einem Lola-ähnlichen Wesen zu werden. Am Bahnhof kaufte sie eine Fahrkarte nach Deutschland in der Absicht, David dort zu suchen. Der Mann in Lolas Büro aber ging ihr nicht aus dem Kopf. *Und wenn er es nicht verdient hat?* dachte Ada, während der Zug nach Westen fuhr. *Wie soll Lola es jemals herausfinden?*

8

Im Juni oder Juli sagte zum erstenmal ein Deutscher zu Lola: »Ja, ich war in der SS.« Der Mann war groß, blond, blauäugig: ein wahrer »Arier« nach Himmlers Definition, der die Photos von SS-Bewerbern mit der Lupe betrachtet und alle »mediterranen« und »mongolischen« Typen ausgesondert hatte. In einem SS-Lager war er ausgebildet worden, wo die Hauptscharführer jeden Mann, der zusammenzuckte, wenn Deutsche gehängt wurden, als »Schlappschwanz! Muttersöhnchen!« beschimpften. Solches Training wirkte: der Mann war jetzt hart wie Kruppstahl. Er entsprach Hitlers Ideal: »Herrisch, schonungslos, grausam.« Als Lola ihn fragte: »Warst du bei der SS?«, kroch er nicht etwa zu Kreuze – »Ich war nur ein kleiner Mann« –, sondern antwortete stolz: »Ja.«

»Hast du Juden umgebracht?«

»Ja. Sie haben es verdient.«

»Du Schwein! Wie viele?«

»Ich wünschte, ich hätte sie alle erwischt.«

»Du elendes Schwein!« Lola schlug ihn, doch sie vermochte ihm nichts anzuhaben, seine schneidige Mannhaftigkeit obsiegte, und schließlich schrie sie: »Bringt ihn weg!« Sie haßte die Deutschen mehr denn je. Ihr schien dieser Mann für *alle* ihre Gefangenen gesprochen zu haben, die, hätten sie dieselbe arrogante Aufrichtigkeit besessen wie der SS-Mann, genauso zugegeben hätten: »Ich war bei der SS« oder »Ich war ein Nazi« oder »Ich war ein Nazikollaborateur« – dessen war sie sicher. Und schließlich kamen auch ihre eigenen hart arbeitenden Untergebenen, die die Verhöre führten, niemals zu dem Urteil: »Dieser und jener ist unschuldig«, im Gegenteil – früher oder später hieß es stets: »Soundso hat endlich gestanden.« Wie war sie blind gewesen in ihrer Suche nach Höß, Hößler und Mengele! Die drei Vernichter waren mittlerweile in POW-Lagern interniert: Höß und Hößler bei den Briten, Mengele bei den Amerikanern, aber jetzt erst sah Lola, daß *alle* ihre tausend Gefangenen lauter Höß, Hößlers und Mengeles waren, daß sie alle bestraft werden mußten.

Ihren jüdischen und nichtjüdischen Wächtern befahl sie keineswegs: »Nehmt sie euch vor!« Sie bestand nur nicht auf der Einhaltung der Regel, derzufolge die Gefangenen nicht nach Lust und Laune bestraft werden durften. Sie griff nicht ein, wenn ihre Wächter sich betranken, die Zellen aufschlossen und Deutsche herauszerrten, Decken über sie warfen, damit der Anblick von Striemen die polnischen Gerichte nicht in Verlegenheit brächten, wenn sie »Schweine!« schrien und zuschlugen. Die Juden in Auschwitz waren nicht vergewaltigt worden – dafür konnte ein SS-Mann gehängt werden –, in Gleiwitz jedoch riß ein Inquisitor einer Deutschen die Kleider vom Leib, zog sie auf seinen Schoß und sagte: »Los, zeig, was du kannst. Ich hab' einen Persianer für dich.« Auf derlei Berichte reagierte Lola nicht. Die Schreie der Deutschen schienen, zumindest zeitweilig, zur Gefängnisatmosphäre zu gehören. Lola griff nicht ein. Und wenn je eine innere Stimme den jüdischen Wächtern zuflüsterte: *Du weißt nicht, ob er schuldig ist*, so bestätigte ihnen allein schon der Anblick blonder Haare und blauer Augen oder die Sprache der Deutschen, daß sie Hitlers Schergen sein mußten.

Eines Tages tauchte ein Deutscher in pechschwarzen Hosen, der Farbe der SS, in Lolas Gefängnis auf. Ein Pole hatte ihn in der Nähe des Markplatzes entdeckt und gerufen: »Faschist! Du trägst Schwarz!«, woraufhin der Deutsche davongerannt war, doch der Pole hatte ihn anderhalb Kilometer, bis zur Peter-und-Pauls-Kirche, verfolgt. Vor einem Goldmosaik stellte er ihn, schlug ihn, trat ihn und schleppte ihn in Lolas

Gefängnis. Mehrere Wächterinnen beschlagnahmten das belastende Beweismaterial, die schwarze Hose: so gewalttätig rissen sie ihm das Kleidungsstück vom Leib, daß er von der Prozedur einen Sehnenriß davontrug. Der Mann schrie, doch die Frauen befahlen ihm zu schweigen. Sie erkannten nicht, daß die Hose zu einer Pfadfinderuniform gehörte – und der »Mann« vierzehn Jahre alt war.

Sie beschlossen, ihn zu foltern. Mittlerweile unterhielt das Amt für Staatssicherheit 227 Gefängnisse für Deutsche, und jedes hatte seine eigenen, charakteristischen Methoden, sich für die Vergangenheit zu rächen. In Breslau wurden Stöcke benutzt, in Frankenstein hingegen zog man es vor, den Internierten Holzspäne unter die Fingernägel zu treiben. In Wünschelburg pflegten die Vernehmer einen Gefangenen auszupeitschen und ihm mit den Worten: »Du wirst nicht einfach sterben! Du wirst krepieren!« Kaffee in die Wunden zu schütten. Im Gefängnis von Myslowitz, wo achthundert Menschen inhaftiert waren, wo der Kommandant ein Jude aus Auschwitz war, zwanzig Jahre alt, kippten die Wächter einem Deutschen Exkremente über den Kopf und befahlen ihm: »Heb diese Scheiße auf!« Er tat es, und sie schütteten ihm den Kot erneut über den Kopf. In Glatz spielten die Wächter Akkordeon, um die Schreie zu übertönen, während andere den Deutschen die Zähne ausschlugen, und in Neisse zwang ein Jude einen Deutschen, sich selbst einen Goldzahn herauszubrechen, und schrie: »Dasselbe habt ihr mit mir gemacht!« Der Junge sprach im übertragenen Sinn: er selbst war in Auschwitz kastriert worden – ein Experiment der SS –, und seine jüdischen Kollegen in Neisse fanden, er habe damit durchaus nicht Gleiches mit Gleichem vergolten.

Die Wächterinnen in Gleiwitz zogen Feuer vor. Sie hielten den deutschen Jungen fest und drückten ihre Zigaretten auf ihm aus, mit Benzin setzten sie seine schwarzen Locken in Brand. Draußen, vor dem Gefängnis, versuchte der Pfarrer der Peter-und-Pauls-Kirche vergeblich, bei Lola Gehör zu finden – er wollte ihr erklären, daß der Junge erst vierzehn sei. Als sie ihn endlich freiließen, schleppte er sich nach Hause, fiel ins Bett und konnte nicht mehr aufhören zu schreien: »Bitte nicht!«, die Arme schützend um den Kopf gelegt wie ein Boxer in den Seilen. Seine Kopfhaut sah aus wie ein mottenzerfressener Teppich, und als er sich nach einiger Zeit soweit erholt hatte, daß er das Haus verlassen konnte, umringten ihn die anderen Jungen aus seiner Pfadfindergruppe wie die Autogrammjäger und bedrängten ihn mit Fragen: »Was haben sie mit dir gemacht?«

»Haut ab! Ich will nichts mehr davon wissen!«

»Wie haben sie's gemacht? Mit Zündhölzern?«

»Verschwindet, oder ihr kriegt Prügel!«

»Nein, sag, was haben die polnischen Männer mit dir gemacht?«

»Die Schlimmsten waren die Frauen! Haut jetzt endlich ab!« Der Junge wurde schließlich in eine Anstalt für Geisteskranke eingeliefert. Er kam nie wieder heraus.

Zu Lolas Ärger wurde von ihr erwartet, daß sie ihre Deutschen ernährte. Die Frau, die in Auschwitz eine Suppe erhalten hatte, in der Holz, Baumwolle, Knöpfe, einmal sogar eine tote Maus schwamm, sollte den Deutschen, die vielleicht zum Personal in Auschwitz gehört hatten, Kartoffelsuppe auftischen. Sie tat es, widerwillig; aber die Deutschen wurden nicht satt von den nassen Kartoffeln.

»Mein Gott«, sagte einer zum anderen, »stell dir vor: ein Schnitzel!«

»Oder Schweinebraten!«

»Wie machst du ihn?«

»Mit einem ordentlichen Stück Fleisch...«

»O Gott! Hör auf damit!«

Mittlerweile waren sie zum Gerippe abgemagert, ihre Augen waren Tümpel, die tief in schwärzlichen Höhlen lagen. Wenn die Wächter nicht hinsahen, klaubten sie durchweichtes Brot aus den Mülleimern und aßen irgendwelche braungrünen Krümel, die sie auf dem Boden fanden, wenn sie die Gänge sauberfegten. Eine zusätzliche Qual war der Anblick der Wächter, die sich zu jeder Zeit an geröstetem Zuckerbrot gütlich tun konnten. Einmal brachten die Wächter eine Kuh ins Gefängnis, erschossen sie, befahlen den Deutschen, sie auszunehmen und zu zerlegen, kochten das Fleisch und verschlangen es, während die Gefangenen zusahen. Ein andermal erschossen sie in Gleiwitz eine Kuh, hievten sie unter Hauruck-Rufen auf ihren Lastwagen und speisten dann Filet Mignon; den Deutschen gaben sie die Knochen. Ein Wächter, ein Jude, der inzwischen über zwei Zentner wog, verkündete eines Tages: »Ich hab' heut Geburtstag!« Er lud alle seine Kollegen ein. Um sechs Uhr abends trug er ein Mahl aus Schinken, Speck, Wiener Würstchen, Hering und süßsauer mariniertem Karpfen auf, das sie mit russischem Wodka hinunterspülten, und die polnischen Katholiken sangen dazu: *»Tatina, Tatina, meine Liebste!«* Dann sprang der jüdische Wächter auf und rief: »So singen die Juden!«, stampfte mit den Füßen und sang: *»Tatina, Tatina, majn libste!«* Die Katholiken grölten, und die Deutschen sahen hungrig zu.

Eines Morgens traf eine Tonne Kartoffeln am Gleiwitzer Bahnhof ein. Lolas Adjutant Mosche beschloß, die Deutschen damit zu quälen. Er beauftragte einen katholischen Aufseher, die Ladung abzuholen, aber: »Nicht mit dem Ford und nicht mit Lolek!« Lolek war das Gefängnispferd.

»Wie denn sonst?«

»Nimm dir ein paar Deutsche. Demütige sie.«

»Was soll ich tun?«

»Laß sie statt Lolek den Wagen ziehen.«

»Zu Befehl.« Der Aufseher sperrte eine Zelle auf, rief acht ausgemergelte Gefangene heraus, spannte je drei rechts und links vor den Wagen und zweien gab er die Deichsel in die Hand; auf Deutsch befahl er ihnen: »Laßt sie ja nicht durchgehen, sonst erschieße ich euch.« Dann führte er Menschen und Wagen durch das Tor hinaus auf die Klosterstraße.

Der Aufseher trug seine Mauser, andere, ebenfalls bewaffnete Wächter begleiteten ihn. Sie riefen *»Hej wio!«*, was auf polnisch soviel bedeutet wie »Hü«. Die Deutschen zogen den Wagen über die Kaiser-Wilhlem-Straße und an der alten Gleiwitzer Oper vorbei, in der man noch vor nicht allzu langer Zeit den *Troubadur* und *Tannhäuser* aufgeführt hatte. An der Ecke standen Russen und lachten. Sie warfen den Deutschen Zigaretten zu, die sie nicht erreichen konnten. Deutsche Frauen gaben ihnen Brot mit Margarine. »Kennt ihr den Soundso?« riefen die Frauen, »Ist er im Gefängnis? Wie geht's ihm?«, aber die Wachen befahlen: »Geredet wird nicht!«, und so schwiegen die deutschen »Pferde«. Sie zogen den rumpelnden Wagen über den Fluß, über das von den polnischen Bergwerken schwarzgraue Wasser der Klodnitz und an der Allerheiligenkirche vorbei zum Gleiwitzer Bahnhof mit den hohen Fenstern. Eine Stunde später schleppten die Deutschen den Wagen mit einer halben Tonne Kartoffeln zurück in Lolas Gefängnis, wo Mosche die ermatteten Aufseher berichten ließ:

»Ist das alles an Kartoffeln?«

»Nein, es ist noch eine halbe Tonne da.«

»Gut, nehmt acht andere dafür her.«

»Nein!« Zu Mosches Verblüffung bestanden die acht Deutschen, die er »gedemütigt« hatte, darauf, auch die zweite Fuhre zu ziehen – in der Hoffnung, von den deutschen Frauen weitere kostbare Brotscheiben mit Margerine zu bekommen.

Bisher war niemand in Lolas Gefängnis gestorben, aber eine Jüdin versetzte die hier inhaftierten Deutschen in Todesangst. Es war eine Aufseherin in Lolas Alter, ebenfalls aus Będzin. Ihr Mädchenname war Jadzia Gutman. Während des Krieges hatte sie einen Schauspieler namens Sapirstein geheiratet, der in Auschwitz an Typhus erkrankt war. Jadzia hatte ein Bierfaß durch den unter sechstausend Volt stehenden Stacheldraht geschoben, hatte sich zu seiner Baracke geschlichen und ihn ein letztes Mal geküßt, bevor der Typhus ihn dahinraffte. Im Kohlewaggon war sie später nach Deutschland verfrachtet worden, doch im Mai 1945 fand sie ihren verrückten Schulmädchenhumor wieder. Lola kannte sie aus der Zeit, als sie einmal die Titelrolle in *Schneewittchen und die sieben Zwerge* gespielt hatte. Als die GIs die Häftlinge des Konzentrationslagers befreit hatten, in dem sie und Zlata inhaftiert waren, rief Jadzia laut: »Ha-ha-ha!«, was soviel hieß wie: »Ich hab eine tolle Idee!«, und führte sieben Mädchen zur Kantine der SS, wo sie sich über SS-Würste und bulgarischen Wein hermachten. »Das Geschirr spülen wir aber nicht, ha-ha-ha?« schrie Jadzia, was soviel hieß wie: »Hab' ich recht oder nicht?« Sie packte das Tischtuch an allen vier Ecken samt Porzellan und Silber und warf das Bündel zum Fenster hinaus. Zusammen mit den sieben anderen machte sie sich auf nach Gleiwitz. Unterwegs hielten sie am Haus eines Deutschen; der Besitzer hatte sich soeben ein Kaninchen gebraten, und Jadzia befahl ihm: »Probieren!« Der Deutsche, von der Übermacht der acht Frauen eingeschüchtert, gehorchte, und Jadzia rief entzückt: »Gut! Er hat's nicht vergiftet! Ha-ha-ha!«, was soviel hieß wie: »Essen wir's auf!«

Im Mai zog sie bei Lola ein. Sie schleppte eine Nähmaschine an, die ein Deutscher ihr »geschenkt« hatte; sie hatte die Absicht, mit Hutmacherei ein wenig Geld zu verdienen. »Nein, nein«, sagte Lola zu ihr, »du mußt bei mir arbeiten«, und Jadzia, die ihre Mutter und ihren Vater, einen Pferdehändler, ihren Mann und ihr Kind in Auschwitz verloren hatte, meinte schließlich: »Ha-ha-ha!«, was soviel hieß wie: »Na gut, vielleicht gefällt's mir.« Sie schürzte ihren Rock, schwang sich hinter Lola aufs Motorrad, hielt sich an Lolas Gürtel fest und brauste mit ihr ins Gefängnis. Kaum war sie da, faßte ihr verrückter Geist den Entschluß, die Erfahrungen von Auschwitz zu wiederholen. Als eines Tages eine neue Gruppe Gefangener eintraf, baute Jadzia sich vor ihnen auf und schrie: »Aufstellen! Alle Kleider herunter!«

»Die Unterwäsche auch?«

»Schwein! Hast du nicht gehört?« brüllte Jadzia. »Achtung! Rechts um! Vorwärts marsch! – Du Arschloch!« schrie sie einen achtzehnjährigen Jungen an, der sich zutiefst schämte, die Schultern nach vorn krümmte und mit den Händen seine Genitalien verbarg. »Du bist aus dem Schritt! Eins! Zwei! Drei! Vier! Ha-ha-ha!«

Unmittelbar vor sich erblickten die Deutschen einen Raum, den mehrere Reihen alter, rostzerfressener Hähne an der Decke als Duschraum auswiesen. In Panik fielen sie auf die Knie wie christliche Büßer: »Bitte nicht!« flehten die Deutschen, die von den Auschwitzer Gaskammern gehört hatten.

»Hinein!« schrie Jadzia. Sie stampfte auf und ab, watschelnd wie eine Ente, denn in Auschwitz hatte sie sich die Füße erfroren, die Zehen waren schwarz geworden, aber sie hatte sich nicht an den »Arzt« gewandt, der sie nur zur Gaskammer verurteilt hätte, sondern sich selbst den linken kleinen Zeh sowie drei weitere am rechten Fuß amputiert, und jetzt torkelte und schwankte sie bei jedem Schritt. »Hinein!« schrie sie an der Tür des sogeannten Duschraums.

»Bitte nicht!«

»Hinein!!!« Auf einmal hörten die Deutschen das Quietschen verrosteter Hähne, ein Gurgeln, dann prasselte eiskaltes Wasser auf sie herab, denn der »Duschraum« war tatsächlich nichts anderes. »Einseifen! Abwaschen! Hinaus! Schneller!« rief Jadzia in Erinnerung an ihre eigene Ankunft in Auschwitz. »Ha!«

Mit der Zeit perfektionierte sie ihre Routine aus »Einseifen! Abwaschen! Schneller!«, und im Juni und Juli standen Jadzia und Lola oft an der Tür zum Duschraum und lachten über die Bestürzung der nackten Häftlinge. Leider hatte Lola unterdessen gänzlich vergessen, wozu die Duschen dienten und weshalb die Deutschen sie brauchten. Die Schilder in Auschwitz hatten es verkündet: EINE LAUS, DEIN TOD.

In den Zellen saßen die Deutschen und klaubten sich geduldig die Läuse von Körper, Armen und Beinen. Manche hatten Spaß daran, wie der deutsche Junge, der im Abort im Hof seiner Eltern eine verrostete Pistole gefunden hatte und von den Funktionären des Sicherheitsdienst damit erwischt worden war. Dreizehn Jahre war er alt. Jetzt sang er nicht mehr das Lied aus seinem Sommerlager:

Auf der Mauer, auf der Lauer
sitzt ne kleine Laus...

sondern lachte und benutzte seine Fingernägel wie eine Pinzette, um sich die Läuse von der Haut und aus den Haaren zu pflücken. »Ich hab' sie!« rief er. »Wieder ein Panzer! Wie steht's bei dir?« fragte er seinen Zellennachbarn, einen Zwanzigjährigen.

»Wieder ein Panzer kaputt.«

»Ich hab' schon zehn!«

»Ich nur acht.«

Aber die älteren Häftlinge, die wußten, daß im Ersten Weltkrieg drei Millionen Menschen am Typhus gestorben waren, waren besorgt. Systematisch legten sie gefangene Läuse auf den Tisch und zerquetschten sie mit dem Daumennagel; erst dann fegten sie die Leichen auf den Boden.

Eines Tages im Juli wurde ein deutscher Gefangener von einer Laus gebissen. Es juckte, der Mann kratzte sich, kratzte sich wund; dabei rieb er Läusekot in die kleine Wunde, und die darin vorhandenen Rickettsia-Bakterien gerieten in seine Blutbahn. Eine Woche später fühlte er sich krank. Sein Kopf schmerzte, auch sein Rücken. Seine Hände wirkten, wenn er sie hochhielt, sonderbar schmutzig, als hätte er ausgiebig Zeitung gelesen. Sein Mund war ausgedörrt, der Speichel zähflüssig wie Leim. Im Spiegel sah er, daß seine Zähne bräunlich geworden waren, und auf seiner Zunge, die zitterte, stellte er einen pelzigen Belag fest, der zuerst weiß war, dann gelb wurde, dann braun und nach einigen Tagen schwarz, bis er abbröckelte und ein neuer weißer Pelz entstand. Zu dem Zeitpunkt aber wußte der Mann nicht mehr, wie viele Tage schon vergangen waren. Er lag im Bett und stand nur auf, um sich auf einen Holzstuhl mit Loch zu setzen und seinen Durchfall in den darunterstehenden Eimer zu entleeren. Der Gestank war so fürchterlich, daß ein Mithäftling schließlich Alarm schlug. Draußen auf dem Korridor rasselte es wie das stählerne Schreibband eines alten Telegrafen, ein Wächter öffnete die Luke in der Tür und fragte: »Was gibt's?«

»Er ist krank.«

Der Wächter sperrte die Tür auf und brachte den faulig riechenden Mann zur Krankenpflegerin des Gefängnisses. Sie war um die Fünfzig und äthersüchtig. Ihre Hand zitterte heftig, aber sie maß dem Kranken die Temperatur – 40°C – und diagnostizierte seinen Fall als Fleckfieber: Typhus. Sie ließ ihm die einzige Pflege angedeihen, die ihr möglich war: ein Bett; aber der Deutsche begann bald zu delirieren und starb.

Lola wurde in Kenntnis gesetzt, doch das Schicksal des Deutschen rührte sie nicht. Die Deutschen seien selbst schuld daran, fand sie, denn die Erreger, die ihm den Garaus gemacht hätten, seien in deutschen Konzentrationslagern wie Auschwitz ausgebrütet worden. Sie rief nicht den Pfarrer der Peter-und-Paulskirche – hatte Höß in Auschwitz etwa einen Rabbi gerufen? –, doch sie tat, was Lagerleiter zu tun pflegten, wenn ein Deutscher an Typhus, Amöbenruhr oder woran auch immer gestorben war. Sie ließ vom Gleiwitzer Arzt einen Totenschein ausstellen. Dann sparte sie Papier, indem sie ein deutsches Formular (»... wird hiermit zur Haft im Konzentrationslager... verurteilt«) in zwei Teile riß; auf die Rückseite der einen Hälfte ließ sie einen Gefängnisdiener einen Brief an Chaim, den Freund von Pineks Schwester und Schreibtischhengst der

Gefängnisverwaltung, schreiben, auf die andere Hälfte eine Kurzmitteilung an die Frau des Verstorbenen:

Hiermit teile ich Ihnen mit, daß Ihr Mann verstorben ist; der Totenschein liegt bei. Gezeichnet:...

Die beiden Schreiben warf sie in den Briefkasten. Sie sperrte ihre Seeräubertruhe auf und nahm das Geld, die Uhr, die Habseligkeiten des Toten heraus, um sie gegen Lebensmittel für ihre jüdischen Mitbewohner einzutauschen. Schließlich wies sie einen Aufseher an, den Deutschen zu begraben.

Der Aufseher holte Lolek aus dem Stall, legte die Leiche auf das Fuhrwerk und deckte sie mit Kartoffelsäcken zu, um sie vor neugierigen Blicken zu verbergen. Er schickte nach dem Stallburschen, einem Deutschen, der die Stute stets begleitete, denn er war ihr Dressurmeister: um in Gleiwitz Brot zu bekommen, trainierte er sie, nach allen außer ihm auszuschlagen. »Brave Lolek«, rief er; dann kletterten er, ein weiterer Gefangener und der Aufseher auf den Wagen, und Lolek trottete zum Tor hinaus. Sie fuhren am Gleiwitzer Friedhof vorbei zu einem anderen, der weiter erntfernt lag, unter einem Torbogen hindurch, auf dem die lateinische Inschrift stand: LEBEN UM GUT ZU STERBEN, STERBEN UM GUT ZU LEBEN, und durch eine schattige Lindenallee. Im Büro des Totengräbers meldete der Wächter: »Wir haben einen Toten!«, woraufhin der Totengräber ihn anwies: »Bringen Sie ihn hinüber zur Leichenhalle.« Unter den Linden fuhr der Wagen weiter zu einem Haus mit stuckverzierter Fassade. An Armen und Beinen hoben die Gefangenen den Toten vom Wagen, ließen ihn auf einen Holztisch fallen und gingen wieder. »Brave Lolek!« sagten sie und rumpelten zurück ins Gefängnis.

Unterdessen waren die Zellnachbarn des toten Häftling, die sein Bett übernommen hatten, ebenfalls erkrankt, und bald war Lolas Reich weithin vom Gestank des Typhus verpestet. Ein Mann entwickelte rote Beulen, ein anderer schwarze

Pusteln; einer war völlig ausgedörrt, ein anderer triefte geradezu vor Schweiß – seine Handflächen und Fußsohlen sahen aus, als hätten sie tagelang im Wasser gelegen; etliche halluzinierten. In einer Zelle erkrankten sämtliche Insassen, in einer anderen hingegen wußte niemand von der Epidemie, die ringsum wütete. Jeden Tag, wenn die Aufseher im Morgengrauen an die Türen hämmerten und »*Pobudka!* – Aufstehen!« riefen, mußten sie mit Tragen anrücken und mehrere Menschen zu der narkotisierten Krankenschwester bringen oder gleich in Lolas behelfsmäßig eingerichtete Leichenhalle. Die Schreiber tippten Formbriefe auf der Maschine, in die nur noch der Name des jeweiligen Toten eingesetzt werden mußte, und die Aufseher stapelten die Leichen, mitunter bis zu vier an einem Morgen, auf Loleks Wagen. Die ausgezehrten Körper verbargen sie unter Altpapier oder Kartoffelschalen und fuhren sie zum Friedhof, wo der Totengräber die gierigen Katzen verscheuchte und die Leichen bei Nacht in eine Grube warf.

Lola sperrte ihr Gefängnis nicht zu. Sie bat auch nicht, einstweilen keine neuen Gefangenen mehr einzuliefern – der Sicherheitsdienst hätte sie nur in ein anderes typhusverseuchtes Gefängnis geschickt. Aber sie kam mit der Buchführung kaum noch nach. Wer lebte noch? Wer war bereits gestorben? Sie konnte es wirklich nicht mit Sicherheit sagen.

Schließlich beschloß Lola, ihre Gefangenen zu zählen. Die Aufseher öffneten alle Zellen, riefen: »Heraustreten! Aufstellen! Rauskommen!« und führten die Deutschen hinaus in den Hof, in die Sonne, die sie so lang nicht gesehen hatten. Dort stand Lola, olivgrün gekleidet und trotz der brütenden Hitze bis zum Hals zugeknöpft. Kerzengerade stand sie, als wollte sie an der Gefängnismauer ihre Größe messen. Kerzengerade hatten auch die Aufseherinnen in Auschwitz gestanden, aber dort waren die Juden zweimal am Tag gezählt worden, auch die Toten mußten sie herauslegen. Doch Lola ließ nur diejenigen zum Appell antreten, die imstande waren zu gehen. Sie starrte in die Runde der Gefangenen, die sich blinzelnd entlang den sechs Seiten des betonierten Gefängnishofs aufstellten. Manche hatten seit Monaten keine frische Luft geatmet und keuchten wie Sprinter nach dem Lauf. Ein Mann hatte einen Freund oder Bekannten erspäht und rief, nicht zu laut: »Hans!« oder »Horst!«, woraufhin Lola einen Aufseher herbeiwinkte und sagte: »Der Mann dort hat gesprochen.«

»Wievielmal?«

»Zwanzig.«

»Du!« röhrte der Aufseher in Richtung des redseligen Mannes: »Hinlegen! Aufstehen! Hinlegen! Aufstehen! Noch zwanzigmal!« Er zeigte ihm zweimal alle zehn Finger, und der Deutsche gehorchte.

»Und der dort ebenfalls«, sagte Lola.

»Jetzt du!« röhrte der Aufseher, und auch der zweite absolvierte seine Strafe, bis der ganze Hof still und reglos war wie die Wüste. Nicht einmal ein Seufzer war zu hören, doch einer der Deutschen gestikulierte zu einem oder zwei anderen hinüber – er wischte sich übers Ohr, als wollte er eine Mücke verscheuchen, was bedeutete: »Haltet die Ohren offen. Der Krieg ist nicht vorbei. Wir kommen wieder.«

»*Liczyć!* – Zählt sie!« befahl Lola. Ihre Wächter gingen durch die Reihen und zählten, verglichen, fragten nach: »Ist er zum Küchendienst abgeordnet? Ist er krank? Ist er tot?« und zählten abermals, indes die Herrenrasse in Reih und Glied stand und stumm schwitzte.

Wie tief waren die Mächtigen gesunken! So, wie sie da standen, waren sie nichts als menschliche Wracks. Doch Lola hatte die zentimeterdicken Akten gesehen, zusammengetragen von den unermüdlichen Befragern. Sie kannte ja die Schuld der Deutschen! Zwei Männer, die vor ihr standen, waren der Kollaboration mit den Nazis angeklagt. Der eine mit dem Ziegenbart hatte angeblich Mitteilungen geschrieben wie: »Piotr Wons ist ein Feind Deutschlands...«, und der andere, der mit dem Holzbein, jetzt sichtlich angeschlagen, wurde beschuldigt, den Nazis gemeldet zu haben: »Augustyn Kuczera hat zu mir gesagt: ›Ich komme wieder, und zwar mit einem polnischen Panzer!‹« Ein anderer, der Zugehörigkeit zur HJ angeklagt, hatte nach Bekanntschaft mit dem Totschläger gestanden: »Ja, ich war Fähnleinführer« und zugegeben, Lieder wie *Du kleiner Tambour* gesungen zu haben:

Wir kämpfen für deutsche Erde!
Wir sterben für Adolf Hitler!

Ein dicker Deutscher mit einem auf die Hand tätowierten P für »Paul« war laut Lolas Akten ein ehemaliger Scharführer bei der SA, die durch die Straßen gestürmt war und gesungen hatte:

Die Straßen frei den braunen Bataillonen!
Die Straßen frei dem Sturmabteilungsmann!

Drei weitere Angehörige seiner berüchtigten Truppe standen ebenfalls hier: blond, blauäugig, mit Narben im Gesicht und abgestumpften Blick. Auch die Totenkopfschwadron war, laut Ermittlung, hier vertreten: ein SS-Mann, der seine Blutgruppentätowierung ausgebrannt hatte, ein anderer, der sich den Arm hatte abnehmen lassen, doch auf dem vernarbten Stumpf war die Tätowierung noch immer zu sehen. Die Schlimmste war eine KZ-Aufseherin, vierundvierzig Jahre alt, laut Akten die stellvertretende Leiterin des ehemaligen Gleiwitzer Konzentrationslagers. Sie war – wie alle Frauen, die noch nicht am Typhus erkrankt waren – bei Lolas Appell nicht anwesend, sondern saß in ihrer Zelle und strickte Pullover für die Aufseher; ein SS-Mann jedoch, der nach eigener Aussage »die Juden gern hatte« (»Ich habe den Juden Gutes getan!«), stand bleich in der Reihe, während seine früheren Opfer ihn anstarrten und miteinander auf Jiddisch flüsterten.

Und das waren nur zehn! Im Hof und in den Frauenzellen waren noch Hunderte anderer! Während Lola ihren Blick über die Gesichter schweifen ließ, fühlte sie sich privilegiert gegenüber den Mädchen aus Będzin, die selten jemanden hatten, um ihren Haß zu entladen. Eine ihrer Cousinen, die im April aus Bergen-Belsen befreit worden war, hatte mit einer verfaulten Kartoffel nach dem SS-Mann geworfen, der ihr einst zwei Zähne ausgeschlagen hatte. Sie traf ihn, aber dann brach sie in Tränen aus bei dem Gedanken: *Niemals wird das vergolten sein!* Zwei von Lolas Cousinen aus Auschwitz – dieselben, die während der Passahfeier gesprochen hatten – wollten ebenfalls Rache nehmen, aber sie war ihnen mißlungen. Die eine, die dem Staatlichen Sicherheitsdienst beigetreten war, hatte einen SS-Mann mit dem Stock verprügelt; gleich danach rannte sie zur Toilette und übergab sich. »Was bist du so bleich, Adela?« hatten die anderen sie gefragt, doch Adela konnte es sich selbst nicht erklären. Die andere, Rivka, hatte von ihrem Vater in Będzin den Auftrag erhalten: »Nimm Rache!« Er hatte die Worte an den Rand des *Völkischen Beobachters* gekritzelt, jedoch hinzugefügt: »Sei gut. Sei freundlich. Und glaube immer an Gott.« Die Zeitung hatte er ihr zugeworfen, bevor er nach Auschwitz abtransportiert worden war. Zwei Jahre lang hatte Rivka diese Worte bei sich getragen wie einen Gebetsriemen: sie hatte den Papierstreifen zusammengerollt, mit einem Stück Tuch umwickelt, eine Schnur durchgezogen und ihn sich wie eine Kette um den Hals gelegt: gegen den bösen Blick der Deutschen. Vor kurzem war sie in Neisse gewesen, um Schlomo, ihren zu kleinen Verehrer, zu besuchen, aber wie er brachte sie es nicht über sich, die unterwürfigen Männer in den Kellern zu schlagen. »Tu du es«, sagte Rivka zu einem jüdischen Aufseher, und während auf den Verdächtigen die Schläge herabprasselten, dachte sie: *Das ist für meinen Vater! Das ist für meine Mutter! Das ist für meine Schwester! Das ist für meinen Bruder! Das ist…* Die wahre Macht in Gleiwitz aber war Lola.

»Rapport!« rief Lola.

Ein Wärter trat auf sie zu und salutierte auf Polnisch mit zwei Fingern. »*Pani Naczelnika!* Frau Kommandant!« rief er. »*Sto pięćdziesąt więźniów!* – Einhundertfünfzig Gefangene!« Von den nahezu tausend, die im Mai hier gewesen waren, hatte man etliche inzwischen in andere Gefängnisse geschickt. Lola hatte sie fotografieren lassen, der Staatliche Sicherheitsdienst ließ die Fotos mit der Bildunterschrift: KENNEN SIE DIESEN MANN? in ganz Polen aushängen, und irgendwo in Polen hatte der eine oder andere Pole den einen oder anderen von ihnen erkannt. Einige Gefangene waren zum Küchendienst abgeordnet, andere lagen im Krankenraum der auf Wolken schwebenden Schwester, viele saßen im Frauentrakt, manche waren, wie der junge Pfadfinder, nach Hause geschickt worden. Aber viele, sehr viele waren tot, Opfer des Typhus oder des Hungers, anderer Krankheiten wie Durchfall nach der Fischsuppe oder eines »Unfalls«, wie er gelegentlich vorkam. Zum Beispiel war einmal ein Lastwagen über einen Deutschen hinweggerollt.

»*Dziękuję!* Danke! *Na cele!* In die Zellen!« sagte Lola. Sie drehte sich auf dem Absatz um, ging zu ihrem Motorrad, während die Deutschen zurück in ihre Zellen schlurften, und raste durchs Tor hinaus auf die Klosterstraße. Sie selbst hatte in Auschwitz Typhus gehabt und war jetzt immun, aber sie machte sich nun doch Sorgen um ihre jüdischen Aufseher. Die Läuse machten keinen Unterschied zwischen der Haut eines Juden und eines SS-Obergruppenführers. Was, wenn die Juden die Krankheit der Deutschen bekamen?

Den erfrischenden Fahrtwind im Haar, bog sie in die Lange Reihe ein. Die Bäume in ihrer Straße wirkten wie riesige, ausladende Blumensträuße, und die Beete vor ihrem Haus prangten gelb und rot. Ihr neuer Liebhaber, der russische Oberst, der Jude, der einst die Mädchen in Kattowitz so bedrängt hatte – »Warum willst du nicht mit mir schlafen?« –, kam ihr entgegen, nahm ihr Haube und Brille ab und küßte sie. Es war ein gutaussehender Mann, schwarzäugig, schwarzhaarig und schnauzbärtig; jetzt lebte er mit Lola zusammen und drängte sie: »Heirate mich!« Doch einstweilen dachte Lola nicht daran. Sie war noch zu sehr gefüllt mit Haß, Zentner von Haß trug sie in sich, die sie noch nicht über die Deutschen hatte entleeren können. Noch nicht.

Eines Tages im Juli, als Lola nach Hause gekommen und der Russe sie geküßt hatte, verkündete Zlata: »Mein Neffe ist gekommen!«, und Zlatas Neffe Pinkas, von dem alle geglaubt hatten, er sei in einem österreichischen Lager umgekommen, lief auf »Tante« Lola zu. Mit vierundzwanzig war Lola kaum älter als er, aber sie zog ihre Kommandantennummer ab, die ihr mittlerweile zur Gewohnheit geworden war: »Wo warst du? Wie bist du rausgekommen?« Pinkas, der religiös war und in Będzin jeden Tag von halb sieben Uhr morgens bis sieben Uhr abends die Thora studiert hatte, gab höflich Auskunft. Er sagte, er sei von Österreich über die Tschechoslowakei bis nach Gleiwitz und in Lolas Haus gekommen.

»Komm mit und sieh dir das Gefängnis an«, forderte Lola ihn auf.

»Nein, danke.«

»Komm doch! Komm mit uns!« sagte der Russe.

»Nein, ich möchte lieber nicht.«

»Sieh selbst, ob wir die Deutschen richtig behandeln!«

»Nein, wirklich, es interessiert mich nicht.«

»Komm mit und sieh's dir an!« drängte der Russe.

»Nein, nicht nach dem, was ich in Prag gesehen habe.«

Pinkas berichtete. Er hatte einen Freund in Prag, der für die tschechische Geheimpolizei arbeitete. Auch dort waren auf Stalins Betreiben hin die meisten Stellen mit Juden besetzt; Pinkas wußte nicht, weshalb. Jedenfalls hatte dieser Freund ihn mitgenommen und ihm ein Gefängnis für Deutsche gezeigt. Es war fünf Stockwerke hoch, und die dort inhaftierten Deutschen saßen nicht in Zellen, sondern befanden sich in dem fünfstöckigen Treppenhaus. Junge und ältere Männer, auch Knaben, Mädchen und verhutzelte alte Frauen rannten die Treppen hinauf, oben angelangt, kehrten sie um, als spielten sie Fangen, rannten wieder hinunter, machten abermals kehrt und liefen erneut nach oben. Wenn einer fiel und stöhnend liegenblieb, hielten die anderen nicht an, sondern rannten über den sterbenden Körper hinweg, hinauf und hinunter. Alle Deutschen waren nackt, und in allen fünf Stockwerken standen tschechische Aufseher und schrien »*Rychleji!* – Schneller!«, »*Nemecke prase!*« – Deutsche Schweine!«, »*Nordicka rasa!* – Herrenrasse!«, »Heil Hitler!« Wenn einer langsamer wurde, trieben sie ihn mit Gummiknüppeln vorwärts. Die Laufenden stöhnten, der Boden bebte, die Tschechen schrien »Schneller!« Durch das Treppenhaus hallte der Lärm wie eine gewaltige Orgelpfeife – die Musik der Hölle; und Pinkas sagte zu seinem tschechischen Freund: »Wenn ich das gewußt hätte, wäre ich nicht mitgekommen.«

»Nein«, sagte Pinkas zu Lola und ihrem russischen Verehrer, »ich hab' genug gesehen.«

»Ach was, komm mit«, beharrte der Russe.

»Kennst du dich in den jüdischen Lehren aus?«

»Ein bißchen.«

»Hör zu«, sagte Pinkas. »Einst lebte in Jerusalem ein schlechter Mensch. Das Volk ertränkte ihn, und sein Leichnam trieb den Fluß hinunter, und Hillel – weißt du, wer Hillel war?«

»Ja«, sagte der Russe. Hillel war ein berühmter jüdischer Gesetzeslehrer, ein Zeitgenosse Jesu.

»Hillel also sah die Leiche des Mannes und sagte –« Pinkas sprach sechs hebräische Worte, die er so übersetzte: »›Weil du andere ertränkt hast, haben sie dich ertränkt, und sie, die dich ertränkt haben, werden selbst ertränkt werden.‹« Mit anderen Worten: Was immer geschieht – es kommt in gleicher Form zurück. Wie man in den Wald hineinruft, so schallt es heraus.

Der Russe indes meinte ungerührt: »So siehst du es. Aber

Lola und ich können mit dieser Wahrheit nicht leben. Nicht nach dem, was die Deutschen getan haben.«

»Kannst du damit leben, Lola?« fragte Pinkas.

Lola antwortete nicht. Ihre Mutter hatte manchmal den Talmud zitiert: »Mit dem Maß, mit dem ihr messet, wird man euch wieder messen.« Doch Lola sah keinen Sinn in Pinkas' Geschichte über den ertränkten Mann. War er nicht ein böser Mensch gewesen? Wenn in Gleiwitz deutsche Verbrecher starben, weshalb sollte sie, Lola, ebenfalls sterben? Und wer sollte sie dafür umbringen? Die Alliierten? Der Nürnberger Henker? Die Russen? Die Polen? Sicher nicht Gott – der war in Auschwitz selber gestorben. Am Abend veranstaltete Lola eine Willkommensfeier für Pinkas, seine Geschichte aber tat sie als faulen Zauber ab – als hebräisch.

9

Es war inzwischen sehr warm geworden, über dreißig Grad. An den Kastanienbäumen hingen kleine grüne Früchte mit weichen Stacheln und wippten im Wind, wie Köder an einer Angel. Lola und ihr Russe unternahmen Fahrradtouren, und ihr Vernehmungsleiter Adam, der den Wodka so dringend brauchte wie je, ließ sich tagsüber ausnüchtern, indem er mit dem Einspänner durch die Gegend fuhr. Eines Tages begegnete ihm unterwegs ein Deutscher, gekleidet in Schwarz mit weißem Kragen. Als er Adam sah, rannte er davon wie ein Dieb. Adam verhaftete ihn. Der Mann war ein katholischer Priester, der bei sich zu Hause einen SS-Mann versteckt hielt; Adam nahm sie beide mit.

Adam hatte unterdessen seinen Part im Wechselspiel zwischen Guten und Bösen so perfektioniert, daß er seine Geständnisse häufig nahezu schmerzlos erhielt. »Bitte helfen Sie mir«, pflegte Adam zu sagen. »Ich möchte vermeiden, daß meine Mitarbeiter Sie in die Mangel nehmen. Sie wissen doch, was sie tun?« fragte er und hielt dem Deutschen einen Nagel an die Fingerspitze. »Sie treiben einem das unter die Fingernägel. Oder«, fuhr er fort und zeigte dem Deutschen eine nagelgespickte Keule, »sie schlagen einem damit auf die Fußsohle. Oder –«, und er hielt seine Zigarette dem Deutschen vor die Augen, »na, das ist nicht schön. Ich möchte nicht, daß sie euch liquidieren, wie ihr es in Auschwitz mit uns getan habt. Wollen Sie's lieber mit mir zu tun haben oder mit ihnen?« So fragte Adam, und viele unterschrieben an der vorgesehenen Stelle. Diesmal jedoch widerstrebte es Adam, an dem Priester, einem Mann in mittlerem

Alter mit Bürstenschnitt, aber recht freundlicher Miene, seine Einschüchterungsmethoden anzuwenden. Den SS-Mann schickte er zu seinen grimmigen Inquisitoren, doch den Priester nahm er mit in sein Büro und schenkte ihm Tee ein. »Bitte helfen Sie mir«, begann Adam. »Sie haben einen SS-Mann versteckt, und darüber brauche ich ein Geständnis von Ihnen.«

»Mein Freund, ich habe ihn nicht versteckt. Er hat bei mir Zuflucht gesucht.«

»Haben Sie im Krieg auch Juden Zuflucht gewährt?«

»Hätte ich gewußt, daß Hitler sie umbrachte, ja, dann hätten sie bei mir Zuflucht gefunden.«

»Also, dann haben Sie dem SS-Mann eben Zuflucht gewährt, und darüber brauche ich ein Geständnis.«

»Aber das ist nicht illegal. Es ist nicht einmal unmoralisch. Jesus hat uns gelehrt: ›Seid barmherzig, wie es auch euer Vater ist.‹«

»Nein, Herr Pfarrer«, sagte Adam und kam, zum erstenmal seit dem Gespräch mit dem Bischof in Auschwitz, in den Genuß einer solchen Unterhaltung. »Das stammt nicht von Jesus. Das ist ein jüdisches Gebet, das er übernommen hat: *Elohim rachum.* Gott hat Erbarmen.«

»Jesus aber lehrt uns, daß auch ein *Mensch* barmherzig sein soll.«

»Nein, ein Jude soll Erbarmen selbst mit Ochsen, Eseln und Vögeln haben. Die Thora lehrt uns, daß ein Jude, der einen jungen Vogel aus dem Nest nimmt, nicht auch seine Mutter nehmen darf.«

»Dann sehe ich mich als den Muttervogel.«

Adam lächelte; in einem anderen Leben, dachte er, hätte er sich mit dem Pfarrer anfreunden können. »Ich hoffe, daß unsere Richter barmherzig sein werden«, sagte Adam.

»Die Juden in der Bibel waren es nicht. Die Gibeoniter, die Juden waren, sagen zu König David: ›Wir fordern Rache‹, und David gab ihnen sieben Männer, und die Gibeoniter stürzten sie alle sieben von der Spitze des Berges.«

»Aber dann sagte David zu den Gibeonitern: ›Ihr seid keine Juden, denn die Juden sind barmherzige Menschen.‹ Und David verbannte sie.«

»Wo steht das in der Bibel?«

»Es steht im Talmud«, antwortete Adam. »David zitierte den Gibeonitern die Worte der Thora: ›Zeigt Erbarmen‹, und sagte, sie seien nicht wert, Juden zu sein. Und Maimonides, der jüdische Gelehrte, sagt: ›Wenn ein Mann nicht barmherzig ist, dann ist er kein Jude, sondern ein Gibeoniter.‹«

»Aha. Dann sind Sie kein Jude.«

Adam seufzte. »Herr Pfarrer. Sie haben einem SS-Mann Zuflucht gewährt, und ich will nur, daß Sie das zugeben.« Er reichte dem Priester ein Dokument; der nahm noch einen letzten Schluck Tee, dann unterschrieb er. »Sie kommen jetzt nach Schwientochlowitz«, sagte Adam. »In Kattowitz werden Sie vor Gericht gestellt. Ich bin sicher, daß unsere Richter barmherzig sein werden.«

»Nein, sie werden mich umbringen.«

»Sie haben das Wort eines Offiziers.«

Adam glaubte, was er sagte. Er hatte im Radio von SS-Leuten aus Auschwitz gehört, die drei Jahre bekommen hatten; drei Jahre, wenn sie Juden zusammengeschlagen, lebenslänglich, wenn sie sie gefoltert hatten. Was würde der Priester bekommen? Drei Monate? Er bedachte freilich nicht, daß die zehn vielbeschäftigten Richter in Kattowitz mindestens zehn Jahre brauchen würden, um zehntausend Gefangenen den Prozeß zu machen. Er steckte den guten Priester in einen überfüllten Lastwagen und schickte ihn ins Land der Kohlebergwerke, schwarz wie Hiroshima, auf eine »Wiese« nahe der Stadt Schwientochlowitz, die aus grauer Schlacke bestand. »Raus!« schrien die Wachen auf der Wiese, und der Priester marschierte zusammen mit den anderen Verdächtigen durch den doppelten Stacheldrahtzaun, in dem sechstausend Volt summten, zum Lager für die Deutschen. »Gesicht zur Wand!« schrien die Wachen, und der Priester drehte sich zur Wand einer hölzernen Baracke. Die riesigen Stahlräder, die sich, wie bei Ezeschiel, hinter ihm über den Kohlenschächten drehten, sah er nicht, aber er hörte ihr sauriergleiches Brüllen und er spürte einen süßlichen Geruch, der, wie ihm langsam klar wurde, nicht von der Kohle stammte: so rochen Tote, und er fragte sich: *Wer sind diese Toten?* »Geredet wird nicht!« schrien die Wachen, denn wie die SS in Auschwitz wollten sie die Neuankömmlinge nicht gleich wissen lassen, daß sie in einem Todeslager waren – einem Todeslager für Deutsche, geleitet von einem Juden.

Der Kommandant von Schwientochlowitz, Lolas früherer Liebhaber, hieß genauso wie ihr ehemaliger Mann: Schlomo. Sein Familienname war Morel, und er stammte aus Garbów, einem netten kleinen Dorf, wo die Katholiken ihre Nachbarn nicht als »dreckige Juden« beschimpften. Er hatte die Thora und den Talmud studiert, und wenn er wirklich einmal etwas anstellte – zum Beispiel eine Zwiebel aus Nachbars Garten zog und seiner Mutter schenkte: »Für dich« –, dann zitierte sein schnauzbärtiger Vater nicht aus den Zehn Geboten: »Du sollst nicht stehlen« oder Rabbi Samuels Kommentar im Talmud: »Sie werden dich erwischen«. Denn Schlomos Vater wußte, daß er Schlomo damit nichts Neues sagte; statt dessen versohlte er ihn und sagte: »Jetzt trag die Zwiebel zurück.« Sein Vater war Bäcker in Garbów; die Familie lebte in Garbóws einzigem Ziegelhaus. Schlomo wuchs als glücklicher, unbeschwerter, verspielter Junge auf, der noch immer seine *tefillin* anlegte und *»Baruch ata«* sprach.

Er war zwanzig, als die Deutschen einmarschierten. Seine Geißel während des Krieges waren indes nicht die Deutschen, sondern die polnischen Kollaborateure. Polen, nicht Deutsche, verhafteten in der Weihnachtswoche 1942 seinen Vater, seine Mutter und einen Bruder – vom Heuschober aus sah Schlomo zu, den Mund voller Heu, damit die Polen ihn nicht schreien hörten. »Wo sind die anderen Söhne?« fragten die Polen, aber

Schlomos Mutter schwieg, und die Polen, nicht die Deutschen, bestraften sie, indem sie erst den Vater, dann den Bruder und schließlich sie selbst erschossen. In dieser Nacht versteckten sich Schlomo und ein anderer Bruder in einem Friedhof, im März 1943 stießen sie zu den jüdischen Partisanen. Schlomos Bruder saß auf einem »Partisanenpanzer« – einem Pferdeschlitten –, als mehrere Polen, nicht Deutsche, aufsprangen und ihn umbrachten. Schlomo empfand keinen Haß gegen die Polen, die seine Familie ausgelöscht hatten. Ihm selbst hatten Polen ja geholfen, ihn versteckt; und er haßte zwar in abstrakter Weise »die Deutschen«, aber keinen Deutschen im besonderen, keinen Höß, Hößler oder Mengele. Er überstand den Krieg, ohne seine Lachlust zu verlieren, und erzählte mit Leidenschaft jiddische Witze, die er aus Garbów kannte.

Er hatte stets seine Mandoline bei sich, beim Gehen trug er sie geschultert, und als die Partisanen im März 1944 durch den Fluß Wieprz wateten, hielt er sie hoch über dem Kopf; in der anderen Faust trug er seine Mauser. Am gegenüberliegenden Ufer standen die Deutschen, einer sagte: »Da sind sie!« Schlomo schoß sein gesamtes Magazin leer und schützte seine kostbare Mandoline vor den deutschen Salven. Dann marschierte er fünfzig Kilometer in seinen steifgefroreren, wie gepanzerten Kleidern, die Mandoline über der Schulter. Er überschritt die russische Grenze, kämpfte gegen ein Bataillon Deutscher, sammelte von den deutschen Leichen die Notrationen ein, und nachts, wenn die Partisanen ein Festmahl hielten, stimmte er seine klare kalte Mandoline – äußerst behutsam, damit nur ja nicht eine der unschätzbaren Saiten riß; der Mond schien, und die Rinden der Birken schimmerte wie phosphoreszierendes Licht. Dann sang er gemeinsam mit den jüdischen, polnischen und russischen Partisanen:

My ze spalonych wsi,
My ze spalonych miast...

Wir aus den verbrannten Dörfern,
wir aus den verbrannten Städten,
wir nehmen Rache
für den Hunger, für das Blut.

Wir richten unsere Gewehre
auf das Herz des Feindes…

Doch auch während Schlomo diese Texte sang (und anschließend jiddische Witze erzählte), hatte er keine klare Vorstellung davon, wie der »Feind« aussah.

Nach der Befreiung wurde er dem Staatlichen Sicherheitsdienst zugeteilt und erhielt den Posten des Lagerkommandanten in Schwientochlowitz. Während des Krieges hatte die SS dieses Lager geleitet. In jeder der sieben Baracken hing an jedem der dreistöckigen Etagenbetten eine Karte mit Namen: ABRAMOWICZ und so weiter. Schlomo ließ sie absichtlich hängen, und als im Februar die ersten Deutschen kamen, erkannten sie gleich: »Oh, das haben sie für die Juden gebaut!« Obwohl die meisten Deutschen angeblich Kollaborateure waren, hatten im Verlauf der Verhöre viele gestanden: »Ich war in der SS« oder »Ich war in der SA« oder »Ich war in der HJ« oder »Ich war ein Nazi«. Schlomo brachte sie in der Baracke unter, die am leichtesten zugänglich war – die braune Baracke nannte er sie, denn braun war die Farbe der Nazis. Oft besuchte er sie um zehn Uhr abends. Dann riß ein Feldwebel die Tür auf, schaltete das Licht ein und schrie auf Polnisch: »*Baczność!* – Achtung!«, und während die Deutschen von ihren Pritschen kletterten, betraten Schlomo und ein Dutzend Wächter, Katholiken wie Juden, die Baracke. In Stiefeln war Schlomo über einen Meter achtzig groß, sein Brustkasten in dem braunen Ledermantel war breit wie der eines Bären, auf der Schulter funkelten die drei silbernen Hauptmannssterne, und sein Kiefer wäre imstande gewesen, Dübel in die Wand zu treiben. Den ganzen Krieg hindurch hatte er von Rache gesungen:

Wir nehmen Rache
für den Hunger, für das Blut...

Es war seine Pflicht, dachte er, Rache zu nehmen, Rache! – und jetzt war es soweit. Er sah die Deutschen finster an, aber er fragte sich: *Wer sind sie? An wem soll ich mich rächen?*

»Ich bin Hauptmann Morel«, begann Schlomo. Auf seine vierkantige Stirn hätte man Ziegel schichten können. »Ich bin sechsundzwanzig, und ich bin Jude«, fuhr er fort und sprach damit aus, was all die »Stanisławs« im Sicherheitsdienst niemals zugaben. »Mein Vater, meine Mutter, meine Brüder wurden umgebracht, ich bin der einzige Überlebende. Ich –«

Schlomo hielt inne. Die traurigen Säcke ringsum, die sich bemühten, strammzustehen, waren gewiß nicht die Mörder der Morel-Sippe, aber Schlomo fragte sich, ob nicht vielleicht der eine oder andere aus Majdanek kam, dem Lager, das Garbów am nächsten war. Bei den jüdischen Partisanen hatte Schlomo von einem »Erntedankfest« gehört, das man in Majdanek beging. An diesem Tag brachte die SS achtzehntausend Juden um; an diesem Tag schwor Schlomo, sie zu rächen. Ein Jahr später sah er in Majdanek fünf ehemalige KZ-Aufseher auf fünf Wagen stehen, um den Hals die Schlingen. Die Fahrer, Katholiken und Juden, ließen die Motoren an und fuhren los. Jetzt dachte Schlomo: *Vielleicht haben diese Deutschen auch in Majdanek gearbeitet. Vielleicht in Auschwitz, vierzig Kilometer von hier. Vielleicht...*

»Ich war in Auschwitz«, verkündete Schlomo – er log, aber er log eigentlich vor allem sich selbst an, er putschte sich auf wie ein Boxer vor dem großen Kampf, er füllte sich mit Haß auf die Deutschen rings um ihn. »Sechs lange Jahre war ich in Auschwitz, und ich habe mir geschworen: wenn ich je rauskomme, dann zahl' ich euch Nazis alles heim.« Seine Augen sandten Blitze, doch die »Nazis« sahen ihn nur einigermaßen verwirrt an. Schlomo suchte ihr wahres Gesicht zu enthüllen, indem er ihnen befahl: »Singt das Horst-Wessel-Lied!« Keiner sang, und Schlomo schlug mit dem Gummiknüppel gegen eine Bettkante. »Singt, sag' ich!«

»Die Fahne hoch...«, fingen ein paar Deutsche an.

»Alle!« rief Schlomo.

»... die Reihen dicht geschlossen...«

»Ich habe gesagt: alle!«

»SA marschiert...« Das Lied, in den zwanziger Jahren von dem Leutnant Horst Wessel gedichtet, war die Hymne der SA, Hitlers politischer Kampftruppe. Nicht jeder der Inhaftierten kannte den Text. »...mit mutig festem Schritt.«

»Du, Blonder!« rief Schlomo dem blondesten, blauäugigsten Menschen in der Baracke zu. »Ich sagte: sing!« Er schwang seinen Gummiknüppel und hieb dem Mann auf den goldenen Kopf. Der taumelte zurück.

»Kameraden, die Rotfront und Reaktion erschossen...«

»Hurensohn!« schrie Schlomo erbost, denn der Mann leistete Widerstand – statt zu singen, taumelte er zurück. Er schlug ihn erneut, brüllte: »Sing!«

»...marschiern im Geist in unsern Reihen mit.«

»Lauter!«

»Die Straße frei den braunen Bataillonen...«

»Noch lauter!« schrie Schlomo und schlug einen anderen schmetternden Mann.

»Die Straße frei dem Sturmabteilungsmann...«

Mittlerweile grölten die SS-, SA-, HJ- und Naziverdächtigen wie die fanatisierte Masse der Anhänger bei einer Hitler-Kundgebung. Ihre Münder waren eine Reihe runder roter Kreise, wie Trichter eines Megaphons, und wenn man die Männer so ansah, hätten sie auch eine singende, marschierende Truppe sein können, die über die zusammengesackten Körper von Schlomos Vater, Mutter, Brüdern hinwegtrampelten und »Heil« brüllten. Jetzt endlich haßte sie Schlomo. »Schweine!« schrie er.

»Es schaun aufs Hakenkreuz...«

»Nazischweine!«

»... voll Hoffnung schon Millionen.«

»Schweine!« schrie Schlomo, warf seinen Gummiknüppel beiseite, ergriff den nächstbesten Holzstuhl an einem Bein und drosch damit auf den Kopf eines Deutschen ein. Instinktiv hob der Mann die Arme, und Schlomo, voller Wut, daß der Mann seiner gerechten Strafe zu entgehen suchte, schrie: »Hurensohn« und stieß dem Mann dem Stuhl vor die Brust. Der Mann ließ die Arme fallen, und Schlomo schlug nun auf den ungeschützten Kopf ein. Das Stuhlbein brach ab, Schlomo verfluchte das deutsche Holz, griff sich einen anderen Stuhl und schlug weiter. Jetzt sang niemand mehr, aber Schlomo brüllte und merkte es nicht. Die Wächter riefen nun einzelne Männer auf: »Blonder! Schwarzer! Kleiner! Großer!«, die Genannten traten voller Angst vor, und die Wärter schwangen ihre Knüppel. Die Prügelei dauerte bis etwa elf Uhr. Dann riefen die schweißüberströmten Berserker: »Schweine! Euch machen wir fertig!« und zogen ab.

Manche waren bereits fertig. Mehrere Deutsche lagen reglos auf dem Betonboden, denn Schlomo hatte vollbracht, was Lola trotz ihrer wilden Träume von Würgegriffen, Schals, Gürteln um deutsche Kehlen noch nicht getan hatte, sosehr sie es sich wünschte. Schlomo und seine Untergebenen hatten sie umgebracht.

Am nächsten Abend rief der Feldwebel abermals: »Achtung!« Schlomo und seine Truppe traten ein. Rasch kletterten die Deutschen von ihren Pritschen, Schlomo befahl ihnen zu singen, und sie stimmten das Horst-Wessel-Lied an. Sie sangen jetzt doppelt so laut, denn der Chor war doppelt so groß. Die Toten waren fortgeschafft worden: ein »Himmelfahrtskommando« hatte sie auf Bahren gelegt, in die Leichenhalle, eine Holzbaracke, gebracht und mit Kalziumchlorid bestreut, um den Geruch einzudämmen. Doch unterdessen war bereits ein neuer Waggon voller Deutscher in Schwientochlowitz eingetroffen, und die SS-, SA-, HJ- und Naziverdächtigen unter ihnen standen jetzt in der braunen Baracke und sangen. Wieder stieg der Haß in Schlomo auf wie Lava in einem lange untätigen Vulkan. »Lauter! Noch lauter!« schrie er, »Schweine!« Wenn er ein taugliches Ziel gefunden hatte, griff er sich einen unversehrten Holzstuhl – der Stuhl, den er zerbrochen hatte, befand sich beim Schreiner in Reparatur, eingeklemmt in einer Zwinge, bis der Heißleim getrocknet war – und schlug ihn dem Deutschen auf den Kopf. Seine Assistenten rings um ihn versuchten, die Deutschen zu lehren, sich wie Männer zu benehmen, indem sie fragten: »Wie viele Schläge willst du?«

»Keinen!«

»Memme! Fünfzig kriegst du!« Beim ersten Knüppelschlag sagte der Wächter: »Zähl mit!«

»Eins«, begann der Deutsche.

»Auf polnisch sollst du zählen! Ich fang' von vorn an!«

»*Raz*«, begann der Deutsche von neuem. Bald waren weitere Gefangene totgeschlagen, und im Morgengrauen transportierte das Himmelfahrtskommando die Toten zuerst in die übelriechende Leichenhalle und dann auf Pferdekarren in ein Massengrab nahe dem Friedhof am Fluß Rawa.

Nacht für Nacht, bis in den März, den April hinein, fiel Schlomo über die braune Baracke her, doch die Zahl der Insassen wuchs ständig. Immer mehr Waggons und Lastwagen voller Deutscher trafen ein, die meisten aus Gleiwitz. Die Pritschen füllten sich, in jeder lagen nun zwei, drei oder vier Menschen, Kopf an Fuß. Jedes Stockbett hatte drei Etagen, in jedem Raum standen einundzwanzig Stockbetten, und die Baracke hatte zwei zum Bersten gefüllte Räume: wer kein Bett mehr bekommen hatte, lag auf dem Boden. An die sechshundert Menschen waren jetzt in die braune Baracke gepfercht. Selbst beim besten Willen konnten die Aufseher nicht mehr als ein Zehntel pro Nacht »bestrafen«. Schlomo beschloß, Helfer einzuladen: er gab eine »Party« für den Staatlichen Sicherheitsdienst.

Zwanzig junge Männer lud er ein, die Hälfte davon polnische Katholiken, die andere Hälfte Juden. Er lud auch willfährige Mädchen ein wie Beata, die mit dem Leiter der Gefängnisverwaltung schlief, und Basia, auch Lola, die jedoch eben erst ihren Dienst in Gleiwitz angetreten hatte und dankend ablehnte: »Ich kann nicht kommen.« Am Freitagabend bei Sonnenuntergang – Sabbatbeginn – versammelten sich Schlomos Gäste in seinem Haus außerhalb der Stacheldrahtumzäunung. Schlomo servierte Würste und ein ganzes Faß voll Wodka, die Gäste praßten, und Schlomo erzählte jiddische Witze: »*'s is gewen Schabbes.* Es war Sabbat. Aber der Rabbi sagte: ›Wir haben nur neun Juden!‹ Also«, fuhr Schlomo grinsend fort, »ging die Rebbitzin, die häßlich war wie die Nacht, hinaus und fand einen jüdischen Mann. ›*Kum arajn*‹, sagte sie zu ihm, ›*du solst sajn der zente!*‹ Darauf der Mann: ›Frau, ich will nicht einmal der erste sein!‹« Schlomos Mund öffnete sich weit, aber es kam kein Ton heraus. Sein Gesicht war eine erstarrte Clownsmaske, darin die unausgesprochene Frage: »Ist das witzig oder nicht?« Erst als alle losbrüllten und ihm seine Witzigkeit bestätigten, kam Leben in die Maske, und nun brüllte auch Schlomo.

Stundenlang tranken die Gäste und Schlomo unterhielt sie mit Witzen. »Einmal sagte ein Jude zu einem anderen: ›Kennst du den Unterschied zwischen deiner und meiner Frau?‹ ›Nein, kenn' ich nicht.‹ ›Ha, aber ich kenn' ihn!‹ – Einmal ging ein Jude zum Rabbi und fragte: ›Darf ich am Versöhnungstag mit einer Frau schlafen?‹ ›Nur mit deiner eigenen.‹ ›*Far woß?*‹ ›Du sollst am Jom Kippur keinen Spaß haben.‹ – Einmal sagte der Rabbi zu einem Juden: ›Deine Frau sagt, du schläfst mit jeder. Hast du mit Anna geschlafen?‹ ›Nein!‹ ›Hast du mit Bella geschlafen?‹ ›Nein!‹ ›Hast du mit Channe geschlafen?‹ ›Nein!‹ ›Sehr gut.‹ Der Mann ging wieder, und seine Freunde fragten ihn: ›*Woß hot der rebbe gesogt?*‹ – ›Er hat mir drei neue Namen genannt!‹ – Einmal ging ein Jude…‹« Anschließend griff Schlomo zur Mandoline und sang:

Schön ist es, Soldat zu sein,
Die Mädchen kommen jeden Tag!
Früher trieben sie's auf dem Sofa,
Heute treiben sie's im Heu!

und die Burschen und Mädchen fielen mit ein.

Dann versorgten die Gäste sich mit Wodka und verließen Schlomos Haus; in der Dunkelheit fuhren sie durch den elektrisch geladenen Stacheldrahtzaun. Alle hatten im Krieg Angehörige verloren. Die Insassen der braunen Baracke waren SS-, SA-, HJ- und Naziverdächtige, doch den Gästen genügte es zu wissen, daß sie Deutsche waren. Sie wären ohne weiteres bereit gewesen, sie zu erschießen, aber ein Knüppel versprach größere emotionale Befriedigung, und so marschierten Mädchen und Burschen knüppelschwingend in die braune Baracke. Den SS-Männern in Auschwitz war es verboten, Juden um der seelischen Befriedigung willen zu schlagen; ein SS-Mann, der es dennoch tat, konnte eingesperrt werden – und manchmal geschah dies tatsächlich. Doch Schlomos Gäste mußten nicht fürchten, daß der Staatssicherheitsdienst *sie* bestrafte. Vor allem: Anders als die SS hatten sie Grund zur Wut.

Sie rissen die Barackentür auf, schalteten das Licht ein, und die Deutschen sprangen so ungestüm von den Pritschen, daß etliche Bretter durchbrachen und die Männer samt Brett auf die Darunterliegenden fielen. Es gab ein allgemeines Geschrei, der Abend begann: »Singt die Nationalhymne!« befahl Schlomo zur Abwechslung. »Singt!«

»Deutschland, Deutschland über alles…«

»Lauter!«

»Über alles auf der Welt…«

»Noch lauter!«

»Wenn es stets zu Schutz und Trutze…«

»Schweine!«

»…brüderlich zusammenhält.«

»Großer!« rief Schlomo einem großen blonden Mann zu. »Leg dich hierher!« Dann, an einen anderen gewandt: »Großer! Leg dich neben ihn!« Und zu einem Dritten: »Großer! Leg dich neben den da!« Als die drei in einer Reihe nebeneinander lagen, rief Schlomo: »Du! Leg dich auf sie drauf, quer! Nein!« schrie er und schlug ihn. »Quer hab' ich gesagt! Jetzt du«, fuhr er fort und stapelte die Männer übereinander, drei quer, drei längs und so weiter, bis er einen menschlichen Würfel gebaut hatte, so hoch, daß er die Oberkante mit ausgestrecktem Arm gerade noch erreichte. »Gut!« sagte Schlomo, und seine Gäste begannen die Knüppel zu schwingen, schlugen auf den Würfel ein, als wären sie Jäger vor einer Herde kanadischer Robben. Die Baracke hallte wider vom Ächzen der Gäste und dem dumpfen Aufprall hölzerner Knüppel auf Knochen. In den oberen Schichten schrien die Deutschen: »Nein! Bitte! Bitte nicht!«, aus der Mitte drang Stöhnen, in den unteren Schichten war es still, denn das Gewicht von zwei Dutzend Menschen trieb den unten Liegenden die Gedärme aus dem Leib, sie lagen im Sterben. »Schweine!« schrien die Partygäste und droschen weiter. Schlomo aber hielt sich zurück; er stand an ein Bett gelehnt, sah zu und lachte wie ein *meschugener* – das war auch sein Deckname bei den jüdischen Partisanen gewesen.

Schließlich wurden die Gäste müde und gingen, aber Schlomo war noch längst nicht zufrieden. Er organisierte weitere Partys an Freitagen und Samstagen und am Montag, dem 7. Mai, am Tag der deutschen Kapitulation. Als seine Gäste die Stacheldrahtumzäunung betraten, feuerten sie Revolver- statt Leuchtkugeln in den mitternächtlichen Himmel. In anderen Nächten griffen Schlomo und seine Wachen wieder selbst zum Knüppel und fragten die Deutschen: »Wie viele Schläge!« – »Ich möchte zwanzig.« – »Aber mit dem größten Vergnügen!« Und wenn sie damit fertig waren, hieß es: »Noch einen! Du hast nicht danke gesagt!« So trieben sie es jede Nacht im Mai, im Juni und im Juli; als der bürstenhaarige, aber freundliche Priester, der mit Adam debattiert hatte, in Schwientochlowitz eintraf, war aus den nächtlichen Strafmaßnahmen ein feststehendes Gute-Nacht-Ritual geworden. Gegen zehn rief ein Feldwebel: »Achtung!«, die Deutschen sprangen auf, rissen den rechten Arm hoch und schrien »Heil Hitler!«, dann stimmten sie das Horst-Wessel-Lied an; und wenn sie gefragt wurden, wie viele Schläge sie wollten, antworteten sie: »Fünfzehn«, denn wenn einer sagte: »Zehn«, riefen die Wächter: »Memme!« und gaben ihm fünfzig. Die Aufseher benutzten Knüppel, Bretter, Brechstangen, auch die Krücken der Deutschen, und verabreichten ihnen ihre fünfzehn Schläge; manchmal vergaßen sie den Unterschied zwischen körperlicher Züchtigung und Todesstrafe: dann ergriffen sie einen Deutschen an Armen und Beinen und stießen ihn mit dem Kopf gegen die Wand wie einen Rammbock. Im innersten Kreis stand Schlomo und zerschlug die von ihm so geschätzten Holzstühle an den Deutschen, aber er war noch immer unzufrieden. Deshalb kamen seine Wachen wieder und wieder, in vielen Nächten.

Jeden Morgen wurden die Toten in die Leichenhalle gekarrt, die zerbrochenen Stühle erhielt der Tischler, der Leimstäbe erhitzte und vor sich hinmurmelte: »Jesus, Maria und Josef! Noch mehr Stühle!« Die Namen der Toten aber bekam Schlomo. Er hakte die Namen auf seiner Liste ab – manchmal waren es zwanzig aus der braunen Baracke und weitere zwanzig aus den übrigen – und schickte anschließend den Witwen eine »Mitteilung«:

> *MITTEILUNG: Am ... Juli 1945 starb der Gefangene ... an Herzversagen.*

Die Zahl der Toten war enorm, aber Schlomo vergaß nie, daß immer noch sechshundert Männer in der braunen Baracke, achtzehnhundert »Kollaborateure« und sechshundert »Kollaborateurinnen« am Leben waren. Diese rührte er selbst nicht an, er befaßte sich nur mit den Männern in der braunen Baracke. Doch seine Wachen hatten begonnen, sie alle zu schlagen: wenn sie nicht grüßten, wenn sie nicht »Jawohl« auf polnisch sagten, wenn sie beim Friseur nicht ihre Haare zusammenkehrten, wenn sie nicht ihr Blut aufleckten. Sie sperrten die Deutschen in einen Hundezwinger und schlugen sie, wenn sie nicht bellten. Sie zwangen sie, sich untereinander zu prügeln: sich gegenseitig ins Kreuz zu springen, die Nasen einzuschlagen, und wenn einer zu sanft boxte, sagten die Wachen: »Ich zeig' dir, wie's geht«, und schlugen zu – einmal so hart, daß sie einem Deutschen das Glasauge ausschlugen. Sie vergewaltigten die deutschen Frauen – eine Dreizehnjährige wurde davon schwanger – und richteten ihre Hunde so ab, daß sie auf das Kommando »Sic!« den Männern die Geschlechtsteile abbissen. Aber es waren immer noch dreitausend übrig, und Schlomo haßte sie mehr als im Februar. Er haßte sie dafür, daß sie nicht willig starben. Sein Haß war wie ein Muskel: je länger er ihn trainierte, desto größer wurde er – als hätte er Tag für Tag Zweihundertpfundgewichte gestemmt, bis ihm zweihundertzwanzig ein Kinderspiel waren.

Im August schließlich kamen Schlomo die Läuse zu Hilfe. Ein Mann bekam Typhus, kurz darauf erkrankten auch seine Pritschengenossen. Wie ein Lauffeuer breitete sich das Fieber in Schlomos Lager aus. In den Baracken lagen die Deutschen wie tot im Bett, rührten sich nur, wenn von oben Urin herabtropfte, und stammelten: »Josef!« oder »Jakob!« oder »Mama, hilf mir!« Die Zahl der Toten stieg auf hundert am Tag – an einem Tag waren es 138 –, das Himmelfahrtskommando war von früh bis spät auf den Beinen, lief von Baracke zu Baracke, von Bett zu Bett. Vier Männer packten eine Leiche an Armen und Beinen und schwangen sie mit »Hauruck!« auf eine Bahre. Einmal riß ein Arm ab und eine Legion weißlicher Würmer kroch heraus. Dann trugen sie die Bahre (in einem Fall zogen sie eine Spur weißlicher Würmer hinter sich her) in die Leichenhalle, ließen den Körper fallen und schütteten Kalk darüber. Sobald sie konnten, wickelten sie sich Taschentücher um die Hände, stießen das heftigste »Hau… ruck!« hervor, dessen sie fähig waren, und schwangen die Leiche auf einen Karren mit Ladeklappen, als wäre sie eine Strohpuppe. War der Karren voll, zog ein Pferd die Fracht zum Massengrab an der Rawa.

Mit der Zeit waren drei Viertel der Deutschen in Schlomos Lager tot, und Schlomo verkündete: »Was den Deutschen in fünf Jahren Auschwitz nicht gelungen ist, habe ich in fünf Monaten in Schwientochlowitz geschafft.« Das stimmte nicht: in Wahrheit hatten die Deutschen in Auschwitz genauso viele Menschen in fünf kurzen Stunden umgebracht. Schlomo war mit seinem Schwientochlowitzer Ergebnis noch immer nicht zufrieden. Bei den Partys für die Burschen aus Kattowitz erzählte Schlomo nach wie vor jiddische Witze, aber er war nicht recht bei der Sache. »Der berühmteste Rabbi vor dem Krieg war Zadyk vom Berg Kalwari«, sagte Schlomo. »Einmal besuchte er den Papst und ging mit ihm über den Petersplatz, und das Volk von Rom fragte sich flüsternd: ›*Wer is der goj, wos geht neben dem rebben?*‹«

Manche seiner Gäste verabschiedeten sich, andere suchten Schlomos Schlafzimmer auf und feierten Orgien, etliche aber blieben bei ihm, wenn Schlomo seine Mandoline holte, sie sorgfältig stimmte und mit ungewohnt schweren Armen die traurige Ballade *Ai Lu Lu Lu* anstimmte:

Im Keller wiegte die Mutter ihren Sohn
Und sang dies Lied, damit er schlief:
»Schlaf, mein Sohn, schlaf ein, mein Kleiner.
Ai lu lu lu, li lu lu lu.«

Er hielt inne, schlug mehrere Male die A-Saite an, Trauer stand in seinem Gesicht, als wäre die »Mutter« seine eigene und der »Sohn« sein Bruder, der bei den Partisanen auf dem

Pferdeschlitten getötet worden war. Dann hob er von neuem an:

Sie sang: »Ich will Milch für dich holen.«
Und sie betete zu Gott, daß er groß würde.
»Lieber Gott im Himmel, bitte laß ihn groß werden.
Ai lu lu lu, li lu lu lu.«

Wieder ein Zwischenspiel.

Und zwanzig Jahre später war der Sohn erwachsen
Und sagte zu ihr: »Die Armee ruft mich!«
»Schlaf, mein Sohn, schlaf ein. Mein kleiner Falke, schlaf.
Ai lu lu lu, li lu lu lu.«

So ging es Strophe um Strophe. Der Krieg brach aus, ihr Sohn wurde einberufen, und sie betete zu Gott. Doch der Sohn fiel; sie ging auf den überfüllten Friedhof, und

sie sang: »Jetzt bist du nicht mehr einsam,
Denn du liegst mit all deinen Freunden.
Schlaf, mein Sohn, schlaf ein, mein kleiner Soldat
Ai lu lu lu, li lu lu lu.«

Schlomo brach ab. Er ließ die Hände sinken. Er haßte die Barbaren jetzt mehr denn je: was sie getan hatten, war derart monströs, daß selbst die drastischsten Maßnahmen nicht ausgereicht hatten, sie zu bestrafen. Die zwei- oder dreitausend Toten in Schwientochlowitz konnten den Tod seines Bruders nicht aufwiegen, auch nicht den Tod seines anderen Bruders, seines Vaters, seiner Mutter, seiner Onkel und Tanten, all seiner Verwandten bis auf einen kränkelnden Vetter, und weiterer sechs Millionen. Für Schlomo war die Rache nicht süß, wie für Lolas Cousine in Bergen-Belsen – wie Lola selbst noch dachte. Schlomo fand: *Es ist nicht genug.* Was hatte er den

Deutschen getan? Verfaulte Kartoffeln hatte er weggeworfen, weiter nichts.

Die Deutschen in Schwientochlowitz versuchten, sich der Außenwelt bemerkbar zu machen. Ein Mann trat an den Stacheldraht und schrie: »Hier ist die Hölle!« Er wurde umgebracht; ein anderer, der Botschaften hinausschmuggelte, wurde gefoltert; einem Hitlerjungen aus Gleiwitz aber gelang die Flucht. Um drei Uhr morgens versteckte er sich in der Männerlatrine, um sechs entkam er mit einer Gruppe von Bergleuten, doch Schlomo fand ihn in Gleiwitz und holte ihn persönlich nach Schwientochlowitz zurück. »Darf ich rauchen?« fragte der Junge in Schlomos Lieferwagen. »Ja«, sagte Schlomo. Als der Junge einen Beutel Krimtabak hervorzog, lachte Schlomo und sagte: »Du rauchst besseres Kraut als ich«, und nahm ihm den Tabak weg. Zurück in Schwientochlowitz sagte Schlomo: »Du Schwein, verrecken sollst du.« Die Aufseher packten die Eisenstangen, mit denen gewöhnlich die Suppeneimer getragen wurden, und schlugen den Jungen schier zu Brei. Danach versuchte keiner mehr zu fliehen. Ein Mann jedoch wurde freigelassen. Dieser Mann war einmal in Auschwitz gewesen und sagte jetzt: »Lieber will ich zehn Jahre in einem deutschen Lager sein als einen Tag in einem polnischen.«

Tag und Nacht hörten die Einwohner von Schwientochlowitz die Deutschen schreien. Ein katholischer Pfarrer versuchte, die Welt auf die Zustände aufmerksam zu machen, ein alter, leise sprechender, empfindsamer Mann. Er fuhr mit dem Zug nach Berlin und suchte einen britischen Offizier auf, um ihm sein Herz auszuschütten. Der Offizier legte daraufhin einen »melancholischen Bericht« in den Postsack nach London:

Ein in Schlesien lebender Priester war in Berlin. Ich kenne ihn seit vielen Jahren und halte ihn für absolut ver-

trauenswürdig. Er ist ein Mann, der stets bereit war, Tag und Nacht, Opfern des Nazi-Regimes zu helfen.

Der Offizier gab wieder, was er über das Vorgehen des Staatlichen Sicherheitsdienstes erfahren hatte:

Polnische Funktionäre sagten: »Warum sollten sie nicht sterben?« Konzentrationslager wurden nicht abgeschafft, sondern von den neuen Herren übernommen. In Schwientochlowitz stehen Gefangene, wenn sie nicht zu Tode geprügelt werden, Nacht für Nacht bis zum Hals in kaltem Wasser, bis sie sterben…

Ein wahrer Bericht: Schlomos Arrestzelle war eine Zisterne voller Wasser. Nachdem er seine Mission erfüllt hatte, fuhr der Priester nach Schlesien zurück; außer ihm kamen noch mehr Zeugen nach Berlin und berichteten den Briten und Amerikanern über weitere Konzentrationslager des Staatlichen Sicherheitsdienstes in Polen.

Das größte Lager befand sich nicht in Schwientochlowitz, sondern in Potulice, nahe der Ostsee. Für Juden erbaut, war es jetzt ein Lager für dreißigtausend mutmaßliche Judenverfolger. Dort suchte der Kommandant jede Nacht eine der Baracken auf, rief: »Achtung!« und befahl: »Jetzt wird gesungen: *Alles vergeht!*« Und die Deutschen sangen:

Alles vergeht,
Nichts bleibt.
Mein Mann ist in Rußland,
Und sein Bett ist leer.

»Ihr Schweine!« schrie daraufhin der Kommandant, schlug die Deutschen wie Schlomo bevorzugt mit Stühlen, brachte sie dabei häufig auch um. Im Morgengrauen kam öfter ein jüdischer Aufseher und rief: »Eins! Zwei! Drei! Vier!« und ließ die

Deutschen in einen Wald außerhalb des Lagers marschieren. Dort angelangt, hieß es: »Halt! Schaufeln her! Graben!«, und die Deutschen hoben ein tiefes Grab aus. Er warf ein Hitlerbild hinein und befahl ihnen zu weinen. »Und jetzt singt: *Alle Möpse bellen!* Die Deutschen gehorchten widerstrebend:

Alle Möpse bellen,
alle Möpse bellen,
nur der Rollmops,
der bellt nicht.

Dann schrie der Aufseher »Ausziehen!« Als die Deutschen nackt waren, schlug er sie und übergoß sie mit Jauche. Einmal fing er eine Kröte und stopfte sie einem Deutschen in den Mund; der Mann erstickte daran.

In Potulice starben mehr Deutsche, als im Krieg dort Juden umgekommen waren. Im Konzentrationslager Myslowitz, in der Nähe von Kattowitz, befahlen die jüdischen Auschwitz-Überlebenden den Deutschen: »Singt!« – »Was sollen wir singen?« – »Singt irgendwas! Sonst erschießen wir euch!« Und die Deutschen sangen ein Lied, das sie alle im Kindergarten gelernt hatten:

Alle Vöglein sind schon da,
Alle Vöglein, alle!
Amsel, Drossel, Fink und Star
Und die ganze Vogelschar…

»Ihr Schweine!« schrien die Juden und ließen die Peitschen knallen; hundert Menschen kamen jeden Tag in Myslowitz um. In Grottkau wurden die Deutschen in Kartoffelsäcken begraben, in Hohensalza dagegen kletterten sie selbst in die Särge, und der Kommandant brachte sie darin um. In Blechhammer sah der jüdische Kommandant die Deutschen nicht einmal an, sie starben unbesehen. Der Status des lediglich »Verdächtigen« reichte nicht aus, daß irgendein Deutscher in Polen und im polnisch verwalteten Teil Deutschlands mit Gnade hätte rechnen dürfen. Der Staatliche Sicherheitsdienst unterhielt in diesem großen Gebiet 1255 Lager für Deutsche; praktisch in jedem davon starben zwanzig bis fünfzig Prozent der Insassen.

Was in den Lagern geschah, drang dennoch nach außen. Kundschafter fuhren nach Berlin und informierten die Briten und Amerikaner; diese verfaßten Berichte und legten sie den Postsäcken nach London und Washington bei. Offensichtlich wurden manche auch gelesen, denn am Donnerstag, dem 16. August 1945, stand Winston Churchill im britischen Unterhaus auf und sagte: »Eine enorme Anzahl [von Deutschen] ist inhaftiert, und was mit ihnen geschieht, ist alles andere als klar. Es ist nicht undenkbar, daß sich hinter dem Eisernen Vorhang eine Tragödie von ungeheurem Ausmaß abspielt.« Andere Unterhausmitglieder meldeten sich zu Wort: »Sind *dafür* unsere Soldaten gestorben?« In Washington schrieb ein amerikanischer Senator am Freitag, dem 2. August, im *Kongreßbericht*: »Man sollte meinen, daß nach den Greueltaten in den Nazi-Konzentrationslagern nichts dergleichen je wieder geschehen könnte. Leider...« Und der Senator berichtete von Vorgängen in den Konzentrationslagern des Staatlichen Sicherheitsdienstes, von Schlägen, Erschießungen, Folterungen mit Wasser, von durchtrennten Arterien und »Gehirn, das an die Decke spritzt«. Die nächste Poststation war Warschau, wo der britische Botschafter der Meinung war, er sollte, wie Nelson in Kopenhagen, sein Fernrohr an sein blindes Auge halten. Der amerikanische Botschafter fand, die Deutschen seien wehleidig. Gleichwohl legten beide Botschafter bei der polnischen Regierung Protest ein.

Am lautesten protestierte das Rote Kreuz – nicht das Internationale in Genf, sondern das Amerikanische. Die in Warschau stationierten Rot-Kreuz-Mitarbeiter fuhren nach Kattowitz und sprachen beim Sekretär des Staatlichen Sicherheitsdienstes vor: bei Pinek. Aber Pinek war an diesem Tag nicht nach Herzensgüte zumute. Er blieb sitzen, als die drei Männer in olivgrüner Uniform vor ihn hintraten, und fragte mit zusammengekniffenen Lippen, auf deutsch: »Was wollen Sie?«

»Wir möchten die schlesischen Lager inspizieren.«

»Gut. Gehen Sie nach Auschwitz. Warum haben Sie das im Krieg nicht getan?«

»Wir sind Amerikaner.«

»Warum hat es das Genfer Rote Kreuz nicht getan?«

»Das wissen wir nicht.«

»Wenn Sie damals nicht in Auschwitz waren, brauchen Sie auch jetzt nirgendwo hinzugehen«, sagte Pinek, der in seiner Zeit als Freischärler einst ein deutsches Funkgerät gefunden und Botschaften in alle Welt gemorst – »...Dringend, dringend, Hunderte Juden werden ermordet« –, aber nie eine Antwort erhalten hatte. »Sie haben den Juden nicht geholfen, und ich denke nicht daran, Ihnen jetzt zu Gefallen zu sein.«

»Das werden wir nach Warschau melden müssen.«

»Tun Sie das. Ich respektiere das Rote Kreuz nicht.«

»Also, nur um das einmal festzuhalten: Wir fragen Sie...«

»Gehen Sie zum Teufel!« schrie Pinek auf englisch, und die drei olivgrünen Männer machten, daß sie fortkamen. Sie fuhren nach Warschau und reichten bei Jakob, dem jüdischen Leiter des Staatlichen Sicherheitsdienstes, Beschwerde ein.

Jakob Berman aus Warschau wäre der letzte Mensch auf Erden gewesen, der einen Deutschen als Schwein beschimpft hätte. In seiner Kindheit, wenn sein Vater am Freitagabend die Worte sprach: »Gesegnet seist du, o Herr, der du die Frucht des Rebstocks schufst«, hatte er Wein aus einem Silberkelch genippt. Von seinen drei Brüdern wurde einer Chirurg, einer Professor, einer Psychologe, seine Schwester promovierte in Germanistik und er selbst in polnischer Geschichte; seine Dissertation schrieb er über die Kellermeister im späten achtzehnten Jahrhundert. In der kommunistischen Partei wurde er Leiter der Spionageabteilung, aber er sah zu, daß er selbst nicht zu kurz kam, und gab der polnischen Polizei den einen oder anderen Tip. Als die Deutschen einmarschierten, ging Jakob nach Rußland, Stalin berief ihn in die polnische Interimsregierung, und im Januar 1945 kehrte er als elegantes Oberhaupt des Staatlichen Sicherheitsdienstes nach Warschau zurück. Sein Schneider nähte ihm Anzüge, die er in der Wall Street hätte tragen können – Jakob trug sie im Präsidentenpalast, saß auf einem hirschledernen Sessel mit geschwungener Rückenlehne, *made in India*, hob mit langen, graziösen Fingern das Beaujolais-Glas an die Lippen und sprach: »Auf das neue Polen.«

In Warschau war Jakob Stalins erster Mann. Auf seinem Schreibtisch stand ein Spezialtelefon – wenn er den Hörer abnahm, meldete sich am anderen Ende jemand: »Hier Moskau.« Einen Titel hatte er jedoch nicht, er gefiel sich als graue Eminenz. Nachdem er die Berichte aus Washington, London, Moskau und vom Roten Kreuz zur Kenntnis genommen hatte, rief er nicht einfach bei Pinek an und fragte: »Was ist da los?«, sondern er bemühte sich persönlich nach Kattowitz, in Begleitung zweier jüdischer Minister und des Parteisekretärs Gomulka. Die vier Herren schritten in Pineks feudales Büro. Pinek sprang auf und rief: »Genossen! Es ist mir eine Ehre!« Jakob setzte sich ein wenig abseits, hielt mit damenhafter Hand seine Teetasse, trank selten und sprach selten. Gomulka forderte Pinek auf, sie über die Sachlage in Kenntnis zu setzen. Pinek ergriff einen langen Zeigestab, zeigte auf die polnische Landkarte an der Wand und begann.

»Genossen. In Katowice«, sagte Pinek – er benutzte den polnischen Namen der Stadt –, »sind mittlerweile alle Faschisten zusammengetrieben, aber die Russen begehen nach wie vor Vergewaltigungen. Hier«, an der tschechischen Grenze, »und dort«, an der deutschen Grenze, »haben wir Patrouillen postiert; keiner kann illegal die polnische Grenze passieren.

Kürzlich versuchten es dreißig Personen, der Sicherheitsdienst nahm sie fest und brachte sie nach Katowice. Es waren Juden, und man sagte mir, sie hätten versucht, Gold aus dem Land zu schmuggeln. Ihre Uhren, ihre Eheringe. Genossen«, sagte Pinek mit Tränen in den Augen, »diese Menschen waren in Hitlers Lagern. Durch Gottes Gnade haben sie überlebt. Wenn sie Polen verlassen wollen – wer bin ich, sie daran zu hindern?«

»Was haben Sie unternommen?« fragte Gomulka. Er rauchte einen Zigarettenstummel in einer billigen Spitze aus Blech. Jakob, reglos wie eine Statue, beobachtete Pinek und versäumte kein einziges Wort.

»Ich sagte dem Burschen, der sie verhaftet hatte: ›Diese Uhren, diese Ringe sind wertloses Zeug. Wenn ihr je wieder irgendeinen Juden in Gefahr bringt, werde ich nicht die Juden, sondern euch verhaften.‹«

»Und die Juden?«

»Ich ließ sie nach Deutschland auswandern.«

Gomulka stand auf. Er trat auf Pinek zu und klopfte ihm auf die Schulter. »Recht so«, sagte er. »Meine Frau ist Jüdin, ich kenne die Juden.« Dann setzte er sich wieder. »Und was ist mit den Lagern für Deutsche?«

»Die meisten Insassen gehören dort nicht hin«, antwortete Pinek. »Sie sind unschuldig, wir sollten sie freilassen.«

»Warum tun wir's nicht?«

»Wir brauchen mehr Richter.«

»Ich werde mich darum kümmern«, sagte einer der Minister.

»Und wie werden die Deutschen behandelt?« fragte Gomulka.

»Wie im Paradies – im Vergleich zu der Behandlung, die sie den Juden haben angedeihen lassen.«

»Wir dürfen sie nicht mißhandeln«, sagte Gomulka.

»Das tun wir auch nicht«, antwortete Pinek. Er glaubte es wirklich, denn er war nie auf einer von Schlomos Prügelpartys gewesen, und sein jüngerer Bruder, der sie kennengelernt hatte, verlor in Pineks Anwesenheit nie ein Wort darüber. »Wir sind keine Mörder«, sagte Pinek.

»Tja, das Rote Kreuz macht mir Schwierigkeiten.«

»Das Rote Kreuz ist mir gleichgültig.«

»Sie machen sich aber Sorgen um die Deutschen.«

»Die Deutschen!« stieß Pinek zornig hervor. »Wer hat den Deutschen befohlen, in Polen einzumarschieren? Und polnische Städte zu zerstören? Und die polnische Bevölkerung umzubringen? Und den Völkermord an den Juden zu begehen? Ich habe dem Roten Kreuz gesagt, sie hätten kommen und sich die *Juden* ansehen sollen, die aus den *deutschen* Lagern kamen!«

»Genosse!« protestierte Gomulka. Weshalb konnte er nicht einfach sagen: »Hauptmann, ich *befehle* Ihnen!«? Er schlug mit der Faust auf Pineks Schreibtisch, über seinen Wangenknochen spannte sich die Haut wie bei einem Indianer auf Kriegspfad. »Wir müssen uns an die Genfer Konvention halten!«

»Wenn Sie mir befehlen, das Rote Kreuz hineinzulassen, werde ich es tun.«

Gomulka schwieg. »Nein, das werde ich nicht befehlen«, sagte er nach einer Weile.

»Genosse«, mischte sich nun erstmals Jakob ins Gespräch. »Wir haben Ihr Wort, daß die Deutschen gut behandelt werden.« Jakob sprach langsam und ohne irgendeine Geste, wie ein großer Schauspieler es tut. Seine Eltern, ein Bruder und seine Schwester waren tot, er hegte wahrlich keine Sympathie für die Deutschen, aber mittlerweile war er vierundvierzig und de facto eine Macht in Polen, und diese Macht wollte er nicht aufs Spiel setzen, indem er dem Roten Kreuz befahl: »Verschwindet!« Er hatte nichts dagegen, Pinek den Schwarzen Peter zuzuschieben, und sagte vorsichtig: »Was das Rote Kreuz betrifft…«

Pinek wartete.

»Tun Sie, was Sie für das Beste halten.«

»Danke«, sagte Pinek.

Daraufhin begaben sich Pinek und seine vier Genossen in Pineks Wohnung, tranken Wodka aus tschechischen Kristallgläsern und verzehrten als Hors d'oeuvre Brötchen mit Hering auf Porzellantellern. Nach dem Abendessen spielte Pinek russische Lieder auf dem Steinway-Flügel, die polnischen Machthaber hüpften dazu wie die Kosaken und sangen mit. Pinek nannte Jakob beim Vornamen, und Jakob sprach ihn mit »Paweł« an, seinem offiziellen Zweitnamen. *»Amcha?«* fragte er ruhig, was das hebräische Wort für »Volk« ist und bedeutete: »Gehörst du zu unserem Volk?« Pinek antwortete: *»Ch bin ajn jid.«* Nun wandte Pinek sich an Gomulka: *»Amcha?«*, aber Gomulka verstand nicht: »Was sagst du?« – Jakob lachte höflich. Einer der beiden jüdischen Minister schlief auf Pineks Sofa ein, der andere jedoch fühlte sich wie auf einer Versammlung von Frontkämpfern und klopfte den anderen ständig auf den Rücken. Um halb eins legten sie sich in Pineks Gästezimmern schlafen, und als Pinek am Morgen erwachte, waren sie fort; mit ihnen das tschechische Kristall, das Rosenthal-Porzellan und das puttenverzierte Silber. Statt dessen lag eine handgeschriebene Notiz auf dem Tisch:

Lieber Paweł,
wir wissen nicht recht, wie wir die Deutschen schädigen sollen, und sind zu prominent, um es zu versuchen.
Wir danken Dir für Deine Gastfreundschaft und all die schönen Sachen. Wir sehen Dich in Warschau.

Gomulka und Bande

Pinek lachte, als er den Brief las. Im Büro erzählte er den anderen von dem Vorfall und meinte: »Was für *ganowim*!« Niemals erlaubte er dem Roten Kreuz – weder dem Amerikanischen noch dem Internationalen –, die Lager zu besichtigen. Auch die Verantwortlichen in den anderen Provinzen ließen niemanden ein, und die Deutschen sangen weiterhin ihren Schwanengesang in Schwientochlowitz und all den anderen Lagern. In den nächsten drei Jahren kamen in den Institutionen des Staatlichen Sicherheitsdienstes sechzig- bis achtzigtausend Menschen um.

10

Zu Hause in Gleiwitz gedachte Lola ihrer toten Angehörigen aus Będzin. Am Abend des 31. Juli, dem zweiten Todestag ihrer Mutter, ihrer Schwester, ihrer Tochter, zweier Neffen und zweier Nichten zündete sie sieben Kerzen an. »Mögen sie im Garten Eden ruhen«, sprach sie und stellte die Kerzen auf den großen Eßtisch, der zusammen mit den Kerzen ihrer Mitbewohner aussah wie der Altar für einen geheimnisvollen Kult. Am nächsten Morgen, dem ersten August, setzte sich Lola in dieses Wachsmuseum. Die Flammen der Kerzen schienen ihr zuzunicken wie Gespenster. Sie trank Kaffee, dann fuhr sie ins Gefängnis, das Bild der Kerzenflammen noch vor Augen, als einer ihrer Gefängnisschreiber, ein Deutscher, ihr die morgendliche Liste der Toten überreichte. Lola dachte an das Gebet ihrer Mutter: »Du sollst das Böse aus deiner Mitte wegschaffen. Amen«, und sie dachte: *Das tu ich, Mama*.

Eines Morgens im August betraten mehrere jüdische Aufseher, Auschwitz-Überlebende, Lolas Büro. Sie wollten über den Deutschen sprechen, der in der SS von Auschwitz gewesen war. Lola nahm an, sie hätten Belastungsmaterial gegen ihn gefunden. Seit April hatte dieser Deutsche, ein dreißigjähriger Mann, gegenüber den zunehmend ergrimmten Vernehmungsbeamten immer wieder beteuert: »Ich war gegen den Krieg! Ich habe mich dem Wehrdienst entzogen, bin statt dessen zur SS gegangen.« Er wurde mit dem Totschläger bearbeitet, aber er blieb dabei: er habe die Juden in Auschwitz gern gehabt – »Ich habe den Juden geholfen, ich habe ihnen Gutes getan« –, und selbst als sein Körper bereits die Farbe von Lebertran hatte, stöhnte er noch: »Ich habe Juden gerettet!« Er war zum permanenten Prügelknaben geworden: jede zweite Nacht wurde er zum Verhör geholt; wieder in seiner Zelle, kniete er vor dem Bett, die Ellenbogen auf den Strohsack gestützt und die dick geschwollenen Handflächen aneinander gepreßt: »Herrgott!« schluchzte er, »was wird aus mir werden?«

Er gestand nie und wurde deshalb auch nicht nach Schwientochlowitz geschickt. Beim letzten Appell war er im Hof angetreten. Im hellen Sonnenlicht hatten die jüdischen Aufseher ihn genauer angesehen und miteinander geflüstert. Jetzt dachte Lola, sie könnten ihn identifizieren. Nach dem üblichen Prozedere wurden die Zeugen in einen eichengetäfelten Gerichtssaal in der Nähe des Gefängnisses geladen. Sie trugen ein Käppchen, legten die rechte Hand auf eine hebräische Bibel (die ebenfalls den Krieg überlebt hatte), aufgeschlagen an der Stelle des Neunten Gebotes: »Du sollst kein falsches Zeugnis ablegen«, und sprachen: »Ich schwöre bei Gott, die reine Wahrheit zu sagen.« Dann machten sie ihre Aussagen: sie hätten den Angeklagten dies und jenes in Auschwitz tun sehen – oder sie hätten davon durch einen anderen erfahren. Dann sprachen die drei Richter in purpurbesetzten Roben, mit purpurnen Krawatten und Goldketten wie französische Kellermeister das Urteil »Schuldig« und schickten den Täter für drei Jahre oder länger nach Warschau oder Tarnów in Polen, nach Posen oder Groß-Strehlitz im polnisch verwalteten Deutschland, oder sie verurteilten ihn zum Tod in Lolas Gefängnis. Lola hatte schon zugesehen, wie der Henker von der Abteilung Strafvollzug einem SS-Mann die Schlinge um den Hals gelegt, den Knoten festgezurrt und den Schemel unter den Füßen weggetreten hatte.

»Ja«, sagte Lola in ihrem Büro. »Was ist mit dem SS-Mann?«

»Er war gut zu den Juden«, antwortete ein jüdischer Aufseher.

»Gut? Auf welche Weise?« fragte Lola irritiert.

»Er hat uns in Auschwitz nicht geschlagen.«

»Ist das alles? Er hat euch nicht geschlagen?«

»Wir waren in der Truppe, die den Dreck umgraben mußte«, erklärte der Jude aus Auschwitz. »Der Dreck war hart wie Stein, und er hat uns nicht gezwungen zu graben. Immer wenn die SS-Führer kamen, sagte er: ›Achtung‹« – der Mann bewegte seine Hand, um zu demonstrieren, wie der SS-Mann ihn aufgeweckt hatte. »Er sagte: ›Fangt an zu graben!‹ Sobald die Oberen weg waren, sagte er zu uns: ›In Ordnung, jetzt könnt ihr weiterschlafen.‹«

»Trotzdem«, beharrte Lola. »Er hat gesagt: ›Fangt an zu graben.‹«

»Manchmal kamen Polen vorbei«, berichtete ein anderer Aufseher. »Sie brachten uns Brot, und der SS-Mann sah weg.«

»Er hat die Polen nicht angesehen?«

»Nein.«

»Vielleicht hat er sie ja nicht bemerkt!«

»Doch, er stand Schmiere für uns.«

»Ach«, sagte Lola. Sie furchte die Stirn, als könnte die Muskelanspannung ihr zu einer geeigneten Erwiderung verhelfen. Sie war aufgebracht – nicht wegen der Vernehmungsbeamten, die monatelang einen Mann gequält hatten, der es offensichtlich nicht verdiente, sondern wegen der anderen Gefangenen, der Deutschen, die *jede* Qual verdienten. Sie hatten in Auschwitz gelogen – »Ihr werdet jetzt duschen gehen« –, sie hatten in Gleiwitz gelogen – »Ich war nicht in der SS«, »Ich war bei der SS, aber nicht in einem KZ«, »Ich war in einem KZ, aber ich hatte mit den Juden nichts zu tun...« Die Deutschen selbst, die Wölfe im Schafspelz, hatten die rechtschaffenen Befrager gelehrt, niemals dem Wort eines Deutschen zu trauen. Lola empfand keine Reue. »Und was kann ich jetzt tun?« fragte sie.

»Sie können den Mann freilassen.«

»*Aber wie?*« fragte Lola. Sie war schließlich nur Leutnant, und selbst Josef, der Leiter des Kattowitzer Büros der Staatssicherheit, war nicht befugt, einen Mann aus dem Gefängnis zu entlassen, ohne sich zuvor die Stempel nahezu sämtlicher Warschauer Behörden beschafft zu haben. Einmal war ein Jude verhaftet worden, der behauptet hatte, es habe in Auschwitz einen geheimen Widerstand gegeben; er wurde verurteilt – wegen Verbreitung von Lügen – und in Kattowitz inhaftiert. Monatelang hatte Josef die Warschauer Behörden bedrängt und immer wieder versichert, der Mann habe nicht gelogen. Aber erst als der polnische Ministerpräsident sagte: »Das stimmt, ich war mit ihm im Widerstand«, kam der unglückliche Mann frei. Und er war immerhin ein *jüdischer* Gefangener gewesen, kein Deutscher! »Wie soll ich ihn freilassen?« fragte Lola.

Die Wachen dachten darüber nach. Schließlich fiel ihnen ein, daß der SS-Mann ja nicht verurteilt sei, er war nach wie vor ein Verdächtiger, der vernommen wurde; sie führten ihn Lola vor. Mit seiner schlimmen Haut sah er aus wie Hiob, und in seinen Augen stand die Frage: »Warum ist mir das alles passiert?« Lolas Mutter hatte ihr die Geschichte von Hiob erzählt: wie er endlich von seinen Geißeln befreit wurde, wie Gott ihn heilte und ihm tausend Esel, zweitausend Rinder und sechstausend Kamele schenkte; und Lola handelte, wie ihre Mutter es von ihr erwartet hätte. Sie beendete die endlose Vernehmung und sagte: »Sehen Sie? Wir Polen« – und dachte dabei: *Wir Juden* – »sind nicht so wie ihr Deutschen in Auschwitz. Wir lassen euch gehen.« Ihre Mitarbeiter von der Vernehmungsabteilung nickten; dann öffneten sie ihm das Tor zur Klosterstraße, und der SS-Mann wankte aus dem Gefängnis hinaus in die Sonne.

Unterdessen wütete der Typhus weiter wie eine der sieben Plagen. Jeden Tag ließ Lola ihre Gefangenen zum Appell antreten. An einem heißen Augustnachmittag – die Luft war schwer vor Hitze – stand sie im Hof. Die Deutschen schlurften ins Freie – sehr langsam, denn der Fünfuhrappell versprach zumindest einen Hauch von Luft, den die Deutschen so lange wie möglich auskosten wollten. »Schneller! Schneller! Ihr trottet wie die Kühe!« rief ein jüdischer Aufseher, und ein anderer, ein Katholik, begann die Gefangenen anzuschnauzen. Er trug ein frischgebügeltes olivgrünes Hemd, aber er krempelte die Ärmel auf, so daß seine Nummer 164996 zu sehen war, stand schwitzend vor Lola und schrie: »Ich war in Auschwitz! Einmal bin ich zwölf Stunden Appell gestanden! Es hat geschneit, und ich mußte von sechs Uhr abends bis sechs Uhr morgens stehen! Stellt euch auf!« Die Deutschen gehorchten, und der Aufseher sagte: »Jetzt seid ihr an der Reihe! Hurensöhne!«

Lola, die hinter ihm stand, wurde nervös. Auch sie hatte in Auschwitz Appell gestanden, einmal bei minus zwanzig Grad Kälte. Drei Stunden hatte der Appell gedauert. Mehrere Frauen brachen zusammen, eine holländische Jüdin hatte Durchfall und ließ ihren Kot unter sich in den Schnee fallen. »Sau!« hatte eine Aufseherin sie angebrüllt. »War das bei euch so üblich, ja? Hat dir das deine Mutter in Holland beigebracht?« und ließ ihre Peitsche knallen. In Lola schrie es: *Du bist die Sau, nicht sie!* »Willst du das vielleicht so liegenlassen?« brüllte die Frau weiter. Tausend Blicke waren auf die Jüdin gerichtet, die Aufseherin schrie weiter, bis die Holländerin, eine Ärztin, vor Scham in den Stacheldraht lief und sich mit sechstausend Volt umbrachte. Und heute, bei 38 Grad Hitze, mit der Ziegelmauer im Rücken, die heiß wie ein glühender Ofen war, mit hochgeschlossenem Kragen und der Uniformjacke, in der sie zu ersticken glaubte, hatte Lola das unangenehme Gefühl von *déjà vu*. Trotz ihrer eigenen, so völlig veränderten Situation erinnerte sie das Gefängnis heute an Auschwitz. Die Deutschen standen in Reih und Glied wie damals die Juden, der Junge in seinem frischgebügelten Hemd schritt die Reihen ab, blieb hin und wieder stehen – in der richtigen Distanz, daß er die Deutschen hätte anspucken können – und schrie, in der Sprache der Deutschen: »Du! Du hast große Schweinereien gemacht!« Und die Deutschen duckten sich wie die Juden in Auschwitz – wie Lola selbst noch zu Anfang des Jahres.

Sie lief auf und ab, verstört. Ihre Mutter, Gott segne sie, hatte ihr oft von Abrahams Unterredung mit Gott erzählt, die im Buch Genesis steht. Abraham, Vater der Juden, sprach: »Es möchten vielleicht fünfzig Gerechte in der Stadt sein; wolltest du die umbringen und dem Ort nicht vergeben um fünfzig Gerechter willen, die drinnen wären?« Und der Herr sprach: »Finde ich fünfzig Gerechte zu Sodom in der Stadt, so will ich um ihrer willen dem ganzen Ort vergeben.« Darauf antwortete Abraham: »Man möchte vielleicht nur vierzig drinnen finden? Oder dreißig? Zwanzig? Zehn?« Und Gott erwiderte jedesmal: »Ich will die Stadt nicht verderben um der zehn willen.« Auf und ab schritt Lola, sie musterte jedes Gesicht, die Deutschen starrten dumpf zurück. Lola konnte sicher sein, daß keiner von ihnen ein Gerechter war. Um genau zu sein: die SS-Männer, die in diesem Glutofen standen, kamen nicht aus den KZs, sondern – nachdem der Mann aus Auschwitz freigelassen war – allesamt von der russischen Front. Die SA-Männer mit dem lückenhaften Gebiß waren Bergarbeiter aus Königshütte, Männer, denen die Nazis mehr oder weniger die Pistole auf die Brust gesetzt hatten: »Unterschreib, oder du fliegst raus«, die keinem Juden etwas zuleide getan hatten; und die Jungen von der HJ waren Halbwüchsige, fast noch Kinder. Der Krieg war vorbei, die Deutschen, die vor Lola standen, waren zum größten Teil Raufbolde und Einbrecher und Männer, die dem Vernehmen nach Äußerungen getan hatten wie: »Ich kann die Polen nicht leiden«, – aber, dachte Lola, im Vergleich zu Rivka, ihrer Mutter, waren sie so schuldig wie Hitler. Sie dachte nicht, diese kläglichen, schikanierten Gefangenen seien genauso wie die Juden – das war nicht der Grund ihrer Unruhe. Nein, Lola erkannte, daß es vielmehr der Anblick ihrer jüdischen und katholischen Aufseher war, der sie verstörte: sie waren wie die SS in Auschwitz.

»Ihr seid keine Menschen!« schrie der Junge mit dem frischgebügelten Hemd, »ihr seid Schweine!« Er trug einen feschen Schal, und die Hosenbeine hatte er in die hohen, schwarzen Stiefelschäfte gesteckt. »Du!« schrie er einen Mann an, der flüsterte. »Halt die Schnauze! Einen Schritt vor! Zwanzig Kniebeugen! Eins! Zwei!...« Während der Deutsche den Befehl ausführte, erwartete Lola beinahe, daß der Aufseher ihn bewußtlos schlagen würde, wie es der Rapportführer in Auschwitz mit mehreren Juden getan hatte. Ihre Nerven lagen bloß, aber sie rief den brüllenden Aufseher nicht zurück – er war in Auschwitz gewesen und hatte dasselbe Recht wie sie, den Haß, der in ihm tobte, auszuspeien. Sie ließ ihn weiterbellen.

»Zwanzig!« schrie er jetzt, und der Deutsche, von der Gefängnissuppe zum Gerippe abgemagert, stand langsam auf. »Jetzt sind sie so ruhig wie die Schafe«, sagte der Junge grinsend zu Lola, und Lola fuhr mit der üblichen Prozedur fort.

»*Liczyć!* Zählt sie!«

Die Aufseher begannen zu zählen.

»Rapport!«

»Einhundertundvierzig Gefangene!«

»*Dziękuję!* Danke!« In ihrem Kopf hörte Lola eine Stimme, die gegen die Schädeldecke hämmerte: »Ja!« schrie diese Stimme den Aufseher an, »du klingst genauso wie ein SS-Mann!« Aber Lola brachte die Stimme zum Schweigen. »*Na cele!* Zu den Zellen!« rief sie, drehte sich auf dem Absatz um und ging.

»D*o paki! Do ciupy! Do pierdla!*«, schrien die Aufseher, »Ab in den Bau!«, und während die Deutschen zurück in ihre Zellen schlichen, gingen sie hinauf in den ersten Stock, in ihren Aufenthaltsraum. Vor der Tür rieben sie sich die Hände mit einer weißen Salbe ein, eine Schutzmaßnahme gegen die Krätze der Deutschen, drinnen im Zimmer griffen sie zur Wodkaflasche: Kampf dem deutschen Typhus. Das Amt für Staatssicherheit teilte ihnen täglich einen halben Liter von diesem Allheilmittel zu, und die Aufseher tranken gehorsam den Wodka und aßen Pferdefleisch; dennoch waren einige an Typhus erkrankt, zwei waren daran gestorben. Die anderen tobten: Selbst jetzt noch brachten die Deutschen sie um! – und sie begnügten sich nicht mehr mit ihren Fäusten, Pistolen, fünfzehn Zentimeter langen Schlüsseln, die sie bisher als Waffen benutzt hatten, sondern gingen mittlerweile mit der Peitsche zu Werke. In ihrem Zimmer schütteten sie den dienstlich verordneten Wodka hinunter, als wäre er ein Gegengift, und sobald das Elixier aufgebraucht war, machten sie sich auf zur *Strzecha*-Bar und tranken weiter.

Einige Tage später peitschte ein Jude im düsteren Erdgeschoß des Gefängnisses einen Deutschen aus. In seiner Rage schob sich sein Kiefer vor wie die Schaufel eines Baggers, und auf seinen Zähnen glänzte fast der Speichel. »*Ty pierdolony skurwysynu!* Du gottverdammter Hurensohn!« schrie der Jude und ließ die Peitsche auf den nackten Rücken des Deutschen knallen. Wie bei einer polizeilichen Durchsuchung stützte der Mann sich mit beiden Händen gegen die Mauer und stieß derart gellende Schreie aus, daß es Lola, die durch den Gang kam, bis ins Mark fuhr. Ihre Miene erstarrte. Schon oft hatte sie gesehen, wie ein Jude einen Deutschen schlug, aber in diesem Moment hatte sie abermals dieses unbehagliche Déjà-vu-Erlebnis – vielleicht hatte sie es auch schon länger gespürt: wieder stand ihr das Bild der Auschwitzer SS vor Augen. »Warum schlägst du ihn?« fragte sie. »Was hat er getan?«

»Was er getan hat?! *Die* haben *mich* in Auschwitz geschlagen!«

Lola stöhnte fast. Sie dachte an die sieben Kerzen, die sie an ihre Kindheit und Jugend in Będzin gemahnten. Für sie klang der jüdische Aufseher wie einer ihrer Brüder, wenn er aufsprang, die Fäuste geballt, bereit, jeden Polen zu verprügeln, der »*Parszywy Żydzie!* – Grindiger Jude!« rief. Auch ihre Brüder hatten sich verhalten wie eine Miliz – bis Rivka, ihre weise

Mutter, ihnen Einhalt gebot: »Nein. Wir leben nach der Thora.« – »Wer hat dich in Auschwitz geschlagen?« fragte Lola.

»Die Deutschen! Diese Bestien!«

»Du verachtest sie also?«

»Das tu ich, Frau Kommandant!«

»Dann sag mir eins. Wenn du sie verachtest…«

»Da gibt es kein ›wenn‹!«

»…warum willst du *genauso* sein wie sie?«

»Was?«

»Warum willst du sie *schlagen*, wenn es doch genau das ist, was Bestien tun?« fragte Lola. »Warum haßt du sie, wenn …«

Lola verstummte. Jäh kam ihr in den Sinn, daß Rivka einst genau dieselben Worte zu ihren Kindern gesprochen hatte. »Wir hassen die Polen!« hatten die jähzornigen Brüder, hatte Lola selbst oft geschrien, und Rivka mußte sie erinnern: »Der Haß schadet euch selber. Er frißt eure Seele auf. Er verhärtet euer Herz.« Eines Tages auf dem Heimweg hatte ein ungefähr achtzehnjähriger Bursche der damals zwölf Jahre alten Lola in ihrer blauen Schuluniform nachgerufen: *»Parszywa Żydówa!«* – aussätzige Jüdin. Lola hatte sich auf die Zehenspitzen gestellt, um dem Burschen das höhnische Gesicht zu zerkratzen, dann lief sie wie ein Wiesel nach Hause, damit er sie nicht erwischte. »Oh, ich könnte ihn umbringen!« schluchzte sie, aber die Mutter nahm sie in den Arm: »Sag so was nicht«, und sie zitierte den Talmud: »›Laßt die Sünden von der Erde verschwinden.‹ Es heißt, die *Sünden* sollen verschwinden«, sagte Rivka und sah Lola ernst an, »nicht die Sünder.« – »Ja, Mama«, antwortete Lola gehorsam, aber sie hatte Rivkas Worte nicht wirklich begriffen – bis heute. Heute stand Lola in dem düsteren Erdgeschoß, in das spärlich das Licht durch die Dachluken fiel, vor ihr der Deutsche, an die Betonwand gepreßt, und der Jude mit erhobenem Peitschenstiel, bereit wie ein Tennisspieler beim Aufschlag. Lola fragte sich, was Rivka, wäre sie hiergewesen, darüber gedacht hätte. Verschwanden die Sünden in Gleiwitz? Oder pflanzten sie sich nur immer weiter und weiter fort? Schaffte Lola das Böse aus ihrer Mitte, Amen? Oder züchtete sie neues Übel heran?

»Was soll ich tun, Frau Kommandant?« fragte der junge Aufseher.

Lola wußte es nicht. Sie musterte den Deutschen. Er preßte noch immer den Körper gegen die Wand, doch jetzt spähte er vorsichtig über die Schulter. Lola war der Mann zuwider – sie haßte ihn, haßte ihn wirklich, sollte er tot umfallen, ihr war es gleichgültig –, aber sie machte sich Sorgen um den jüdischen Aufseher. Wahrscheinlich hatten die SS-Männer in Auschwitz ihn als Schwein, als Hund, als Untermenschen beschimpft, und wenn Lola tat, was der SS nicht gelungen war, wenn sie zuließ, daß er hier wirklich zur Bestie wurde, – wer, in Gottes Namen, hätte dann gewonnen? Dieser junge Jude? Oder die SS? Ein Jahr zuvor hatte Lola Flugabwehrgeschosse hergestellt, Waffen gegen die Männer, die sie zu befreien versuchten, bis sie mit einemmal zur Besinnung gekommen war und sich gefragt hatte: *Was tue ich eigentlich?* – und eine Kehrtwendung vollführt hatte. *Was tue ich eigentlich?* fragte Lola sich jetzt.

Ihre Mutter war Rivka, eine Jüdin. Das, was sie zur Jüdin machte, hatte seit Abrahams Zeiten überlebt und pflanzte sich in Lola fort. Schon vor ihrer Geburt hatte sie es in sich getragen. *»Le chaim«* hatten sie in Będzin oft gesagt – »auf das Leben«, »auf das Überleben«, »auf daß die Juden ewig leben«. Lola ahnte, daß ihre Mutter niemals *»le chaim«* gesagt hätte, wenn die Juden zwar physisch überlebten, aber das, was das Judentum eigentlich ausmachte, zugrunde ging, wenn die »Nazis« tot waren, aber ihr Geist die Juden verseuchte. Rivka hatte aus der Bibel zitiert: »Was fordert der Herr anderes, als daß du das Rechte tust, Barmherzigkeit liebst und demütig mit deinem Gott gehst« – die drei wesentlichen Regeln, die dieser Jude mit der Peitsche und Lola selbst in Gleiwitz nicht einhielten.

»Also, was soll ich tun?«

»Leg die Peitsche weg«, sagte Lola.

»Frau Kommandant?«

»Und schlag nie wieder einen Deutschen.«

Der Junge sah Lola an, als hätte sie verkündet: »Ich bin ein Naziagent«; selbst der Deutsche blickte sie aus rotgeränderten Augen verblüfft an. »Aber was soll ich *tun*?« stammelte der Aufseher.

»Wo gehört dieser Deutsche hin?«

»In seine Zelle.«

»Bring ihn hin. Und dann komm mit mir.«

Der Junge tat, wie ihm befohlen; dann stiegen sie beide die schmale Treppe hinauf, ein eisernes Gerüst wie eine Feuerleiter. Oben angelangt, rief Lola ihre Aufseher zusammen. Sie folgten ihr in ihr Büro, das im Dämmerlicht lag. Auf der Südseite gab es zwar zwei große Fenster, doch von hier aus fiel der Blick auf die Büroräume des Amtes für Staatssicherheit. Lola hatte die grauen Vorhänge zugezogen, damit ihre neugierigen Kollegen nicht zu ihr herüberschauen konnten. Sie stand vor dem Schreibtisch, die Aufseher um sich versammelt, und sagte: »In Zukunft machen wir's anders. Wir geben den Deutschen zu essen, beschaffen ihnen anständige Nahrung, wir sorgen dafür, daß der Typhus verschwindet, und wir werden sie nicht mehr schlagen.«

Die Aufseher sahen sie an, als plane sie die Verwandlung des Gefängnisses ins Gleiwitzer Grandhotel. Sie fielen ihr ins Wort: »Aber in Auschwitz haben sie uns geschlagen!«

»Und in Buchenwald!«

»Und ...«

»Sind es dieselben Deutschen wie in Auschwitz?« fragte Lola.

»Vielleicht, ja!«

»Oder ihre Brüder!«

»Jedenfalls sind es Deutsche, und es waren Deutsche, die uns ins KZ gebracht haben!«

»Und jetzt haßt ihr alle Deutschen?« fragte Lola.

»Sie etwa nicht, Frau Kommandant?« Lola blickte in schwärzliche Gesichter. Die ganze Zeit über war der Haß aus ihnen gesickert, hatte ihre Züge verzerrt und zu finsteren Masken erstarren lassen. Immer höher war die Galle gestiegen, und jetzt ertranken sie beinahe darin, sie ertranken wie der Mann in Hillels Geschichte. Endlich begriff Lola: Gleiches zieht immer wieder Gleiches nach sich. Auch ein verkehrtes Auschwitz ist nichtsdestoweniger ein Auschwitz – sie und ihre Aufseher waren dem Grauen nicht entkommen, im Gegenteil: sie durchliefen nun selbst eine KZ-Karriere.

»Doch, ich hasse sie«, sagte Lola. Sie stand aufrecht, und trotz des Stahlkorsetts schmerzte sie der Rücken von den Schlägen der SS in Auschwitz. »Aber«, fuhr Lola fort, »meine Mutter war eine weise Frau. Sie hat mir erklärt, weshalb der Haß schädlich ist. Was bringt uns der Haß auf die Deutschen? Er gibt uns unsere Mütter nicht zurück. Wenn wir die Deutschen schlagen, wie soll die Welt jemals wissen, daß die Bestien in Auschwitz existiert haben, daß wir aber, ihr und ich, nicht sind wie sie? Nein«, sagte Lola. »Wir werden die Deutschen nicht mehr schlagen.«

»Wie Sie befehlen, Frau Kommandant.«

Einer nach dem anderen verließen die Aufseher den Raum. Am nächsten Tag suchte sich Lola einen freundlichen Aufseher und zwei weibliche Gefangene aus, spannte Lolek vor den Wagen und fuhr mit ihnen hinaus zu deuschen Bauernhöfen – auf Hamstertour. »Wir sind vom Gefängnis«, sagten die Frauen, während der Aufseher vom Wagen aus das Gewehr auf sie gerichtet hielt, und die deutschen Bauern gaben ihnen Erbsen, Karotten und Kohl und sagten: »Kommt morgen wieder.« Um Kartoffeln schickte Lola deutsche Männer, und wie ein Küchenchef kostete sie persönlich die Suppe, um sicherzugehen, daß sie nicht nur eine wäßrige Brühe war. Auf ihren Befehl hin wurden die Gefangenen gegen Typhus geimpft, und statt der verdreckten und zerschlissenen Bettdecken erhielten sie die Decken der Toten aus Schwientochlowitz – die Lola zuvor hatte reinigen und desinfizieren lassen.

Einmal am Tag drehten die Gefangenen nun ihre Runden um den Wassertank, und Lola achtete darauf, daß keiner der Wärter sie zu quälen versuchte. Einmal ertappte sie einen Aufseher dabei und drohte ihm mit Arrest in einer der Strafzellen – einem zwanzig Zentimeter tiefen Verlies, in dem ein Mensch eingezwängt lag wie in einem Sarg –, wenn er je wieder einen Deutschen schlug, trat oder auspeitschte. Ein andermal stieß Lola auf drei weibliche Gefangene, über die es keine Akten gab, und fragte sie, weshalb sie hier seien.

»Die Russen haben uns verhaftet.«

»Warum?«

»Das haben sie nicht gesagt.«

Lola ließ sie frei, ohne ihren Vorgesetzten darüber Meldung zu erstatten. Das war ein gewagter Schritt – Lola wußte von einem Jungen, der mehrere SS-Männer freigelassen hatte (wie es hieß, gegen eine hohe Bestechungssumme) und daraufhin mit verbundenen Augen vor das Erschießungskommando im Kattowitzer Gefängnishof gestellt wurde.

Ganz gewiß war Lola nicht von einer jähen Liebe zu den Deutschen erfaßt. Doch ihr Haß kochte leise, auf Sparflamme vor sich hin und schäumte nicht Tag und Nacht über. Der August ging zu Ende, es wurde September und kühler, die Flamme wurde immer niedriger, und schließlich verlosch sie ganz. Nach und nach wich aus dem Gefängnis die erstickende Atmosphäre, die schwer und zäh gewesen war wie der ölige schwarze Rauch von Teer. Die Aufseher spürten selbst offenbar nicht mehr das Verlangen, die Deutschen zu mißhandeln (sie stellten den einen oder anderen sogar zum Staubwischen in ihren Häusern an), und Lola zeigte wieder einige Züge des jungen Mädchens, das sie in Będzin gewesen war, – in der Düsternis ihres Gleiwitzer Gefängnisses summte sie Lieder, die gerade populär waren.

Die Frau, die so dringend ein Ventil für die glühende Lava

in ihrem Inneren gebraucht hatte, stellte auf einmal fest, daß nichts mehr sie inwendig verbrannte. Sie fragte sich: *Wieso hab' ich das nicht gewußt?* Früher, in ihrer Kindheit in Będzin, wäre sie niemals auf den Gedanken gekommen, daß sich Liebe früher oder später verbrauchen kann – wenn man wirklich liebt. Weshalb hatte sie gedacht, daß sie ihren ungeheuren Haß eines Tages loswerden könnte, wenn sie nur immer mehr haßte? Sie wußte jetzt, daß Haß stets nur zunehmen kann. Liebe und Haß: beides wächst, je mehr man davon nach außen wendet, und Lola war (wie jeder andere Mensch auf der Welt) eine Art Perpetuum mobile: es läßt sich so einstellen, daß es das eine oder das andere Gefühl hervorbringt, für immer. »Es ist unsere eigene Entscheidung«, sagt Maimonides.

Vielleicht war Gott nicht tot. Eines Tages läutete das Telefon im Büro, und Zlata berichtete begeistert, daß sie einen Brief von Elijah bekommen habe. Elijah, das war Zlatas Mann, Lolas Bruder mit dem gewaltigen Brustkasten; Lola sagte nur: »*Baruch hashem!* – Gelobt sei sein Name!« Die schlechte Nachricht stand nicht in dem Brief: daß »Elo« im Konzentrationslager Markstädt einer der Kapos gewesen war, daß er Juden mit einem bleigefüllten Schlauch geschlagen und mehrere in die Gaskammer geschickt hatte mit den Worten: »Sie sind Dreck.« Er war jetzt in Frankreich und wagte nicht nach Polen zurückzukehren, sondern wartete auf Zlata in einem Schloß in der Nähe des Ärmelkanals. Lola besorgte Zlata eine Zugfahrkarte und ein Ausreisevisum, was nicht einfach war, und steckte ihr eine Art zweiter Mitgift zu: Gold von deutschen Gefangenen, das sie in ihrer Piratenkiste verwahrte. Lolas Liebhaber, der russische Oberst, veranstaltete eine Abschiedsparty mit Würsten und Sauerkraut, und Zlata (mit häßlichen rotgelben Haaren: eine Nachwirkung des Entlausungspulvers in Auschwitz) reiste im Zug nach Paris.

Aber das war noch nicht alles. Lola erhielt einen Brief von

David, den Ada in Deutschland gefunden hatte, und bald darauf trafen wie Hochzeitstelegramme noch mehr Briefe von vier weiteren Brüdern ein, die durch ein Wunder überlebt hatten. Allen war die Flucht aus Polen gelungen, bevor die Deutschen das Land besetzt hatten. Einer hatte sich in Rußland zur polnischen Armee gemeldet, ein anderer kämpfte in Frankreich auf französischer Seite, der dritte war Pilot bei der Royal Air Force geworden, warf Bomben auf Deutschland und wurde nicht von Lolas Flak-Geschossen getroffen. Der vierte war als amerikanischer GI mit den alliierten Truppen in der Normandie gelandet. Auch eine Schwester hatte überlebt, dieselbe, die den Molkereibesitzer in Königshütte geheiratet hatte; sie war jetzt mit einem Juden in Frankreich verheiratet. Keines von Lolas Geschwistern wollte nach Polen zurückkehren, und ihre verliebten Hausgenossen zogen einer nach dem anderen aus. Lola war ihre Agentin, besorgte ihnen Fahrkarten und Visa und verteilte die Überreste aus der Piratenkiste.

Auch ein Mitarbeiter des Staatlichen Sicherheitsdienstes war entschlossen zu gehen: Adam, der Vernehmungsleiter, der Mann, der mit den Deutschen gelitten und seinen Schmerz mit Alkohol betäubt hatte. Adam wußte nicht, daß die SS-Männer in Auschwitz dieselben Symptome entwickelt hatten und ihnen mit derselben Methode zu Leibe gerückt waren. Früher oder später waren sie alle, mit einer Ausnahme, bei Höß, dem Kommandanten, aufgekreuzt, verstört durch die Todesschreie der Juden. Auch Höß war bisweilen deprimiert, und Himmler, sogar Himmler hatte einmal zugegeben, daß tausend Leichen kein erfreulicher Anblick seien. Vor seinen Männern gab Himmler Aufmunterungsparolen aus:

Sie müssen wissen, was es bedeutet, wenn hundert, fünfhundert oder tausend Leichen Seite an Seite liegen. Dies durchgehalten zu haben und dabei – abgesehen von Ausnahmen menschlicher Schwäche – anständig geblieben zu sein, das hat uns hart gemacht. Dies ist ein niemals geschriebenes und niemals zu schreibendes Ruhmesblatt unserer Geschichte.

Die SS hatte nicht wirklich durchgehalten, sie hatten sich mit jugoslawischen Schnaps betäubt, genauso wie Adam mit polnischem *Bimber*.

Was ihn rettete, war die Erinnerung an Auschwitz. Dort hatte Adam oft in der Abenddämmerung gestanden und fassungslos den Rauch beobachtet, der aus den Schornsteinen quoll, Tag und Nacht, wie aus Vulkanen, – die unsägliche Verkörperung des Hasses der SS. Wieder und wieder hatte er sich gefragt: Warum hassen die Nazis die Juden so außerordentlich? Eines Nachts in Gleiwitz, dem Spiegelbild von Auschwitz, in dem die »Juden« die Deutschen waren und Adam die »SS«, fand er *veritas* in seinem Wodka: Wer haßt und dem Haß Taten folgen läßt, der haßt nur immer mehr. Wer nur einen Tropfen Haß ausspuckt, setzt die Drüsen in Gang, die Haß produzieren, und binnen vierundzwanzig Stunden bringt er es auf eineinviertel Tropfen; wer auch diese wieder ausspuckt, produziert eineinhalb Tropfen, bis mit der Zeit zwei daraus werden, dann drei, vier, fünf Tropfen, ein Teelöffel, ein Eßlöffel voll, ein ganzes Faß, ein eruptierender Vulkan. Haß, erkannte Adam, ist ein Virus, der sich vervielfacht, wie der Besen des *Zauberlehrlings*, der immer mehr Wasser heranschafft, bis mit der Zeit die Männer von der SS, wie jetzt Lola, wie er selbst, davon überflossen. Adam erinnerte sich an Nietzsche, ausgerechnet Nietzsche, der gesagt hatte: Wer gegen Ungeheuer angeht, muß nicht selbst zum Ungeheuer werden; und er erkannte, daß er Polen verlassen mußte.

Er stellte den Wodka beiseite. Er dachte daran, was er in Konin täglich gebetet hatte: »Mögen unsere Augen unsere Rückkehr nach Zion erblicken.« Er beschloß, ins Heilige Land auszuwandern. Er sprang nicht Hals über Kopf in den Zug nach Piräus, Griechenland, denn wer versuchte, dem Staatlichen Sicherheitsdienst – der in Wahrheit Stalins Geheimpolizei war – abtrünnig zu werden und zu den verhaßten Imperialisten überzulaufen, endete im Gefängnis, zusammen mit den Hitler-Anhängern. Adam besorgte sich statt dessen ein Visum für die Tschechoslowakei und bestieg Anfang August den Zug nach Prag – in Zivilkleidung. Rauchend und zischend setzte der Zug sich in Bewegung, es wurde September, und keiner in Gleiwitz hatte von Adam gehört. Gleiwitz, das wußte Lola, war ein Rattennest voller Spitzel, die für die Chefs der Staatssicherheit in Kattowitz spionierten, und sie fragte sich, ob einer von ihnen Adam verraten hatte.

Samstag, der 8. September, war der 5706. Jahrestag der Schöpfung: der jüdische Neujahrstag. Die Będziner Juden hatten am Abend vor Neujahr ins Widderhorn geblasen, es war ein gewaltiges Schmettern wie das Signal »Alle an Bord!«, bei dem es Lola kalt über den Rücken lief. In diesem Jahr war der Abend vor Neujahr jedoch ein Freitag, Sabbatbeginn: keine Posaunen, keine Trompeten, kein Musikinstrument durfte gespielt werden. Lola zündete nur die Sabbatkerzen an und sprach: *»Baruch ata.«* Nach dem Ritus hatte Lola bis zum Sonntag, dem 16. September, Jom Kippur, dem Tag der Versöhnung, Zeit, alle Juden und alle Deutschen, denen sie Unrecht getan hatte, um Verzeihung zu bitten. Das tat sie, die ganze Woche hindurch: sie tat Abbitte und brachte ihren deutschen Gefangenen Brot. In den Zellen gab sie ihnen zu essen, wo die Aufseher sie nicht sehen konnten, denn jede *mizwe,* jede gute Tat, verstieß gegen die sicherheitsdienstlichen Regeln, und die Aufseher (wie auch andere Gefangene) hätten Spitzel ihres undurchsichtigen Vorgesetzten in Kattowitz sein können, des neuen jüdischen Leiters der Abteilung Gewahrsam.

Der Vorgesetzte fand es dennoch heraus. Was noch schlimmer war: dieser neue Vorgesetzte war Chaim, der Mann mit den eiskalten Augen, den Pineks sanfte Schwester so hoffnungslos liebte. Die ganzen Monate hindurch war er dank der

Fürbitte seiner Freundin – »Sei gut zu Chaim« – in der Hierarchie des Sicherheitsdienstes immer höher gestiegen. Er hatte Schoschana in Kattowitz mit einer polnischen Schriftstellerin, einer polnischen Fechtmeisterin und – das war seine geheime Lust, sein Fetischkult – den ehemaligen Geliebten von SS-Führern betrogen, aber Schoschana liebte ihn, und dabei blieb sie: Pinek beförderte ihn also zum Leiter der Gefängnisverwaltung. Chaim, der mit Familiennamen Studniberg hieß, richtete sich in der Seydlitzer Straße in Kattowitz ein Büro ein und weitere Niederlassungen in verschiedenen schlesischen Städten, auch in Gleiwitz. Er heuerte zahlreiche Spitzel an, und im September erhielt er einen Bericht über Lola, die germanophile Jüdin.

Chaim indes haßte alle Deutschen, *alle*. Es hatte in Auschwitz auch gute Deutsche gegeben, aber Chaim war keinem von ihnen begegnet, denn den Krieg hatte er wie ein verschrecktes Kaninchen in einem Loch unter einer Scheune außerhalb von Będzin verbracht. In dem spärlichen Licht, das von draußen hereinfiel, hatte er Pineks Partisanentruppe zugearbeitet, hatte Schlachtpläne entwickelt und in sorgfältiger Schnörkelschrift vervielfältigt, als schriebe er Hochzeitseinladungen. Er wagte sich selten ins Freie. Von irgend jemandem, *irgend jemandem* außer Pinek oder Pineks Schwester gesehen zu werden – der bloße Gedanke trieb ihm das kalte Grausen in den Nacken. Er erkrankte an Tuberkulose und mußte zum Arzt; während der ganzen Zugfahrt verbarg er sich hinter einer Zeitung und spähte verstohlen über den Rand. »Entschuldigung, sind Sie nicht Chaim Studniberg?« fragte ihn ein Pole.

»Wie?«

»Sind Sie nicht Chaim Studniberg aus Będzin?«

»Was?« Chaim drehte sich der Magen um; gleichwohl nahm er die Brille ab und starrte den Mann kriegerisch an, als wollte er sagen: »Ich bin kein Jude!«

»Verzeihung«, sagte der Mann.

Im Wartezimmer des Arztes wurde Chaim von einer Frau neugierig gemustert und machte auf dem Absatz kehrt, trotz seines hohen Fiebers. Er verzichtete auf den Zug und marschierte durch die Wälder; drei Stunden später wankte er in seine kleine Höhle und verriegelte die Falltür, überzeugt, daß ganz Europa hinter ihm her sei. Und war es nicht so?

Nie ließ er sich seine Panik anmerken, die ihn an die Deutschen verraten hätte. Er schaute oft in den Spiegel und war stolz, daß in seinem harten, starren Blick niemand erkennen konnte, welches Chaos in ihm herrschte. Er sah nicht aus wie ein »Jude«: seine Lippen, seine Ohren waren schmal und fein wie aus Holz geschnitzt, seine Nase makellos deutsch: ein perfekter Arier. Die Angst trieb ihn immer noch um, als der Krieg zu Ende ging und er sich zum Sicherheitsdienst meldete, doch seine Uniform war ihm eine nützliche Tarnung. Er stopfte die Hosenbeine in deutsche Stiefel und bewahrte sich eine tadellose Figur, denn er trug seine .25er, eine zierliche fünfschüssige Pistole, nicht im üblichen auffälligen schwarzen Halfter, sondern in der Rocktasche, aus der sie zu seinem Ärger des öfteren herausfiel. Für eine Romantikerin wie Pineks Schwester sah er aus wie ein Hollywood-Held, Douglas Fairbanks oder Errol Flynn.

In seinem Büro ging er dem Untier zu Leibe, den Deutschen. Oft befahl er seinen Wachen: »Bringt diesen Mann um!« »Chaim!« rief einmal ein Deutscher im Gefängnis von Beuthen, »ich war dein Lehrer in Będzin! Du mußt mir doch helfen!« – »Wieso?« fragte Chaim und bedachte den Mann mit seinem Gletscherblick, der ihn offensichtlich zerschmetterte, denn er erhängte sich kurz darauf. Chaim war auf seine Weise genauso ein Opfer der SS wie die Juden in Auschwitz. Gewissenhaft kopierte er den bösen Blick, die zusammengekniffenen Lippen und all die anderen bewährten SS-Methoden gegenüber den Juden, bis er schließlich mit Leib und Seele das getreue Abbild eines SS-Manns war. Ungeachtet Nietzsches Warnungen war er ein Ungeheuer geworden, sogar seinen Decknamen hatte er verändert: aus dem jiddischen Heniek wurde ein polnischer Henryk, und am Ende nannte er sich Heinrich, wie Himmler.

Mit sechsundzwanzig war er zum Leiter der Abteilung Gewahrsam aufgestiegen. Doch noch immer schlugen die Ratten ihre Krallen in ihn, heftiger als zuvor, und er sah keinen anderen Weg, sie zu bezwingen, als dieselbe Lösung, die Hitler sich für die Juden ausgedacht hatte. Als ihm im September hinterbracht wurde, Lola verhätschele die Barbaren in Gleiwitz, geriet er in Panik. Mit gehetztem Blick, die Hände im Rücken verkrampft, tigerte er durch sein Kattowitzer Büro, voll Furcht, als könnten unter dem Schreibtisch oder dem Teewagen Lolas Günstlinge lauern. Und endlich gelobte er Gott, er werde der heiligen Lola, der Häretikerin des Sicherheitsdienstes, der Abtrünnigen, die Milde gegen die Deutschen predigte, die Daumenschrauben anlegen.

11

»**S**eid gut zu den Deutschen«: Milde gegenüber den Feinden war gewiß nicht die politische Richtlinie von Chaims Vorgesetzten. Am Mittwoch, dem 28. Februar, verfügte der polnische Staatspräsident:

> *Im Staatsgebiet der Republik Polen und der ehemals Freien Stadt Danzig ist der Besitz (a) von Bürgern des Deutschen Reichs und (b) von Deutschen, ohne Rücksicht auf die jeweilige Staatsangehörigkeit, zu registrieren und zu beschlagnahmen.*

Deutsche, das waren Menschen, deren Väter deutsch waren, und *Besitz* hieß alles: Bauernhöfe, Häuser, Tische, Tischtücher, Teekannen, sogar das Hemd, das einer auf dem Leib trug. Am Freitag, dem 2. März, wurde diese Verfügung auch auf die Deutschen im polnisch verwalteten Teil Deutschlands erweitert, acht Millionen Menschen, von denen manche eilends ihre Kleider in Milchkannen versteckten und die Kannen auf den Viehweiden vergruben.

Es half ihnen nichts. Mit den polnischen Funktionären wie Lola kam eine Armee von Polen (viele davon aus Ostpolen, das jetzt russisch war), klopften an die Türen der Deutschen und sagten: »Alles mein.« In der Langen Reihe hatte Lola einen deutschen Glasbläser vertrieben, einen Steuereintreiber und einen Ingenieur, und die Katholiken auf der gegenüberliegenden Straßenseite konfiszierten das Haus eines deutschen Postboten, wobei sie riefen: »Dreißig Minuten! Zwanzig! Zehn!« Der Postbote und seine drei Töchter machten sich aus dem Staub; sie retteten lediglich einen Sack Bohnen, den sie bei Freunden auf dem Speicher versteckten. Das Schicksal der Familie war durchaus typisch für 1945: der Postbote starb, eine Tochter warf sich vor den Zug, eine andere entkam nach Deutschland, die dritte hielt sich auf dem Speicher deutscher Freunde versteckt. Als der Sommer kam, war die Lange Reihe umbenannt: sie hieß jetzt Ulica Długa. Die Ladenschilder rund um die Neptunstatue verkündeten CAFE, RESTAURACJA und APTEKA, und Gleiwitz selbst hieß Gliwice. Aus Breslau, Stettin und Stolp wurde Wrocław, Szczecin und Słupsk, man zahlte mit polnischen Złoty, und ein Deutscher, der Deutsch sprach oder, wie es in Gleiwitz geschah, das Lied der Lumpensammler sang,

Lumpen, Knochen, Eisen und Papier,
ausgeschlagne Zähne sammeln wir...,

verlor in Lolas Gefängnis beinahe selbst seine Zähne.

Die Deutschen standen nun unter dem Befehl des Ministers für »zurückeroberte« Gebiete – Landesteile, die den Polen teils bis 1772, teils bis 1335 gehört hatten und die sie nun »wieder in Besitz nahmen«. In allen Straßen standen polnische Polizisten: *junge Burschen*, Katholiken und Juden, viele waren noch nicht einmal zwanzig. Die Polizisten nahmen wahllos Verhaftungen vor. Einmal hörten sie, ein Deutscher habe Kohle gestohlen. Sie durchsuchten sein Haus von unten bis oben, selbst an Stellen, an denen man nicht eine einzige Kohle hätte verstecken können: »Ich bewahre keine Kohlen in der Zuckerdose auf! Auch nicht im Teekessel!« rief der Deutsche, ebenfalls ein Briefträger. »Ihr wollt mich beklauen, das ist es!« – »Genug!« herrschten die Polen ihn an und schickten ihn wegen Verunglimpfung der polnischen Polizei ins Gleiwitzer Gefängnis. Anderswo hielten sie den deutschen Bewohnern vor: »Ihr seid Nazis«, verfrachteten sie in Chaims Konzentrationslager und bezogen die geräumten Häuser. Häufig waren diese »Nazis« weit unter dem ehemals vorgeschriebenen Mindestalter für Parteimitglieder. In einem von Chaims schlesischen Lagern war ein Neugeborenes interniert, in einem anderen Lager an der Ostsee gab es eine ganze Baracke voller weißer Gitterbetten mit acht Pfund schweren Gefangenen darin. Milch bekamen sie nicht. Der rothaarige Arzt, ein Jude aus Auschwitz, ließ die Mütter nicht zu ihnen; den polnischen Inspektoren sagte er statt dessen: »Es reicht, wenn's in meinen Unterlagen steht.« Von den fünfzig Babys starben achtundvierzig.

Als der Sommer kam, strömten die Polen nach Schlesien, und der schlesische Polizeichef, ein jüdischer Oberst, der so klein war, daß er seine drei Sterne nicht nur auf den Schultern, sondern auch auf den Kragenspiegeln trug, um sicherzugehen, daß sein Rang zur Kenntnis genommen wurde, wies seine Leute an, die Deutschen aus ihren Häusern zu vertreiben und in Chaims überfüllten Lagern unterzubringen. Juden und Deutsche hatten nun die Rollen getauscht. Am Freitagmorgen, dem 27. Juli, fielen katholische und jüdische Polizisten über Bielitz her, ein Dorf an der Neisse: ein paar hundert Häuser, umgeben von mohngesprenkelten Getreidefeldern, Weizen, Roggen und Gerste. Nach allgemeinem Wissen war keiner der deutschen Bauern ein Nazi gewesen, aber Deutsche waren sie, und zur Stunde X, um sechs Uhr morgens, begannen die Polizisten an die Türen zu hämmern und zu schreien: »Wohnen hier Deutsche?«

»Ja, ich bin Deutscher.«

»Kommt raus.«

Die Bewohner kamen heraus.

»Steigt auf!«

Mit dem Gewehrkolben trieben die Polen die tausend Männer, Frauen und Kinder von Bielitz, viele barfuß, auf mehrere Lastwagen; die Polen zogen in ihre Häuser ein, die Deutschen wurden abtransportiert. Mit ihren Mützen und Kopftüchern, auf dem Weg nach Süden zu Chaims spezieller Endlösung, sahen sie den Juden aus Będzin recht ähnlich. Ja, Chaim haßte sie wirklich.

Wenig später stiegen die Deutschen wieder ab und wurden Chaims neuem Konzentrationslager in dem kleinen Ort Lamsdorf überantwortet. Während des Krieges war hier ein Lager für britische Offiziere gewesen. Chaim hatte es wieder geöffnet und zu seiner Leitung etliche junge Männer mit polnisch klingenden Namen bestellt. Der Kommandant Czesław war zwanzig, und als die Deutschen sich in Reih und Glied aufstellten, rief er dem Sohn eines Lehrers zu: »Du dort, komm her!« Der Junge kam, Czesław führte ihn in einen Raum, in dem ein Klavier stand, und befahl ihm: »Spiel!« Der Junge setzte sich und spielte »Rosamunde«. Czesław und seine zehn betrunkenen Aufseher bildeten einen Kreis und begannen Polka zu tanzen wie bei einer Hochzeit, der Tanz wurde wilder und wilder, sie tanzten auf Bänken und auf Tischen, sie sprangen in die Luft und schrien »Hej!« Der Pianist hielt inne, und Czesław, nun schweißüberströmt, bestimmte: »Du bist jetzt unser Organist.« Er rief einen pensionierten Postbeamten herein. Der Junge spielte, und Czesław und seine Kumpanen schlugen dazu den Takt auf dem siebzigjährigen Deutschen, mit Knüppeln, Peitschen und Fußtritten. Am Ende war der Postbeamte tot.

Chaim hatte diese jungen Burschen wegen ihres glühenden Hasses auf die Deutschen ausgesucht. Der Kommandant Czesław hatte Mutter, Vater und seine Geschwister verloren, er selbst war seit Auschwitz tuberkulosekrank. Sein Stellvertreter war ein Junge mit Hitlerbärtchen, der einmal sagte: »Ich muß so viele Deutsche umbringen, wie ich Haare auf dem Kopf habe«, die Aufseher hatten Zahnlücken, auch ihre Finger waren nicht mehr vollzählig, und der »Kapo« der deutschen Gefangenen war ein ehemaliger Polizist, der im Krieg eine Reihe von Deutschen gefoltert hatte. Diese Mannschaft brachte die tausend Menschen aus Bielitz nicht alle am ersten Tag um. Sie riefen sie nacheinander ins Musikzimmer, nahmen ihnen Brot, Butter und Käse ab, ihre Kleider zum Wechseln, Hemden, Hosen und Röcke, auch die Babywindeln, warfen alles in eine Ecke und befahlen den Deutschen: »Raus!« – »Bitte«, sagte eine Frau, »darf ich die Babykleider behalten?« Czesław aber zielte mit dem Gewehr auf das brüllende Kleinkind und schrie: »*Ich geschuss!*« Sein Stellvertreter beförderte die Frau mit Fußtritten hinaus, und Czesław warf das schreiende Baby hinter ihr her.

In dieser Nacht lagen die Deutschen in ihren Baracken und nähten ein W für *więzień* und *więźniarka*, Gefangene/Gefangener, auf ihre Kleider. Am nächsten Tag begann die Mannschaft mit ihrer Beseitigung. Und welch einfallsreiche Methoden sie dabei anwandten! Czesław pflegte Kehlen zu zertrampeln. Einmal befahl er einem Deutschen, auf einen Baum zu klettern und zu rufen: »Ich bin ein Affe!«, woraufhin er seinen Revolver zog und den Deutschen erschoß. Der Stellvertreter erschoß die Deutschen ebenfalls (»Heut hab' ich vierzehn erschossen!«), manchmal jedoch fiel ihm etwas Neues ein: er fragte einen Deutschen: »Weißt du, wie ich heiße!« – »Nein, Herr Vizekommandant.« – »Ignaz!« rief der Stellvertreter und zog dem Mann den Säbel über den Kopf. Ein andermal legte er Feuer in einer Baracke und schrie »Sabotage!«, und als die deutschen Frauen Sand zusammenscharrten, mit ihren Röcken in die Baracke trugen und auf die wild lodernden Flammen warfen, stieß er die schreienden Frauen ins Feuer. Einer der Aufseher kam auf die Idee, einen Deutschen an seinem Bart in einen Schraubstock einzuspannen; nachdem er ihn gut befestigt hatte, zündete er den Mann an.

Jeden Tag erhielt Czesław eine Liste mit den Namen der Ermordeten, und jeden Tag fragte er: »Warum so wenig?« Nach einer Weile waren fast alle Bielitzer tot, aber aus dem Osten trafen immer mehr Züge voller Polen ein. Sie brauchten Platz, und die Polizei mußte Arnsdorf, Bauerndorf sowie drei Dutzend weitere Dörfer räumen und ihre Bewohner in Czesławs Lager schicken. Am schlimmsten traf es die Frauen aus Grüben. Im Krieg hatte die SS in einer großen Wiese bei Lamsdorf Polen begraben, fünfhundert Leichen; Czesław indes hatte gehört, es seien neunzigtausend gewesen. Er befahl den Grübener Frauen, sie auszugraben. Die Frauen gruben und übergaben sich, als die Leichen, schwarz wie der Inhalt einer Kloake, zum Vorschein kamen, die Gesichter verwest, das Fleisch zähflüssig wie Leim. Die Aufseher – die sich schon des öfteren als Psychopathen erwiesen hatten, zum Beispiel wenn sie eine Frau zwangen, Urin und Blut zu trinken und menschliche Scheiße zu fressen, wenn sie einer Frau einen ölgetränkten Fünfmarkschein in die Vagina steckten und anzündeten –, diese Aufseher befahlen den Grübener Frauen: »Legt euch zu ihnen!« Die Frauen gehorchten. Nun riefen die Aufseher: »Umarmt sie! Küßt sie! Liebt sie!«, und stießen sie mit dem Gewehrkolben gegen den Hinterkopf, bis sie mit Augen, Nase und Mund tief im Schleim der verrottenden Leichen steckten. Wenn eine Frau die Lippen zusammenpreßte, konnte sie nicht schreien; tat sie es nicht, sondern schrie, geriet ihr Unsägliches in den Mund. Würgend und spuckend standen die Frauen endlich wieder auf, vom Kinn, den Händen, den Kleidern troff in Fäden die verfaulte Materie, die Feuchte drang durch den Stoff ihrer Kleider bis auf die Haut, und der Gestank hüllte sie ein wie Nebel. So gingen sie zurück nach Lamsdorf. Es gab dort keine Duschen, und die Leichen waren offensichtlich alle am Typhus gestorben. Binnen kurzem waren vierundsechzig Frauen aus Grüben tot.

Dies alles war Chaim bekannt: er inspizierte mehrere Male das Lager Lamsdorf, und in seinem Büro in Kattowitz hatte er etliche Unterredungen mit Czesław. Chaim ließ sich anschließend nach Hause fahren, während Czesław den jüdischen Club aufsuchte, zwei Räume im ersten Stock eines Hauses in der Rüppelstraße. Seine Freunde waren alle Juden, er jedoch bestand auf seinem polnischen Katholizismus (was alle

Juden akzeptierten). In diesem Club ließ Czesław sich nieder und schilderte die verschiedenen Todesarten, die er sich diese Woche für die Deutschen hatte einfallen lassen. »Sie haben dasselbe mit uns getan«, verkündete er, oft zu Unrecht, »und ich hab's ihnen heimgezahlt.« Die Juden rund um den Tisch nickten und aßen ihren Borschtsch. Sie hätten keine Träne vergossen, wenn jeder Bauer in Lamsdorf umgekommen wäre; tatsächlich aber gelang es knapp zwanzig Prozent der dort inhaftierten Deutschen – 1576 von den 8064 Männern, Frauen, Buben, Mädchen und Babys –, irgendwie zu überleben.

Inzwischen war es September, und Chaim hegte schwarze Gedanken gegen Lola, die Milde gegenüber den Deutschen propagierte. Wie von Sinnen tobte er durch sein Büro in Kattowitz. Er fürchtete, den Verdächtigen in Lolas Gefängnis könnte es besser gehen als den Deutschen draußen. Lola sah er bereits als Kommandantin einer deutschen Hochburg und beschloß, gegen sie vorzugehen. Er setzte seine Schirmmütze auf und stürmte aus dem Raum, warf sich in den Fond seines dicken Mercedes und befahl dem polnischen Fahrer: »Gliwice.« Bei jeder roten Ampel stieß er Flüche aus und trieb den Chauffeur zu größerer Eile an. An den Stahl-, Blei- und Zinkwerken vorbei rasten sie zu Lolas Gefängnis. Am Vortag hatte er ein Gefängnis in Sosnowiec besucht; am Tor schrie er: »Aufmachen!«, und als die Torwache öffnete, schrie er: »Wieso hast du mich reingelassen?«

»Sie sind doch der Leiter der Gefängnisverwaltung!«

»Woher weißt du, wer ich bin?«

»Also…«

»Du hast nicht nach meinem Ausweis gefragt!«

»Aber ich erkenne Sie doch!«

»Ich hätte längst entlassen sein können!«, schrie Chaim und sperrte den armen Wächter in eine Zelle. Zuzeiten ließ Chaim auch Kommandanten einsperren, Juden. Bald würde er zum

Beispiel den neuen Kommandanten in Neisse, Efraim den Einarmigen, besuchen. Vor dem Gebäude sah er drei deutsche Motorräder, die Efraim requiriert hatte. Er starrte sie an und sagte: »Ich will eins davon.«

»Sie können das dort haben.«

»Nein, ich will dieses«, beharrte Chaim und deutete auf das neueste und funkelndste Motorrad.

»Na ja, das gehört mir. Aber das dort können Sie haben.«

»Ich sagte, ich will *dieses.*«

»He, Hauptmann! Das hab ich für mich beschlagnahmt! Sie können doch das andere haben!«

»Nein, ich will genau dieses!« beharrte Chaim, aber Efraim gab nicht nach. Chaim ließ ihn festnehmen und ins Kattowitzer Gefängnis sperren. Nun war er also auf dem Weg nach Westen und auf der Suche nach Gründen, um Leutnant Lola einsperren zu können.

Sein Wagen brauste durch Gleiwitz. Er fuhr durch die Mühlstraße bis zum Hintereingang des Gefängnisses. Der Fahrer hupte lang und laut, und Chaim schrie genau wie in Sosnowiec: »Aufmachen!« Die Tür hatte ein kleines Fenster; es öffnete sich, dahinter erschien einer von Lolas Wachposten.

»Wer sind Sie?« fragte der Junge.

»Der Leiter der Abteilung Gewahrsam!«

»Haben Sie einen Ausweis?«

»Verdammt!« schrie Chaim. »Ich bin Hauptmann Studencki!« – das war sein neuer polnischer Name. »Mach die Tür auf! Oder«, fuhr er mit gezücktem Revolver fort, »ich erschieße dich!«

Der Junge aber schlug ihm das Fenster vor der Nase zu. Chaim tobte. »Ich muß Ihren Ausweis sehen!« rief der Junge von drinnen, denn auch Lola hatte ihre Spitzel in Sosnowiec. Sie hatte ihren Türsteher in der Mühlstraße alarmiert.

»In Ordnung!«

Der Junge spähte durch das Fenster. Noch immer kochend vor Wut, hielt Chaim ihm seinen Ausweis vom Staatlichen

Sicherheitsdienst hin, der Junge salutierte mit zwei Fingern und öffnete die Tür. Chaim, bislang noch erfolglos, hastete an ihm vorbei.

Er fiel in Lolas Büro ein. Nachdem seine strikte Regel lautete: »Keine Arbeiten für Deutsche«, hatte Lola ihre beiden illegalen Sekretäre an einem absolut unverdächtigen Ort versteckt, in ihren Zellen; an einem ihrer Schreibtische saß statt dessen Jadzia, die Humoristin. »Guten Morgen, Leutnant!« sagte Chaim zu Lola, die er in den dreißiger Jahren gekannt hatte, als er noch Schläfenlocken und sie Zöpfe getragen hatte. Systematisch begann er die Papiere auf ihrem Schreibtisch zu durchsuchen. Er suche nach etwas Bestimmtem, behauptete er und runzelte ein- oder zweimal die Stirn, warf ihr eisige Blicke zu, lächelte sein Lächeln, das jedem das Mark gefrieren ließ, und gab ihr unmißverständlich zu verstehen: *Na, ich erwisch' dich schon!* Aber Lola war klug und fing nicht an zu stottern: »Das kann ich erklären...!« Chaim, immer noch erfolglos, nahm sich nun das Gefängnis vor, besichtigte die Zellen, den Duschraum, die Küche, die Krankenstation, die Leichenhalle, aber er fand nichts, was sich gegen Lola verwenden ließ, und er erkannte, daß er ihr eine Falle stellen mußte. Er stahl sich davon, flüsterte mit einem deutschen Gefangenen, der ein Spitzel war, kehrte zurück und sagte: »Danke, Leutnant.« Dann stieg er in seinen Mercedes.

Lola aber durchschaute ihn. Sie kannte ihn, diesen argwöhnischen, neurotischen, kranken Mann. Schon in Będzin hatte sie ihn nicht leiden können, und immer wenn sie ihren Będziner Freunden erzählte: »Er ist jetzt ein *macher*, ein ganz hohes Tier«, verzog sie das Gesicht. Sie konnte sich nicht recht vorstellen, worauf er wirklich aus war, doch sie wußte sehr gut, daß er gefährlich war und voller Dämonen steckte, die er vernichten mußte, komme, was wolle. Seine Zellen, Keller, Lager waren ein eigenes Universum, bevölkert mit Deutschen wie auch mit deutschfreundlichen Polen. Nichts und niemand vermochte ihn zu besänftigen: Gleiwitz würde ein von Chaim geschaffenes Auschwitz werden, und Lola konnte entweder seine Mittäterin oder seine Gefangene sein, am einen oder am anderen Ende der Peitsche, den Schmerz in der Seele spüren oder am eigenen Leib. Das waren ihre Wahlmöglichkeiten in Gleiwitz. »Grüß mir Schoschana«, rief Lola ihm nach; Chaim antwortete: »Das tu' ich«, und fuhr davon. Lola wollte jetzt fort.

Monatelang hatte ihr verrückter russischer Liebhaber, der viele Male ins Gefängnis gestürzt war und gefordert hatte: »Heirate mich!«, sie zu überreden versucht, mit ihm auszuwandern – nach Wien, nach Venedig, irgendwohin. Doch Lola hatte stets befürchtet, wenn sie Schlesien verließe, käme sie am ehesten nach Sibirien. In Gleiwitz ging das Gerücht, daß Adam, der Vernehmungsleiter, sich noch immer in der Tschechoslowakei aufhalte, ebenso wie Schlomo, der heiligmäßige Mann, mit seiner Freundin Rivka, die ihn um ein paar Zentimeter überragte. Hunderte von Juden, die dem Staatlichen Sicherheitsdienst entflohen waren (*entflohen* in der Tat: es hieß, sie seien geflüchtet, nicht »desertiert« oder »abtrünnig geworden«), sollten sich in der Tschechoslowakei verborgen halten, die voll war von russischem Polizeiaufgebot und Suchmeldungen des polnischen Sicherheitsdienstes. »Wir werden im Westen leben«, hatte der Russe immer wieder beteuert, aber Lola hatte ihre Bedenken: ein Oberst aus Stalins Armee und ein Leutnant von Stalins Geheimpolizei würden wohl kaum an der Côte d'Azur enden, sondern nördlich des Polarkreises. Auch heute hatte sie Angst, mehr denn je, als sie auf dem Mottorad nach Hause in die Lange Reihe – Ulica Długa – fuhr und zu ihrem Russen sagte: »Wir hauen ab.«

»Pack deine Koffer«, sagte der Russe.

Sein Plan war, zuerst nach Wien zu fahren. Die Nazis hatten etliche polnische Kunstgegenstände gestohlen und nach Österreich geschickt; kraft offizieller Papiere wollte er sie dort zurückfordern. Dann würden sie nach Paris fahren, das Zeug verkaufen und dadurch reich werden. Sie würden es sich gutgehen lassen, bis Lola zu ihrer früheren Konstitution zurückgefunden hätte, um die der Krieg sie gebracht hatte. Das alles erklärte der Russe ihr auf Jiddisch, das ein Deutscher halbwegs verstehen kann: Gertrude, das Zimmermädchen, hörte mit. »Gnädige Frau!« flehte sie. »Bitte helfen Sie mir!«

Gertrude hatte Angst, und Lola wußte sehr wohl, weshalb. Ihre Familie, ihre Freunde waren mittlerweile alle in den Konzentrationslagern des Sicherheitsdienstes interniert. Sie wurden als Arbeiter an Kohle-, Blei- und Zinkgruben verliehen, genau wie die SS in Auschwitz Lola für dreißig Pfennig in der Stunde an die Unions-Fabrik ausgeliehen hatte. Als Lolas Zimmermädchen war Gertrude derzeit noch vom Sklavendienst in den Arbeitslagern befreit, aber wenn ihre Herrin Polen verließ, würde man sie ins Gleiwitzer Lager oder nach Schwientochlowitz schicken. Lola sah in Gertrudes weit aufgerissene Augen und dachte an die Worte ihrer Mutter. Gott, hatte Rivka oft gesagt, hat *einen* Menschen erschaffen, nicht Millionen, wozu er zweifellos in der Lage gewesen wäre. »Er hat uns gelehrt, jeden Menschen hochzuschätzen«, zitierte Rivka den Talmud. »Wenn wir einen vernichten, vernichten wir die ganze Welt, und wenn wir einen *retten*, retten wir die ganze Welt.« In dieser Woche war Jom Kippur, Sonntag, der 16. September, Tag der Versöhnung. Und Lola sehnte sich danach, wiedergutzumachen, was in Gleiwitz unter ihrer Leitung geschehen war. Gertrudes Notlage war eine Gelegenheit. »Truda! Du kommst mit uns!« sagte Lola und telefonierte nach ihrem jüdischen Fahrer.

Der nächste Tag war fast schon herbstlich. Die Kastanien fielen von den Bäumen, die Gleiwitzer Kinder, zumeist Polen, sammelten sie und schnitzten winzige Körbe daraus, in die sie Münzen legten. Im Gefängnis an der Kloster-, jetzt Józefa-Wieczorka-Straße welkten die Rosen; Lola aber, die Kommandantin, ließ sich nicht blicken. Ein Aufseher fuhr zu ihr nach Hause. Er traf sie nicht an. Er rief Chaim in Kattowitz an, und bald stürmten mehrere junge Männer mit Maschinengewehren Lolas Büro und brüllten: »Wo ist sie hin?« In ihrer Schreibtischschublade fanden sie den Durchschlag eines Briefes an Chaim:

> *Gemäß Rundschreiben vom 30. Juli 1945 teile ich mit, daß mir ein Urlaub zusteht, um den ich hiermit ansuche…*

In der Piratenkiste, ihrem Safe für das Geld, die Uhren und Ringe der Deutschen, fanden sie nichts mehr, sie war leer. »Du!« fuhr ein Bursche mit Gewehr Jadzia an, deren »Ha-ha-ha!« jetzt dumpf und hohl klang. »Wo ist sie hin?«

»Ich weiß es nicht!«

»Ihr wart doch befreundet!«

»Ha-ha-ha, ich weiß es aber nicht!« sagte Jadzia, die sich kurz danach aus dem Staub machte, den ersten Zug nach Kattowitz nahm, eine jüdische Wohnung aufsuchte, hinter sich die Tür versperrte und im Schlafzimmer auf dem Boden schlief. Auch Mosche, Lolas Adjutant, verschwand aus dem Gleiwitzer Gefängnis.

Das Gefängnis veränderte sich von Grund auf. Mehrere Kommandanten, alle männlich, bezogen nacheinander Lolas Büro. Der erste war ein Jude aus Warschau, klein, ölig, schmierig, der sich ständig die Hände rieb. Er sprach mit jiddischem Akzent und machte den Aufseherinnen Avancen: »Ach, Fräulein! Ich habe so ein hübsches Haus, das müssen Sie sich unbedingt ansehen!« Die Frauen lehnten dankend ab. »Wissen Sie, meine Mutter erwartet mich.« Der Mann schlug daraufhin weibliche Gefangene.

Es hielt ihn nicht lange in Gleiwitz. Eines Abends nahm er eine Deutsche mit nach Hause, damit sie bei ihm »saubermachte«. Fassungslos kehrte die Frau in ihre Zelle zurück.

»Was ist los?« fragte eine Aufseherin.

»Er wollte mich vergewaltigen!«

Die Aufseherin informierte Chaim über den Vorfall. Dieser warf den Kommandanten hinaus, aber er mißtraute den deutschfreudlichen Aufseherinnen (eine nannten die Deutschen »unseren Engel«), und er dachte sich eine Falle aus. Eines Tages steckte ein deutscher Gefangener dem »Engel« einen Brief zu und bat sie, ihn aufzugeben; die Aufseherin verbarg ihn in ihrem Stiefel. Dieser Deutsche aber war einer von Chaims Spitzeln. Die gutmütige Aufseherin wurde verhaftet, verurteilt und ins Kattowitzer Gefängnis gesperrt. Bald darauf aber fiel der Sicherheitsdienst über Chaim her, denn er hatte einen Bruder, einen Schwarzmarkthändler, dem er einmal seinen Mercedes geliehen hatte. »Gestehe!« schrien die Vernehmungsbeamten den ehemaligen Leiter der Abteilung Gewahrsam an. »Lies das! Unterschreib!« Und sie schickten ihn ins Gefängnis von Kattowitz. Der Staatssicherheitsdienst fraß seine eigenen Kinder.

Von Lolas einstigen Aufsehern wollten die meisten fort. Ihre Nachfolger führten die früheren Methoden wieder ein: Tag für Tag hieß es: »Ausziehen! Zu den Duschen! Raus! *Rennen!*« – und die Deutschen, noch nackt, mußten durch die Halle laufen, wurden mit Gürteln, Peitschen und Knüppeln geschlagen, bisweilen auch umgebracht. Viele der jüdischen und katholischen Aufseher ertrugen es nicht mehr. Einer ließ einen Deutschen aus dem Fenster klettern, vom Dach springen und entkommen: er wurde unehrenhaft entlassen. Ein anderer nahm Stalins Bild von der Wand und erklärte dem jüdischen Vernehmungsbeamten: »Ich war in Auschwitz. Ich bin verrückt!« Er bekam eine Woche Haft in Kattowitz und wurde anschließend ebenfalls in Unehren entlassen. Anders als die Mitglieder der SS, die das Recht hatten zu kündigen, aber dieses Recht selten in Anspruch nahmen, *konnten* die Juden in Gleiwitz nicht kündigen; doch sie entkamen alle – und sie versuchten auch, aus Polen fortzukommen. Selbst Schlomo in Schwientochlowitz träumte von Israel und erzählte seinen neuesten jiddischen Witz: »Einmal fragte ein Jude einen anderen: *›Woß is najes?‹* ›B. F.‹ ›Was soll das heißen?‹ *›Bin furt!‹«*

Lola selbst ward in Gleiwitz nie wieder gesehen. Es ging das Gerücht, der Russe habe ein falsches Spiel mit ihr getrieben und seinen russischen Freunden in der mährischen Grenzstadt Ostrava einen Wink gegeben. Er sei mit Lola und Gertrude zur Grenze gefahren, hieß es. In Lolas Koffer hätten die Russen hundertfünfzigtausend Reichsmark gefunden, außerdem Uhren und Ringe, und damit habe der Russe sich aus dem Staub gemacht. Auch Gertrude sei verschwunden und Lola als amerikanische Spionin verhaftet, in Kattowitz vor Gericht gestellt und verurteilt worden: zehn, vielleicht fünfzehn Jahre habe sie abzubüßen. Sie sitze in dem deutschen Zuchthaus Groß-Strehlitz, dreißig Kilometer westlich von Gleiwitz. Beim abendlichen Wodka besprachen Lolas ehemalige Aufseher die Gerüchte; die Meinungen waren dreigeteilt:

»Sie hat es verdient. Sie war zu hart zu uns.«

»Mir tut sie leid. Sie war recht nett.«

»Ich glaub's nicht. Ich wette, sie ist entkommen.«

Auch die Polen stellten die Deutschen vor Gericht, von Warschau aus südwärts, in Schlesien. Von den zweihunderttausend Gefangenen wurden im Lauf der Zeit ungefähr tausend verurteilt; Pinek befand sich also im Irrtum, als er zu Chaim gesagt hatte: »Neunzig Prozent der Deutschen sind unschuldig.« Neunundneunzig Prozent hätte er sagen müssen.

Die Hauptprozesse in Schlesien fanden in Kattowitz statt. Doch an einem kalten Tag im Oktober kletterten in Kattowitz zehn polnische Richter in Anzügen, Wintermänteln und Hüten in einen offenen Lastwagen, fluchten über die Kälte – *»Sakramencko zimno!«* – und fuhren nach Schwientochlowitz, in Schlomos Lager. Im Wachraum stellten sie zehn Tische und zwanzig Stühle in Hufeisenform auf, nahmen Platz und bestellten zehn Insassen der braunen Baracke, dem Schauplatz von Schlomos blutigen Gesangsveranstaltungen, zu sich. Der erste war ein Deutscher, nicht schwerer als neunzig Pfund. Er hinkte, seine linke Hand war verkrüppelt, seine Nase war mehrfach gebrochen wie bei einem alten, geschlagenen Boxer. Er setzte sich vor einen milde dreinblickenden Richter, der zunächst ein eineinhalbseitiges Dokument las und dann fragte: »Sie sind Heinz Becker?«

»Ja.« Der Deutsche wandte dem Richter sein linkes Ohr zu, denn auf dem rechten hörte er nichts mehr.

»Sie sind am 30. Januar 1930 geboren?«

»Ja.« Der Deutsche war fünfzehn Jahre alt.

»Und Sie wurden im Februar verhaftet?«

»Ja, Herr Richter«, sagte der Deutsche.

Er zitterte. Der Richter sagte: »Beruhigen Sie sich«, zog ein silbernes Etui hervor und zündete ihm eine Zigarette an; aber der Deutsche rauchte nicht. »Hier steht: ›Er gab zu, in der Hitlerjugend gewesen zu sein‹. Hm-hm-hm-hm«, machte der Richter und wiegte den Kopf, was offensichtlich bedeutete: *Welcher junge Deutsche war das nicht?* »Waren Sie in der Hitlerjugend?«

»Ja, Herr Richter.«

»›In seiner Tasche fand sich ein Hakenkreuz, also muß er ein Nazi gewesen sein.‹ Hm-hm-hm-hm. Hatten Sie ein Hakenkreuz?«

»Ja, Herr Richter. Ich hab' es beim Leichtathletikkampf in der Schule gewonnen.«

»›In seiner Tasche fand sich eine Patronenhülse, also muß er eine Schußwaffe besessen haben.‹ Hm-hm-hm-hm. Hatten Sie eine Patronenhülse in der Tasche?«

»Ja, Herr Richter. Sie lag auf der Straße, und ich hab' sie aufgehoben.«

»›Wir können daraus schließen, daß er Polen umgebracht hat.‹ Hm-hm-hm-hm. ›Ich bestätige die Wahrheit dieser Aussage, gezeichnet: Heinz Becker.‹ Haben Sie das wirklich unterschrieben?«

»Ja, Herr Richter. Ich mußte.«

»Wieso?«

»Sie haben mich geschlagen. Und« – der Junge weinte plötzlich – »sie schlagen mich immer noch!« Er brach in Tränen aus, wies auf seine Nase, seine Ohren, seine Arme, Hände, Beine und Knöchel, er hob das graue Hemd hoch und zeigte seine Brust. Der Richter starrte auf den wundenübersäten Körper und drückte seine Zigarette im Aschenbecher aus.

»Ich glaube Ihnen«, sagte er schließlich. Er verfaßte ein zweites Dokument, und der Deutsche unterschrieb nervös. Ein Aufseher reichte ihm ein halbes Pfund Brot, eine Straßenbahnfahrkarte in die Innenstadt und eine Bahnkarte nach Bielsko-Biała, seiner Heimatstadt. Noch immer zitternd, die Hände gefaltet, flüsterte der Deutsche: »Danke, lieber Gott«, und schlich aus Schlomos Lager. Es gab noch weitere Überlebende, die Richter entließen sie fast alle.

Auch die Deutschen in Gleiwitz wurden vor Gericht gestellt. Die Richter reisten mit dem Zug an, sie trugen purpurbesetzte Talare, die Robe des jüdischen Staatsanwalts hatte grüne und die der Verteidigungsanwälte rote Biesen. Die jüdischen Zeugen schworen auf das Neunte Gebot, die katholischen hingegen hielten zwei Finger an ein kleines silbernes Kreuz. Bei einem Prozeß sagte ein Zeuge aus, er habe einen Deutschen in Lolas Gefängnis den Spruch sagen hören: *»Cici, cici, Polska w życi«* – »Burschen, Mädels, die Polen sind Esel.« Bei einem anderen Prozeß sagte ein Zeuge über einen Angeklagten, er habe den Nazis mitgeteilt: »Piotr Wons ist ein Feind Deutschlands.« Doch Piotr Wons gab zu Protokoll, die Nazis hätten ihn nie schikaniert. Ein anderer Zeuge sagte über einen Deutschen, er habe den Nazis folgende Meldung hinterbracht: »Augustyn Kuczera hat zu mir gesagt: ›Ich komme wieder, und zwar mit einem polnischen Panzer!‹« Doch Augustyn sagte zugunsten des Deutschen aus: »Er war gegen Hitler.« Es stellte sich heraus, daß viele Deutsche aus Lolas einstiger Wirkungsstätte zur Seite der Guten zählten. Einer hatte Jehovas Zeugen geholfen, ein anderer den Juden: vor einem Lager in Gleiwitz hatte er sich versteckt, bis die SS-Männer außer Sichtweite waren, und den Juden drinnen Kartoffeln, Karotten und Rüben zugeworfen.

Schließlich wurden etwa zwanzig Gleiwitzer Gefangene wegen geringfügiger Kriegsverbrechen verurteilt und verbüßten noch ein, zwei oder drei weitere Jahre Haft, sofern sie nicht vorher am »Herzschlag« starben. Nur ein einziger Häftling wurde wegen wirklicher Verbrechen verurteilt: es war die Frau, die für Lolas Aufseher Pullover gestrickt hatte, die Frau, die einst stellvertretende Lagerleiterin in Gleiwitz gewesen war, Jüdinnen geschlagen und mehrere von ihnen nach Auschwitz in den Tod geschickt hatte. Wegen dieser Verbrechen wurde sie eines Septembermorgens um halb fünf aus ihrer Zelle geholt. Sie erhielt die Letzte Ölung: ein polnischer Priester bestrich ihr die Brauen, sie küßte seine Stola, sagte auf Polnisch: »Danke, Vater« und schritt wie ein Kommandant in den Gefängnishof, ging zu dem bereitstehenden Hocker und stieg hinauf. Der anwesende Staatsanwalt, ein Jude, trug weiße Handschuhe. Er verlas das Urteil, dann zog er die Handschuhe aus, warf sie auf den Boden und sagte: »Nicht ich, sondern das Gesetz hat Sie verurteilt.«

»Ich bin unschuldig.«

Der Scharfrichter war ganz in Schwarz gekleidet, ein Kostüm, in dem er bisweilen das Frauengefängnis aufgesucht und durch die Luke in der Zellentür die Gefangenen gemustert hatte. Er hatte die Schlinge eingeseift, legte sie jetzt um den Hals der Frau und zog sie fest; dann trat er gegen den Hocker unter ihren Füßen. Ihr Körper sackte herab, drehte sich noch eine Weile um die eigene Achse und hing dann reglos, fünfzehn Minuten lang, wie das polnische Gesetz es vorschrieb. »Sie ist tot«, bestätigte der Arzt. Dann wurde Lolek vor den Wagen gespannt und zog die Leiche hinaus zum Friedhof, über dem die Inschrift stand: LEBEN UM GUT ZU STERBEN – STERBEN UM GUT ZU LEBEN. Der Totengräber legte sie in das Massengrab zu den übrigen Gefangenen aus Gleiwitz. Ihr Name war Małgorzata Zapora.

Am Mittwoch, dem 17. Oktober, ordnete der Staatspräsident Polens die Ausweisung aller Deutschen, die nicht inhaftiert waren, aus Polen und dem polnisch verwalteten Teil Deutschlands an. Die Kirchenglocken läuteten. Von der polnischen Polizei wurden insgesamt mehr als fünf Millionen Deutsche vertrieben oder ausgesiedelt. Millionen waren schon vorher geflohen. Die Vertreibung der Deutschen war eine erzwungene Völkerwanderung, die größte in der Geschichte. In Kattowitz wie in Kielce, Breslau, Stettin und etlichen anderen Städten waren die Polizeichefs Juden. Viele waren Partisanen gewesen und hatten im August 1944 in Lublin gefeiert, als der Polizeipräsident von Polen, ein Katholik, die Freischärler in ihrem Quartier in der Ogrodowastraße aufsuchte. »Was soll ich mit euch anfangen?« fragte er die Juden. »Euch hier sitzen lassen? Euch zu Helden erklären? Bilder von euch machen lassen und an die Wand hängen? Nein«, sagte er und lächelte, »ihr müßt *arbeiten.*« Er ernannte einen Juden zum Polizeichef von Lublin und vertraute auch sämtliche Reviere jüdischer Leitung an. Im darauffolgenden Jahr, 1945, wurden sie Polizeichefs in mehreren Städten in Polen und im polnisch verwalteten Teil Deutschlands.

In Breslau waren der Polizeichef, der für Deutsche zuständige Leiter der örtlichen Sektion des Amtes für Staatssicherheit, der Leiter der militärischen Geheimpolizei (des inneren Sicherheitskorps) und sogar der Breslauer Bürgermeister Juden. Im August begannen ihre Truppen die Häuser der Deutschen zu stürmen. Sie befahlen: »*Wyjść.* Raus«, manche setzten ihnen auch das Maschinengewehr auf die Brust und sagten: »Genau, wie's die Deutschen getan haben. Ihr habt sieben Minuten, sechs Minuten, fünf, vier...« und trieben sie zum Bahnhof. In den glutheißen Viehwaggons beschlagnahmte die polnische Polizei die vierundvierzig Pfund Lebensmittel, Wasser und Kleidung, die ein Deutscher mitnehmen durfte (Juwelen und andere Wertsachen waren nicht erlaubt); viele starben unterwegs. Man wickelte die Leichen in braunes Packpapier, um sie irgendwann zu begraben.

Die meisten Deutschen wurden aus den Lagern des Sicherheitsdienstes an der deutschen Grenze ausgewiesen. Bei deutschen Zivilisten – die selbst nur hundertzwanzig Gramm Brot am Tag hatten – bettelten sie um Nahrung, auch bei den Russen bettelten sie. Sie rissen Gras aus, kochten es und aßen es auf. Endlich passierten sie die deutsche Grenze, weinten, sangen *Großer Gott, wir loben dich* – und kamen endlich in überfüllten Großstadtbahnhöfen an. Über einen Berliner Bahnhof schrieb ein Amerikaner nach Washington:

> *Man fühlt sich nach Buchenwald zurückversetzt...*

und ein Brite:

> *Die Kinder hatten eiternde Wunden. Alte Männer, unrasiert, rotäugig, sahen aus wie Drogensüchtige, sie fühlten nichts, hörten nichts, sahen nichts. Sie saßen auf dem Bahnsteig wie Gepäckstücke.*

Auf diesem Bahnsteig starben jeden Tag zehn Menschen. Mit der Zeit ließen sich die übrigen in Deutschland, Ost und West, nieder. Sie zählten die Überlebenden, wie einst die Juden. Von den zehn Millionen, die in Polen und dem polnisch verwalteten Teil Deutschlands nach dem Krieg gelebt hatten, waren eineinhalb Millionen – aus ganz unterschiedlichen Gründen – tot. »Es ist schrecklich, was mit den Juden geschehen ist«, sagte eine Frau aus Gleiwitz. »Aber es gab noch einen *zweiten* Holocaust.«

Bald waren ganz Polen und 114000 Quadratkilometer Deutschland gesäubert, »deutschrein«, und sämtliche Gefängnisse des Staatlichen Sicherheitsdienstes mit Polen gefüllt: hundertfünfzigtausend Menschen, die Vorläufer von Solidarność. In Städten wie Gleiwitz standen jetzt Polen an der Gefängnismauer, das Erschießungskommando band sie an starken Eisenringen fest und befahl: »Laden! Zielen! Feuer!«

Den polnischen Aufsehern wurde eingeschärft, Schweigen zu bewahren. Es mißfiel ihnen sehr – sie waren ja Polen; doch die Jakobs, Josefs und Pineks, die Führungsspitze des Sicherheitsdienstes, hielten Stalin die Treue. Sie sahen sich als Juden, nicht als polnische Patrioten. Deshalb hatte die gute Fee Stalin, das Väterchen der Völker, der Mann, der die Deutschen nicht haßte, aber alle Volksfeinde, Agenten der Reaktion, Unterdrücker, Imperialisten und Konterrevolutionäre verabscheute, mochten sie Deutsche, Russen oder Polen sein, – deshalb hatte Stalin am Weihnachtsabend 1943 die Juden angeheuert und im Amt für Staatssicherheit untergebracht, seinem Machtinstrument in der Volksrepublik Polen.

Jetzt, 1945, erklärten die Polen dem Sicherheitsdienst den Krieg. Sie schossen auf Juden aus den Abteilungen Fahndung, Vernehmung und Gewahrsam, und die Juden folgerten daraus, die Polen seien judenfeindlich. Die Polen widersprachen: Nein, sie seien nur Feinde des Staatssicherheitsdienstes. Eines Nachts im Oktober warfen Polen in Kattowitz mehrere Handgranaten in die Wohnung von Barek, dem Mittelgewichtsboxer. Sie explodierten in der Küche: der Raum füllte sich mit dichtem Rauch, in den Wänden steckten Granatsplitter. Zu dem Zeitpunkt war niemand in der Wohnung, Barek sah sich mit Frau und Schwiegermutter im Kino einen russischen Film an; als sie nach Hause kamen und die Verwüstung sahen, den schwarzen Rauch, der sich wie ein Leichentuch auf alle Tische und Stühle gelegt hatte, schrie Regina auf: »Wir müssen fort aus Polen!«

»Nein!« sagte Barek. »Wir müssen uns rächen!«

»Hatten wir nicht genug Rache?« fragte Reginas Mutter.

»Nein, mein Blut kocht schon wieder!«

»Es ist genug! Wir müssen fort!« rief Reginas Mutter. »Das geht sonst immer weiter, das hört *nie* auf!« Beide, Mutter und Tochter, brachen in Tränen aus; Barek stand stumm.

Wenige Tage später, an einem Sabbatabend gegen sieben, standen Barek, ohne seinen Ausweis vom Sicherheitsdienst, nur mit polnischem Geld in der Tasche, und Regina, die nur ihre Zahnbürste mitgenommen hatte, in der Dunkelheit am Andreasplatz und warteten auf den Kurierwagen, der zweimal wöchentlich in die Tschechoslowakei fuhr. Er kam, sie stiegen rasch ein und setzten sich auf die Postsäcke. Der Fahrer, ein Russe, fuhr los, und Barek fragte: »Können wir ihm trauen?« – »Wir haben keine andere Wahl«, antwortete Regina. In der Beatestraße bog der Lastwagen nach Süden ab. Im November hieß es in Kattowitz, sie seien bis nach Plzeň an der tschechisch-deutschen Grenze gelangt, aber von der amerikanischen Military Police mit den Worten zurückgeschickt worden: »Ihre Papiere sind gefälscht.«

Einer, der sich in Polen wohl fühlte, war Pinek: er war, mit vierundzwanzig, eine maßgebliche Persönlichkeit. Im Dezember jedoch mußte er seiner Schwester zuliebe den Eisernen Vorhang passieren. Schoschana war schwerkrank, sie brauchte dringend einen Zauberberg in den Alpen, und Pinek traf Vorkehrungen für ihre Reise nach Italien, nach Meran; er wollte sie begleiten und anschließend so rasch wie möglich an seinen Schreibtisch in Kattowitz zurückkehren. Verglichen mit den Mitarbeitern des Sicherheitsdienstes, die in den Westen türmten, würde er gewiß wie ein König reisen, denn er verfügte über einen respektgebietenden Diplomatenpaß, über Visa für die Tschechoslowakei, Österreich und Italien sowie eine großzügige Spende von seinen Warschauer Vorgesetzten: zweitausendfünfhundert Złoty – mehr als genug. Das würde eine Reise wie auf einem roten Teppich werden.

Anfang Dezember stieg er mit Schoschana, die inzwischen Blut spuckte, in Kattowitz in den Zug. Er hielt ihre Hand, während sie an kahlen Bäumen vorbei in den Bahnhof von Bratislava an der österreichischen Grenze einfuhren. Dort endete der rote Teppich. Die Bahngleise waren zerstört, kein Zug konnte fahren. Die beiden Passagiere mußten aussteigen und wie Flüchtlinge einen russischen Lastwagen anhalten. Unmittelbar nach der Donau jedoch blieb der Fahrer stehen, zog eine Pistole und zielte auf Schoschana: offensichtlich wollte er sie und Pinek töten und ihr Gepäck in Wien verkaufen. Pinek mußte also selbst seine Mauser ziehen und brüllen: »*Ruki w werch!* – Hände hoch!«

»*Nje streljaj!* – Nicht schießen!«

»*Stoj!* – Rühr dich nicht von der Stelle!« rief Pinek und hielt ihn mit der Pistole in Schach, bis er und Schoschana, die unterdessen das Bewußtsein verloren hatte, eine zuverlässigere Mitfahrgelegenheit nach Wien fanden.

Pinek lebte jetzt nur für Schoschana. In Wien brachte er sie in ein Krankenhaus, das ironischerweise vom Roten Kreuz geleitet wurde. Zehn Tage später fuhren sie mit dem Zug nach Innsbruck – auch dort wieder in ein Rot-Kreuz-Spital. Schoschana war mittlerweile nicht mehr imstande zu gehen. Pinek mußte sie tragen, sie in den Zug heben, der zischend und schnaubend auf den Brennerpaß zufuhr. Aber auch hier lagen die Bahngleise in Trümmern. Pinek mußte einen Pferdeschlitten für seine zitternde Schwester mieten und, während das Pferd sich die steile, schneebedeckte Straße hinaufquälte, von hinten schieben wie ein Hannibalscher Elefant. »Wie geht's dir?« fragte Pinek, nach Luft ringend.

»Ich mach' dir soviel Mühe!«

»Nein, überhaupt nicht«, antwortete Pinek, der auf glatten Sohlen durch den Schnee rutschte.

Am Nachmittag standen sie endlich, in 1370 Metern Höhe, an der italienischen Grenze, die von Amerikanern, Briten, Franzosen und Italienern in ihren langen olivgrünen Mänteln bewacht wurde, sogar einige Polen von der antikommunistischen Exilregierung in London waren unter den Grenzposten: Pinek ging geradewegs auf sie zu. Die Polen verlangten seinen Paß, zogen ihn ein und sagten: »Sie sind verhaftet.«

»Weshalb?«

»Wir erkennen die Regierung in Warschau nicht an.«

Pinek verlor seine Gelassenheit. Er schrie: »Wir sind verzweifelt!«, zuerst an die Polen gewandt, dann an die Alliierten, die kein Polnisch verstanden, schließlich versuchte er es auf Deutsch.

»Was ist los?« fragte ein deutschsprechender Amerikaner.

»Meine Schwester! Sie ist sehr krank!«

»Warten Sie.« Der Amerikaner sprach mit den Polen. Pinek erhielt seinen Paß zurück, und kurz darauf traten sie, stolpernd und schlitternd, den Weg hinunter nach Italien an. Aber um aufzuatmen war es noch zu früh. Mit dem Zug fuhren sie nach Meran. Pinek brachte Schoschana in ein hygienisch riechendes Sanatorium und fand selbst ein Bett im Dachgeschoß. Er fiel in Tiefschlaf. Wenig später tat es einen lauten Knall, es klang wie ein Gewehrschuß. Pinek fuhr auf: *Das müssen die Deutschen sein!* Er spähte zum Mansardenfenster hinaus. Auf der Straße lärmten Italiener, eine wogende, kreischende Menge. Sie warfen Dinge, die knallend explodierten. Ein Mann sah zu Pinek herauf und schrie: *»Ti auguro buon anno!«*

»Was, was?« fragte Pinek.

»Buon anno! Buon anno!« schrie der Italiener, und Pinek begriff: ein gutes Jahr wünschte ihm der Herr – es mußte Silvester sein. *»Vieni giù!«* rief der Italiener, wild gestikulierend, woraus Pinek entnahm, daß er herunterkommen solle. Er zog sich an und rannte auf die festliche Straße hinab, mitten hinein in das ausgelassene Gewühl.

Hunderte glücklicher Menschen rissen ihn mit sich. Die Burschen trugen Federhüte, die Mädchen weite geblümte Röcke, die ein wirbelndes, fliegendes Eigenleben führten. Die Italiener waren mit Töpfen bewehrt und schlugen mit Löffeln darauf ein, als müßten sie alle bösen Geister des ganzen Planeten vertreiben. *»Chi sei?«* riefen sie Pinek zu.

»Ich kann nicht Italienisch!«

»Di dove sei?« fragten sie und zeigten zu den schneebedeckten Bergen, Richtung Österreich und der Schweiz, und Pinek begriff, daß sie wissen wollten, woher er kam.

»Polonia!« sagte Pinek in der Hoffnung, das italienische Wort für Polen halbwegs getroffen zu haben.

»Oh! Uno straniero! Ein Ausländer!«

»Si!«

»Che bello straniero!« Was für ein schöner Mann! fanden die Italiener. Die Burschen mit den Federhüten gaben ihm Rotwein zu trinken, und die hübschen Mädchen küßten ihn. *»Buon anno! Buon anno!«* riefen sie durcheinander.

»Buon anno!« rief nun auch Pinek und fühlte sich wie einer, der unverhofft ins Paradies geraten ist.

Die Leute nahmen ihn mit nach Hause. Überall wurde gefeiert, Pinek trank heißen Rotwein mit Zucker, Zimt und Nelken, aß Kuchen mit kandierten Kirschen und klatschte begeistert, als sie ihm ihre Jodelkünste vorführten. Er war überrascht, dann baß erstaunt: keiner kümmerte sich darum, ob er Jude war oder nicht. Keine Frage, ob Juden gegen Deutsche, Juden gegen Polen, – das alles war hier so fern wie das finstere Mittelalter. Er feierte die ganze Nacht hindurch, und als der Tag anbrach, erblickte er das berückendste Morgenrot seines Lebens. Rot und orange leuchteten die schneebedeckten Berge im Westen, so prachtvoll, daß es ihm schien, als sei Gott selbst dort erwacht; dann hob sich die Dämmerung, die Schatten glitten fort wie ein Tuch, und die ganze Welt rings umher erstrahlte in blendendem Weiß. Sechs Jahre lang waren Pineks Tage und Nächte eine einzige gewaltige, endlose Nacht gewesen; eine Dunkelheit wie ein Keller voller Fledermäuse, den hier und da eine Glühbirne erhellt, – und jetzt war das alles verschwunden, die Nacht war vorbei. Pinek lachte und umarmte die Italiener zum Abschied. »Auf Wiedersehen!« rief er und ging zu Fuß ins Zentrum der Stadt, die Meraner Promenade entlang. Der Tag leuchtete hell wie Porzellan. Es war Winter, aber Pinek sah einen Schwall roter Blumen, und er schmeckte den Duft von Eukalyptus, Jasmin, der *Luft*...

Er war neu geboren. Er mietete eine Wohnung in Meran, und nachdem er seine Brüder herausgeholt hatte, kehrte er nie wieder nach Polen und in die lange polnische Nacht zurück.

12

Vierundvierzig Jahre später fuhr ich nach Gleiwitz, jetzt Gliwice, Polen, um alles über Lola in Erfahrung zu bringen, was es dort zu erfahren gab. Von den nahen Kohlegruben und Walzwerken war die Luft voller Rußteilchen, die Häuser waren grau, und unter der trübseligen Rußschicht konnte ich oft die Straßenschilder nicht mehr lesen. Aber die Menschen waren wunderbar. Der jetzige, sehr sympathische Gefängnisdirektor führte mich durch die Haftanstalt, heute ein Gefängnis für dreihundert Männer, Polen; ich sah sie herumgehen, sich unterhalten, Tischtennis spielen und vor dem Fernsehapparat sitzen. Ein Mann hatte in den achtziger Jahren einen Tunnel hinüber in die ehemalige Fahrschule gegraben, durch den er flüchtete; ein anderer aus der Gruppe der Zwangsarbeiter hatte in Lolas einstigem Gefängnishof zwei menschliche Skelette zu Tage gefördert, deren Arme gebrochen waren; bei einem der beiden war der Kiefer gebrochen, beim anderen der Schädel mit einem spitzen Gegenstand eingeschlagen, aber niemand konnte sagen, wer die Menschen gewesen, noch, ob sie zu Lolas Zeit totgeschlagen und vergraben worden waren.

Keiner von Lolas Mitarbeitern war noch im Dienst, aber ich fand drei ehemalige Aufseher, jetzt Rentner in Gleiwitz/Gliwice. Alle drei waren Katholiken und lebten in düsteren Mietwohnungen; dort saßen wir viele Stunden, während deren sie mir ihre Erinnerungen aus dem Jahr 1945 berichteten. Ein Mann erzählte, er habe die Deutschen geschlagen; ein anderer erinnerte sich an Lolas Worte: »Wir sind nicht wie sie.« Alle drei hatten gehört, Lola sei im September 1945 mit ihrem Zimmermädchen und dem Russen nach Wien geflohen, sei aber festgenommen und im deutschen Zuchthaus Groß-Strehlitz inhaftiert worden. Ich sagte, das sei nicht der Fall. Was aus dem Russen geworden sei, wisse ich nicht, aber ich hätte herausgefunden, daß Lola und Gertrude in Gleiwitz in den Zug gestiegen und Richtung Westen gefahren, dann zu Fuß, auf Schleichwegen durch einen deutschen Wald in die amerikanische Besatzungszone gelangt seien; alle drei ehemaligen Aufseher sagten daraufhin: »Das freut mich.« Ich berichtete außerdem, daß Lola keine Kiste voller Geld, Uhren und Ringe in den deutschen Wald mitgenommen habe, und erzählte auch sonst alles, was ich über sie wußte. Ich gab ihnen Geschenke aus Amerika, dann fuhr ich dreißig Kilometer weiter ostwärts, nach Kattowitz, jetzt Katowice, Polen.

Ich bin ein Jude, und so ging ich in Kattowitz/Katowice zum Sabbatgottesdienst. Es gab keine Synagoge mehr, denn die Deutschen hatten sie im September 1939 gesprengt und in einen Haufen rotes und grünliches Bruchgestein verwandelt; dennoch trafen sich am Samstagmorgen zehn Juden, gerade genug für den erforderlichen Minjan, in einem tristen Raum über der *Zodiak Bar*. Mit sechzig war ich der Jüngste unter ihnen, aber sie ließen mich freundlicherweise den Segen über die Thora sprechen, und während des *»Baruch ata«* drängten sie sich um mich, besorgt und eifrig, als führte ich eine komplizierte Operation durch. Einer der Anwesenden war Schlomo, einst Kommandant von Schwientochlowitz; nach dem Gottesdienst trat er auf einen alten Bekannten zu und sagte: »*Schabbat schalom.* – Der Friede des Sabbat.« Dann stand sein Mund einige Sekunden lang weit offen, grinsend, eine in Erwartung erstarrte Komödiantenmaske, als wollte er sagen: »Und? Erkennst du mich?«, und erst als der alte Bekannte ausrief: »Schlomo! *Schabbat schalom!*«, kam Leben in die Maske, und Schlomo brüllte los. Er hatte jetzt ein schwaches Herz, aber er war noch immer ein großer, stämmiger Mann, der gern lachte.

Zu diesem Zeitpunkt hatte ich bereits von Schlomos ehemaligem Lager in Schwientochlowitz gehört, ich kannte sogar den Schauplatz – jetzt eine rosenbewachsene Kleingartenanlage – in Świętochłowice, Polen, und wollte mit Schlomo darüber reden. Viele Male trafen wir uns im Jüdischen Club von Katowice, jetzt zwei völlig kahlen Räumen, aßen Borschtsch vom *United Jewish Appeal*, dem jüdischen Hilfswerk in Amerika, und Schlomo erzählte mir, er habe vierundzwanzig Jahre für den Staatlichen Sicherheitsdienst gearbeitet, zuerst als Lagerkommandant von Schwientochlowitz, dann im Gefängnis von Oppeln, dann im Kattowitzer Gefängnis, wo Chaim einer seiner unglücklichen Gefangenen war, dann in einem Lager für Polen – das, wie er mit einigem Unbehagen hinzufügte, vor kurzem Thema eines Enthüllungsberichts in einer polnischen Zeitung gewesen sei –, dann als Leiter der Abteilung Gewahrsam in Kattowitz; 1968 schließlich entließ der Parteisekretär Gomulka, der drei Jahre in einem Gefängnis der Geheimpolizei verbracht hatte, sämtliche Juden aus dem Staatssicherheitsdienst. Schlomo trug sich noch immer mit dem Gedanken, nach Israel auszuwandern, aber – und sein Grinsen wurde breiter: »Einmal ging ein Jude nach Israel, und ein anderer kam aus Israel. Und die beiden trafen sich im Suezkanal und machten so...« Schlomo tippte sich mit dem Finger an die Stirn: »›Du bist verrückt.‹« »Schreiben Sie nicht über Schwientochlowitz«, sagte er anderntags im Jüdischen Club zu mir; das müsse ich aber wohl, sagte ich, woraufhin Schlomos Miene sich so jäh verfinsterte wie der Sommerhimmel bei einem rasch heraufziehenden Gewitter. Aus seinen Augen verschwand alles Leuchten und wich einer schwarzen Wolke des Schreckens. Er fragte mich nach meiner Adresse in Kalifornien und der New Yorker Adresse meiner Mutter und sagte: »Wenn Sie darüber schreiben, setze ich Himmel und Hölle gegen Sie in Bewegung.« Bedrückt wechselte ich das Thema.

Ich traf viele Menschen in Kattowitz/Katowice, aber einer, den ich nicht sah, war Czesław, vormals Lagerkommandant in

Lamsdorf, dem Lager, in dem Frauen gezwungen wurden, monatealte Leichen zu umarmen und zu küssen. 1965, erfuhr ich, hatte eine Gruppe von Deutschen sich an die polnischen Behörden gewandt und versucht, Czesław wegen Massenmordes vor Gericht zu bringen, doch die Polen erwiderten, Czesław, ein Polizeimajor in Katowice, habe nie irgend jemanden ermordet. Er war wohl in der Stadt, aber er hielt sich bedeckt. Ich erfuhr außerdem, daß niemand in Polen, weder Juden noch Katholiken, wegen Verbrechen gegen die Deutschen je vor Gericht gestellt wurde; in der Tschechoslowakei hingegen war einmal der stellvertretende Kommandant eines Lagers für Deutsche von einem amerikanischen Richter in der amerikanischen Besatzungszone zu acht Jahren verurteilt worden. – Im übrigen sei noch erwähnt, daß Höß in Auschwitz gehängt wurde, Hößler in Hameln, der Rattenfänger-Stadt. Mengele aber, der im Juli und August 1945 POW, Kriegsgefangener, in einem amerikanischen Lager gewesen war, wurde völlig unbekümmert freigelassen; er floh nach Brasilien und ertrank wie der böse Mann in Hillels Geschichte, zuerst in einem Meer von Einsamkeit, dann im Atlantik.

Ich fuhr auch nach Warschau, aber Jakob Berman war, wie ich dort erfuhr, in der Zwischenzeit gestorben. Zwölf Jahre lang hatte er den Staatssicherheitsdienst geleitet, hatte in Warschau Lachs und Hummer gespeist und Bärenbraten in Moskau; dort hatte er sogar mit Molotow Walzer getanzt (der ihm dabei angeblich etwas zuflüstern wollte), während Stalin das Grammophon bediente und georgische Schellacks auflegte. Dann wurde er gefeuert, aus der Partei ausgeschlossen und aus der *Allgemeinen Enzyklopädie* gestrichen. Diese Serie von Schicksalsschlägen führte Jakob auf den polnischen Antisemitismus zurück, als er im Jahr 1983 – nun in einem alten grauen Pullover – mit einer polnischen Schriftstellerin, einem Solidarność-Mitglied, zusammensaß, Tee trank und anmutig eine israelische Orange zerteilte. »Die polnische Gesellschaft«, sagte Jakob und führte die Tasse an die Lippen, wobei seine Finger sich wie Zauberstäbe bewegten, »ist sehr antisemitisch.«

»Das sagen Sie? Ausgerechnet Sie?« fragte die Frau von Solidarność.

»Es ist die Wahrheit. Meine Tochter wurde oft als *śledziara* beschimpft« – stinkender Hering, eine polnische Judenschmähung.

Die Frau hatte Stunden damit verbracht, Jakob zu erinnern, wie das Amt für Staatssicherheit Polen gefoltert, ihnen die Fingernägel ausgerissen, die Zunge abgeschnitten, die Augen ausgebrannt hatte, ganz zu schweigen von den Hinrichtungen. Aber Jakob erklärte ihr ungerührt: »Eine Revolution ist eben eine Revolution.« – »Und Sie verstehen nicht, warum Ihre Tochter so beschimpft wurde?«

»Nein«, sagte Jakob. Er starb im April 1984 an Krebs.

Alles in allem verbrachte ich zwei Monate in Polen und weitere zwei Monate anderswo in Europa. In Deutschland besuchte ich etliche Schlesiertreffen, auf denen ich auch Deutsche aus Gleiwitz zu finden hoffte. Wie ein Rosenverkäufer ging ich von Tisch zu Tisch und fragte die feiernden, biertrinkenden Menschen, ob einer von ihnen in Lolas Gefängnis gewesen sei. Ich fand fünf, vier von ihnen waren geschlagen worden, einer mit dem Totschläger; außerdem stieß ich auf den einen oder anderen Überlebenden von Schwientochlowitz, mittlerweile Rentner; sie waren noch immer nervös und fahrig. Einen fand ich in einem Dorf voller glücklicher Kühe und höflicher Menschen, die ständig »Guten Tag« sagten; er war genau fünfzig Tage älter als ich, und ich empfand eine gewisse Verwandtschaft mit ihm. Während des Krieges war ich in Larchmont, nördlich von New York, gewesen und hatte deutsche Grammatik gelernt, genauso wie er in Bielsko-Biała nahe der tschechischen Grenze englische Verschen lernte – *Little Tommy Tittelmouse / Lived in a little house…* – und Verbkonjugationen übte. In diesem Dorf, in dem er jetzt lebte, rechneten wir nach, auf deutsch und englisch: als ich Pfadfinder gewesen war, wurde er in die HJ gesteckt, als ich mir im Sommerlager Ruder-, Kanu- und Lebensrettungsmedaillen erwarb, war er in Schwientochlowitz, in Schlomos tödlicher brauner Baracke. Er hatte jetzt Schwierigkeiten mit dem Herzen, der Lunge, der Leber, einen Blutdruck von 240 und lebte von seiner Rente in diesem ruhigen, blitzsauberen Dorf bei Düsseldorf, während ich kreuz und quer durch Europa reiste.

Mehrere Tage verbrachte ich im Bundesarchiv in Koblenz am Rhein und prüfte an die tausend Aussagen von Deutschen, ehemaligen Häftlingen des polnischen Staatssicherheitsdienstes. Nahezu jede Aussage begann, sinngemäß, mit folgenden Worten:

> *Alles, was ich im folgenden schreibe, kann ich bezeugen. Ich verbürge mich für jeden Satz und jedes Wort…*

Meist folgte dann eine Horrorgeschichte über Lolas oder Schlomos Haftanstalt. Viele Berichte waren maschinengeschrieben, doch ebensooft auch von Hand: in hübscher, aber – zumal für einen Amerikaner – schwer lesbarer Schrift, und ich mußte sehr lange und genau hinsehen, bis ich erkannte, daß 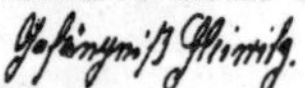 »Gefängnis Gleiwitz« bedeutet und der dortige Kommandant eine 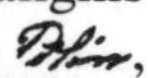, eine Polin war. Wie ich so saß und über diesen deutschen Handschriften brütete, kam ich mir oft vor wie jemand, der eine geheime Landkarte zu entziffern versucht, doch am überraschendsten waren mir die Jahreszahlen, die amtlicherseits oben auf jede Aussage gestempelt worden waren: 1960, 1961, 1962… Das hieße, die Deutschen hatten dreißig Jahre lang gewußt, daß ein Jude in Schwientochlowitz gemordet hatte, aber es war ihnen nicht daran gelegen (oder sie hatten nicht gewagt), der Welt über ihn zu berichten.

Zu meiner Überraschung stellte ich fest, daß viele Juden vom polnischen Staatssicherheitsdienst in Deutschland lebten. Ich erfuhr, daß der damalige Polizeichef von Kattowitz in München lebte, aber vermutlich verfehlte ich ihn, denn der Mann dieses Namens beteuerte, er sei weder Jude noch je in Kattowitz gewesen. In einer anderen deutschen Stadt fand ich Adela – dieselbe, die gefragt wurde: »Was bist du so bleich, Adela?«; sie verkaufte jetzt Fernsehgeräte; und ich fand Efraim den Einarmigen, der mittlerweile Bier ausschenkte. Sie fühlten sich wohl in Deutschland, nachdem sie aus Polen entkommen waren, aber sie hatten sich andere Namen zugelegt und baten mich, sie nicht zu erwähnen, ebensowenig wie den Namen der Stadt, in der ich sie gefunden hatte. Auch Lola hatte eine Zeitlang in Deutschland gelebt: der Wald, den sie 1945 durchquert hatte, lag bei Schwandorf; dort blieb sie, traf Schlomo, ihren Mann, und ließ sich von ihm scheiden. 1946 ging sie mit Gertrude, ihrer *femme de chambre*, nach Paris.

Ich fuhr nach Dänemark und besuchte Josef Jurkowski, den Jargon sprechenden Kommunisten, in einer Kopenhagener Wohnung. Josef war der Staatssicherheitschef für Schlesien gewesen, das ging eindeutig aus den Dokumenten hervor, die ich gesehen hatte. Doch in Kopenhagen behauptete er: »Das sind Märchen.« Er behauptete, er sei lediglich Offizier in der polnischen Armee gewesen. 1948 sei er als Ökonom an ein Warschauer Institut berufen worden. Zwanzig Jahre später habe das Institut sämtliche Juden entlassen, und er sei nach Dänemark ausgewandert. Ich fragte ihn: »Glauben Sie immer noch nicht an Gott?«, und Josef antwortete: »Nein, immer noch nicht.« Ich fragte weiter: »Und an den Kommunismus glauben Sie noch?« Josef setzte zu einer Erklärung an: »Also, der Marxismus ist ein Produkt aus französischer Philosophie, deutscher Soziologie und englischer Volkswirtschaft, und ...«, aber Josefs Frau unterbrach ihn: »Nein. Wir glauben nicht daran.«

Mein zweiter Zwischenaufenthalt in Europa galt Frankreich. Lola hatte einen jüdischen Arzt, Michal, geheiratet und war, hochschwanger, mit ihm (aber ohne Gertrude) im Dezember 1948 abgereist. Doch in den französischen Alpen, in

Annecy – einem Ort wie ein Postkartenidyll: Fluß, Steindamm, darüber eine ockerfarbene Häuserzeile –, lebte Zlata, die Frau von Lolas Bruder. Zlata hatte sich ihr sonniges Gemüt bewahrt. Sie lachte, während sie mir von ihrer Zeit in Auschwitz und den vier Monaten Gleiwitz berichtete, als erzählte sie von einem Schwank im Theater. Im September 1945, sagte sie, sei sie mit dem Zug von Gleiwitz nach Paris und von da nach Pas-de-Calais gereist, wo Lolas Bruder sie mit weit geöffneten Armen empfing. Auch Lolas andersdenkende Schwester lebte hier; sie sagte zu ihr: »Du siehst aus wie eine Irre« und schickte sie zu einer *coiffeuse*, um ihren durch Entlausungspulver verfärbten Haaren eine modischere Tönung zu verleihen. Zlata und »Elo« hatten einen Sohn und eine Tochter, Elo starb, der Sohn hatte wieder eine Tochter, und ich rechnete mir bedrückt aus, daß der Name Potok um das Jahr 2020 ausgestorben sein wird: das langsame, aber unausweichliche Fazit der Gaskammern in Auschwitz.

Ich fuhr nach Israel, und traf dort Ada. Sie erzählte mir von ihrer Zugfahrt nach Deutschland 1945. In Schwandorf traf sie David, ihren Mann und Lolas Bruder, und später auch Lola. Ada und David bekamen ein Kind, das kurz nach der Geburt starb; wenig später ließen die beiden sich scheiden. 1953 reiste Ada mit dem Schiff nach Israel, in das Land, das sie in Auschwitz besungen hatte, auch noch am Bug des Schiffes, das sie ans Ziel brachte:

Das Land der Palme
und des Mandelbaums…

Ihre Stimme bezauberte einen Kanadier, einen Juden, der im Zweiten Weltkrieg Soldat gewesen war. Sie heirateten kurze Zeit später und ließen sich in Aschkelon nieder – wo sie noch heute gesund und glücklich leben –, der Stadt am Meer, in der, wie es im Buch der Richter steht, Samson dreißig Männer tötete.

Ich war zwei Wochen in Israel und fuhr natürlich nach Jerusalem und nach Yad Waschem, an einem heißen Hang gelegen: das israelische Archiv für den Holocaust. Der Auftrag von Yad Waschem ist, »niemals zu vergessen«, und zu diesem Zweck werden dort Unterlagen gesammelt über alles, was während des Krieges den europäischen Juden zugestoßen ist. Bis zu dem Zeitpunkt umfaßte Yad Waschem fünfzig Millionen Seiten, durchschnittlich fünf für jeden Mann, jede Frau, jedes Kind, ein kilometerlanger Tunnel voller Seiten, alle in einem Register erfaßt, alle katalogisiert; deshalb war ich überrascht, als ich darin nichts über den Staatlichen Sicherheitsdienst in Polen und seine jüdischen Funktionäre fand. Auch nichts über Lola, und zu meinem kurzen Bericht über sie meinte der Präsident von Yad Waschem: »Die Geschichte klingt reichlich unglaubwürdig«, und der Archivdirektor sagte sogar: »Erfunden!«

»Wieso?« fragte ich.

»Ein jüdischer Kommandant? So waren die Polen nicht«, sagte der Archivdirektor. Er selbst war polnischer Jude; jetzt saß er mit aufgekrempelten Ärmeln hinter dem Schreibtisch, auf dem sich Stapel von Papier türmten. »Ich rate Ihnen, das zu überprüfen.«

»Das habe ich getan«, sagte ich. »Ich habe mit ungefähr vierzig Menschen gesprochen, die meisten davon Juden, die sich alle an Lola erinnern; außerdem habe ich den Brief gesehen, mit dem Lola eingestellt wurde.«

»Aber wer hätte sie einstellen sollen?«

»Ihre Vorgesetzten waren Juden.«

»Unmöglich!« sagte der Direktor. Das *Un* stieß er so heftig hervor, daß es wie ein Fanfarenstoß klang. Dabei starrte er mich finster an – mich, den Mann, der eines Tages vielleicht schreiben würde, daß die Juden manchmal auch Deutsche umgebracht hatten, während doch seine fünfzig Millionen Seiten belegten, daß es immer umgekehrt war.

Yad Waschem, ein israelisches Amt, besitzt einen internationalen Arm, die Internationale Yad-Waschem-Gesellschaft, und ich bemühte mich sehr um ein Treffen mit ihrem stellvertretenden Präsidenten, der, wie ich gehört hatte, einst selbst Mitarbeiter des Staatssicherheitsdienstes gewesen war. Er hielt sich jedoch gerade in Tokio auf. Aber ich ließ nicht locker.

Ich muß hier einen kleinen Sprung vorwärts tun: Nach meiner Israelreise rief ich ihn immer wieder an. Wir vereinbarten Treffen in Auschwitz, Venedig, Genf und New York City, aber er mußte immer wieder absagen.

An einem verrückten Tag, als ich abermals in Polen war, rief ich ihn von einem vietnamesischen Restaurant aus in der Schweiz an, und eine Portugiesin teilte mir auf spanisch mit, er befinde sich in Chile. Sosehr ich mich auch anstrengte, ich traf ihn nie persönlich, aber am Telefon bestätigte er mir, was ich anderswoher erfahren hatte: daß er einer der gestrengen Vernehmungsbeamten in Neisse gewesen war. »Ich war schrecklich«, so der stellvertretende Präsident der Internationalen Yad-Waschem-Gesellschaft. »Aber reden wir lieber nicht darüber.«

Zurück zu meiner Reise nach Israel. Ohne die Hilfe von Yad Waschem fand ich in Haifa einen weiteren Befrager aus Neisse, und in Tel Aviv fand ich Adam, den Vernehmungsleiter aus Gleiwitz. Adam war sehr freimütig, er berichtete mir und *führte vor* – indem er eine Nagelspitze an seinen Fingernagel hielt und seinen Arm in einen Türspalt steckte –, wie der Staatssicherheitsdienst seine Gefangenen gefoltert hatte. Im August 1945 war er mit dem Zug nach Plzeň in der Tschechoslowakei gefahren und zu Fuß durch einen Wald marschiert – durch den grünen Vorhang, wie die Juden sagten –, ebenfalls nach Schwandorf in der Oberpfalz. Dort hatte er Lola zum letztenmal gesehen, denn danach wanderte er nach Israel aus, heiratete eine Warschauer Jüdin, zeugte einen Sohn und eine Tochter und leitete lange Zeit den Roten Davidstern (das Äquivalent zum Roten Kreuz) in Tel Aviv; jetzt studiert er hingebungsvoll die Thora. Er sprach klug, geistreich und eindringlich – den *Bimber*, sagte er, habe er aufgegeben, bevor er ins Heilige Land gekommen sei. Als ich Adam zuhörte, hatte ich das Gefühl, als hätte ich den Zweiten Weltkrieg in Polen miterlebt; wäre ich älter gewesen, hätte ich genau wie er reagiert. Als er mich bat, ihn in meinem Buch »Adam K.« zu nennen, meinte ich, lieber würde ich ihm dem Namen meiner Krakauer Großmutter mütterlicherseits geben: Adam »Krawecki«, was ich dann auch getan habe.

Chaim, den kaltäugigen Leiter der Abteilung Gewahrsam, fand ich in keiner Akte von Yad Waschem, aber er stand als Heinrich im Telefonbuch von Tel Aviv. 1948, erfuhr ich, war er aus dem Kattowitzer Gefängnis entlassen worden. Er hatte zehn Jahre lang Hotels in ganz Schlesien geleitet; dann war er nach Israel ausgewandert. Er verkaufte Computersoftware, eine Beschäftigung, bei der er viel unterwegs war. Wenn er nach Jaffa und Jerusalem fuhr, verfluchte er langsamere (und schnellere) Fahrer und beschimpfte sie auf Hebräisch als »Hurensöhne«. Er heiratete Krystyna, eine atemberaubend schöne Frau, einst die Geliebte eines deutschen Obersten. Chaim strafte sie mit Mißachtung. Um seinen Sohn zu verprügeln, benutzte er häufig seinen Offiziersgürtel mit dem polnischen Adler auf dem Koppelschloß, und als seine Tochter, damals siebzehn, einmal um Mitternacht nach Hause kam, ohrfeigte er sie und schrie sie an: »Hure! Du hast herumgehurt!« Krankhaft argwöhnisch, pflegte er auf Zehenspitzen vor die Zimmertür seiner Tochter zu schleichen: dann riß er sie jäh auf und schrie: *»Was tust du?«*, worauf sie stumm ihr hebräisches oder englisches Lehrbuch vorzeigte und Chaim niedergeschlagen anstarrte.

Er haßte die Araber. »Nur ein toter Araber ist ein guter Araber«, erklärte er häufig. 1982, als Israel im Libanon einmarschierte, sagte er zu seinem damals fünfunddreißigjährigen Sohn: »So. Jetzt haben wir also die Endlösung für das Araber-Problem gefunden.«

»Vater! Weißt du, was du da sagst?«

»Was?«

»Die Endlösung! Das war's, was die Deutschen über *uns* gesagt haben!«

»Glaub mir, ich hab' die Deutschen nicht vergessen.«

»Doch, du hast alles vergessen! Immer wieder heißt es: ›Wir vergessen niemals‹«, argumentierte Chaims leidenschaftlicher Sohn, »aber wenn wir uns wirklich erinnerten, würden wir Juden es niemals genauso machen!«

»Du irrst dich«, sagte Chaim.

»Wir behaupten, wir sind das auserwählte Volk«, beharrte sein Sohn. »Wozu auserwählt? Um andere Völker zu unterdrücken? Oder um andere zu lehren, daß niemand je wieder tun darf, was die Nazis getan haben?«

»Du irrst dich ganz und gar«, sprach Chaim und eilte davon. Im August 1987, kurz bevor ich nach Israel kam, fuhr er mit hoher Geschwindigkeit in eine Parklücke, bremste, erlitt einen Schlaganfall und starb, zusammengesackt über dem Lenkrad. Er und ich begegneten uns nie, aber ich sprach mit seiner Tochter, seiner Adoptivtochter, einer engen Freundin und seiner Lebensgefährtin in Tel Aviv. Telefonisch unterhielt ich mich mit seinem Bruder in Sydney, Australien, und traf mich, wieder persönlich, mit seinem sonnengebräunten Sohn, der Windsurfer, Turmspringer und mittlerweile auch Hypnotherapeut war, in Miami, Florida.

Die meisten jüdischen Mitarbeiter des Staatlichen Sicherheitsdienstes gingen nach Amerika. Bereits im Juni 1945 passierte der Lagerkommandant von Ziegenhals bei Neisse den grünen Vorhang und gelangte nach Deutschland. Mit dem Gold, das er den Deutschen abgenommen hatte, bestieg er ein Schiff nach New York. Auch Lola und ihr neuer Mann Michal, er als Arzt und sie als seine Assistentin, flogen im Dezember 1948 nach New York. Sie bekamen dort vier Töchter; Lola zog später weiter. Ein Vernehmungsbeamter aus Neisse lebte als

Mantelfabrikant in Baltimore, ein Fahnder aus Kielce als Bauunternehmer in Queens; ein Junge, der die Prügelpartys in Schwientochlowitz mitgemacht hatte, war Handelsvertreter in Paramus, New Jersey, und ein ehemaliger Mitarbeiter der Kattowitzer Nachrichtenabteilung wurde in Chicago Gynäkologe. Barek, der Mittelgewichtsboxer, und seine Regina – die verzweifelt waren, als die Military Police sie wegen falscher Papiere zurückwies, dann aber von einem Tschechen Brot kaufen konnten, den ganzen Tag marschierten und zu guter Letzt den grünen Vorhang passierten – leben jetzt in Toronto; an ihrem vierundvierzigsten Hochzeitstag war ich bei ihnen zu Gast. Sie haben einen Sohn, zwei Töchter und vier Enkelkinder, die an diesem frohen Tag ebenfalls zu Besuch kamen oder jedenfalls anriefen. Schlomo, der heiligmäßige Mann, und seine Freundin Rivka – die zu groß für ihn war, aber irgendwann gemerkt hatte, daß der Größenunterschied sie nicht kümmerte – waren nach Regensburg gegangen und hatten dort geheiratet; jetzt leben sie in Brooklyn, wo ich sie besuchte und in den Genuß von Rivkas köstlichem *gefilten fisch* kam. Auf Schlomos Anregung begann ich den Segen über das Mahl zu sprechen: *»Baruch ata, Adonaj elohenu«*, doch ich verhaspelte mich hoffnungslos und verlor den Faden; lächelnd führte Schlomo mich durch den hebräischen Text, damit ich nicht *»Adonaj«*, den Namen Gottes, in einem Gebet ausspräche, das alles andere als einwandfrei war. Schlomo und Rivka hatten einen Sohn und zwei Töchter, und ihr elftes Enkelkind kam zur Welt, während wir den hervorragenden *gefilten fisch* aßen.

Wochenlang hielt ich mich an der Ostküste auf und suchte nach jüdischen Mitarbeitern des polnischen Staatssicherheitsdienstes. Viele weigerten sich rundweg, mit mir zu sprechen, oder logen mich an. Ein Vernehmungsbeamter aus Neisse beschied mir: »Ich kann Ihnen nicht helfen«, ein ehemaliger Gefängniswärter in einem Kattowitzer Keller sagte: »Ich will nicht über mich reden«, und der einstige Kommandant von Myslowitz leugnete alles: »Ich war kein Kommandant, ich habe nicht in Myslowitz gearbeitet, und überhaupt weiß ich nicht, wovon Sie reden.« Mosche, Lolas Adjutant, der in Gleiwitz tödliche Machenschaften betrieben hatte und jetzt Bauunternehmer in Linden, New Jersey, war, äußerte sich überhaupt nicht; aber am Telefon sagte seine Frau zu mir: »Wir erlauben Ihnen nicht, dies zu schreiben.«

»Ich... Sie... Man...«, stotterte ich.

»Haben Sie mich verstanden?«

»Man *braucht* keine Erlaubnis dazu.« – Da legte Mosches Frau auf. Jadzia, die Aufseherin aus Gleiwitz, behauptete am Telefon zunächst: »Ich war nie in Gleiwitz«; später räumte sie ein: »Ich war in Gleiwitz, aber ich werde nie darüber reden!« Obwohl sie dann doch eine Stunde mit mir sprach, beteuerte sie immer wieder: »Ich weiß nichts! Nichts! Nichts! Nichts! Nichts! Nichts!«

Eines Tages traf ich Jadzia und andere aus dem Staatssicherheitsdienst auf einem großen Friedhof in Woodbridge, New Jersey. Es war ein besonderer Tag: Hunderte von Juden aus Będzin hatten sich um die Gräber versammelt, um ihrer Mütter und Väter, Schwestern und Brüder zu gedenken, die durch die Hand der SS umgekommen waren. Es war kalt, der Himmel bleiern, Jadzia trug einen glänzenden schwarzen Trenchcoat zum Schutz vor dem bevorstehenden Regen. Kaum hatte sie mich erblickt, rief sie auf Jiddisch: »Ich will nicht mit ihm reden!« und ging davon. Der Präsident des Brüderlichen Ordens von Będzin erschien und schrie mich erbost an: »Wenn Sie über sie schreiben, zeige ich Sie an!« Ich war aber nicht Jadzias wegen gekommen, sondern wegen der Gedenkfeier und setzte mich auf einen der kalten Klappstühle.

Der Hauptsprecher bei dieser Feier war Pinek, der Mann, der einst Sekretär des Staatlichen Sicherheitsdienstes gewesen war. »Wie passend ist dieses Wetter«, sprach er laut ins Mikrofon. »Es ist, als wollte der Himmel mit uns weinen.« Pinek hatte noch dasselbe Vollmondgesicht, das er angeblich bereits in Będzin gehabt hatte, er sprach Englisch, jedoch mit einem leichten osteuropäischen Akzent. Im September 1946 war seine Schwester Schoschana in Meran gestorben: ein spätes Opfer der Deutschen. Pinek wanderte nach Amerika aus und ließ sich in New Jersey nieder. Er heiratete eine Jüdin, die sich während des Krieges in den russischen Wäldern versteckt hatte, sie bekamen drei Kinder, eine Tochter und zwei Söhne, und vier muntere Enkelkinder. Als ehemaliger Student des Warschauer Polytechnikums hatte Pinek eine Firma gegründet, spezialisiert auf das Ausschneiden der rechteckigen Öffnungen in den Plastikgehäusen von Tastentelefonen, aber zudem wurde er, wie manche andere vom Staatssicherheitsdienst, auch ein *macher*: er war Vizepräsident der *United Synagogues of America* und einer der Vorsitzenden des *United Jewish Appeal*. Jedes Jahr einmal war er der Hauptsprecher hier in Woodbridge und erinnerte seine Zuhörer daran, wie die »Tiere«, die »Barbaren«, die »*yimach sh'mom* Nazis«, die verfluchten Nazis, in einer furchtbaren Nacht im Juli 1943 die Welt der Juden von Będzin vernichtet hatten. »Es ist die Pflicht unserer Kinder und Kindeskinder«, sagte Pinek ernst, »die Fackel der Erinnerung zu tragen, bis die Welt begreift, daß solche Greueltaten nie wieder« – und er betonte die Worte *nie wieder* – »irgendeinem menschlichen Wesen zustoßen dürfen.«

Dann zündete Pineks Frau sechs Kerzen für die sechs Millionen Toten an. Es begann zu nieseln, die Kerzen brannten weiter, die Juden von Będzin machten sich auf den Heimweg, und Pinek nahm mich mit in sein Haus in Montville. Er bat mich herein. Er war so herzlich, mitfühlend, höflich wie je, ein Mann aus der Alten Welt, – das war er immer gewesen, und ich wäre entsetzt, wenn ich befürchten müßte, dies meinen Lesern nicht klar zu verstehen gegeben zu haben. Wir saßen in Pineks Arbeitszimmer, und ich berichtete ihm von seinen alten Freunden, die ich in Polen und anderswo in Europa und in Israel getroffen hatte. Aber ich hatte das Gefühl, ihn zu hintergehen, wenn ich ihm nicht auch über seine einstigen Gefangenen berichtete. Deshalb reichte ich ihm die Fotokopien der Aussagen, die ich im Bundesarchiv hatte machen lassen. Er griff sich eine Aussage heraus; sie stammte von einer Frau aus Bunzlau, in der Nähe von Breslau, die schrieb, sie sei am Sonntag, dem 3. Juni 1945, von drei Uhr nachmittags bis acht Uhr abends vom Staatssicherheitsdienst verhört worden. Pinek begann zu lesen.

> *Meine Zellentür ging auf. Der Aufseher, der sich wegen des üblen Geruchs ein Taschentuch vor die Nase hielt, rief: »Reimann Eva! Mitkommen!« Ich wurde in ein Zimmer im ersten Stock gebracht.*

Draußen vor dem Fenster prasselte der Regen nun in Sturzbächen herab. Es war eiskalt, Pinek trug einen grauen Pullover mit einem lebhaften Muster aus schwarzen, blauen, grünen und roten geometrischen Formen.

> *Er schrie mich an. »Schuhe ausziehen!« Ich zog sie aus. »Hinlegen!« Ich legte mich hin. Er nahm einen dicken Bambusstock und schlug mir auf die Fußsohlen. Ich schrie laut, denn die Schmerzen waren sehr groß.*

Pinek runzelte die Stirn. »Aber das ist genau das, was die Deutschen mit den Juden getan haben«, sagte er. Auf seinem Schreibtisch stand ein Foto von Schoschana aus Vorkriegszeiten; sie sah sehr hübsch aus.

> *Der Stock sauste auf mich nieder. Ein Schlag auf meinen Mund riß mir die Oberlippe auf, und meine Zähne fingen heftig an zu bluten. Er schlug mich wieder auf die Füße. Die Schmerzen waren unerträglich. Warum habe ich nicht das Bewußtsein verloren?*

»Nein, das haben die *Deutschen* getan, nicht wir«, sagte Pinek. »Das muß ein SS-Mann geschrieben haben.«

Auf einmal ging die Tür auf, und herein kam mit verbindlichem Lächeln, eine Zigarette im Mund, der Leiter der Staatssicherheit namens Sternnagel. In fehlerlosem Deutsch fragte er mich: »Was ist hier los? Warum lassen Sie sich schlagen? Sie müssen nur dieses Dokument unterzeichnen. Oder sollen wir Ihre Finger in der Tür zerquetschen, bis Ihre Knochen zu Brei werden?

»Das kann ich nicht glauben«, sagte Pinek. »Das ist eine Fälschung.«

Ein Mann packte mich an den Fußknöcheln, hob mich zwanzig Zentimeter über den Boden hoch und ließ mich fallen. Meine Hände waren gefesselt, und mein Kopf schlug hart auf.

»Zumindest ist es verständlich, wenn manche Leute das getan haben«, sagte Pinek. »Sie haben es den Deutschen nachgemacht.«

Ich lag in einer Blutlache. Jemand rief: »Aufstehen!« Ich versuchte es, und es gelang mir unter unsäglichen Schmerzen. Ein Mann mit einer Pistole kam, hielt sie an meine linke Schläfe und sagte: »Werden Sie jetzt gestehen?« Ich sagte: »Bitte erschießen Sie mich.« Ja, ich hoffte, von all diesen Qualen befreit zu werden. Ich bat ihn: »Bitte, drücken Sie ab.«

Pinek las den Bericht zu Ende. Auf die Aussagen aus anderen Zellen, Kellern und Lagern in Schlesien hatte er noch keinen Blick geworfen, auch die Statistik kannte er nicht, derzufolge zwischen zwanzig und fünfzig Prozent der Menschen in diesen Institutionen – *seinen* Institutionen – umgekommen waren; er versprach aber, alles zu lesen.

Ich dankte ihm und ging. Er las die Aussagen tatsächlich,

aber er wußte nicht, ob er sie glauben sollte oder nicht. Er zeigte sie dem Präsidenten des Brüderlichen Ordens von Będzin, der daraufhin eine dringliche Warnung an alle Mitglieder schickte, in der er sie aufforderte, nicht mit mir zu sprechen – doch Pinek, Gott segne ihn, hielt sich nie daran. Wir telefonieren häufig miteinander und sind nach wie vor Freunde.

Ich lebte damals in Los Angeles. An einem kalten Tag fuhr ich den Pazifik entlang in die Berge von Topanga Canyon. An einem ruhigen Flüßchen steht das »Gasthaus zum Siebten Strahl«, ein großes Terrassenlokal: auf jedem Tisch eine Vase mit Veilchen und rötlichweißen Blütenrispen, dazu schmiedeeiserne Stühle mit violetten Kissen. Hier oben war es noch kälter. Eine Kellnerin stand auf einem Stuhl, in der Hand ein Streichholz, so lang wie eine Kerze, mit dem sie wie ein Laternenanzünder in alter Zeit den Heizofen über sich in Gang zu setzen versuchte. Ein Gast, eine Frau um die Siebzig in Leopardenhosen und schwarzer Seidenbluse, mit dem Löwen von Juda als Medaillon an einer breiten Goldkette, hielt die Kellnerin an ihrem Rock fest, damit nicht ein plötzlicher Windstoß den Stuhl zum Kippen und das Mädchen zu Fall brachte. »Seien Sie ja vorsichtig«, warnte sie.

»Es geht schon«, sagte die Kellnerin lächelnd.

»Sind Sie sicher?« fuhr die Frau fort. Sie rollte das *r*. Sicherrrr.

»Ist schon in Ordnung.«

»Ist es nicht windig dort droben?« Dorrrrt drrrroben.

»Nein, alles bestens.«

Es war beinahe Mittag, und ich hatte eine Verabredung zum Essen – wohl schon die zwanzigste – mit eben jener besorgten Dame. »Grüß dich, Lola«, sagte ich.

»Hallo«, sagte Lola. »Waghalsig, was das Mädchen macht.« Lolas Wangen waren so rot wie wohl auch damals, in Będzin, als sie sich beklagt hatte, sie sehe aus wie eine Bauerntochter. Diese Wangen machten jedes Rouge überflüssig, aber ihr Lippenstift war korallenfarben, die Augen hatte sie schwarz umrandet und nach den Seiten hin verlängert wie eine *femme fatale*, und sie duftete nach *Opium* von Yves St. Laurent. »Sie könnte in den Bach fallen«, sagte Lola, die noch immer den weiten Rock des Mädchens umklammerte. »Die arme Kleine.«

Englisch war Lolas fünfte Sprache. Sie hatte es in New York gelernt, mit Hilfe der Rundfunksendungen von Mary Margaret McBride, in denen verschiedene Autoren zu Wort kamen (unter anderem ich). Sie hatte eine Weile für ihren Mann, den Arzt, gearbeitet, doch irgendwann hörte sie von einer Firma, die Flugzeugteile für die DC-3, DC-4 und DC-6 herstellte, aber mit einer Million Dollar verschuldet war und folglich, wie man ihr sagte, unter *»Chapter Eleven«** fiel.

Lola beschloß sie zu kaufen. Sie lieh sich 25 000 Dollar von jüdischen Freunden, leistete eine Anzahlung, fragte ihren genervten Rechtsanwalt: »Kapitel elf? Was ist das? Ein Buch?«, putzte alle Fenster, schrubbte die Böden, entließ den betrügerischen Buchhalter, schloß einen umfassenden Vertrag mit der Luftwaffe und verwandte ihre erste Subventionszahlung dazu, die Firma aus den roten Zahlen zu bringen. Bald machte sie einen Jahresumsatz von zehn Millionen Dollar und zog nach Kalifornien.

Ihr erster Ehemann Schlomo lebte in Los Angeles, aber das wußte Lola nicht; Michal, ihr zweiter Mann, von dem sie sich hatte scheiden lassen, war in New York geblieben. Lola ging in den Westen, um ihren vier Töchtern nahe zu sein: einer Staatsanwältin und einer Hausfrau in Sacramento, einer Börsenmaklerin und einer Sekretärin in Los Angeles. Lola hatte ihre New Yorker Wohnung behalten (und besaß eine weitere in Rio de Janeiro). Sie wollte noch am selben Tag – sobald der

* »Chapter 11«: ein Paragraph des amerikanischen Konkursgesetzes, der die Sanierung eines zahlungsunfähigen Unternehmens unter gerichtlicher Aufsicht regelt. A. d. Ü.

Ofen brannte, das Essen aufgetragen und verspeist, die Rechnung bezahlt wären – nach New York fliegen, um einen Vertrag mit der indonesischen Luftwaffe zu unterzeichnen und anschließend in der Met die Verdi-Oper *Luisa Miller* zu hören.

Zu dem Zeitpunkt kannte ich Lola bereits seit eineinhalb Jahren. Eines Tages im April 1986, als ich geschäftlich mit Paramount Pictures zu tun hatte, hatte ich ihre Tochter kennengelernt, die Sekretärin, die mir im Verlauf des Gesprächs von Lolas zwei Leben erzählte, dem ersten unter den Deutschen, dem zweiten über ihnen. Ich fing Feuer, ich wollte über sie schreiben; Lola selbst war einige Zeit später damit einverstanden. Ich stellte daraufhin einige Nachforschungen in Europa an: die Geschichte stimmte. Wir trafen uns dann an den verschiedensten Orten, in Cafés auf den Champs-Elysees, auf nassen Friedhöfen in Woodbridge, in ihrer Eigentumswohnung in West Hollywood und vielen anderen, und Lola breitete ihre Erinnerungen vor mir aus, alles, was sie noch wußte, bis hin zu den Worten auf der Rückseite des SS-Fotos »Ein Blick«. In vierzig Jahren hatte sie viel vergessen, doch sie schickte mich zu Pinek, dem Mann, der sie eingestellt hatte, zu Mosche und Jadzia, ihren Mitarbeitern, zu Ada und Zlata, ihren Gefährtinnen in allen Lebenslagen, und zu anderen, die oft das fehlende Puzzleteilchen beisteuern konnten. Ich war mir klar, daß ich als Reporter – und als Jude, der, wie die Thora gebietet, aufrichtiges Zeugnis ablegen muß – verpflichtet war, die Wahrheit zu schreiben, wie immer sie aussehen mochte. Ich hoffte, die Wahrheit würde eine Geschichte nicht nur von jüdischer Rache sein, sondern auch von jüdischer Erlösung.

An dem Tag als wir uns in dem Restaurant in den Bergen trafen, hatte ich meine Nachforschungen noch nicht abgeschlossen. Der Ofen glühte inzwischen orange. Lola saß mir gegenüber und aß ein Omelett mit Spinat und Pilzen. Sie lud eine Portion auf die Gabel: »Hier. Koste«, befahl Lola. »Davon haben wir in Auschwitz geträumt.«

»Du hast gesagt, ihr hättet von Rache geträumt«, sagte ich und langte mit der Gabel in Lolas Teller.

»Das auch. Wir träumten davon... Oh-oh!« sagte Lola und fuchtelte gebieterisch mit der Gabel; ihr Daumen war noch immer deformiert. »Das war doch nichts! Nimm anständig!« sagte sie und schob mir das Herzstück ihres Omeletts auf den Teller, einen riesigen bronzefarbenen Pilz, eingewickelt in Käse, Spinat und Ei.

»Danke, Lola. Was wolltest du sagen?« fragte ich.

»Wir träumten davon, daß wir irgendwann mit den Deutschen dasselbe tun würden, was sie mit uns getan haben«, sagte Lola; die Erinnerungen an Auschwitz wühlten sie auf. »Daß wir sie zwingen würden, bei minus dreißig Grad Appell zu stehen, halbnackt in der Kälte, gedemütigt, wie wir. Daß wir sie zwingen würden, Steine zu schleppen, Felsbrocken, und sich dabei den Rücken zu ruinieren. Daß wir sie zu einem blutigen Brei schlagen würden, daß wir...« Lola verstummte. Schweigend stocherte sie in ihrem Omelett. Der Bach plätscherte, irgendwo in der Nähe quakte ein Baumfrosch wie ein verrostetes Wagenrad.

»Lola, ich verstehe das«, sagte ich. »Du hast es getan, und du bist nicht stolz darauf.«

»Nein, das ist nichts, wofür ich mich mit einem Stern auf der Schulter schmücken würde«, sagte Lola.

Vom anderen Ende der Terrasse drang Musik herüber, ein Harfenist spielte eine Debussy-Arabeske für fünfzig bis sechzig Personen, die ein Brautpaar umringten, der Mann im Smoking, die Frau im weißen Hochzeitskleid. Ein Geistlicher begann zu sprechen: »Auf daß ihr oft lachen mögt, auf daß euch...«

»Sie friert, die Arme«, sagte Lola. »Meine Mutter hat gesagt, das Leben ist wie eine Hochzeit. Wir werden geboren, und es spielt die Kapelle, alles ißt und trinkt und singt und tanzt. Aber am Ende, da liegt ein Haufen Müll auf dem Boden, wir werden müder und müder und haben keine Lust mehr auf Singen und Tanzen. Wir gehen zur Tür, aber bevor wir hinausgehen, schauen wir uns noch einmal um und fragen uns: Haben wir gelacht? Haben wir geweint? Hatten wir eine gute Zeit? Haben wir's gut gemacht? Dann gehen wir durch die Tür, die sich hinter uns schließt. Das hat meine Mutter gesagt.«

Lola sah nachdenklich drein. Am anderen Ende der Terrasse küßten sich die Brautleute, und die Hochzeitsgäste tranken auf ihr Wohl. Der Harfenist griff in die Saiten und spielte *The Little Fountain* von Samuel Platt.

»Wir schauen zurück«, sagte Lola, »und fragen uns: Haben wir ein gutes Leben gelebt?«

Noch weitere sechs Monate flossen die Erinnerungen aus Lolas Seele. Einmal fiel ihr sogar das anstößige Lied wieder ein, das Rivka, ihre Mutter, in Będzin gesungen hatte:

Kascha die Zofe sagte:
»Er ist sehr steif!«
Ich fragte: »Was ist steif?«
»Dein gestärkter Kragen!«

Sie erinnerte sich an die rothaarige, sommersprossige Prostituierte, Blockälteste in Auschwitz, die geschrien hatte: »Jüdische Schweinehunde!« und an die Aufseherin mit dem watschelnden Gang in Gleiwitz: »Schwein! Du bist aus dem Schritt!« Sie erinnerte sich nicht, daß in Gleiwitz Deutsche verhungerten, gefoltert wurden, am Typhus erkrankten, auf schreckliche Weise starben, und ich wußte es selbst nicht, denn ich hatte in Polen und Deutschland noch viel zu recherchieren. Irgendwann war ich jedoch soweit: ich schrieb ein Exposé von *Auge um Auge* und schickte es zusammen mit einem Brief Lolas – »Ich möchte die Geschichte meines Lebens erzählen« – an verschiedene New Yorker Verlage. Eines Tages bekundete ein Verleger sein Interesse: ich solle mit meinem Projekt fortfahren. Ich rief Lola an, um ihr die gute Nachricht mitzuteilen.

Sie jedoch antwortete: »Hör zu, John, ich möchte nicht, daß du das tust.«

Mir verschlug es die Sprache. Wir hatten nun zweieinviertel Jahre daran gearbeitet. Ich begriff nicht, weshalb Lola ihre Meinung geändert hatte. Hielt sie plötzlich all das, was sie mit den Deutschen getan hatte, für unaussprechlich? Hatten andere, Polen, vielleicht Mitarbeiter des Staatssicherheitsdienstes, sie gedrängt, die Sache fallenzulassen? »Lola, das sagst du mir zum erstenmal«, antwortete ich.

»Ich möchte wirklich nicht mehr darüber reden«, sagte Lola. Doch schließlich lud sie mich in ihre Wohnung in West Hollywood ein. Ich fuhr sofort hin. Lola saß auf einem Sofa, zwei ihrer Töchter, beide um die Dreißig, auf dem Teppich. Ich setzte mich dazu. »Weißt du, John«, sagte Lola, »wir können mit deiner Art zu schreiben nichts anfangen. Du schreibst wie ein *Reporter*«, fuhr sie mit gerunzelter Stirn fort. »Ich will dieses Buch nicht, und wenn du es wirklich veröffentlichst, werde ich dich daran hindern.«

»Ich verstehe«, sagte ich, noch immer fassungslos über die jähe Kehrtwendung.

»Ich – werde – dich – *hindern*«, rief Lola; sie stieß die Worte einzeln, wie Trompetentöne hervor. »Ich weiß nicht, wie lang ich noch zu leben habe, aber eins weiß ich: ich geh' nicht mit so einem Buch auf dem *tocheß* von dieser Welt. Verstehst du?« *Tocheß*: sie benutzte das jiddische Wort für Arsch.

»Lola«, sagte ich. »Hast du je *irgend etwas* gesagt...«

Ihre beiden Töchter fielen mir ins Wort. Vielleicht war ich inzwischen besessen von Auschwitz und Gleiwitz, denn plötzlich kam ich mir vor wie ein Jude oder ein Deutscher in den vierziger Jahren beim Verhör. Eine Tochter verlegte sich auf gutes Zureden: »Gib es auf, John. Bitte, gib es auf. Ich *flehe* dich an!« Sie klang aufrichtig, aber vielleicht spielte sie auch nur die Rolle des Guten, denn nun brüllte auf einmal die andere los: »Wir sind nicht bereit, darüber auch nur zu reden!« Dann holten sie ein eineinhalb Seiten langes Dokument hervor. Die eine meinte: »John, bitte unterschreib das, bitte, bitte«, die andere: »John!!! Du unterschreibst diese Verzichtserklärung!!!«

»Entschuldigung«, stammelte ich, »aber ich kann nicht ein Papier unterschreiben, das ich nicht einmal *gelesen* habe!«

»Heißt das: Nein, ich will eine unbestimmte Zeit damit warten?«

»Nein, das heißt, daß ihr, wenn ihr irgend etwas von mir wüßtet...«

Eine der Töchter seufzte auf eine Weise, die zum Ausdruck brachte, daß sie lieber nichts von mir wüßte.

»...und ihr kennt mich jetzt schon zweieinhalb Jahre«, sagte ich. »Ihr wißt: Ich erfülle meine Verpflichtungen, ich halte meine Versprechen. Die Leute in New York wissen, daß ich eine Sache auch zu Ende bringe, wenn ich mein Wort gegeben habe.«

»Der Teufel soll dich holen! *Du* hast dein Wort gegeben!« schrie die eine Tochter auf einmal.

»Was Lola will oder nicht, ist denen doch völlig egal!« schrie die andere.

»John«, insistierte die eine sanft, »unterschreib das.«

»Raus! Hau ab! Hau bloß ab!« schrie die zweite.

»Verschwinde aus unserem Leben«, sagte Lola, und ich verließ die Wohnung, ohne zu wissen, was Lola zu ihrem plötzlichen Rückzug bewogen hatte; ich ging – erleichtert, weil ich draußen war, aber auch mit schwerem Herzen und Mitleid mit den gequälten Menschen, die drinnen saßen. Ich hatte danach keinen Kontakt mehr mit Lola. Ich rief sie an, aber sie legte auf, ich schrieb ihr, aber sie schickte mir die Briefe ungeöffnet zurück mit dem Vermerk: ANNAHME VERWEIGERT.

Ich stellte weitere Nachforschungen in Europa an und ich schrieb dieses Buch zu Ende. Wenn es erscheint, schicke ich Lola ein Exemplar, und ich hoffe sehr, daß sie damit einverstanden sein kann. Ich bin überzeugt, daß es die Geschichte einer Rettung ist. Alle, bis auf wenige einzelne, kehrten zu

Thora und Talmud zurück: bis Dezember 1945 waren sie, unter Lebensgefahr, aus dem Staatssicherheitsdienst geflohen. Zu spät für die Deutschen, die bis dahin umgekommen waren, und das ist tragisch; doch die SS hat hundertmal so viele Menschen umgebracht wie der Staatssicherheitsdienst; die Gaskammern waren bis ganz zuletzt in Betrieb. In jenen Tagen, als die Welt sagte: Hitler ist böse, und Stalin ist gut, hatte die SS auf Hitler gehört; die Juden aber hatten, wie Lolas Mutter sagen würde, am Ende auf Gott gehört. Auch wenn Lola es selbst nicht tut – ich will ihr einen Stern an die Schulter heften. Denn ihr Leben war beispielhaft. Sie hat im letzten Augenblick begriffen, was die SS nie begriffen hat: Seinen Nächsten zu hassen, mag ihn vernichten oder auch nicht; ganz sicher aber vernichtet es denjenigen, der haßt. Dies ist ihre Lehre an eine Welt, die seitdem kaum weniger grausam geworden ist: Juden und Araber, Sunniten und Schiiten, Serben und Bosnier. Wenn Lola jetzt, mit dreiundsiebzig, an der blumengeschmückten Tür steht, dann denke ich, daß sie zurückblickend sagen kann: »Ja, ich bin stolz.« Und ich hoffe, daß vielleicht auch der Rest der Welt so auf Lola zurückblicken wird.

Das ist heute mein Gebet, mag sein Name mich erhören. Gelobt sei sein Name.

ANHANG

Nachtrag:
Die Vernehmung von Schlomo Morel

Anmerkungen

Quellen

Literatur

Danksagung

Anfrage

Nachwort

Register

Nachtrag: Die Vernehmung von Schlomo Morel

Am Montag, dem 11. Dezember 1989, als ich mit dem Schreiben dieses Buches bereits begonnen hatte, ist mir eine Frau aus Radlin, Polen, zuvorgekommen. Ihr Brief war voller Fehler (das Wort *rządzić* zum Beispiel schrieb sie *żądzić*) und sie irrte sich manchmal in den Angaben (Świętochłowice bezeichnete sie als Siemianowice), aber dieser Brief an den Justizminister in Warschau kam direkt von ihrem polnischen Herzen. Er begann:

Sehr geehrter Herr Minister,
Bitte verzeihen Sie, daß ich es wage, Ihnen zu schreiben.
Ich wollte Ihnen schon lang schreiben, aber…

Aber Polen war bis zum Juni dieses Jahres unter kommunistischer Herrschaft gewesen. Die Frau schrieb, daß im Mai 1945 ein Mann ihren Vater fälschlicherweise als Deutschen bezeichnet und angezeigt habe, woraufhin der Staatliche Sicherheitsdienst ihn festgenommen und nach Świętochłowice / Siemianowice geschickt habe: in Schlomos neues Konzentrationslager. Vier Monate später, im September,

erhielt meine Mutter einen Brief aus ebendiesem Lager, in dem stand, daß mein Vater tot sei. Meine Mutter sagte: Man hat ihn ganz schnell beiseite geschafft. Ich kann nicht verstehen, warum Polen einem Polen so etwas angetan haben.

Das Wort *Polen* war beide Male doppelt unterstrichen.

Und Sie, Herr Minister? Was denken Sie darüber?

Als der Justizminister im Dezember 1989 diesen Brief erhielt, schickte er ihn einen Stock tiefer an eine Kommission, die später der offizielle Ausschuß zur Untersuchung von Verbrechen gegen die polnische Nation wurde. Diese wiederum reichte ihn weiter an den Staatsanwalt in Katowice, einen Mann namens Piotr Bryś, der beinahe so alt war wie Schlomo. Vierzig Jahre lang hatte er dem kommunistischen Staatsapparat gedient. Jetzt begann er allmählich, sehr langsam, Beweismaterial über Schlomos Institution zu sammeln. Er erhielt Dokumente des Stadtschreibers und des Stadtpfarrers von Świętochłowice, auch Unterlagen vom Roten Kreuz in Genf, woraus hervorging, daß im August 1945 eine bestimmte Person in Świętochłowice umgekommen sei. Er sprach mit der Frau, die an den Justizminister geschrieben hatte, und erhielt von ihr das mittlerweile abgegriffene und zerknitterte Formblatt, auf dem die Benachrichtigung vom Tod ihres Vaters stand: »MITTEILUNG. Am 8. September 1945 starb der Gefangene Benczek, Paweł.« Die Nachricht war von Schlomo unterzeichnet. Deshalb bestellte ihn Bryś zu sich in sein Büro am Wolności-Platz, das die Ausmaße eines Kleiderschranks hatte. Schlomo (die Polen nannten ihn Salomon, er schrieb sich Salamon) erschien am Mittwoch, dem 27. Februar 1991.

Ich war nicht dabei, aber ich erfuhr, was geschah. Es war kalt an diesem Tag, Schlomo trug einen alten Mantel, genau wie seine Frau, die er auf nicht gerade romantische Weise im Lager Świętochłowice kennengelernt hatte: sie war eine seiner Aufseherinnen gewesen. »Nehmen Sie bitte Platz. Möchten Sie Tee?« fragte die alte grauhaarige Sekretärin.

»Nein, danke«, sagte Schlomo; dann trat Bryś ein.

»Guten Tag«, begann Bryś. »Ich werde Sie jetzt in dem Fall betreffend das Lager Świętochłowice vernehmen. Nach Artikel 172, Strafgesetzbuch, könnten Sie sich wegen Meineides strafbar machen, Sie haben jedoch gemäß Artikel 166, Absatz 1, das Recht, die Aussage zu verweigern.«

»In Ordnung«, antwortete Schlomo gelassen.

»Haben Sie in Świętochłowice gearbeitet?« fragte Bryś.

»Ja. Ich war dort Kommandant.«

»Von welchem Zeitpunkt an?«

»Seit Anfang Februar 1945.«

»Was war Ihre Aufgabe als Kommandant?«

»Ich hatte den Befehl über das Lager.«

»Und wann…«

Schlomo saß ruhig und heiter vor ihm, die Hände im Schoß gefaltet. Nervös war hingegen der Staatsanwalt, denn er hatte noch nie einen Mitarbeiter vom Staatssicherheitsdienst vernommen, dem Brennpunkt all seiner Ängste seit 1945. Vielleicht befürchtete er, Schlomo könnte seinen Handlangern einen Wink geben: »Dieser Mensch wird mir lästig. Weg mit ihm« –, jedenfalls brachte Bryś erst am Ende dieses gesitteten Verhörs die Todesfälle zur Sprache. »Einige Personen sind in Świętochłowice gestorben. Woran?«

»Typhus«, sagte Schlomo.

»Und wo wurden sie beerdigt?«

»Im Friedhof von Świętochłowice.«

»Danke«, sagte Bryś, wandte sich seiner Sekretärin zu und begann zu diktieren: »Anfang Februar trat ich meinen Dienst in Świętochłowice an. Als ich nach Świętochłowice kam…« Und so weiter. Die Frau tippte die Aussage, Schlomo las sie, unterschrieb und verabschiedete sich. Dann stieg er mit seiner Frau in die Straßenbahn – und Bryś war erleichtert.

Aber irgendwie bekam die polnische Presse Wind von der Sache: ab dem 24. November 1991 erschien die Geschichte von Bryś' langsamer, stetiger Untersuchung in einer dreiteiligen Serie mit Zwischenüberschriften wie DIE HÖLLE BEGANN NACH DEM KRIEG, oben auf der ersten Seite der Krakauer Tageszeitung *Wieści*. Für Blätter wie die *New York*

Times war die Story offenbar nicht interessant genug, und so erfuhr ich nichts davon, während ich, wieder in Kalifornien, über Świętochłowice schrieb.

Zwei Wochen später ließ Bryś Schlomo erneut zu sich kommen. Bryś war mittlerweile in die Warszawska-Straße umgezogen. Sein neues Büro war sehr viel größer und sehr viel kälter, aber im Vorzimmer stand ein Elektroofen, um den sich Bryś, seine grauhaarige Sekretärin und eine elegante, grauhaarige Dame scharten, als Schlomo eintrat. »Guten Tag«, sagte Bryś. Er reichte Schlomo einige Zeitungsausschnitte aus der *Wieści* mit dem Kommentar: »Darin steht manches, was ich Sie nicht gefragt habe. Würden Sie diese Artikel bitte lesen?«

»Selbstverständlich«, erwiderte Schlomo. »Ich nehme sie mit nach Hause, und schreibe Ihnen dann.« Er schickte sich an zu gehen, aber Bryś wandte sich nun an die Dame, die im schwarzen Nerzmantel, an den Fingern Diamantringe, neben dem Ofen saß und sich wärmte.

»Kennen Sie diesen Mann?« fragte Bryś.

»Nein«, antwortete die Dame überrascht.

»Das ist Herr Morel«, sagte Bryś.

Die Dame zuckte zusammen, ihre beringten Hände begannen zu zittern. Sie war 1945 in Świętochłowice Schlomos Gefangene gewesen, ein halbes Jahr lang. Falls Bryś ihn wegen tätlichen Angriffs, Körperverletzung, Mordes oder Mittäterschaft bei einem oder mehreren dieser Verbrechen vor Gericht brachte, würde sie eine Zeugin der Anklage sein.

Ihr Name war Dorota Boreczek. Sie war ganz in der Nähe, in der Dombrowski-Straße aufgewachsen. 1945 war sie vierzehn, sie besuchte eine katholische Schule, lernte Geschichte, Geographie und Deutsch (das verlangten die Deutschen), spielte auf dem Flügel Beethovens *Für Elise* und Liszts *Liebestraum* und hatte Mühe, das ges zu greifen. Ihre Eltern, beide Polen, waren im polnischen Widerstand gewesen, aber irgend jemand hatte offenbar Lügen über sie verbreitet. Jedenfalls erschienen am Mittwoch, dem 28. Februar 1945, zwei Männer vom Staatssicherheitsdienst vor ihrer Tür und befahlen ihnen, mitzukommen. Dorotas Vater blieb verschollen, sie und ihre Mutter kamen nach Świętochłowice. Dort wurden sie an die Wand gestellt, die Hände über dem Kopf. Katholische und jüdische Aufseher begannen zu schießen, und als Dorota ihre Mutter fragen wollte: *Mama, was passiert da?*, antwortete einer der Aufseher: »Keine Sorge. Euch erschießt niemand. Ihr werdet sehr langsam sterben.« Sie wurden in die Frauenbaracke geschickt und erhielten ein »Bett« auf dem Betonfußboden zugewiesen. Zu essen bekamen sie die Wurzeln von roten Rüben. Dorota war bald auf vierzig Kilo abgemagert. »Ach Mama«, sagte sie oft, »laufen wir zum Tor, dann erschießen sie uns! *Bitte!*«, aber ihre Mutter weigerte sich. Dorota sah Schlomo häufig bei den Morgen- und Abendappellen. Er stand, ein wenig abseits, mit seinen Hauptmannssternen und sah zu, wie die Wachen Frauen und Männer auspeitschten. Eines Tages erschien er in Dorotas Baracke und sagte: »Alle Kranken raus.« Unter den Typhusopfern war auch Dorotas Mutter, und als ein Trupp Gefangener sie ergriff, begann sie zu singen, um Dorota zu trösten und aufzuheitern:

In einem Bächlein helle,
da schwamm in munterer Eil'
die launische Forelle
vorüber wie ein Pfeil…

Die anderen Gefangenen sagten: »Die stirbt, die ist wahnsinnig!« und schleppten sie hinaus. Vorschriftswidrig schlich sich Dorota zu der Baracke, in der die Todgeweihten untergebracht waren. Sie konnte durch ein Fenster klettern und sah ihre Mutter in Kot und Urin liegen. Dorota wollte sie irgendwie säubern, aber der Lagerarzt hatte sie bereits erspäht, kam auf sie zu und schrie: »Dafür wirst du bestraft! Drei Tage Bunker!« Der Bunker war ein Becken voll mit kaltem Wasser, das Dorota bis an den Kopf reichte. »Das ist dein Ende!« schrie der Arzt. Dorota aber erkrankte am Typhus. Den ganzen Monat hindurch lag sie im Delirium, die Ratten krochen über sie hinweg. Dorota war zu schwach, um sie zu verscheuchen. Eines Tages erschien ein Mann im Anzug an ihrem Lager und fragte sie: »Wie alt bist du?«

»Vierzehn.«

»Was tust du in Świętochłowice?«

»Ich weiß nicht.« Dorota hatte vierzig Grad Fieber und glaubte zu träumen, aber sie träumte nicht: im Oktober 1945 wurden sie und ihre Mutter, die noch immer nicht gestorben war, nach Hause entlassen.

Drei Jahre später sah sie Schlomo wieder – im Schwimmbad: als sie aus dem Becken steigen wollte, stand er über ihr im schwarzen Badeanzug. Dorota erschrak so sehr, daß sie zurück ins Wasser fiel. In den fünfziger Jahren studierte sie Medizin, in den Siebzigern wurde sie wohlhabend, Anfang der neunziger Jahre aber hatte sie noch immer Alpträume von Świętochłowice. Und jetzt sagte Bryś zu ihr: »Das ist Herr Morel.«

Ihre Hände, diamantenberingt, zitterten. Sie starrte Schlomo an, zu Tode erschrocken. Doch gleichzeitig fiel eine schwere Last von ihr ab, und sie sagte: »Ich habe Sie immer gehaßt, aber jetzt hasse ich Sie nicht. Ich sehe Sie an und ich sehe einen heruntergekommenen alten Mann. Nein, ich habe Mitleid mit Ihnen. Ich weiß, daß Sie ein hartes Leben hatten« – Dorota wußte (wie jeder, der in Świętochłowice gewesen war), daß Schlomo Jude war –, »aber Sie haben dasselbe getan wie die Faschisten.«

»Ich weiß nicht, wovon Sie reden«, sagte Schlomo.

»Ja, das sagen die Faschisten«, fuhr Dorota fort. »Sie wissen nie, worüber wir reden, über Auschwitz. Sie haben Menschen *ermordet*!« Dorota hob die Stimme. »Warum haben Sie das getan? Warum?«

»Sie lügen«, sagte Schlomo, unerschüttert wie ein Buddha; neben ihm stand Bryś und hörte aufmerksam zu. »Die Gefangenen in Świętochłowice haben mich geliebt. Eine Aufseherin hat mich sogar geheiratet.«

»Nein, denken Sie doch einmal nach!« Dorotas Tonfall wurde eindringlicher und lauter. »Wenn Sie genau dasselbe tun wie die Faschisten, sind Sie doch um nichts besser!«

»*Sie* sind eine Faschistin«, fuhr Schlomo sie an. »Leute wie Sie haben meine Mutter und meinen Vater umgebracht!« Er verabschiedete sich von Bryś und ging. Einige Tage später kam er wieder und brachte eine vier Seiten lange Erwiderung auf die Artikelserie in der *Wieści*. Er schrieb, die Gefangenen in Świętochłowice seien stets gut behandelt worden. Die Aufseher hätten niemals geschossen, außer am Montag, dem 7. Mai 1945, zur Feier des Sieges der Alliierten über die Deutschen. Er schrieb (»Ich erinnere mich mit Bedauern und Mitgefühl«), die Gefangenen seien am Typhus gestorben, den sie allerdings selbst eingeschleppt hätten. Und abschließend hieß es:

> *Ich bin sehr bekümmert, daß gegen mich, einen alten Mann, nun ermittelt wird, aber es ist klar: dies ist Drejfosjada...*

»Dreyfusismus« nannte er es: eine gegen ihn angezettelte antisemitische Kampagne. Bryś las die Aussage sorgfältig und bedächtig. Schlomo wandte sich schon zum Gehen, aber Bryś hielt ihn zurück.

»Es tut mir leid«, sagte Bryś, nun schon kühner, »aber Sie und Wieści widersprechen einander. Ich muß Sie vernehmen. Sie dürfen sich setzen. Nach Artikel 172 Strafgesetzbuch, können Sie sich wegen Meineides strafbar machen, Sie haben jedoch gemäß Artikel 166, Absatz 1, das Recht, die Aussage zu verweigern. Gab es eine Folterzelle in Świętochłowice?«

»Nicht, daß ich wüßte«, antwortete Schlomo.

»Fräulein Truda«, sagte Bryś, und die grauhaarige Sekretärin wandte sich ihrer Schreibmaschine zu. »Es gab keine Folterzelle in Świętochłowice.« Und Bryś fuhr fort, wieder zu Schlomo gerichtet: »Hat der Arzt in Świętochłowice irgendwelche Verbrechen begangen?«

»Nicht, daß ich wüßte.«

»Fräulein Truda. Der Arzt hat in Świętochłowice keine Verbrechen begangen. Aber«, wandte Bryś sich wieder an Schlomo, »wenn Sie dort Kommandant waren, hätten Sie wissen müssen, daß dort Verbrechen begangen wurden, nicht wahr?«

»Nein, ich weiß nichts davon.«

Die Sekretärin, ohne ihre Tätigkeit zu unterbrechen, blickte Schlomo grimmig an. Sie hatte mittlerweile ein Dutzend Zeugen aus Schlomos Lager gehört, und was sie aussagten, hatte sie zum Weinen gebracht. Sie selbst war in Brasilien geboren und nach Polen in Pflege gegeben worden; mit neun Jahren war sie in ein Lager in der Nähe von Świętochłowice geschickt worden und hatte sich gefürchtet, als Tag für Tag in der Nachbarschaft Menschen umgebracht wurden. »Sie *müssen* von den Verbrechen gewußt haben«, stieß sie jetzt hervor, »jeder hat es gewußt!«

»Fräulein Truda«, sagte Bryś, »schreiben Sie: Ich weiß nichts davon.« Am Ende sagte Bryś zu Schlomo: »Sie können jetzt gehen«, und Schlomo stieg wieder in die Straßenbahn. Was Bryś nicht wußte, war, daß Schlomo, zu Hause angelangt, an einen Vetter in Israel schrieb, ihn um 490 Dollar bat und im darauffolgenden Monat, im Januar 1992, mit der ersten Maschine, die er nehmen konnte, nach Tel Aviv flog.

Die Geschichte von Schlomos Auszug nach Israel wurde von den Kattowitzer Zeitungen gemeldet, nicht aber von der *New York Times* oder irgendeiner anderen Zeitung in Amerika. Ich wußte also noch immer nichts. Später sprach ich mit verschiedenen Personen in Israel und erfuhr, daß Schlomo ein Appartement in der Hevron-Straße, nahe dem Meer, bewohnte.

Seine Frau, eine Katholikin, war nicht mitgekommen, und so saß Schlomo oft allein in seiner Wohnung und sah fern: die *Cosby-Show* und *Die Simpsons* und sämtliche europäische Fußballspiele. An den Samstagen besuchte er den Sabbatgottesdienst gleich gegenüber. Am Freitag, dem 17. April, ging er mit seiner Tochter zu einem Passahmahl, wiederholte auf hebräisch die Worte: »Wir waren Knechte des Pharao in Ägypten…« und dachte an Hitler in Polen. Häufig nahm er mit den alten jüdischen Partisanen Kontakt auf, denn er brauchte Geld: er war zweiundsiebzig, hatte keine Arbeit, und seine Pension aus Polen konnte er in Israel nicht beziehen – in dieser Hinsicht also war er keineswegs ins Gelobte Land entkommen. Und wenn die Polen ihn wegen Verbrechen in einem Konzentrationslager anklagten, würden die Israelis ihn gemäß den Abkommen von Genf und Den Haag wohl vor Gericht stellen müssen, wie Eichmann.

Auch gesundheitlich bekam Israel ihm nicht. In der winterlichen Regenzeit bekam er eine Thrombose, in der brütenden Sommerhitze stieg sein Blutdruck auf 200, und so flog er im Juni 1992 nach Polen zurück. Unterdessen war Bryś, siebzigjährig, aus dem Dienst geschieden, und der Untersuchungsausschuß für Verbrechen gegen die polnische Nation hatte einen polnischen Major, siebenunddreißig Jahre alt, zu seinem Nachfolger ernannt: Leszek Nasiadko; er residierte nun in dem weitläufigen Büro im Eckhaus an der Warszawska-Straße. Im Unterschied zu Bryś, der sich stets in Anzüge kleidete, trug Nasiadko T-Shirts – darunter eines mit Totenschädel und gekreuzten Knochen wie auf dem Etikett einer Giftflasche, darunter der Spruch NIEPALĄCE ŻYJĄ DŁUŻEJ: »Nichtraucher leben länger«; das T-Shirt war ein Geschenk seiner Schwiegermutter. Die ganze Woche hindurch, auch samstags, saß Nasiadko in seinem Büro, rauchte mit schlechtem Gewissen Camel-Zigaretten und sammelte Dokumente aus dem Bundesarchiv in Koblenz, dem Büro des Untersuchungsausschusses in Ludwigsburg und dem Strafgericht Essen, wo im Jahr 1961 der »Arzt« von Świętochłowice wegen Mordes zu zwei Jahren Haft verurteilt worden war.

Diese Unterlagen waren in deutscher Sprache abgefaßt. Deshalb wandte sich Nasiadko an den Vorsitzenden eines deutschen Kulturvereins in Katowice, Dietmar Brehmer, mit der Bitte um eine Übersetzung. Brehmer hatte schwarze Locken, funkelnde Augen und eine Nase wie der Kaufmann von Venedig: in der Grundschule hatten seine polnischen Mitschüler ihn den »kleinen Juden« genannt – tatsächlich vermutete er selbst, daß er von Juden abstammte. 1945, im Alter von zwei, hatte er zugesehen, wie ein Pole seiner Mutter sämtliche Haare ausriß und sie anschrie: »Du Nazi!« Es tat ihm noch immer weh, wenn er von einem Deutschen, von *irgend jemandem* hörte, der mißhandelt worden war. Bei der Lektüre von Nasiadkos Dokumenten kamen ihm fast die Tränen.

> *Der Kommandant war Morel, ein Barbar in Menschengestalt…*
>
> *Der Kommandant war Morel, ein Schweinehund ohnegleichen…*
>
> *Der Kommandant Morel erschien. Die Knüppel und Hundepeitschen fuhren auf uns nieder. Meine Nase war gebrochen, meine zehn Fingernägel waren blaugeschlagen. Später fielen sie ab…*
>
> *Morel, der Kommandant, trat ein. Ich habe mit eigenen Augen gesehen, wie er viele meiner Mitgefangenen umbrachte…*

Aber Brehmer weinte auch wegen Schlomo Morel. Er nahm an, daß Morel, ein Jude, Rache genommen hatte für alles durch die Deutschen erlittene Unrecht. Er sah, daß er, Brehmer, ein Deutscher, sich nun an Morel rächen konnte, aber er sah auch, daß sich das ewige Rad der Vergeltung noch tausend

Jahre weiterdrehen konnte. Er konnte es anhalten. Er gab die Dokumente mit den Worten zurück: »Es steht nichts Wichtiges darin«, und wies die deutschen Überlebenden von Świętochłowice an – er kannte 235 von ihnen –, nichts über Morel zu sagen, falls Nasiadko sie fragen sollte.

Nasiadko in seinem Büro begriff nicht, was das bedeutete. Natürlich wußte er, daß Schlomo ein Jude war (der *Wieści*-Artikel hatte es erwähnt). Er hatte Mitgefühl mit den Juden, die im Holocaust soviel hatten erleiden müssen, aber er wußte auch, daß ein Staatsanwalt sich darüber keine Gedanken machen sollte. Wenn er irgendwelche Beweise fände, dachte er, würde er die Polizei bitten, am Fluß Rawa in Świętochłowice zu graben; daß die Berichterstatter mit ihren Fernsehkameras – die es in Auschwitz nicht gegeben hatte, genausowenig wie die Zeitungsreporter – in hellen Scharen nach Świętochłowice strömen würden, um den entsetzlichen Anblick festzuhalten: die Gerippe Tausender von Deutschen, die unter der Obhut eines Juden gestorben waren, – daran dachte er nicht. Wie viele Deutsche lagen dort vergraben? Nasiadko wußte es nicht, aber er wußte, daß am Donnerstag, dem 1. November 1945, in der Nacht von Allerheiligen, die Hinterbliebenen von Świętochłowice mit brennenden Kerzen zur Rawa gepilgert waren. Wenn die Deutschen je ausgegraben würden, dachte Nasiadko, wollte er sie einem Gerichtsmediziner schicken und die eingeschlagenen Schädel, gebrochenen Arme, Beine und Rippen zählen lassen. Wenn er dann Beweismaterial in der Hand hatte und wenn der Untersuchungsausschuß in Warschau zustimmte, würde er alle seine Dokumente Jerzy Hob, dem für Katowice zuständigen Staatsanwalt überreichen, der in schwarzer Robe mit roten Biesen der eigentliche öffentliche Ankläger bei Schlomos Prozeß sein würde. Drei Richter würden Schlomos Fall prüfen und, wenn sie ihn für schuldig befänden, auch das Urteil über ihn fällen. Die Mindesstrafe für Mord war in Polen acht Jahre, die Höchststrafe Tod durch den Strang.

Unterdessen hatte ich aus einer deutschen Zeitung über die Ermittlungen in Polen erfahren (in diesem Artikel war Schlomos jüdische Herkunft nicht erwähnt), und im September 1992 fuhr ich wieder nach Katowice. Ich traf Schlomo beim Sabbatgottesdienst über der *Zodiak Bar*, so vergnügt und munter, wie ich ihn von jenem Sabbat drei Jahre zuvor in Erinnerung hatte. Er benutzte jetzt ein ganz in Hebräisch geschriebenes Gebetbuch, und ein Mann, einst ein Kollege im Staatlichen Sicherheitsdienst, fragte ihn erstaunt: »Kannst du hebräisch lesen?«, worauf Schlomo lachte und sagte: »Ich war sechs Monate in Israel!« Am Neujahrstag und dem darauffolgenden zweiten Feiertag sah ich Schlomo wieder, und er fragte mich: »Können Sie morgen zu mir nach Hause kommen? Sie werden was Gutes zu essen bekommen, und ich kann frei sprechen.« Ich sagte zu.

Am nächsten Abend besuchte ich ihn in seiner kleinen Wohnung in der Wit-Stwosz-Straße. Er führte mich in einen Raum, der als Schlaf-, Wohn- und Eßzimmer zugleich diente, erhellt von einer Vierzig-Watt-Birne. An den purpurfarbenen Wänden standen ein paar Regale, unter anderem mit einem Teddybären, einem Pandabären und einem blauen Buch auf hebräisch. Schlomos Frau war nicht zu Hause, und Schlomo, in alten Trainingshosen und kariertem Hemd, stand in der Küche und hantierte mit einer kleinen Bratpfanne. »Ich koche was Gutes!« verkündete er mir auf Jiddisch. »Setzen Sie sich!« Ich setzte mich also in dem Allzweckraum an den Tisch, Schlomo trug eine dunkle Eierspeise auf und sagte: »Essen Sie!« und fragte, kaum hatte ich den ersten Bissen gekostet: »Schmeckt's gut?«

»Es schmeckt gut!« sagte ich auf Jiddisch. Es war Rührei mit Zwiebeln, Pilzen und Würsten.

»Essen Sie! Sonst wird es kalt!« sagte Schlomo, und wir aßen. Nach einer Weile sagte Schlomo: »Hören Sie. Es gibt viel Antisemitismus in Polen. Im Dezember kam eine deutsche Frau aus Stuttgart –« Er unterbrach sich und fragte: »Haben Sie ein Tonbandgerät?«

»Ja.«

»Lassen Sie mich sehen.« Ich öffnete meine lederne Tragetasche und nahm das Gerät heraus, und Schlomo fragte: »Ist es an?«

»Nein.«

»Woher weiß ich das?« Ich schaltete das Gerät ein, das Band begann sich zu drehen, und eine rote Lampe brannte. »Gut!« sagte Schlomo, und ich schaltete das Gerät wieder aus. »Nehmen Sie doch, essen Sie! Im Dezember«, fuhr er dann fort, »kam also eine deutsche Frau aus Stuttgart hierher nach Katowice.« Ich nahm an, er meinte Dorota, die Überlebende aus Świętochłowice, die Polin war, aber in der Nähe von Stuttgart lebte und von der Krakauer Zeitung *Wieści* interviewt worden war. »Sie hat Geschichten über mich erzählt. Sie hat nicht gesagt, daß die Deutschen Juden umgebracht haben, nein, sie sagte, daß die Juden Deutsche umgebracht haben.«

»Stimmt das denn nicht?« fragte ich. »Ich habe es selbst gehört, aus dem Mund von Juden, die sagten: ›Ja, ich habe Deutsche umgebracht.‹ «

Schlomo sah mich bestürzt an. »Nein, nein! Das ist ein jüdisches Hirngespinst!« sagte er. »Die Frau aus Stuttgart sagte, daß Morel, ein Jude, bestimmte Sachen in Świętochłowice getan hat, und die Geschichte erschien dann im *Stürmer*, einer antisemitischen Zeitung in Deutschland. Sie«, fuhr er in ernstem Ton fort und beugte sich zu mir, »Sie dürfen nicht über mich schreiben. Es gibt viel Antisemitismus in Polen, und Sie verstärken ihn nur.«

»Davon habe ich nichts bemerkt«, sagte ich.

»Aber es stimmt! Ich habe zwei Kinder in Polen, und ich habe…« Schlomo stockte; er hatte das jiddische Wort vergessen.

»*Ejniklech?*« fragte ich versuchsweise.

»Enkel, ja, wenn Sie über mich schreiben, richtet sich der Antisemitismus gegen Sie.«

»Salamon«, sagte ich freundlich. »Diese Frau aus Stuttgart. Was hat sie gesagt, daß Sie in Świętochłowice getan hätten?«

»Das ist alles nicht wahr«, sagte Schlomo.

»Aber was hat sie *gesagt*, das nicht wahr ist?«

»Es ist einfach nicht wahr!« Dann stürzte er sich plötzlich auf mich. Er ergriff meine Hand, schüttelte sie und sagte: »In Ordnung, ja? Sie werden nicht über mich schreiben? In Ordnung. Essen Sie ein bißchen holländischen Käse. Er ist gut!« Daraufhin schaltete er den Fernseher ein: es kam ein Fußballspiel, Lodz gegen Frankfurt; aber die Lodzer Mannschaft ließ die Bälle passieren, als wären sie Kanonenkugeln. Schlomo bedachte den Torwart mit einer verächtlichen Geste und sagte: *»Gej awek!«* Um halb neun verabschiedete ich mich von ihm. Am nächsten Tag hörte ich, daß der Untersuchungsausschuß einen ersten Erfolg verbuchen konnte. In Warschau war ein Mann verhaftet worden, der in den vierziger Jahren der stellvertretende Leiter der Fahndungsabteilung im Staatlichen Sicherheitsdienst gewesen war. Kurz nachdem er diese Nachricht vernommen hatte, so erfuhr ich, entwickelte Schlomo erneut eine Thrombose: am Versöhnungstag im Oktober konnte er nicht aufstehen; ich ging allein zum Gottesdienst. Im Nieselregen war der Ruß auf den Gehsteigen so schmierig, daß ich immer wieder ausrutschte. Über der *Zodiak Bar* saßen die Juden versammelt, standen auf und wandten sich nach Osten, zur Wawel-Straße, und nach Jerusalem, dann wurde die Thora entrollt, und wir sprachen auf Hebräisch: »Gesegnet seist du, o Herr unser Gott, der uns die Thora gegeben hat.« In Schlomos Abwesenheit saß ich neben einem Juden, der einst ein Inspektor im Sicherheitsdienst gewesen war. Ich betete den ganzen Tag:

Für die Sünde, die wir vor dir begangen haben,
als wir unseren Nachbarn in die Falle lockten,
O Gott des Verzeihens
Vergib uns.

Dann ging die Sonne unter, der Versöhnungstag war zu Ende, die Juden von Katowice nahmen ihre Rohrstöcke aus dem hölzernen Schrein der Thora, wir gingen in den Nebenraum und aßen miteinander: es gab gute Sardinen und dazu Tee.

Ich flog zurück nach Amerika. Im September fand auf dem jüdischen Friedhof in Woodbridge, New Jersey, ein Gottesdienst statt, zum Gedenken an die Juden, die im Holocaust umgekommen waren; zweihundert Trauernde besuchten ihn, ich war ebenfalls dort. Es war ein heißer Tag, und wer nicht zwischen den Grabsteinen umherwanderte, weinend und verloren, saß auf Stühlen unter schwarzen Schirmen. Der Rabbi betete für die ermordeten Juden, verbrannt, niedergemetzelt, lebendig begraben von den Deutschen, und der Sprecher sagte: »Nie wieder.« Während sie sprachen, standen sie neben einem schwarzen Marmorstein mit der Inschrift:

UNSEREN GELIEBTEN ANGEHÖRIGEN
DIE EINER BRUTALEN VERFOLGUNG ZUM OPFER FIELEN
1939–1945
MÖGEN IHRE SEELEN
EWIGEN FRIEDEN FINDEN.

Der Stein ist um einiges größer als der Stein, den ich in Świętochłowice an der Rawa gesehen hatte – und das zu Recht:

DEN OPFERN
DES LAGERS
IN ŚWIĘTOCHŁOWICE

Während des weiteren Verlaufs sah ich mich um und erkannte ein halbes Dutzend Menschen, die nach dem Holocaust noch eine Weile in Polen geblieben waren, um für den Staatlichen Sicherheitsdienst zu arbeiten. Eine Frau war Aufseherin in Myslowitz gewesen, eine andere, Gefangenenwärterin in Gleiwitz, hatte zu mir gesagt: »Ich war nie in Gleiwitz!« und später: »Ich war in Gleiwitz, aber ich werde nie darüber reden!« Und noch später sprach sie eine Stunde mit mir, beteuerte aber immer wieder: »Ich weiß nichts! Nichts! Nichts! Nichts! Nichts! Nichts!« Ein Mann, der laut Auskunft anderer in Reichenbach für die Staatssicherheit gearbeitet hatte, sagte im Gespräch mit mir: »Ich habe damit nichts zu tun, aber mein Vetter war Kommandant in Myslowitz«; der Vetter indes sagte: »Ich weiß von nichts.« Auch Pinek war da, der vormalige Sekretär des Staatlichen Sicherheitsdienstes für ganz Schlesien, Pinek, der mir erzählte, er habe oft seinen Mitarbeitern eingeschärft: »Ich sage euch: neunzig Prozent der Deutschen sind unschuldig!«, aber zugab, sie hätten nicht auf ihn gehört.

Von einem anderen, ebenfalls einem Mitarbeiter des Sicherheitsdienstes, wußte ich, daß er etliche »Partys« in Schlomos Lager besucht und dort Deutsche umgebracht hatte; »Sie haben es verdient«, sagte er. Als der Gottesdienst zu Ende war, ging ich zu ihm. Sein ursprünglicher Name war Mosche oder Moses; er hatte soeben einen Strauß orangefarbener und gelber Ringelblumen auf einem grauen Granitstein niedergelegt: für seinen Vater, der laut Inschrift im Mai 1944 gestorben war. Mosche wollte gehen, ich begrüßte ihn und berichtete ihm, daß die Polen möglicherweise seinen Kameraden aus Świętochłowice, Schlomo Morel, strafrechtlich verfolgen würden. Mosche sah mich ungläubig an.

»Weil er ein paar Deutsche umgebracht hat? Dafür?« fragte er. »Dafür sollten sie ihm eine Medaille geben!« Er hatte dieselben rauhen, zerfurchten Gesichtszüge wie Spencer Tracy, trug ein blaues Hemd, eine blaue Krawatte und auf den dichten, lockigen Haaren eine blaue Kappe.

»Aber Mosche«, sagte ich (ich sprach ihn freilich mit seinem amerikanischen Namen an). »Wissen Sie denn, ob die Deutschen in Świętochłowice wirklich Nazis waren? Oder –«

»Woher soll ich das wissen?«

»Oder waren es einfach Deutsche, die mehr oder weniger zufällig herausgegriffen wurden?«

»Pech für sie.«

»Aber manche –«

»Dafür soll jemand vor Gericht gestellt werden?«

»Aber manche waren erst vierzehn oder fünfzehn.«

»Gut, daß Sie das sagen«, antwortete Mosche. »Die Vierzehn- oder Fünfzehnjährigen liefen mit großen Hunden herum, die darauf abgerichtet waren, Menschen zu zerfleischen. Vierzehn oder fünfzehn zu sein ist also keine Ausrede. Sie sollen alle tot umfallen«, sagte Mosche. »Wir hätten eine Atombombe auf Deutschland werfen sollen und sie alle umbringen, Unschuldige und Schuldige. Ich wette, daß neunundneunzig Prozent der Leute hier genauso denken. Fragen Sie ihn«, sagte Mosche und wandte sich an einen Mann, der ursprünglich Mendel geheißen hatte und im Konzentrationslager Płaszów gewesen war. »Hätten die Deutschen jemals überleben dürfen?« fragte Mosche.

»Auf keinen Fall!« antwortete Mendel.

Ich bedankte mich bei Mosche und Mendel und ging, unendlich traurig. Was die Deutschen – manche von ihnen – den Juden angetan haben, ist ungeheuerlich, aber die ersten, die ähnliche Ungeheuerlichkeiten begehen würden, sind dieselben, die sagen: »Nie wieder!« In Europa hatte ich mehrere Überlebende aus Świętochłowice getroffen, Dorota zum Beispiel, und ich empfand großes Mitgefühl mit ihnen allen. Aber ich hatte dasselbe Mitgefühl mit den Juden, die den Gottesdienst in Woodbridge besuchten, und, ja, auch mit den SS-Männern in Polen, die in ihrer gottlosen Umgebung kein Gegengift hatten, weder Thora und Talmud noch das Neue Testament, und ich empfand auch großes Mitgefühl mit Schlomo. In Katowice hatte Dorota zu ihm gesagt: »Sie sollten bereuen. Sie sollten alle Menschen aus Świętochłowice um Verzeihung bitten«, aber Schlomo hatte sich geweigert. In seinem Brief an Bryś tönte er:

Frau Boreczek sagt, ich sollte Reue empfinden, aber ich wüßte nicht, worüber. Vielleicht darüber, daß die Hitlerfaschisten meinen Vater, meine Mutter, meine Brüder umgebracht haben...

Nun, ich kenne Schlomo recht gut, und wenn ich diese Worte lese, höre ich ihn eigentlich sagen: »Versteht mich doch! Habt Erbarmen mit mir! Verzeiht mir!« Ja, ich habe Mitleid mit ihm. Was immer ein Mensch tut, ich muß ihn dafür zur Rechenschaft ziehen, aber, wie Adam, der Vernehmungsleiter, zu dem deutschen Pfarrer sagte: Ein Mensch ohne Erbarmen ist kein Jude, und ich bin ein Jude.

Im Juni 1993 fuhr ich abermals nach Katowice. Es war kalt, trotz des Sommers, und es regnete. Die Polen, die ich traf, trugen alle dicke Pullover. Nasiadko, der Camel-süchtige Staatsanwalt, war wieder Major in der polnischen Armee. Tagsüber war er Militärrichter und abends Vorsitzender des Zuchtverbands für exotische Vögel. Er saß in seiner Waschküche, begrüßte seine neunundzwanzig kreischenden Papageien, sagte auf englisch: *»Hello!«* und auf polnisch: *»Co słychać?* – Was gibt's?« und fütterte sie mit Hafer, Hirse und Sonnenblumenkernen. Der neue Staatsanwalt im Untersuchungsausschuß für Verbrechen gegen die polnische Nation war ein Hauptmann der Armee, Marek Grodzki. Der Vorstand der deutschen Gemeinde in Katowice war nach wie vor Brehmer, der Mann, der die Dokumente über den »Barbar« und »Schweinehund« gelesen und dann gesagt hatte: »Es steht nichts Wichtiges darin.« Brehmer hatte unterdessen sehr viel mehr Dokumente zu lesen bekommen, zum Beispiel die Aussage eines Mannes, der, obwohl Holländer – also ein Verbündeter der Polen im Zweiten Weltkrieg –, mit vierzehn in Schlomos brauner Baracke gewesen war.

Ich sagte, ich sei niederländischer Staatsbürger. Ein Mann sagte: »Du lügst, du bist Deutscher – die Niederländer sprechen französisch.«

Eines Nachts war der Junge furchtbar verprügelt worden.

Ich hatte überhaupt kein Gefühl mehr in mir. Die Wärter fragten: »Wie geht's ihm?«, und meine Kameraden sagten: »Er stirbt.«

Seine Mitgefangenen brachten ihn in die Krankenstation.

Mein Körper war grün, meine Beine aber feuerrot. Die Wunden wurden mit Klopapier verbunden, und ich mußte das Klopapier jeden Tag wechseln. Um zu beobachten, was in Świętochłowice vor sich ging, war ich jetzt an einem idealen Ort. Alle Patienten waren zusammengeschlagen worden, und sie starben überall: in den Betten, im Waschraum, in den Toiletten. Nachts mußte ich über die Toten steigen, als wäre das normal.

Wieder genesen, wurde er dem Himmelfahrtskommando zugeteilt und begrub täglich mindestens fünfzig Menschen an der Rawa.

Eines Tages erschien Morel mit seinem DKW. Er stand am Rand der Massengräber. Er und ich schauten uns an, dann sagte er lächelnd: »So, Kamerad. Lebst du noch?«

Brehmer kamen fast die Tränen, als er das las, aber nichts davon berichtete er dem Untersuchungsausschuß. Um das ewige Rad der Vergeltung anzuhalten, sagte er, die Menschen in Schlomos Lager seien am Typhus gestorben. Grodzki, der Staatsanwalt in Katowice, begriff nicht, was das bedeutete. Im Amt des Stadtschreibers von Świętochłowice hatte er 1580 Totenscheine aus Schlomos Lager gefunden, aber in seinem

Büro meinte er ratlos: »Wir haben noch immer kein Beweismaterial gegen Morel.«

Trotzdem schickte er ihm eine Vorladung für den 24. Juni, einen Donnerstag. Er erfuhr, daß Schlomo wieder in Israel war, in seinem pfirsichfarbenen Appartement in der Hevron-Straße lebte, samstags auf die andere Straßenseite hinüberging – keuchend, als hätte er einen Dauerlauf hinter sich – und den Sabbatgottesdienst besuchte. Sein Herz machte ihm zunehmend Schwierigkeiten, er war oft im Krankenhaus, aber er ließ Grodzki wissen, daß er am Montag, dem 15. November, in Katowice zu seinem dritten Verhör erscheinen werde. Ich fuhr zurück in die Staaten. Später hörte ich, daß Schlomo niemals mehr nach Polen gereist war. Gegenüber Grodzki begründete er dies damit, daß er sich die Reise nicht leisten könne. Seine frühere Gefangene Dorota bot an, ihm das Flugticket zu bezahlen, doch Schlomo ist noch immer in Israel. Am Ende hat die *New York Times* doch noch über ihn und Świętochłowice berichtet.

Anmerkungen

Vorwort

»Die Mutter meiner Mutter...«
Meine Krakauer Großmutter hieß Bessie Krawecki Levy, und ich war am 4. Mai 1989 in Auschwitz. Hunderte von Juden traten dem Amt für Staatssicherheit bei, der Organisation, die in Polen und dem polnisch verwalteten Teil Deutschlands die Gefängnisse und Lager für deutsche Zivilisten leiteten. Laut Pinek Mąka, dem jüdischen Sekretär des Staatlichen Sicherheitsdienstes für Schlesien, betrug die Zahl jüdischer *Offiziere* allein in Schlesien zwischen 150 und 225; andere waren, wie ich erfuhr, in Krakau, Kielce, Lublin, Warschau und weiteren Städten in Polen und dem polnisch verwalteten Teil Deutschlands stationiert. Am 21. November 1945, nachdem fast alle jüdischen Mitarbeiter den Staatssicherheitsdienst verlassen hatten, teilte die Behörde dem polnischen Staatspräsidenten Bolesław Bierut mit, die Zahl der bei ihr beschäftigten Juden betrage 438 – was ich jedoch bezweifle, denn die Juden beim Staatssicherheitsdienst gaben sich selten als Juden zu erkennen. Sollte diese Zahl stimmen, dann hätte es in den Monaten vorher Tausende jüdischer Mitarbeiter im Staatssicherheitsdienst gegeben.

Die Vertuschung dauert bis heute an: Auch sechs Monate nach der Veröffentlichung dieses Buches hat keine amerikanische Zeitung über die Juden im polnischen Staatssicherheitsdienst oder die Gefangenenlager für Deutsche berichtet (siehe Nachwort, S. 381). Nach amerikanischen Schätzungen kamen in Dresden im Februar 1945 35 000 Zivilisten um; in Hiroshima, im August 1945, waren es zwischen 66 000 und 78 000. In Pearl Harbor starben 2400 amerikanische Soldaten und Zivilisten, die Schlacht um England forderte 70 000 Menschenleben. Niemand weiß, wie viele Juden den Pogromen in Polen zum Opfer fielen, sicher ist jedoch, daß es weitaus weniger als 60 000 waren. »Du sollst nicht falsch gegen deinen Nächsten aussagen« ist natürlich eines der Zehn Gebote: es steht in Exodus 20,16; »Jemand … ist Zeuge, da er es gesehen oder darum gewußt hat, aber er zeigt es nicht an, und lädt damit Schuld auf sich« steht in Levitikus 5,1. Abrahams Geschichte steht im Buch Genesis 12,1–10; Nachmanides, ein hochgeehrter Rabbi, der im zwölften Jahrhundert in Spanien lebte, sagte ausdrücklich, Abraham habe gesündigt. Von Juda berichtet Genesis 38,15–26, und die Geschichte Mosis steht im Buch Deuteronomium 32,48–52. Das erwähnte dreibändige Werk hat den Titel *die Vertreibung der deutschen Bevölkerung aus den Gebieten östlich der Oder-Neisse*, herausgegeben von Theodor Schieder. »Auge um Auge, Zahn um Zahn…« stammt aus dem Buch Exodus 21,24, aber der Talmud weist diese Forderung zurück; sie war nie ein Bestandteil der jüdischen Gesetze.

Quellen. Über Dresden, Hiroshima und Pearl Harbor: *The Simon and Schuster Encyclopedia of World War II.* Die Schlacht um England: *The World Almanac.* Die Pogrome in Polen: Aaron Brightbart.

1

»Um fünf Uhr morgens…«

Die russische Offensive in Südpolen begann am Freitag, dem 12. Januar, in Nordpolen am Sonntag, dem 14. Januar. Die KZ-Aufseherin, die eine Peitsche mit perlengeschmücktem Griff zu benutzen pflegte, war Irma Grese. Die Buchstaben SS standen für »Schutzstaffel«. Der Rang eines »Hauptscharführer« entsprach dem eines Feldwebels, »Unter-« und »Obersturmführer« dem eines Leutnants beziehungsweise Oberleutnants und »Hauptsturmführer« dem eines Hauptmanns.

Lolas hebräischer Name war Leah, auf polnisch hieß sie Laja. Manche Personen in diesem Buch haben bis zu fünf Namen, auch Decknamen, jiddische, hebräische, polnische und englische; ich benutze die hebräischen Namen, es sei denn, der oder die Betreffende wünscht, anders genannt zu werden. Auschwitz hieß vor 1939 und heißt wieder seit 1945 Oświęcim. Manche Städte, von denen in diesem Buch die Rede ist, hatten bis zu sechs verschiedene Namen hintereinander; mit Ausnahme von Auschwitz benutze ich aber den Namen, den die jeweilige Stadt zur Zeit von Lolas Geburt hatte, 1921. Die Sowjetbürger nenne ich »Russen«, denn als solche wurden sie 1945 bezeichnet.

Quellen. Die russische Offensive: Georgi Graff, Juri Schaligin,

The Road to Berlin von John Erickson, »The Last Hundred Days« von John Toland in *Newsweek*, 12. Januar 1945. Auschwitz und die SS: Lola Potok Ackerfeld Blatt, »Das Tagebuch von Johann Kremer« in: *KL Auschwitz in den Augen der SS. Höß, Broad, Kremer, Five Chimneys* von Olga Lengyel, *Auschwitz* von Sara Nomberg-Przytyk, *I Was a Doctor in Auschwitz* von Gisella Perl, *Smoke Over Birkenau* von Seweryna Szmaglewska.

»Es hatte acht Grad unter Null...«

Fast alles, was in diesem Buch in Anführungszeichen steht, ist verbürgtes Zitat. Die russischen Worte *»Sabachi holod!«* überlieferte mir Georgi Graff, ein Rußland-Veteran. Den Befehl der Deutschen *»Dreckige Juden! Raus!«* kenne ich von Lola. Über Lolas Wortwechsel mit Ada und Zlata: »Iß!« – »Ich kann nicht!« – »Schluck's runter!« berichteten Ada, Zlata und Genia Rosenzweig Tigel; Ada erzählte auch, daß sie ausrief: »Ich seh' ein Stück Fleisch!« – »Nein, das ist ein Mensch.« Die SS-Befehle »Stehenbleiben!«, »Weitergehen« stammen aus *Five Chimneys* von Olga Lengyel, die Forderung »Wir brauchen Brot« von Lola selbst. Zlata berichtete mir, sie habe Lola befohlen: »Zieh sofort die Schuhe wieder an! Sonst schaffst du's nie mehr!« Lolas und Zlatas Dialog unmittelbar vor ihrer Flucht (»Ich gehe keinen Schritt weiter«...) teilte mir Lola mit. Natürlich konnte Lola nicht beschwören, daß der Wortwechsel genau so stattgefunden hatte; insofern ist das Gespräch also »rekonstruiert«. Die Frage des SS-Mannes »Sie, gehören Sie dazu?« gab Lola 1945 gegenüber Moniek Rappaport und Zlata wieder. In den seltenen Fällen, in denen Äußerungen in Anführungszeichen keine verbürgten Zitate, sondern aus den Umständen abgeleitet sind, weise ich in den Anmerkungen darauf hin.

Gleiwitz heißt heute Gliwice und liegt in Polen.

Quellen. Die russische Offensive: Georgi Graff, Juri Schaligin, *War on the Eastern Front* von James Lucas. Der Todesmarsch in Auschwitz: Lola Potok Ackerfeld Blatt, Ada Neufeld Potok Halperin, Zlata Martyn Potok, Moniek Rappaport, Gucia Martyn Schickman, Genia Rosenzweig Tigel, Delbo, Charlotte: *Keine von uns wird zurückkehren*, Kielar, Wiesław: *Anus Mundi*, Lengyel, Olga: *Five Chimneys*, Nomberg-Przytyk, Sara: *Auschwitz*, Perl, Gisella: *I Was a Doctor in Auschwitz*, *Die Nacht* von Elie Wiesel.

»In dieser Nacht...«

Zlatas Konzentrationslager war Neustadt-Glewe in Mecklenburg.

Die anderen Frauen, die mit ihr nach Gleiwitz gingen, waren Jadzia Rappaport Ackerfeld, Helen Eisenman, Lusha Frischman, Gucia Martyn, Mania Rappaport, Jadzia Gutman Sapirstein und Pola Wollander. Sie gingen zuerst zu Fuß, dann beschlagnahmten sie von einem Deutschen ein Pferd mit Wagen und fuhren schließlich mit dem Zug weiter nach Schlesien. Die Lange Reihe heißt heute Ulica Długa oder – auf den Stadtplänen von Gliwice – Ulica Iwana Koniewa. Das eine oder andere Gespräch in Lolas Haus kann auch zu einem späteren Zeitpunkt stattgefunden haben.

Quellen. Der Todeszug nach Deutschland: Zlata Martyn Potok, Paul Steinberg, *Die Nacht* von Elie Wiesel. Der Weg nach Gleiwitz: Jadzia Gutman Sapirstein »Banker«, Helen Eisenman Fortgang, Jadzia Rappaport Ackerfeld Jacobs, Mania Rappaport Novak, Zlata Martyn Potok, Gucia Martyn Schickman. Lolas Haus im Jahr 1945: Lucjan Zenderowski, Archiv des Amtes für Strafanstalten in Katowice. Zlatas Wiedersehen mit Lola: Lola Potok Ackerfeld Blatt, Jadzia Rappaport Ackerfeld Jacobs, Zlata Martyn Potok. Lolas Uniform: Jadzia Gutman Sapirstein »Banker«, Efraim Blaichman, Lola Potok Ackerfeld Blatt, Barek Eisenstein, Zlata Martyn Potok, Lucjan Zenderowski.

2

»Lola kam am Sonntag...«

Kattowitz heißt heute Katowice und liegt in Polen. Die Schreibung der jiddischen Ausdrücke erfolgt durchweg nach dem *Jiddischen Wörterbuch*, erschienen im Dudenverlag. Lolas Schwestern Basia und Cyrla waren bei Lolas Geburt 21 und 16 Jahre alt. Ihre Brüder waren Mordka oder Motcha, 17, David, 16, Judka, Ludeck oder Ittel, 14, Eljasz, Elijah oder Elo, 12, Daniel, 10, Chaim, 9, Jakob, 6, und Barek, 4.

Quellen. Über Będzin: Lola Potok Ackerfeld Blatt, Pinek Mąka, *Verschwundene Welt* von Roman Vishniac, Diaspora-Museum, Tel Aviv. Lolas Familie: Lola Potok Ackerfeld Blatt, Pinek Mąka, Rózia Ickowicz Rechnic, Będziner Archiv.

»Im März 1933 wurde Hitler...«

Der Mann von Lolas Schwester Basia hieß Adolf Steinhardt, und Cyrla heiratete Alfred Hermstein. Die Städte Krakau und Warschau werden in diesem Buch mit ihrem deutschen Namen bezeichnet;

Lemberg heißt auf polnisch Lwow. Adas Nachbarn in Będzin hießen Olszenko, und der katholische Pfarrer war Anton Zimniak.

Quellen. Über Lola: Lola Potok Ackerfeld Blatt, Ada Neufeld Potok Halperin, Pinek Mąka, Batia Martyn, Rózia Ickowicz Rechnic. Die Dreifaltigkeitskirche von Będzin: Pfarrer Kazimierz Szwarlik.

»Im Jahre 1939 war Kattowitz...«

1939 lebten 27 500 Juden in Będzin. Das Gesetz, wonach ein Pole, der einem Juden Zuflucht gewährte, sterben müsse, wurde später, am 15. Oktober 1941, im deutschen Amtsblatt, S. 595, bekanntgegeben. Der neue Pfarrer von Będzin war Mieczysław Zawadzki.

Quellen. Über Gleiwitz: Bienek, Horst: *Die erste Polka*, Graber, G. S.: *History of the SS, Uns geht die Sonne nicht unter*, herausgegeben von der Hitlejugend, Pawelitzki, Richard: *Gleiwitz*, Gleiwitzer Archiv. Über Będzin: Eva Studencki Landau, Pinek Mąka, Zizi Stoppler, Pfarrer Kazimierz Szwarlik, Mosche Szwarz, Korbonski, Stefan: *The Jews and the Poles in World War II*, *Gleiwitz* von Richard Pawelitzki, Diaspora-Museum, Tel Aviv.

»Der Zweite Weltkrieg hatte aber...«

Das Mädchen, das sagte: »Wir gehen in eine Schokoladenfabrik«, war Fredka Bramowicz aus Sosnowiec. Der Lagerkommandant in Gleiwitz hieß Bernhard Becker, und die Judenälteste war Sonia Baumgarten aus Będzin. Lolas Schwester Basia lebte in Włocławek bei Krakau, Cyrla, verheiratet mit Michel Frydman, in Paris. Lolas Freundin, die Braut von Schlomos Bruder, war Jadzia Rappaport. Eine andere Jadzia heiratete Ittel Potok, Ada heiratete David Potok, und Zlata schließlich war mit Elo Potok verheiratet.

Quellen. Die Rußfabrik in Gleiwitz: Edzia Gutman Ackerfeld, eidesstattliche Erklärungen von Dora Kalb, Fela Kolatacz, Fela Turner und Ryfka Weisbrod in den Archiven von Yad Waschem. Lolas Brüder: Lola Potok Ackerfeld Blatt, Mendel Blatt. Lolas Hochzeit: Schlomo Ackerfeld, Będziner Archiv.

»Im April 1942...«

Pineks hebräischer Name lautet Pinkas. Die Holzstöcke, mit denen Pinek geschlagen wurde, wurden für das polnische Spiel *palant* benutzt und waren etwas dünner als Baseball-Schläger. Der jüdische Polizeichef war Julek Furstenfeld, der Direktor der Messerfabrik hieß Duksztulski und der Direktor der Fabrik, die Radnabenmuttern herstellte, Pitschner. Zwei judenfeindliche Deutsche beschuldigten Pinek fälschlicherweise der Sabotage und zeigten ihn an.

Quellen. Über Lola und Itu: Schlomo Ackerfeld, Lola Potok Ackerfeld Blatt, Pinek Mąka, *Encyclopaedia Judaica*, Będziner Stadtarchiv. Über Pinek: Julek Furstenfeld, Pinek Mąka.

»Itu war fünfzehn Monate alt…«

Der Direktor der Uniformfabrik hieß Roszner; von der bevorstehenden Judensäuberung erfuhr er durch den Gestapochef in Będzin, Alfred Dreier. Er informierte mehrere Menschen, darunter auch seinen jüdischen Buchhalter Pinkas Groncki. Die Frau, die ihr Neugeborenes an der Marienstatue ablegte, war Jadzia Rappaport Ackerfeld.

Quellen. Über die Deportation aus Będzin: Schlomo Ackerfeld, Lola Potok Ackerfeld Blatt, Ada Neufeld Potok Halperin, Genia Rosenzweig Tigel, Diaspora-Museum, Tel Aviv.

3

»Am selben Tag…«

Roszner, der Direktor der Uniformfabrik, berichtete Pinkas Groncki, seinem Buchhalter, von seiner Unterredung mit Dreier, dem Gestapokommandanten; und Groncki informierte danach Genia Rosenzweig. Adas Ehemann David und Zlatas Mann Elo waren zwei von Lolas Brüdern, die in der Uniformfabrik arbeiteten. Beide wurden in weit entfernte Konzentrationslager geschickt, Ittel und Basia hingegen nach Auschwitz. Motcha, Daniel, Chaim, Barek und Cyrla waren außerhalb von Polen – wo sie waren, wußte Lola nicht –, und Jakob war vor dem Krieg gestorben. Das Konzentrationslager Auschwitz bestand aus Auschwitz I und Auschwitz II oder Birkenau, etwa drei Kilometer weiter im Nordwesten. Ada und Zlata waren in Auschwitz II.

Quellen. Über die deutsche Uniformfabrik: Ada Neufeld Potok Halperin, Genia Rosenzweig Tigel, Diaspora-Museum, Tel Aviv. Über Ada und Zlatas Transport nach Auschwitz: Ada Neufeld Potok Halperin, Zlata Martyn Potok, Genia Rosenzweig Tigel, *Die erste Polka* von Horst Bienek, Auschwitz-Museum.

»Doch sie hielten…«

Der Mann, der sagte: »Na, gib ihnen schön zu fressen« war der Hauptscharführer Moll; der Junge, der sagte: »Ihr könnt die Leute nicht vergasen!« hieß Berliner und stammte aus Berlin, und die Frau, die ihre Kinder anwies: »Sagt ja niemandem, daß ihr zu mir gehört«, hieß Neuman. Die Frau, die Gift schluckte, überlebte Auschwitz und wurde 1945 befreit. Als Lola an Zlatas Fenster trat, rief sie Zlata mit ihrem polnischen Namen »Zosia« an; ich halte mich jedoch konsequent an jeweils einen Namen.

Quellen. Über Ada und Zlata in Auschwitz: Ada Neufeld Potok Halperin, Zlata Martyn Potok, Genia Rosenzweig Tigel, *The Last Nazi* von Gerald Astor, »Erinnerungen von Pery Broad« in: *KL Auschwitz in den Augen der SS*, *Die Untergegangenen und die Geretteten* von Primo Levi, *Five Chimneys* von Olga Lengyel, *Auschwitz* von Sara Nomberg-Przytyk, *Mengele* von Gerald L. Posner und John Ware, Auschwitz-Museum. Ada, die in Israel lebt, Zlata in Frankreich und Genia Rosenzweig Tigel in Australien berichteten übereinstimmend über ihre erste Nacht in Auschwitz.

»Wenig später wurden Ada, Zlata...«

Die Angehörigen, die Lola verlor, waren ihre Mutter Rivka, ihre Schwester Basia, deren Mann Adolf Steinhardt und deren Töchter Edzia und Roma; Jadzia, die Frau ihres Bruders Ittel, und deren Kinder Abramik und Edzia; ihr Neffe Abramik, der Sohn von Elo und Zlata; Ida, die Frau ihres Bruders Daniel, und deren Sohn Abramik; Hannah, die Frau ihres Bruders Jakob; und Lolas eigene Tochter Ituscha. Die Stubenälteste hieß Raschka.

Quellen. Über Ada, Zlata und Lola in Auschwitz: Schlomo Ackerfeld, Lola Potok Ackerfeld Blatt, Ada Neufeld Potok Halperin, Zlata Martyn Potok, Rózia Ickowicz Rechnic, Genia Rosenzweig Tigel, *Aber ich lebe* von Kitty Hart, *Five Chimneys* von Olga Lengyel, *Values and Violence* von Anna Pawełczyńska, *I Was a Doctor in Auschwitz* von Gisella Perl, *Smoke Over Birkenau* von Seweryna Szmaglewska. Auschwitz-Museum.

»Im Februar 1944 war die Quarantäne...«

Ein Häftling, der als Aufsicht über andere Häftlinge eingesetzt war, hieß »Kapo«, abgeleitet aus dem französischen *caporal* (»Korporal«, Anführer), das wiederum vom italienischen *capo* (Kopf; Boß) stammt; die rothaarige Prostituierte und Oberaufseherin hieß Maria. Den Brief »Mein lieber Heniek« schrieb Genia Rosenzweig an Heniek Kopito aus Italien. Die Geschichte von der Frau, die den Hergang ihrer Vergewaltigung demonstrierte, erzählte Pavelik aus Sosnowiec. Lolas Cousine hieß Regina Sapirstein; sie stammte aus Będzin.

Quellen. Die Krupp-Fabrik: Manchester, W., *The Arms of Krupp*, Reitlinger, G., *Die SS, United States vs. Alfred Krupp von Bohlen und Halbach et al.*, in: Prozeßakten des US-Militärgerichts in Nürnberg. Die Unions-Fabrik: Lola Potok Ackerfeld Blatt, Barek Eisenstein, Regina Ochsenhendler Eisenstein, Ada Neufeld Potok Halperin, Adam »Krawecki«, Zlata Martyn Potok, Genia Rosenzweig Tigel, Adela »Glickman«, Garliński, Józef: *Kämpfendes Auschwitz*, Kowalski, Isaac: *Anthology on Armed Jewish Resistance, Technical Manual TM 9-1985-3: German Explosive Ordnance*, herausgegeben vom U.S. Department of the Army, Abteilung für Militärgeschichte des US-Verteidigungsministeriums, Bundesamt für Waffentechnologie und Beschaffung der Bundesrepublik Deutschland.

»Die achthundert Männer...«

Auf Adams Wunsch habe ich seinen Familiennamen geändert. Adam gab die Schere Adela, die aus Nifka stammte; diese gab sie an Cyla aus Białystok weiter.

Quellen. Die Arbeitstruppe an den Öfen: Garliński, Józef: *Kämpfendes Auschwitz*, Kowalski, Isaac: *Anthology on Armed Jewish Resistance*, Müller, Filip: *Sonderbehandlung*. Über den Rauch: Regina Ochsenhendler Eisenstein, Lengyel, Olga: *Five Chimneys*, Suhl, Yuri: *They Fought Back*, Szmaglewska, Seweryna: *Smoke Over Birkenau*. Über Adam: Adam »Krawecki«. Der Schießpulver-Plan: Adela »Glickman«, Adam »Krawecki«, Genia Rosenzweig Tigel, Archiv des Amtes für Strafanstalten in Katowice.

»Im Oktober arbeitete Adam...«

Der Text von Adas Lied stammt von dem hebräischen Dichter Hayyim Nahman Bialik. Das Brot erhielt Ada von Genia Rosenzweig, die Butterblumen von einem Tschechen namens Juri, und ein Pole mit Namen Adam küßte sie. Der einäugige Mörder, der Aufsicht führte, nannte sich Willi. Die KZ-Aufseherin hieß Liehr, und das Mädchen, das neben Ada stand, war Sonja aus Wilna. Der Anführer des Aufstands war Josef Dorebus, alias Josef Warszawski. Die SS-Männer, die umgebracht wurden, hießen Jozef Purke, Rudolf Erler und Willi Preeze. Das Mädchen mit der Schere war Cyla aus Białystok. Die vier Frauen, die hingerichtet wurden, waren Regina

Sapirstein, Rosa Robota aus Czechanów, Rachel Baum und Ella Gartner aus Lodz; vermutlich waren unter den Gehenkten auch noch eine Esther und eine Toschka. Rachel Baum war es, die sagte: »Rächt mich!«; ihre oder Ella Gartners Schwester in der Baracke begann daraufhin zu schreien. Zu diesem Zeitpunkt befand Lola sich in Auschwitz I. Der Mann, der sagte: »Feiern wir ohne Leon«, war Hans Mayer aus Wien. Leon, der mit Familiennamen Schultz hieß, wurde am 24. Dezember 1944 in Block sechzehn, Auschwitz I, umgebracht. Als am 18. Januar 1945 der Todesmarsch begann, war Lola wieder in Auschwitz II, Birkenau.

Quellen. Über die Unions-Fabrik: Lola Potok Ackerfeld Blatt, Regina Ochsenhendler Eisenstein, Adela »Glickman«, Ada Neufeld Potok Halperin, Adam »Krawecki«, Genia Rosenzweig Tigel. Über die SS-Konzerte: Janina Bleiberg Lieberman. Über den Aufstand in Auschwitz: Garliński, Józef: *Kämpfendes Auschwitz*, Hart, Kitty: *Aber ich lebe*, Kowalski, Isaac: *Anthology on Armed Jewish Resistance*, Müller, Filip: *Sonderbehandlung*, Nomberg-Przytyk, Sara: *Auschwitz*, Suhl, Yuri: *They Fought Back*, Auschwitz-Museum. Über die Schere: Adela »Glickman«, Adam »Krawecki«, Genia Rosenzweig Tigel. Die Hinrichtung von Regina Sapirstein: Lola Potok Ackerfeld Blatt, Zlata Martyn Potok, Garliński, Józef: *Kämpfendes Auschwitz*, Hart, Kitty: *Aber ich lebe*, Kowalski, Isaac: *Anthology on Armed Jewish Resistance*, Suhl, Yuri: *They Fought Back*. Über Klein Leon: Barek Eisenstein, Adam »Krawecki«. Über den Todesmarsch: Lola Potok Ackerfeld Blatt, Zlata Martyn Potok.

»Was, sind Sie verrückt?«

Lola befand sich höchstwahrscheinlich in einem Dorf in der Nähe von Rybnik; das Datum war Samstag, der 20. Januar 1945.

Quellen. Lolas Flucht: Lola Potok Ackerfeld Blatt, Zlata Martyn Potok, Moniek Rappaport. Lola erzählte ihre Geschichte Zlata und Moniek Rappaport im Jahr 1945, deren Erinnerungen sich ziemlich genau mit Lolas Bericht decken.

»Einen Ort gibt es...«

Der Turm war eine *triangulacja*, er diente auch zur Überwachung. Königshütte und Kattowitz waren zwar näher als Myslowitz, aber offensichtlich standen nirgendwo Richtungsschilder. Myslowitz heißt heute Mysłowice, aus Königshütte wurde Chorzów; beide Städte liegen in Polen.

Quellen. Lolas Marsch nach Königshütte: Lola Potok Ackerfeld Blatt, Zlata Martyn Potok, Moniek Rappaport, *Gleiwitz* von Richard Pawelitzki.

4

»Etliche Stunden später ...«
Adam und Barek waren in Auschwitz I. Es war noch ein dritter Mann bei ihnen, ein Belgier namens Simon. Der Kommentar zu Ester stammt von Moses Alschech, einem Rabbi, der im sechzehnten Jahrhundert in Safed, heute Israel, lebte. Bareks hebräischer Name war Dov.

Quellen. Lola in Königshütte: Lola Potok Ackerfeld Blatt, Zlata Martyn Potok. Über die Befreiung von Auschwitz: Barek Eisenstein, Regina Ochsenhendler Eisenstein, Adam »Krawecki«.

»Am Samstag, dem 27. Januar ...«
Der Junge, der die russische Flagge schwenkte, hieß Samek und stammte aus Warschau, und das Mädchen, das sich schluchzend auf die Pritsche warf und zu dem Barek sagte: »Mein Blut kocht«, war Regina Ochsenhendler aus Będzin. Der Mann, der gerufen hatte: »Freunde! Der Krieg ist bald vorbei!«, war Hans Mayer aus Wien. Mit dem Pferdewagen fuhr Barek nach Osten, Krakau, nach Westen, Auschwitz, nach Norden, Będzin, und nach Süden, Kattowitz. Kattowitz war die wichtigste Stadt von Schlesien, und das Amt für Staatssicherheit rekrutierte hier seine Mitarbeiter für Schlesien. Auf polnisch hieß der Sicherheitsdienst *Urząd Bezpieczeństwa Publicznego*, die Beatestraße heißt heute Ulica Kościuszki.

Quellen. Über die Befreiung von Auschwitz: Barek Eisenstein, Regina Ochsenhendler Eisenstein, Adam »Krawecki«, Jakob Lewin. Über den Staatlichen Sicherheitsdienst: Efraim Blaichman, Lola Potok Ackerfeld Blatt, Krystyna Zielinska Dudzinska, Barek Eisenstein, Regina Ochsenhendler Eisenstein, Stanisław Eiwek, David Feuerstein, Israel Figa, Stanisław Gazda, Adela »Glickman«, Mosche »Grossman«, Rose »Grossman«, Josef Jurkowski, Hanka Tinkpulver Kalfus, Hela Kleinhaut, Oberst Wacław Kożera, Adam »Krawecki«, Efraim Lewin, Mosche Mąka, Pinek Mąka, Gaby Mamu, Schlomo Morel, Schimon Nunberg, Józef Pijarczyk, Stanisław Poszado, Ze'ev Sharone, Rivka »Glickman Singer«, Schlomo »Singer«, Zizi Stoppler,

Eva Studencki, Ilana Studencki, Max Studniberg, Major Bogdan Szczepurek, Wilhelm Szewczyk, Ruth Wilder, Leutnant Edward Witek, Leo Zelkin, Lucjan Zenderowski, Sara »Zucker«, Salek »Zucker«, *The Jews and the Poles* von Stefan Korbonski. Über Barek in Kattowitz: Barek Eisenstein, Kattowitzer Staatsarchiv.

»Läßt die New Yorker Polizei...«
Von den jüdischen Mitarbeitern im Staatlichen Sicherheitsdienst war Itzak Klein in Auschwitz befreit worden; Adela »Glickman« entkam, indem sie sich in einem Försterhaus in der Nähe von Pless versteckte, Mosche »Grossman« und Schimon Nunberg hatten sich in Gleiwitz in den Schnee fallen lassen, und Salek »Zucker« rannte in die Gleiwitzer Wälder. Leo Zelkin gelang die Flucht nach einer nächtlichen Fahrt im Kohlewaggon. David Feuerstein kam, ebenso wie Schlomo »Singer«, aus dem Lager in Gęsia, Ayzer Mąka aus Markstädt und Jadzia Gutman Sapirstein aus Neustadt-Glewe. Aaron Lehrman hatte sich während des Krieges in Grójec versteckt, Chaim Studniberg in Badkowice. Josef Jurkowski und Hanka Tinkpulver kamen aus der polnischen Armee, und Efraim Lewin, Mosche Mąka, Pinek Mąka und Schlomo Morel waren bei den polnischen Partisanen gewesen. Weitere jüdische Mitarbeiter des staatlichen Sicherheitsdienstes in Kattowitz waren Yurik Cholomski, Barek Eisenstein, Major Frydman, Jacobowitz, Mordechai Kac, Leon Kaliski, Mosche Kalmewicki, Hermann Klausner, Schmuel Kleinhaut, Josef Kluger, Heniek Kowalski, Adam »Krawecki«, Laudon, Leutnant Malkowski, Marceli Reich, Nachum »Salowicz«, Hauptmann Stilberg, Mosche Szajnwald, Vogel, Hela Wilder und Leo Zolkewicz. Die Nachnamen »Glickman«, »Singer« und »Zucker« sind nicht authentisch, sie wurden auf die Bitte der Betreffenden geändert.

Barek Eisenstein schätzte, daß 90 Prozent der jüdischen Mitarbeiter des Staatssicherheitsdienstes sich polnische Namen zulegten. Laut Barek wurde einer von ihnen sogar auf einem katholischen Friedhof beerdigt. Pinek Mąka, 1945 Sekretär des Staatlichen Sicherheitsdienstes für Schlesien, schätzte die Zahl der jüdischen Mitarbeiter auf 70 bis 75 Prozent; Barek Eisenstein meinte, es seien mehr als 75 Prozent gewesen, laut Stanisław Gazda waren »die meisten« Juden, Adam »Krawecki« hingegen schätzte den Anteil der Juden auf 70 bis 80 Prozent, und Mosche Mąka meinte, 70 bis 75 Prozent waren »vielleicht« Juden. Józef Musiał, 1990 stellvertretender Justizminister in Polen, sagte: »Ich rede nicht gern darüber«, aber in ganz Polen seien die meisten Offiziere des Staatssicherheitsdienstes Juden gewesen. Die einzigen nichtjüdischen Offiziere in Kattowitz, von denen ich erfuhr, waren Hauptmann Zdzisiek Kupczyński, der Personalchef; Kowalski und Zawicki, zwei Mitarbeiter der Abteilung Gewahrsam; und ein ukrainischer Leutnant, der später hingerichtet wurde. Pinek schätzte, daß der Staatliche Sicherheitsdienst in Schlesien zwei- bis dreihundert Offiziere beschäftigte; drei Viertel davon wären also 150 bis 225.

Stanisław Gazda, der Sekretär von Chaim Studniberg war, dem Leiter aller Gefängnisse und Lager in Schlesien, schätzte die Zahl der Gefängnisse in Schlesien auf zwanzig bis dreißig; dieselbe Zahl nannte Efraim Lewin, der Kommandant von Neisse. Pinek, Stanisław Gazda, Schlomo Morel und Oberst Wacław Kożera, der im Jahr 1989 Leiter des Amtes für Strafanstalten in Katowice war, erinnerten sich an Gefängnisse in Będzin, Beuthen, Bielsko-Biała, Breslau, Tschenstochau, Hindenburg, Jastrzębie, Kattowitz, Königshütte, Nikolai, Myslowitz, Neisse, Oppeln, Schwientochlowitz, Sosnowiec (dort gab es drei Gefängnisse), Tarnowitz und Zawiercie. Unter den jüdischen Kommandanten in Schlesien waren Major Frydman, Beuthen, Jacobowitz in einem nicht identifizierten Lager, Schmuel Kleinhaut, Myslowitz, Efraim Lewin, Neisse, Schlomo Morel in Schwientochlowitz, Oppeln und Kattowitz und Lola Potok Ackerfeld, Gleiwitz. Czesław Gęborski, der Kommandant von Lamsdorf, war vermutlich ein Katholik: er war der einzige nichtjüdische Kommandant, von dem ich hörte.

Moische war Mosche »Moniek« Szajnwald aus Miechów, der sich Max Savitski nannte, und der Miechówer Metzger hieß Tomasz Jurkowski. Regina war Regina Ochsenhendler aus Będzin. Der Mandolienenspieler war Schlomo Morel aus Lublin, der Junge, der sich Stanisław Niegosławski nannte, war Schimon Nunberg aus Będzin, und jener andere mit dem verstümmelten linken Arm war Efraim Lewin aus Lublin. Schwientochlowitz heißt heute Świętochłowice und liegt in Polen. Barek wohnte in Kattowitz am Andreasplatz 23, der heute Ulica Andrzeja heißt.

Quellen. Über Barek im Staatlichen Sicherheitsdienst: Barek Eisenstein. Über die Partys in Kattowitz: Schlomo Morel, sowjetisches Kommuniqué vom 6. Februar 1945. Über die Juden im Staatlichen Sicherheitsdienst: Efraim Blaichman, Leon »Chaimowicz«, Luisa Feiner, David Feuerstein, Adela »Glickman«, Rivka »Glickman», Schmuel »Gross«, Mosche »Grossman«, Rose »Grossman«, Schmuel

Kleinhaut, Adam »Krawecki«, Efraim Lewin, Pinek Mąka, Schlomo Morel, Schimon Nunberg, Marceli Reich, Schlomo »Singer«, Hela Wilder, Leo Zelkin, Salek »Zucker«; Aussagen von Mathias Hemschik (Ost-Dok. 2/236B/106), Josef Mosler (Ost-Dok. 2/236C/354) und Eva Reiman (Ost-Dok. 2/236C/288) im Dt. Bundearchiv.

»Manche Mädchen poussierten...«

Der Junge, der bei Ittels Hinrichtung zugesehen hatte, war Mosche »Grossman« aus Lodz. Vier andere – Heniek Aaronfud, Motek Bakalash, Moniek Buchweis und Karmo »Pipek« Furstenfeld – wurden zusammen mit Ittel gehängt. Lola traf »Grossman« in Kattowitz, sie konnte sich jedoch nicht mehr erinnern, wo; und falls »Grossman« sich daran erinnerte, behielt er es für sich. Ich nahm an, sie lernten sich auf einer Party kennen, wo Lola auch viele andere junge Männer kennenlernte. Die Bernhardstraße heißt heute Ulica Powstańców.

Quellen. Über die Party in Kattowitz: Schlomo Morel. Über Lolas Bruder Ittel: Lola Potok Ackerfeld Blatt, Schimon Nunberg, *Hitlers SS* von Richard Grunberger. Lolas Bewerbung: Oberst Wacław Kożera, Stanisław Poszado, Archiv des Amtes für Strafanstalten in Katowice. Lolas Besuch bei Pinek: Lola Potok Ackerfeld Blatt, Pinek Mąka, Kattowitzer Staatsarchiv.

»1942 hatte ein Deutscher ihn gerettet...«

Der Direktor der Schlesischen Fabrik war Pitschner, der Pinek später in Kattowitz wiedersah und ihm von seiner Unterredung mit der Gestapo berichtete. Pineks Schwester hieß Schoschana, ihr Freund war Chaim »Heniek« Studniberg, beide aus Będzin. Der Patient in Kattowitz war Yasiek, die Partisanen nördlich von Będzin hatten ihren Stützpunkt in Zombkowice, und Pinek nannte sich bei den Partisanen Antek Zeziskowski. Der Major in Kattowitz war Josef Jurkowski aus Lublin. Das Haus, das Pinek fand, stand in Badkowice, sein Bruder bei den Partisanen war Mosche, der in Markstädt internierte Bruder hieß Ayzer – Olek auf jiddisch. Innerhalb der schlesischen Regierung hatte Pinek den Titel »Stellvertretender Leiter der Ersten Abteilung«, und er nannte sich Paweł Mąka – den Familiennamen behielt er bei, denn er ist sowohl polnisch wie jüdisch. Im Archiv der Provinzpolizei von Katowice fand ich seine Personalakte, in der er als Stellvertretender Leiter geführt wurde, und am 27. September 1992 unterzeichnete Edmund Kwarta, der stellvertretende Archivdirektor, eine Bescheinigung: »Ich bestätige hiermit, daß Paweł Mąka, geboren am 23. September 1920, vom 15. Februar 1945 bis zum 17. April 1946 im Amt für Staatssicherheit die Funktion des Stellvertretenden Leiters der Ersten Abteilung des Staatlichen Sicherheitsdienstes in Katowice erfüllte.« Zwölf Personen – Jadzia Gutman Sapirstein »Banker«, Lola Potok Ackerfeld Blatt, Barek Eisenstein, Regina Ochsenhendler Eisenstein, David Feuerstein, Julek Furstenfeld, Adela »Glickman«, Josef Jurkowski, Mosche Mąka, Pinkas Schickman, Rivka »Glickman Singer« und Schlomo »Singer« – bestätigten ebenfalls, daß Pinek einen wichtigen Posten in der schlesischen Regierung innehatte.

Quellen. Über Pinek: Pinek Mąka.

»›Ich will Rache‹, sagte Lola…«

Pineks Großmutter mütterlicherseits war Hannah Solewicz, und es war Lolas Bruder Elo, der sich zu ihr ins Bett legte. Das Mädchen, das in der Anstalt für Geisteskranke in Tworki bei Warschau gearbeitet und befürchtet hatte, dort wahnsinnig zu werden, war Hanka Tinkpulver. Es gab an die zehn Abteilungen im Amt für Staatssicherheit, einschließlich einer Sektion für Handel und Industrie sowie einer Verwaltungsabteilung. »Lola« und »Potok« sind polnische Namen; Lola behielt sie bei.

Pinek ernannte Lola zum Kommandanten, ihr eigentlicher Titel jedoch lautete »Stellvertretender und Geschäftsführender Kommandant«. 1945 ernannten die Polen oft einen nominellen »Kommandanten«, der katholisch war, und einen Juden als tatsächlichen »Stellvertretenden Kommandanten«: in Gleiwitz war der nominelle »Kommandant« ein zwanzigjähriger Feldwebel, de facto ranghöher als Lola. Er war am 2. Januar 1945 ernannt worden, als Gleiwitz noch in deutscher Hand war; im Mai brach er sich jedoch das Bein, war bis August im Spital und ging im Mai 1946 noch immer auf Krücken. Niemand, mit dem ich in Gleiwitz gesprochen habe, erinnerte sich an seinen Namen, das Provinzgericht Katowice teilte ihn mir jedoch vertraulich mit. Ich versuchte, ihn oder irgend jemanden in Polen zu finden, der ihn kannte, jedoch ohne Erfolg.

Ich sprach mit fünfunddreißig Personen, die Lola als Kommandantin in Gleiwitz erlebt hatten. Meine Gesprächspartner waren (außer Lola): Offiziere des Amtes für Strafanstalten in Katowice im Jahr 1989: Oberst Wacław Kożera, Direktor; Stanisław Poszado, Leiter der Rechts- und Organisationsabteilung; Major Bogdan Szczepurek, Kommandant des Gefängnisses von Gliwice. – Offiziere im Dienst der schlesischen Regierung im Jahr 1945: Pinek Mąka. – Offiziere des Amtes für Staatssicherheit in Schlesien im Jahr 1945: Adela »Glickman«, Mosche »Grossman«, Schmuel Kleinhaut (über Hela Kleinhaut), Efraim Lewin, Mosche Mąka, Schlomo Morel, Rivka »Glickman Singer«, Schlomo »Singer«, Leo Zelkin. – Aufseher im Gefängnis von Gleiwitz im Jahr 1945: Jadzia Gutman Sapirstein »Banker«, Krystyna Zielinska Dudzinska, Stanisław Eweik, Józef Pijarczyk, Lucjan Zenderowski. – Lolas Ehemänner: Schlomo Ackerfeld und Dr. Michal Blatt. – Lolas Familie in Gleiwitz 1945: Jadzia Rappaport Ackerfeld Jacobs, Ada Neufeld Potok Halperin, Josef Marytn (über Basia Martyn), Pinkas Martyn, Zlata Martyn Potok, Mania Rappaport, Moniek Rappaport, Gucia Martyn Schickman. – Lolas Bekanntenkreis in Gleiwitz 1945: Helen Fortgang, Rose »Grossman«, Leibisch Jacobs, Pinkas Schickman, Sam Schickman, Genia Rosenzweig Tigel. Ich sprach auch mit Salek »Zucker«, der sich erinnerte, daß Lola Mitarbeiterin des Staatlichen Sicherheitsdienstes war, sowie mit drei Personen, die noch wußten, daß 1945 der Kommandant in Gleiwitz eine Frau gewesen war: Günther Ciesla, Gefangener in Gleiwitz im Jahr 1945; Major Josef Jurkowski, Leiter des Amtes für Staatssicherheit in Schlesien im Jahr 1945; und Leutnant Edward Witek, der 1945 bei der Kattowitzer Polizei gewesen war. Im deutschen Bundesarchiv stieß ich auf den Brief einer ehemaligen Gefangenen in Gleiwitz, Elfriede Gawlik, die schrieb: »Die Aufseherin war eine Polin«, und, wichtiger noch, im Archiv des Amtes für Strafanstalten in Katowice fand ich ein Dokument auf polnisch, welches besagte: »Republik Polen. Ministerium für Staatssicherheit. Abteilung Gefängnisse und Lager. 10. Mai 1945. An den Minister für Staatssicherheit, Personalabteilung. *Unter den Voraussetzungen*: Bitte nehmen Sie die Staatsbürgerin Potok Lola in Dienst und ernennen Sie sie auf den Posten des Stellvertretenden Gefängnisleiters, der seit dem 14. Februar 1945 in Gliwice mit politischen und erzieherischen Angelegenheiten befaßt ist.« Das Schreiben war vom Leiter der Personalabteilung und dem Leiter der Abteilung Gefängnisse und Lager unterzeichnet. Ich fand auch einen Brief von Lola, in dem sie schrieb: »An das Provinzamt des Staatlichen Sicherheitsdienstes, Abteilung Gefängnisse und Lager. Katowice. Betrifft: Ansuchen um Urlaub für den Stellvertretenden Kommandanten; Mitteilung. Gemäß Rundschreiben vom 30. Juli 1945 teile ich mit, daß mir ein Urlaub zusteht, um den ich hiermit ansuche, denn ich brauche Erholung, mein Gesundheitszustand ist beeinträchtigt.

Ich bitte Sie, diese Mitteilung freundlicherweise entgegenzunehmen und mir einen Urlaub zu gewähren. Der Stellvertretende Kommandant. Gezeichnet: Lola Potok, Katowice, 7. September 1945.«

Quellen: Über Pinek und Lola: Lola Potok Ackerfeld Blatt, Hanka Tinkpulver Kalfus, Pinek Mąka. *Quellen für die Anmerkungen*: Über die nominellen Kommandanten: Schmuel »Gross«.

5

»Gleiwitz war nun besetzt...«

Die Konferenz von Jalta dauerte von Sonntag bis Sonntag, vom 4. Februar bis zum 11. Februar 1945. Lola besuchte Pinek am 13. Februar in seinem Büro, Mittwoch, der 14. Februar, war ihr erster Arbeitstag. An diesem Tag hängten die Russen ihr Plakat »An alle männlichen Deutschen« auf.

Quellen. Über die Russen in Gleiwitz: Horst Bienek, Erwin Klose, Engelbert Liszok, Josef Wiescholek, Aussagen Nr. 4, 12, 17, 49 und andere in: Kaps, J., *Die Tragödie Schlesiens 1945/46*, Einleitung sowie Aussagen von A. B. (187), Hermann Balzer (171), I. F. (224), O. M. (208) und anderen in: *Die Vertreibung* von Theodor Schieder, Aussagen von Maria Behrens, N., Margarete Sack, M. Wallura und anonym in: *Die Flucht und die Vertreibung* von Wolfgang Schwarz, Aussagen von D. Häusler (Ost-Dok. 1/251/3) und Dr. v. T. (Ost-Dok. 2/235/128) im Dt. Bundesarchiv, *Erde und Feuer* von Horst Bienek, *From the Ruins of the Reich* von Douglas Botting. Über die Konferenzen von Teheran und Jalta: *Offen gesagt...* von James F. Byrnes, *Der Ring schließt sich* von Winston Churchill, *Die Anglo-Amerikaner* von Alfred DeZayas, *Stalin* von Adam B. Ulam. Über den Zug nach Rußland: Einleitung sowie Aussagen von F. K. (140) und anderen in: *Die Vertreibung* von Theodor Schieder. Über die Lager in Rußland: Aussagen von Getrude Schul (166), Anna Schwartz (169), Gerlinde Winkler (143) und anderen in: *Die Vertreibung* von Theodor Schieder. Über das Lager in Auschwitz: Aussage Nr. 12 in: *Die Tragödie Schlesiens 1945/46* von Dr. Johannes Kaps.

»Auschwitz war inzwischen...«

Adam und Major Jurkowski begegneten einander in Auschwitz und fuhren am Sonntag, dem 18. März, nach Kattowitz.

Quellen: Adam in Auschwitz: Josef Jurkowski, Adam »Krawecki«,

»Erinnerungen von Pery Broad« in: *KL Auschwitz in den Augen der SS, Sonderbehandlung* von Filip Müller. Adam in Kattowitz: Lola Potok Ackerfeld Blatt, Adam »Krawecki«, Schlomo Morel, Lucjan Zenderowski.

»Später am Tag traf Adam auch Barek...«
Dreizehn Personen – Barek Eisenstein, Israel Figa, Stanisław Gazda, Adela »Glickman«, Mordechai Kac, Adam »Krawecki«, Efraim Lewin, Mosche Mąka, Pinek Mąka, Schlomo Morel, Nachum »Salowicz«, Zizi Stoppler und Salek »Zucker« – berichteten, Josef Jurkowski sei der Leiter des Staatssicherheitsdienstes für Schlesien gewesen; dies bestätigen die Akten des Amtes für Staatssicherheit im Archiv der Provinzpolizei in Katowice. Josef hingegen stritt es ab; er behauptete, er sei Verbindungsoffizier der polnischen Armee gewesen. Doch in einem Telefongespräch mit dem Assistenzprofessor Daniel Jonah Goldhagen von der Harvard-Universität gab er sein damaliges Amt offensichtlich zu. Josef hatte sein Bar Mizwa mit zwölf, nicht mit dreizehn, denn sein Vater lebte nicht mehr. Das Marx-Zitat stammt aus der Schrift *Zur Judenfrage*, die Josef in der Lopacinski-Bibliothek in Lublin gefunden hatte. Am Mittwoch oder Donnerstag, dem 13. oder 14. September 1939, floh Josef aus dem Gefängnis in Tarnów. Stalins Äußerung über den Antisemitismus stammt aus einem Gespräch mit einem Korrespondenten der Jewish Telegraph Agency am 12. Januar 1931. In Kattowitz war der jüdische Leiter der Fahndungsabteilung Major Koplinski; der Leiter der Abteilung Gewahrsam hieß Wassersturm. Stalin lebte im Januar und Februar 1913 in Wien, und über Hitler und das deutsche Volk äußerte er sich in seinem Tagesbefehl für den 23. Februar 1942. Die polnische Schattenregierung wurde Polnisches Nationalkomitee genannt. Jakob Berman aus Warschau war der eigentliche Chef des Staatlichen Sicherheitsdienstes – Stanisław Radkiewicz war nur der nominelle Leiter: verheiratet mit einer Jüdin, Ruta Teisch, selbst aber vermutlich katholisch. Andere jüdische Abteilungsleiter waren David Schwartz, bekannt als General Julius Hibner; Natan Grunsapau-Kikiel alias General Roman Romkowski; Josef Goldberg alias Oberst Józef Różanski; Josef Licht, der als Oberst Józef Światło auftrat; drei weitere Juden: Oberst Anatol Fejgin, Oberst Czaplicki und Zygmunt Okręt sowie eine Jüdin, Luna Brystgier. Die wahren Namen der Abteilungsleiter wurden in den fünfziger Jahren in polnischen und russischen Zeitungen veröffentlicht. Adam war für die Verwaltung des Ausch-

witzer Krankenbaus verantwortlich, der Oberarzt war Dr. Wollman. Adams Freundin Pola Davner aus Będzin und sein Ausbilder Leutnant Malkowski. Ein weiterer der sechs Spitzenstudenten war Barek Eisenstein.

Quellen. Adam in Josefs Büro: Adam »Krawecki«. Über Josef: Josef Jurkowski, Bronisława Jurkowska, *Anthology on Armed Jewish Resistance* von Isaac Kowalski. Über Stalin: Aussage von Anna Schwarz (169) in: *Die Vertreibung* von Theodor Schieder, *Der Ring schließt sich* von Winston Churchill, *Stalin: The History* von H. Montgomery Hyde, *Die da oben* von Teresa Torańska, *Stalin* von Adam B. Ulam. Über Hitler: *Hitler: eine Studie über Tyrannei* von Alan Bullock. Über Berman und die Sektionsleiter in Warschau: Istvan Deak, Andre Korbonski, Zofia Korbonski, Artur Kowalski, Georg Lerski, Efraim Lewin, Pinek Mąka, Andrew Pomian, Tadeusz Zawadzki, *The Jews and the Poles in World War II* von Stefan Korbonski, *Die da oben* von Teresa Torańska. Über den Lehrgang in Kattowitz: Barek Eisenstein, Adam »Krawecki«. Über Adams Fahrt nach Gleiwitz: Wilhelm Szewczyk. *Quellen für die Anmerkungen.* Jonah Goldhagen: *The New Republic*, 14. Februar 1994.

»Gleiwitz war der Wilde Westen…«

Gleiwitz und Hindenburg hatten beide knapp 125000 Einwohner. Aufgrund der Tatsache, daß die Russen dreißigtausend Männer aus Hindenburg mitnahmen, nahm ich an, daß bis zu dreißigtausend für die Zwangsarbeit in Frage kamen. Adams Büro lag Ecke Teuchert-/Friedrichstraße (heute Ulica Zygmunta Starego und Ulica Pogodna) in Gleiwitz, die menschenleere Straße war die Kaiser-Wilhelm-Straße (heute Ulica Zwycięstwa). Nach dem Krieg nannte die polnische Polizei sich Miliz.

Quellen. Über die Russen in Gleiwitz: Adam »Krawecki«, Engelbert Liszok, Zlata Martyn Potok, Lucjan Zenderowski, Aussagen Nr. 7, 14 und 82 in: *Die Tragödie Schlesiens 1945/46* von Dr. Johannes Kaps, Aussage von M. Wallura in: *Die Flucht und die Vertreibung aus Oberschlesien 1945/46* von Wolfgang Schwarz, *From the Ruins of the Reich* von Douglas Botting. Adam in Gleiwitz: Adam »Krawecki«. Die »polnische SS« und die »polnische Gestapo«: *Die Vertreibung* von Theodor Schieder, Aussage Nr. 110 in: *Die Tragödie Schlesiens 1945/46* von Dr. Johannes Kaps, Aussagen von H. Aschmann (Ost-Dok. 2/236E/950), Elli Bech (Ost-Dok. 2/233/3), Johannes Bech (Ost-Dok. 2/233/11), Emil Gawoll (Ost-Dok. 2/236D/667), Pawil Hesse

(Ost-Dok. 2/227/64) und anonym aus Heinersdorf (Ost-Dok. 2/227/7D) im Dt. Bundesarchiv.

»Lola war unterdessen...«
Der jüdische Polizeichef war Julek Furstenfeld aus Będzin. Der Junge, der nach Wodka verlangte, hieß Daniel. Auf Schlomos Bitte habe ich seinen Nachnamen geändert. In Gęsia war Schlomo für die Sauberkeit im jüdischen Ghetto zuständig, und der Junge, der mit ihm Mazzen buk, war David Feuerstein aus Będzin. Der russische Oberst hieß Sacharow, und eines der von ihm gejagten Mädchen war Gucia Wiener. Der jüdische Wohltätigkeitsverein war das Verteilungskomitee von *United Jewish Appeal.* Schlomos Wohnung lag in der Mühlstraße 16, die jetzt Ulica Młyńska heißt, die Nummer 16 aber gibt es nicht mehr. Weitere Gäste am Sederabend waren Josef Feuerstein, Adela »Glickman«, Rivka »Glickman«, Gucia Mandelbaum, David Reif und Pola Reif.

Quellen. Lola in Kattowitz: Julek Furstenfeld, Adela »Glickman«, Marek Katz, Pinek Mąka, Schlomo Morel, Genia Rosenzweig Tigel, Leo Zelkin, Aussage von Max Kroll (Ost-Dok. 2/236B/52) im Dt. Bundesarchiv, *Sowjetisches Kriegsnachrichten-Bulletin* vom 4. April 1945. Über Schlomo Singer: David Feuerstein, Schlomo »Singer«. Über das Passahmahl: David Feuerstein, Adela »Glickman«, Pola Reif, Rivka »Glickman Singer«, Schlomo »Singer«, Kattowitzer Staatsarchiv.

»Schlomo legte das Gebetsbuch nieder...«
»Gelobt sei sein Name« heißt auf hebräisch *»Baruch haschem«.* Rivka war Rivka »Glickman« aus Dombrowa bei Będzin, zwischen Auschwitz und Pless gelang ihr die Flucht. Adela war Adela »Glickman« aus Nifka, ebenfalls in der Nähe von Będzin, die in Pless entkam; der Mann, der sie auf dem Fahrrad zum Bahnhof fuhr, hieß Kloc. Auf ihre Bitte hin habe ich Adelas und Rivkas Nachnamen geändert. Stasiek und Leutnant Malkowski waren die beiden Juden, die umgebracht wurden. Alles in allem schickten die Russen zwanzigtausend Menschen aus Gleiwitz nach Rußland. Lola war ab dem 23. April 1945 in Gleiwitz; die Klosterstraße heißt heute Ulica Józefa Wieczorka. Die Russen zogen aus Lolas Gefängnis ab, aber Polen war ein russischer Satellitenstaat, und die Russen überwachten Lola das ganze Jahr 1945 hindurch. Sie befahlen ihr (oder anderen Mitarbeitern des Staatssicherheitsdienstes) nicht, die Deutschen zu bestrafen;

die Russen hätten es verhindert, wenn sie es gewußt hätten, betonten mehrere Juden, die ich interviewte.

Quellen: Über das Passahmahl: David Feuerstein, Adela »Glickman«, Pola Reif, Rivka »Glickman Singer«, Schlomo »Singer«. Über die Gefahren in Kattowitz: Barek Eisenstein, Pinek Mąka. Über Lola in Gleiwitz: Lola Potok Ackerfeld Blatt, Efraim Lewin, Lucjan Zenderowski, Aussage von Dr. N. N. (Ost-Dok. 2/213D/173) im Dt. Bundesarchiv, Archiv des Provinzgerichts Katowice. *Die Vertreibung* von Theodor Schieder.

6

»Am nächsten Tag kamen die Deutschen...«

Die eine oder andere Begebenheit mag sich erst später zugetragen haben. Ich weiß nicht, wie viele von Lolas fünfzig Aufsehern Juden waren: Lola sagt, alle; ich weiß aber von drei Juden – Mosche »Grossman«, Heniek Kowalski und Jadzia Gutman Sapirstein – und fünf Katholiken: Stanisław Eweik, Klapcia, Józef Pijarczyk, Szczęsny und Lucjan Zenderowski. Laut Angaben des Suchdienstes des Deutschen Roten Kreuzes waren zwischen fünfhundert und tausend Menschen in Gleiwitz inhaftiert; ein Aufseher meint jedoch, es seien weniger als fünfhundert gewesen, Lola und zwei ehemalige Gefangene hingegen sprachen von über tausend. Im Männergefängnis bekamen die Gefangenen Kartoffelsuppe, im Frauengefängnis jedoch aß mindestens eine Deutsche dreimal am Tag Kascha, eine Getreidegrütze. Die Äußerung von Höß gegenüber Himmler hatte Sophie Stipel aus Mannheim mitgehört und an Stanisław Dubiel weitergegeben. Das Mädchen, mit dem Mengele »flirtete«, hieß Mala. Hitler erschoß sich (und schluckte außerdem eine Zyanidkapsel) am 30. April 1945; die Stadt Breslau, hundertdreißig Kilometer westlich von Gleiwitz, hielt immer noch aus, als die Deutschen am 7. Mai kapitulierten.

Eine erste Fassung dieses Buches erschien im Juni 1988 in Form eines Artikels im Magazin *California.* Ich schrieb dort, was ich von Pinek, Lola und aus einem halben Dutzend weiterer Quellen erfahren hatte: »Pinek bot ihr einen Posten als Kommandant eines POW-Gefängnisses für deutsche Soldaten, Gestapo- und SS-Angehörige an.« In Wahrheit war das Gefängnis, wie ich erfuhr, als ich im Mai 1989 nach Gleiwitz reiste, für (1) ungefähr zwanzig deutsche Soldaten, die als Automechaniker, Schreiner und Anstreicher arbeiteten; (2) Hunderte von *mutmaßlichen* Gestapo- und SS-Angehörigen sowie *mutmaßlichen* Nazis und Nazikollaborateuren, von denen manche *behaupteten*, deutsche Soldaten zu sein; (3) zweiundvierzig *verurteilte* Kriegsverbrecher: die meisten von ihnen wurden nach Lolas Zeit verurteilt; und (4) Hunderte von Gefangenen, die gewöhnlicher Verbrechen verdächtigt oder derentwegen verurteilt waren.

Quellen. Über die Ankunft der Deutschen: Lola Potok Ackerfeld Blatt, Günther Ciesla, Günter Plasczyk, Pinkas Schickman, Josef Wiescholek, Lucjan Zenderowski, *Zur Geschichte der deutschen Kriegsgefangenen* von Erich Maschke. Über Höß, Hößler und Mengele: Lola Potok Ackerfeld Blatt, Regina Ochsenhendler Eisenstein, Janina Bleiberg Lieberman, Aussage von Stanisław Dubiel in Auschwitz vom 7. August 1946, *Five Chimneys* von Olga Lengyel, *Sonderbehandlung* von Filip Müller, *Mengele* von Gerald L. Posner. Über Hitler: *From the Ruins of the Reich* von Douglas Botting.

»Der Adjutant, Mosche Grossman...«

Auf seine Bitte hin habe ich Grossmans Familiennamen verändert. »Sei barmherzig, wie auch er barmherzig ist«, steht im Talmud, Schabbat 133 b.

Deutsche Kriegsgefangene wurden auch in amerikanischen Lagern geschlagen. 1945 sah George Orwell einen jüdischen Vernehmungsbeamten in einem amerikanischen Lager für deutsche Kriegsgefangene, der einen SS-Hauptsturmführer trat und schrie: »Steh auf, du Schwein!« Am 9. November 1945 schrieb Orwell in der *Tribune*:

> *Ich schloß daraus, daß es ihm [dem Juden] nicht wirklich Spaß machte, daß er – wie ein Bordellbesucher, ein Junge, der seine erste Zigarre raucht, ein Tourist, der durch ein Museum trottet – sich vielmehr einredete, es mache ihm Spaß.*

Ich kann Orwell nicht zustimmen: selbst die SS-Leute hatten nie behauptet, es mache ihnen »Spaß«. Eher denke ich, der Jude wollte mit Brachialgewalt in irgendeiner Weise seinen Standort bestimmen, als teilte er Orwell, dem SS-Mann und vor allem sich selbst mit: »Ich tue dasselbe, was die SS getan hat, also bin ich genauso stark wie die SS.«

Quellen. Über Mosche: Lola Potok Ackerfeld Blatt, Mosche »Grossman«, Rose »Grossman«, Schimon Nunberg, Lucjan Zenderowski. Über den fetten SS-Mann: Lola Potok Ackerfeld Blatt, Günther Ciesla, Eva Woitinek Lischevski. *Quellen für die Anmerkungen:* Über den SS-Hauptsturmführer: *The Collected Essays, Journalism and Letters of George Orwell, Volume 4: In Front of Your Nose*, 1945–1950.

»Im Grunde war es nicht Lolas Aufgabe…«
Die Fahrschule lag gleich neben dem Gefängnis in der Klosterstraße und hatte ebenfalls die Hausnummer 10. Die Aufforderung, auch zu Ochsen und Eseln freundlich zu sein, steht in Deuteronomium 5,14, 22,10 und 25,4; »Du sollst dich nicht rächen« steht in Levitikus 19,18. Der Mann von der Auschwitzer SS hieß Georg.

Die Leute, die Verhöre durchführten, schlugen auch die Frauen in Lolas Gefängnis. Ein gewisser Ogórek schlug eine zwanzigjährige Frau aus Kattowitz, Elfryda »Uracz«, den ganzen April, Mai und Juni hindurch jede Nacht mit Knüppeln und einem messingbeschlagenen Gürtel. Er fragte sie: »Bist du Deutsche? Wie heißt du? Wo bist du geboren? Wann bist du geboren?«, aber er ließ sie nie antworten. Sie verlor ihre Zähne auf der linken Seite, sie blutete und war am ganzen Körper schwarz- und blaugeschlagen, ein Teil des Gürtels blieb einmal in ihrer Hüfte stecken. Eine Zellengefährtin bemerkte zu ihr: »Ich dachte, du trägst was Blaues. Dabei ist es deine Haut.«

Quellen. Über die Verhöre in Kattowitz: Eva Studencki Landau, Pinek Mąka, Gaby Mamu, Ze'ev Sharone, Ilana Studencki, Max Studniberg, Zizi Stoppler. Über die Verhöre in Gleiwitz: Dorota Niessporek Boreczek, Günther Ciesla, Josef Gorka, Adam »Krawecki«, Renate Zurek Misior, Schimon Nunberg, Günter Plasczyk, Elfryda »Uracz«, Lucjan Zenderowski, *Vom Sterben schlesischer Priester 1945/46* von Dr. Johannes Kaps. Über Adam: Adam »Krawecki«. *Quellen für die Anmerkungen.* Über das Mädchen aus Kattowitz: Dorota Boreczek, Elfryda »Uracz«.

»Jede Nacht grübelte Adam…«
Adam, der sich als Katholik ausgab, wurde am 18. November 1942 verhaftet, im November, Dezember und Januar in Breslau gefoltert und am 23. Februar 1943 nach Auschwitz deportiert. Teile des Wortwechsels bei diesem Verhör können auch später, bei anderen Verhören, stattgefunden haben.

Quellen. Über Adam: Adam »Krawecki«. Über den *Bimber*: Barek

Eisenstein. Über Alkohol in Auschwitz: »Das Tagebuch von Johann Kremer« in: *KL Auschwitz in den Augen der SS. Höß, Broad, Kremer.* Über Alkohol in Lolas Gefängnis: Józef Pijarczyk. Lucjan Zenderowski.

»Auch Lola brachten die Schreie der Deutschen...«

Eva Woitinek Lischevski, die in Gleiwitz in der Klosterstraße 18 wohnte, hörte die Schreie. Efraim war Efraim Lewin aus Lublin. Die Schwerinstraße heißt heute Ulica Jana Sobieskiego und die Lange Reihe Ulica Długa oder – auf den Stadtplänen von Gliwice – Ulica Iwana Koniewa. Der Glasbläser war Robert Sindermann, der im Oktober oder November 1944 aus Gleiwitz geflohen war. Der Leiter der Abteilung Gewahrsam hieß Wassersturm, seine Braut Beata, sie stammte aus Frankreich. Lola sprach Schoschana mit ihrem polnischen Namen »Róśka« an.

Quellen. Über die Schreie in Lolas Gefängnis: Günther Ciesla, Eva Woitinek Lischevski. Über den Mann mit dem gesunden rechten Arm: Efraim Blaichman, Efraim Lewin, Schlomo Morel. Die Wohnungssuche in Gleiwitz: Efraim Lewin. Über Lolas Haus: Lola Potok Ackerfeld Blatt, Lucjan Zenderowski, Archiv des Amtes für Strafanstalten in Katowice. Über Lola und Schoschana: Lola Potok Ackerfeld Blatt, Pinek Mąka.

»Noch mehr erschöpfte, gequälte Menschen...«

Der Junge, der in vier Konzentrationslagern gewesen war – Bergen-Belsen, Buchenwald, Groß-Rosen und Markstädt – war Pinkas Schickman aus Będzin, und das Mädchen mit dem Silberfuchs war Jadzia Rappaport Ackerfeld, ebenfalls aus Będzin. Im Nachbarhaus, in der Langen Reihe 25, lebte der Ingenieur Julius Koloch, seine Tochter hieß Majza. Zlatas Nichte war Gucia Martyn und stammte aus Będzin. Die Gespräche an diesem Sabbat können zum Teil auch später stattgefunden haben.

Quellen. Über Lolas Mitbewohner: Jadzia Gutman Sapirstein »Banker«, Lola Potok Ackerfeld Blatt, Helen Eisenman Fortgang, Jadzia Rappaport Ackerfeld Jacobs, Mania Rappaport Novak, Zlata Martin Potok, Gucia Martyn Schickman, Pinkas Schickman. Über den Räumungsbefehl: Lola Potok Ackerfeld Blatt, Jadzia Rappaport Ackerfeld Jacobs, Zlata Martyn Potok, Moniek Rappaport, Archiv von Gliwice. Über Zlata: Zlata Martyn Potok.

7

»Schlomo, der heiligmäßige Mann...«
Schlomo veränderte auf eigenen Wunsch seinen Namen in Ignaz. Der Kommandant in Neisse war Hauptmann Stilberg aus Będzin. Schimon Nunberg war derjenige, den man »selektiert« und wieder »deselektiert« hatte, und Salek »Zucker« war kastriert worden; alle stammten aus Będzin. Das graue Gebäude stand in der Kochstraße 13, heute Ulica Armii Czerwonej 11–13. Der Mann, der sich die Kehle durchschnitt, hieß Juppe und stammte aus Groß-Neundorf; er wurde neben der Jerusalem-Kathedrale beerdigt. Der hier genannte Fluß Neisse ist die Glatzer Neisse, sie verläuft östlich des gleichnamigen Flusses, der die Oder-Neisse-Linie bildet.

Quellen. Über Schlomo: Rivka »Glickman Singer«, Schlomo »Singer«. Über das Gefängnis in Neisse: Barek Eisenstein, David Feuerstein, Schimon Nunberg, Schlomo »Singer«, Aussagen von Max Cyrus (Ost-Dok. 2/227/20), Maria Rother-Halke (Ost-Dok. 2/227/48), Pavil Hesse (Ost-Dok. 2/227/62), Hubert Jaeschke (Ost-Dok. 2/227/88) und Wilhelm Neuber (Ost-Dok. 2/236 B/132) im Dt. Bundesarchiv.

»Jeden Tag wurden die Deutschen...«
Ein Mann, dem der Arm gebrochen wurde, war Mahl, der Bürgermeister von Ziegenhals. Der Härtefall war Hubert Jaeschke aus Neisse, der am Donnerstag, dem 24. Mai 1945, verhaftet wurde. Der Informant, der ihn angezeigt hatte, hieß Seidel und stammte aus Neisse: Tausend Złoty oder fünfhundert Reichsmark bekam er dafür. 1945 konnte man dafür fünfzig Kilo Brot, fünfundsiebzig Liter Milch, zehn Pfund Zucker, sechs Pfund Schweinefleisch oder einen Schuh kaufen. Leutnant Kolano führte das Verhör; er war es, der sagte: »Der Stempel ist von der Partei!« Jaeschke hielt ihn für einen Juden; Schlomo meint hingegen, er sei Christ gewesen. »Drei Eigenschaften besitzen die Juden« steht in Yebamoth 79 a und die Andeutung, daß die Gottlosen die Juden seien, in Aboth IV, Mischna 7. »Willst du denn den Gerechten mit den Gottlosen strafen?« steht in Genesis 18,23 und »Du sollst nicht stehen wider deines Nächsten Blut« in Levitikus 19,16. Nach Moses Maimonides, dem jüdischen Gelehrten, der im zwölften Jahrhundert in Spanien lebte, haben die Juden 365 negative und 248 positive Pflichten, 613 Pflichten insgesamt. Das Gespräch zwischen Jaeschke und seinen Befragern – »Behauptest du

immer noch, daß du nicht in der Partei warst?« / »Nein! Ich habe nicht gesagt, daß ich nicht in der Partei war!« / »Das hast du nicht?« / »Nein! Das hab' ich nie gesagt.« / »Du warst also in der Partei?« / »Ja.« – habe ich »rekonstruiert. Jaeschkes Aussage im deutschen Bundesarchiv heißt: »Bei meinem achten Verhör kam mir der Gedanke zu erklären, daß ich nicht in der Partei war, statt dessen erklärte ich, daß ich in der Partei war.«

Meine wichtigste Quelle für diese Szene ist die Aussage von Hubert Jaeschke im Bundesarchiv, und ich schenke seinen Worten Glauben. Er beginnt mit der Formel:

> *Alles, was ich nachstehend schreibe, kann ich bezeugen. Ich bin bereit, mich für jeden Satz und jedes Wort zu verbürgen…*

Jaeschke fährt in diesem präzisen, fast pedantischen Ton fort – wie die meisten Aussagen im Bundesarchiv. Seine Geschichte stimmt mit vielen anderen Aussagen im Bundesarchiv und in der Dokumentation *Die Tragödie Schlesiens 1945/46* von Dr. Johannes Kaps überein, auch mit meinen eigenen Gesprächen mit Juden, die in Neisse gewesen waren – Barek Eisenstein, David Feuerstein, Mosche Mąka, Schimon Nunberg und Schlomo »Singer«. Seine Aussagen passen auch zu dem, was ich sah, als ich Jaeschkes einstiges Gefängnis besichtigte. Ein Mann, den ich interviewte, war Israel Figa. Er war 1945 in Schlesien gewesen, berichtet jetzt in New York City für den jüdischen *Workmen's Circle* und sagte mir: »Was die Deutschen aussagen, ist wahr.« Ebensowenig, wie ich oder irgendein anderer Autor behaupten würde, die Juden seien in Auschwitz *vermutlich* geschlagen worden, werde ich schreiben, daß Jaeschke *vermutlich* geschlagen wurde.

Ich bin überzeugt, daß die meisten Aussagen im deutschen Bundesarchiv der Wahrheit entsprechen, und habe mich deshalb in diesem Buch auf sie gestützt; die wenigen Aussagen, an deren Wahrheitsgehalt ich Zweifel hatte, habe ich nicht benützt.

Quellen. Über das Gefängnis in Neisse: Barek Eisenstein, David Feuerstein, Mosche Mąka, Schimon Nunberg, Schlomo »Singer«, Aussage Nr. 194 in: *Die Tragödie Schlesiens 1945/46* von Dr. Johannes Kaps, Aussagen von Max Cyrus (Ost-Dok. 2/227/20), Maria Rother-Halke (Ost-Dok. 2/227/48), Pavil Hesse (Ost-Dok. 2/227/62), Hubert Jaeschke (Ost-Dok. 2/227/88) und Wilhelm Neuber (Ost-Dok. 2/236 B/132) im Dt. Bundesarchiv.

»Mittlerweile hatten neunzig Prozent...«
Der Mann, der sagte: »Ich glaube an Einen Gott. Nicht zwei«, war Pavil Blacha aus Trockenberg, der damals im Lager Myslowitz inhaftiert war; Folterungen mit Ketten, an Türpfosten, mit Holzkeilen waren unter anderem in Falkenburg üblich. Der Kommandant in Bielsko-Biała war Herman Klausner aus Alexanderfeld. Der Mann in Neisse-Neuland war W. M., ein Architekt aus dem Ort, der Polizist in Glatz war Paul Seifert aus Bad Reinerz, der Mann in Ottmachau war Bernhard N. aus Eichenau, die Frau in Schreiberhau stammte aus Petersdorf, und der Mann in Kattowitz war Max Kroll aus Dombrowa. Der Keller in Falkenburg befand sich in der Villa des vormaligen Bezirksverwalters, in Bielsko-Biała war der Keller der Polnischen Bank der Verwahrungsort; in Wünschelburg war der Rathauskeller in ein Gefangenenlager umgewandelt worden, in Glatz gab es mehrere Keller für Gefangene in der Grünen Straße, im Amtsgebäude des Sicherheitsdienstes in der Wagnerstraße und in der ehemaligen Garnison in der Zimmerstraße; in Ottmachau und Markt Bohrau waren Gefangene im Keller des Hauptquartiers der polnischen Regierung inhaftiert. Der vorhergehende Gouverneur von Schlesien war Oberst Jerzy Ziętek, sein Nachfolger war General Aleksander Zawadzki, verheiratet mit Gloria Fürstenberg aus Będzin.

Ein weiterer Gefangener, den Pinek freiließ, war Julek Furstenfeld, seinerzeit Chef der jüdischen Polizei in Będzin. Julek befand sich in einem Konzentrationslager und arbeitete in einem Kohlebergwerk, seine Frau Mania besuchte Pinek zu Hause in Kattowitz, kniete vor ihm auf dem Teppich nieder und flehte: »Hilf mir. Fast keiner meiner Angehörigen hat überlebt, ich muß mir eine neue Familie aufbauen.« Pinek entließ Julek aus der Haft, nahm ihn mit zu sich nach Hause, gab ihm zu essen und besorgte für ihn und seine Frau Ausreisevisa aus Polen.

Quellen. »Fünfundachtzig von vierundneunzig Männern«: Aussage von Hubert Jaeschke (Ost-Dok. 2/227/88) im Dt. Bundesarchiv. Unabhängig davon schätzte Schimon Nunberg, der in der Abteilung Verhör arbeitete, die Zahl der Deutschen, die in Neisse schließlich ein Geständnis unterschrieben, auf neunzig Prozent. Über die Keller in Schlesien: Heinz »Becker«, Karl Frank, Aussagen Nr. 33, 47, 62, 101, 192 und 196 in: *Die Tragödie Schlesiens 1945/46* von Dr. Johannes Kaps, Aussagen von Dr. I. R. (223) und Paul Seifert (229) in: *Die Vertreibung* von Theodor Schieder, Aussagen von Pavil Blacha (Ost-Dok. 2/236 C/318), Mathias Hemschik (Ost-Dok. 2/236 B/106),

Max Kroll (Ost-Dok. 2/236B/52) und Eva Reimann (Ost-Dok. 2/236 C/288) im Dt. Bundesarchiv. Über Pinek: Barek Eisenstein, Pinek Mąka. Über die Nazibonzen: Einführung zu *Die Vertreibung* von Theodor Schieder. *Quellen für die Anmerkungen.* Über Julek Furstenfeld: Julek Furstenfeld, Pinek Mąka.

»Die Hochzeitsglocken in Kattowitz...«
Der Zug, in dem Barek und Regina sich verlobten, fuhr von Neisse nach Kattowitz. Reginas Schwester war Jadzia Ochsenhendler, ihre Brautführerin Blima Grosberg, und die Trauung nahm Rabbi Lieberman vor; alle stammten aus Będzin. »Gesegnet seist du, o Herr, der du die Liebe geschaffen hast« ist Teil der Sieben Segnungen; der Ring, den Regina gefunden hatte, trug außer dem Datum noch die Inschrift BJ. Der »Trommler« war Wolf Grauer aus Krakau, das Mädchen, das von »achtundvierzig Ländern« sprach, war Rachel Fontanck. Andere Hochzeitsgäste waren Jakob Eisenstein, Josef Eisenstein, Sala Garfinkel, Luba Młynarski, Bluma Nunberg, Machela Ochsenhendler, Mania Ochsenhendler, Lola Plasznick, Heniek Raber, Fela Zelkowicz sowie drei Geschwister namens Halina, Tadeusz und Władek. Nach Regina und Barek heiratete Itzak Klein seine Braut Tesia, Jakob Eisenstein und Luba Młynarski heirateten ebenfalls am Sonntag. Schimon Nunberg, der in Neisse Gefangene verhörte, heiratete Rachel; Leo Zelkin, ein Aufseher in Kattowitz, heiratete Regina Skoczezylas aus Będzin; und Schmuel Kleinhaut, der Kommandant von Myslowitz, heiratete Hela Wilder, eine Aufseherin in seinem Lager.

Quellen. Über Barek und Reginas Hochzeit: Barek Eisenstein, Jakob Eisenstein, Jadzia Ochsenhendler Eisenstein, Regina Ochsenhendler Eisenstein, Blima Grosberg Golenser, Machela Ochsenhendler. Über die anderen Hochzeiten: Barek Eisenstein, Regina Ochsenhendler Eisenstein, Ruth Wilder, Leo Zelkin.

»An einem Sommertag...«
Ada war im Konzentrationslager Malchów, überlebte die Bombardierung des Bahnhofs von Magdeburg und wurde in Leipzig befreit. Gucia Martyn und Schmuel Schickman waren das Paar, das sich in Lolas Haus auf den ersten Blick ineinander verliebte, und Jadzia Rappaport Ackerfeld traf Leibisch Jacobs in der Kaiser-Wilhelm-Straße. In Lolas drei Häusern lebten, unter anderen, Helen Eisenman, Zlata Martyn Potok, Mania Rappaport, Mosche Rappaport, Jadzia Gutman Sapirstein und Pinkas Schickman. Das Mädchen, das

mit Ada durchs Schlüsselloch spähte, war Genia Rosenzweig, die mit Ada nach Gleiwitz gekommen war.

Quellen. Über Ada: Ada Neufeld Potok Halperin. Ada in Lolas Haus: Jadzia Gutman Sapirstein »Banker«, Lola Potok Ackerfeld Blatt, Helen Eisenman Fortgang, Ada Neufeld Potok Halperin, Jadzia Rappaport Ackerfeld Jacobs, Mania Rappaport Novak, Zlata Martyn Potok, Mosche Rappaport, Gucia Martyn Schickman, Genia Rosenzweig Tigel. Über David: Lola Potok Ackerfeld Blatt, Ada Neufeld Potok Halperin. Über Schlomo: Schlomo Ackerfeld, Jadzia Gutman Sapirstein »Banker«, Ada Neufeld Potok Halperin, Zlata Martyn Potok, Archiv der Staatsanwaltschaft Gliwice. Über Höß: Aussagen von Stanisław Dubiel in Auschwitz am 7. August 1946 und Janina Przybyła Szczurek in Auschwitz am 13. Januar 1963, *Kommandant in Auschwitz* von Rudolf Höß.

»›Willst du's sehen?‹...«

Mit Ada besuchte auch Genia Rosenzweig Lolas Gefängnis; sie glaubt, der Besuch habe im August, an Adas erstem Tag in Gleiwitz stattgefunden. Ada, Genia und Lola erinnerten sich nicht, was Lola diesem speziellen Deutschen vorwarf – »Du warst in der SS« stammt von mir. Irgendwann im Jahr 1941 war Ada in Będzin verhaftet und in Sosnowiec verhört worden. Die KZ-Aufseherin in Auschwitz war Irma Grese.

Quellen. Ada in Lolas Gefängnis: Ada Neufeld Potok Halperin, Efraim Lewin, Pinkas Schickman, Genia Rosenzweig Tigel. Ada in Sosnowiec: Ada Neufeld Potok Halperin. Die KZ-Aufseherin in Auschwitz: *Five Chimneys* von Olga Lengyel, *I Was a Doctor in Auschwitz* von Gisella Perl.

8

»Im Juni oder Juli sagte zum ersten Mal...«

Höß befand sich in einem POW-Lager bei Flensburg, Hößler war in der Nähe von Hameln und Mengele in Weiden interniert. Der Inquisitor, der das Mädchen vergewaltigte, hieß Ogórek, das Mädchen war Elfryda »Uracz«. Der Pfadfinder mit der schwarzen Hose wurde anscheinend bereits im April in Lolas Gefängnis gebracht. Der Kommandant von Myslowitz war Schmuel Kleinhaut aus Będzin. Er war offensichtlich human, denn im Bundesarchiv findet sich folgende

Aussage: »Es hat auch einige vernünftige Aufseher gegeben, darunter einen Juden, der nie einem von uns etwas zuleide getan hat. Auch der Gefängnisdirektor hatte vollstes Verständnis für unsere Situation.« Der Junge in Neisse war Salek »Zucker« aus Będzin, der in Auschwitz von Dr. Horst Schumann kastriert worden war. Der Pfarrer der Peter-und-Pauls-Kirche hieß Jagla. Der Pfadfinder starb in den fünfziger Jahren in einer Anstalt für Geisteskranke.

Quellen. Über den SS-Mann: Lola Potok Ackerfeld Blatt, *Licensed Mass Murder* von Henry V. Dicks, *Kommandant in Auschwitz* von Rudolf Höß, *Anatomie des SS-Staates* von Helmut Krausniek et al., Auschwitz-Museum. Über Höß, Hößler und Mengele: *Kommandant in Auschwitz* von Rudolf Höß, *Mengele* von Gerald L. Posner und John Ware, *New York Times*, 15. 12. 1945. Mißhandlungen in Gleiwitz: Lola Potok Ackerfeld Blatt, Günther Ciesla, Józef Pijarczyk, Horst Planelt, Günter Plasczyk, Lucjan Zenderowski. Über den Inquisitor: Elfryda »Uracz«. Über den Jungen mit der schwarzen Hose: Jakob »Schultz«. Die 227 Gefängnisse: *Zivilverschollenenliste des Suchdienstes des Deutschen Roten Kreuzes, Vertreibung und Vertreibungsverbrechen 1945–1946*, herausgegeben vom Dt. Bundesarchiv. Über Bestrafungen in polnischen Gefängnissen: Barek Eisenstein, Jadzia Ochsenhendler Eisenstein, Ze'ev Fryszman, Hela Kleinhaut, Ruth Wilder, Sara »Zucker«, Salek »Zucker«, Aussagen Nr. 105, 191, 192 und 196 in: *Die Tragödie Schlesiens 1945/46* von Dr. Johannes Kaps, Aussagen von Max Kroll (Ost-Dok. 2/236 B/52) und Georg Paff (Ost-Dok. 2/236 B/162) im Dt. Bundesarchiv. Über Kastrationen in Auschwitz: *Five Chimneys* von Olga Lengyel, *Mengele* von Gerald L. Posner und John Ware. *Quellen für die Anmerkungen.* »Auch der Gefängnisdirektor«: Aussage von Max Kroll (Ost-Dok. 2/236/52) im Dt. Bundesarchiv.

»Zu Lolas Ärger…«

Der Mann, der sich nach einem Schnitzel sehnte, war Horst Planelt aus Gleiwitz; er aß vom Boden auf dem Flur; ein anderer, der die Mülleimer nach Essensresten durchsuchte, war Günther Ciesla, ebenfalls aus Gleiwitz. Der Aufseher, der sagte: »Ich hab' heut Geburtstag!« benutzte den polnischen Namen Heniek Kowalski, und der Wärter, dem Mosche befahl: »Demütige sie«, war Lucjan Zenderowski aus Sosnowiec.

Quellen. Über die Nahrung in Auschwitz: Lola Potok Ackerfeld Blatt, *Five Chimneys* von Olga Lengyel, *I Was a Doctor in Auschwitz* von Gisella Perl. Über die Nahrung in Lolas Gefängnis: Günther Ciesla, Horst Planelt, Günter Plasczyk. Über die Mahlzeiten der Aufseher: Jadzia Gutman Sapirstein »Banker«, Rose »Grossman«, Lucjan Zenderowski. Über die Kartoffelfahrt: Mosche »Grossman«, Józef Pijarczyk, Lucjan Zenderowski.

»Bisher war niemand in Lolas Gefängnis...«

Jadzias Ehemann war David Sapirstein, Lolas Cousin (der Sohn einer Tante mütterlicherseits) und der Bruder von Regina Sapirstein, die in Auschwitz gehängt wurde. Jadzia war im Konzentrationslager Neustadt-Glewe in Mecklenburg; dort war sie auch noch im April, als die Aufseherinnen in Gleiwitz dem deutschen Pfadfinder die Haare absengten. Am Mittwoch, dem 2. Mai 1945, wurde sie befreit.

Quellen. Über Jadzia: Jadzia Gutman Sapirstein »Banker«, Lola Potok Ackerfeld Blatt, Henry Cook, Gertie Gutman Cook, Regina Ochsenhendler Eisenstein, Zlata Martyn Potok, Leibisch Rechnic, Rózia Ickowicz Rechnic, Gucia Martyn Schickman, Bella Kaplan Zborowski. Jadzia in Lolas Gefängnis: Lola Potok Ackerfeld Blatt, Zlata Martyn Potok, Gucia Martyn Schickman, Pinkas Schickman, Lucjan Zenderowski.

»In den Zellen saßen die Deutschen...«

Der Junge, der ausrief: »Wieder ein Panzer!«, war Günter Plasczyk aus Gleiwitz, und sein Zellnachbar war ein gewöhnlicher Soldat, der im Haus seiner Eltern in Gleiwitz verhaftet worden war. Drei Millionen Opfer hatte der Typhus zwischen 1917 und 1925 in Rußland und Serbien gefordert. Ich weiß nicht, wer das erste Typhusopfer in Lolas Gefängnis war, die Symptome sind jedenfalls klassisch. Die Krankenpflegerin hieß Janinska. Der Friedhof lag an der Nordseite der Coselerstraße, heute Ulica Kozielska. Günther Ciesla, ein deutscher Gefangener, berichtete, der Typhus sei im August epidemisch geworden, im selben Monat, in dem auch in Schwientochlowitz die Seuche ausbrach; in einem Brief vom 29. September 1945 an die Staatsanwaltschaft von Gleiwitz erstattete das Gefängnis darüber Meldung. Der Brief selbst ist verlorengegangen, aber im Posteingangsbuch der Staatsanwaltschaft findet sich der Eintrag: »Dies bezieht sich auf den Ausbruch der Typhusepidemie im Gefängnis.« Schlomo Morel schrieb im Dezember 1992 an den Untersuchungsausschuß für Verbrechen gegen die polnische Nation: »Im Gefängnis von Gliwice herrschte Typhus.« Unter den Deutschen, die daran starben, waren Josef Grzyb, Kibitz und Kalinke, alle aus Königshütte. Die behelfsmäßige Leichenhalle stand an der nördlichen Ecke des Frauengefängnisses. Einer der Aufseher, die zum Friedhof fuhren, war Józef Pijarczyk, zwei Gefangene, die ihn begleiteten, waren Georg Kowalski und Karl Urbanke.

Quellen. Über den Typhus in Lolas Gefängnis: Günther Ciesla, Stanislaw Eweik, Józef Pijarczyk, Horst Planelt, Günter Plasczyk, Josef Wiescholek, Lucjan Zenderowski, Aussagen von Georg Kowalski (Ost-Dok. 2/236 C/467) und Karl Urbanke (Ost-Dok. 2/236 D/721) im Dt. Bundesarchiv, Archiv der Staatsanwaltschaft in Gliwice. Über die Formbriefe: Archiv des Provinzgerichts Katowice. Die Piratenkiste: Jadzia Gutman Sapirstein »Banker«, Lola Potok Ackerfeld Blatt, Zlata Martyn Potok. Die Fahrten zum Friedhof: Józef Pijarczyk, Aussagen von Georg Kowalski (Ost-Dok. 2/236 C/467) und Karl Urbanke (Ost-Dok. 2/236 D/721) im Dt. Bundesarchiv.

»Schließlich beschloß Lola...«

Die Wortwechsel während dieses Appells können teilweise auch später stattgefunden haben. Der Geißbärtige war Emanuel Stein aus Königshütte, der Mann mit dem Holzbein war Tomasz Kopólka aus Schwientochlowitz. Der Hitlerjunge war Günther Ciesla aus Gleiwitz. Der SA-Führer hieß Paweł Mróz, die drei anderen SA-Leute waren Josef Krawczyk, Jan Manka und Piotr Szydłowski; alle vier stammten aus Königshütte. Der SS-Mann, der seine Blutgruppentätowierung ausgebrannt hatte, war Josef Gorka aus Gleiwitz, die KZ-Aufseherin war Małgorzata Gröner-Zapora, ebenfalls aus Gleiwitz, und der Auschwitzer SS-Mann hieß Georg. Lolas Cousine in Bergen-Belsen war Rózia Ickowicz aus Będzin, die beiden anderen Cousinen waren Adela »Glickman« aus Nifka, die in Kattowitz für die Staatssicherheit arbeitete und in Dziedzice den SS-Mann schlug, und Rivka »Glickman« aus Dombrowa. Die Halskette wurde Rivka in Auschwitz weggenommen. Der Jude, der den Deutschen in Neisse schlug, war David Feuerstein aus Będzin. Ein Gefangener, Ferdinand Perenerstorfer, wurde in Gleiwitz von einem Lastwagen überfahren.

Ich weiß nicht, wie viele Menschen in Lolas Gefängnis gestorben sind. Wenn es dort tausend Gefangene gab und die Gefangenen im selben Verhältnis starben wie die Aufseher, hätten es fünfundzwanzig bis fünfzig Tote sein müssen; wenn die Sterblichkeitsziffer in Gleiwitz aber genauso hoch war wie in anderen Gefängnissen und Lagern in Polen und im polnisch verwalteten Teil Deutschlands, dann wären zwischen hundert und fünfhundert Menschen gestorben. Von drei jüdischen Funktionären in Gleiwitz erinnerte die erste, Lola, sich nicht mehr, daß deutsche Gefangene gestorben waren, Jadzia sagte: »Ich weiß es nicht«, und Mosche weigerte sich, darüber zu reden. Von drei polnischen Aufsehern sagte Lucjan Zenderowski: »Ich erinnere mich an zwei«, Józef Pijarczyk sagte: »Ich weiß von sechs Gefangenen«, und Stanisław Eweik sagte: »Das hat nur Lola gewußt.« Der deutsche Gefangene Günther Ciesla, in dessen Zelle von zehn Insassen acht starben, meinte: »Sicherlich mehr als die Hälfte«, Karl Urbanke schrieb: »Es gab jeden Tag Todesfälle«, Georg Kowalski schrieb: »Viele sind gestorben. Einmal mußte ich vier Leichen wegbringen«, Josef Wiescholek sagte: »Ich kenne keinen, der gestorben ist«, und Horst Planelt und Günter Plasczyk waren offenbar bereits nicht mehr da, als die Epidemie ausbrach. Die Gefängnisakten aus dem Jahr 1945 wurden 1965 vernichtet, aber manche Todesfälle wurden der Gleiwitzer Stadtverwaltung gemeldet. Dort fand ich Totenscheine für Deutsche, die am 30. Juni, am 27. August, am 30. August und am 2. September in Lolas Gefängnis gestorben waren, also unter ihrer Leitung; für Todesfälle unter deutschen Gefangenen vom 12., 13. und 14. September, als Lola wahrscheinlich Kommandantin des Gefängnisses war, und für Todesfälle vom 12., 22. und 26. September, als Lola möglicherweise noch das Gefängnis leitete. Alle Totenscheine begannen mit den Worten: »Die Gefängnisverwaltung teilt den Tod von ... mit«, nirgendwo aber ist die Todesursache genannt, und keiner ist unterzeichnet. Ich fand auch Totenscheine für Deutsche, die am 29. und 30. September gestorben waren, als Lola bereits nicht mehr in Gleiwitz war, sowie achtzehn Totenscheine vom Oktober, zwölf vom November und sieben vom Dezember. Gründe, weshalb die Zahl der Toten höher war, als Lola nicht mehr das Gefängnis leitete, können sein: 1. Die Typhusepidemie war schlimmer geworden; 2. die neuen Kommandanten waren mörderischer, oder 3. die Kommandanten führten genauer Buch. Denn Lola erstattete über die Epidemie keine Meldung an die Staatsanwaltschaft, ihr Nachfolger jedoch schrieb einen Brief, der am 29. September bei der Staatsanwaltschaft einging.

Auch in amerikanischen Lagern in der amerikanischen Besatzungszone starben deutsche Kriegsgefangene am Hunger, an der Ruhr und am Typhus. Im Februar 1946 sprachen die amerikanischen Militärs von 15 285 Toten, die in amerikanischen Lagern gestorben seien, doch der Autor James Bacque schreibt, in amerikanischen und französischen Lagern seien »mehr als 800 000, nahezu sicher mehr als 900000 und höchstwahrscheinlich über eine Million« gestorben.

Als Zlata nach Gleiwitz kam, fragte sie Lola: »Was tust du?«, und Lola antwortete: »Dasselbe, was die Deutschen mit uns getan haben« – also die Deutschen mit den Juden. Natürlich taten sie keineswegs dasselbe, weder Lola noch die übrigen Mitarbeiter des Staatlichen Sicherheitsdienstes. Sie planten nicht die Vernichtung des deutschen Volkes. Sie mobilisierten nicht sämtliche Juden und den jüdischen Staat – es *gab* keinen jüdischen Staat. Sie handelten nicht aus heiterem Himmel, ohne irgendeine Provokation, sie schickten keinen einzigen Deutschen in die Gaskammer, um ihn anschließend zu verbrennen – die Zahl der Opfer ihrer Rache betrug nicht einmal zwei Prozent der Millionen, die in den deutschen Vernichtungslagern umgekommen waren. Wenig rühmlich ist allerdings, daß die Juden im Staatssicherheitsdienst nach ihren eigenen Vorstellungen handelten, die Deutschen hingegen führten meistens Befehle aus; die Juden – die die Thora kannten – wußten, daß sie unrecht handelten, die meisten Deutschen jedoch waren, aus welchen Gründen auch immer, subjektiv überzeugt, sie seien im Recht. Ich selbst würde nie behaupten, Lola oder irgendein anderer im Staatssicherheitsdienst hätte dasselbe getan wie die Deutschen, und ich würde niemals behaupten, ihre Taten und die der Deutschen hielten sich die Waage, nicht einmal in moralischer Hinsicht.

Quellen. Lolas Appell: Günther Ciesla, Lucjan Zenderowski. Der Appell in Auschwitz: *Five Chimneys* von Olga Lengyel, *Smoke Over Birkenau* von Seweryna Szmaglewska. Über Lolas Gefangene: Günther Ciesla, Krystyna Zielinska Dudzinska, Hatko Ewald, Horst Planelt, Günter Plasczyk, Josef Wiescholek, Lucjan Zenderowski, Aussagen von Elfriede Gawlik (Ost-Dok. 2/236C/503) und Angela Schymitzek (Ost-Dok. 2/236D/652) im Dt. Bundesarchiv, Archiv des Provinzausschusses Katowice zur Untersuchung von Verbrechen gegen die polnische Nation, Archiv des Provinzgerichts Katowice, *Uns geht die Sonne nicht unter*, herausgegeben von der Hitlerjugend. Über die Frauen aus Będzin: Adela »Glickman«, Rózia Ickowicz Rechnik, Rivka »Glickman Singer«. Über weitere Tote in Lolas Gefängnis: Heinz »Becker«, Jakob »Schultz«, Josef Wiescholek. Über Lola: Lola Potok Ackerfeld Blatt, Genia Rosenzweig Tigel. *Quellen für die Anmerkungen.* Über die geschätzte Zahl der Toten: Günther Ciesla, Stanisław Eweik, Józef Pijarczyk, Lucjan Zenderowski, *Vertreibung und Vertreibungsverbrechen 1945–1948*, herausgegeben vom Dt. Bundesarchiv. Über deutsche POWs: Alfred DeZayas, *Other Losses* von James Bacque.

»Den erfrischenden Fahrtwind im Haar...«

Der Russe war Oberst Sacharow. Pinkas hieß mit Familiennamen Martyn; er war im Konzentrationslager Mauthausen in Österreich gewesen und kam Ende Juli nach Gleiwitz. In der Tschechoslowakei hieß das Gegenstück zum polnischen Staatlichen Sicherheitsdienst Komitee für nationale Sicherheit: *Sbor Národni Bezpecnosti*, SNB. Pinkas' Freund in Prag war kein Jude. Die Geschichte von Hillel hatte Pinaks in *Pirkei Arot (Moral der Väter)*, II, 7, gelesen; das Talmud-Zitat von Lolas Mutter stammt aus Sotah 8 b und Megillah 12 b.

Quellen. Über den russischen Obersten: Lola Potok Ackerfeld Blatt, Stanisław Eweik, David Feuerstein, Jadzia Rappaport Ackerfeld Jacobs, Pinkas Martyn, Zlata Martyn Potok, Pola Reif, Gucia Martyn Schickman, Schlomo »Singer«. Über Pinkas: Pinkas Martyn. Über die Juden in der Tschechoslowakei: Istvan Deak, Andre Korbonski.

9

»Es war inzwischen sehr warm geworden...«

Adam nahm den Priester im Juni fest. »Seid barmherzig, wie es auch euer Vater ist«, steht in Lukas 6,36. Von Erbarmen gegenüber Ochsen und Eseln ist in Deuteronomium 5,14, 22,10 und 25,4 und gegenüber Vögeln in Deuteronomium 22, 67 die Rede. Die Geschichte von David und den Gibeonitern steht im zweiten Buch Samuel, 21,1–9 und im Talmud: Yebamoth 79 a. »Zeige Erbarmen« steht in Deuteronomium 13,18, und Maimonides' Worte stammen aus *Isurai Biah* 19,17. Das Schwientochlowitzer Kohlebergwerk hatte der Deutschlandgrube gehört. Lagerinsassen bezeichneten Schwientochlowitz als »Todeslager«, »Todesmühle« und »Vernichtungslager«.

Adam nahm es mit den Deutschen genauer als mit Juden und Polen. Einmal spielte ein jüdischer Bub mit dem Revolver eines polnischen Polizisten und erschoß ihn versehentlich, aber Adam setzte den Jungen lediglich in einen Straßenbahnwagen und sagte ihm: »Verschwinde aus Gleiwitz.« Er ließ auch mehrere Polen frei, deren »Verbrechen« darin bestanden hatten, daß sie gegen den Kommunismus waren.

Quellen. Adam und der katholische Priester: Adam »Krawecki«. Urteile gegen die SS: Adam »Krawecki«, Richter Adam Panek. Über die zehn Richter in Kattowitz: Heinz »Becker«, Pinek Mąka. Über Schwientochlowitz: Heinz »Becker«, Aussagen von Albert Cyprian (Ost-Dok. 2/236C/258), Helena Hoinkes (Ost-Dok. 2/236C/456) und Max Witkowski (Ost-Dok. 2/235/178, 2/235/183 und 2/235/185) im Dt. Bundesarchiv, »Die Arbeitslager in Myslowitz, Schwientochlowitz und Eintrachthütte« in *Vermächtnis der Lebenden* von Konrad Anders. Über den Begriff *Todeslager*: Aussagen von G. Arbansky (Ost-Dok. 2/236B/100), Martha Helisch-Kempny (Ost-Dok. 2/237/162), Max Witkowski (Ost-Dok. 2/235/178, 2/235/183 und 2/235/185) und Günther Wollny (Ost-Dok. 2/236C/297) im Dt. Bundesarchiv.

»Der Kommandant von Schwientochlowitz…«

Schlomo war wie Lola nominell der stellvertretende Kommandant, bis er am 6. Juni 1945 zum Kommandanten ernannt wurde. Schlomos Vater hieß Chaim, seine Mutter Hannah, seine drei Brüder hießen Itzak, Josef und Israel. »Du sollst nicht stehlen« ist das Achte Gebot, es steht in Exodus 20,15, und »Sie werden dich erwischen« steht im Talmud, Sanhedrin 7 a. Schlomos Eltern und sein Bruder Israel waren in Garbów, im Schuppen von Stanisław Gasik, als die Polen, angeführt von Bronisław Lalak, sie am 21. Dezember 1942 aufgriffen; sie wurden von Władysław Mazurczak, einem polnischen Polizisten, erschossen. Schlomo und Itzak fanden ein Versteck bei Józef und Genowefa Filipek, zwei Polen, und Itzak wurde im Dezember 1943 auf einem Schlitten in Ługów umgebracht, während Schlomo in Staróścin war. Schlomos Bruder Josef blieb in Rußland verschollen. Schlomos jüdische Partisaneneinheit wurde dem Holod-Bataillon unter Hauptmann Aleksander Skotnicki alias Zemsta eingegliedert. Am 15. März 1944 überquerte Schlomo den Fluß Wieprz, wurde am 22. Juli 1944 von den Russen befreit und lebte bis August zusammen mit ein- bis zweihundert weiteren jüdischen Partisanen in Quartieren an der Ulica Ogrodowa in Lublin. Dann kam Juzwak, bekannt als General Witold, der damalige Polizeichef Polens, nach Lublin und sprach zu Schlomos Vorgesetzten, Yechiel Grynspan und Schmuel »Gross«: »Ihr könnt nicht einfach hier herumsitzen und nichts tun.« Er setzte die Juden sowohl im Staatlichen Sicherheitsdienst als auch in der Miliz, der polnischen Polizei, ein. Schlomo war zunächst in Lublin stationiert und wurde am 2. Februar nach Kattowitz versetzt, nachdem die Russen die Stadt befreit hatten. Schlomos Lager in Schwientochlowitz, das unter der SS ein Nebenlager von Auschwitz gewesen war, wurde Anfang Februar 1945 für die Deutschen geöffnet. Ich weiß nicht sicher, wie viele von Schlomos Aufsehern Juden waren. Der Kommandant der Polska-Kohlegruben, die sich ebenfalls in Schwientochlowitz befanden, sagte gegenüber dem Untersuchungsausschuß für Verbrechen gegen die polnische Nation, Schlomos Aufseher seien *ausschließlich* Juden gewesen; Elfryda »Uracz«, eine Gefangene in Schlomos Lager, hörte zufällig, der stellvertretende Kommandant sei Jude; und der Schreiber in Schlomos Lager, Wacław Łochocki, sagte, er wisse von drei jüdischen Aufsehern namens Jasny, Sachs und Skibinski. Łochocki selbst war hingegen kein Jude, auch die Aufseherin, die Schlomo später heiratete, war eine Christin, und die ehemaligen Gefangenen in Schlomos Lager bestätigen, daß einige Aufseher jüdisch, andere nichtjüdisch waren. Das »Erntedankfest« in Majdanek fand am 3. November 1943 statt; Schlomo erfuhr davon durch Smolak, einen polnischen Verbindungsmann, und Wola Przemysławska. Sechs Anführer, Aufseher und Kapos aus Majdanek – Wilhelm Gerstenmeier, Edmund Pohlmann, Theodor Scholen, Heinrich Stalp, Antoni Thernas und Hermann Vögel –, wurden am 2. Dezember 1944 zum Tod verurteilt. Einer erhängte sich selbst, die fünf übrigen wurden in Majdanek gehängt. Ein Gefangener, der die zweite und die dritte Strophe des Horst-Wessel-Liedes nicht kannte, war Gerhard Gruschka, vierzehn Jahre alt; er lernte sie aber am nächsten Tag, damit Schlomo ihn nicht schlug und anbrüllte: »Sing, sag' ich!«

Quellen. Über Schlomo in Garbów: Schlomo Morel. Über Schlomo bei den jüdischen Partisanen: Efraim Blaichman, Schmuel »Gross«, Efraim Lewin, Schlomo Morel, *The War of the Doomed* von Shmuel Krakowski. Über katholische und jüdische Aufseher: Piotr Bryś, Eric van Calsteren, Archiv des Provinzausschusses Katowice zur Untersuchung von Verbrechen gegen die polnische Nation, *Dziennik Zachodni*, 20. 7. 1992. Über Schlomo in Schwientochlowitz: Heinz »Becker«, Schlomo Morel, Aussagen von G. Arbansky (Ost-Dok. 2/236B/100) und Paul Cyl (Ost-Dok. 2/236D/726) im Dt. Bundesarchiv, Protokoll für den Provinzausschuß Katowice zur Untersuchung von Verbrechen gegen die polnische Nation, unterzeichnet von Schlomo Morel am 27. Februar 1991. Über Majdanek: Efraim Lewin, Schlomo Morel, *Obóz Koncentracyjny* von Czesław Rajca und Anna Wiśniewska. *Quellen für die Anmerkungen.* Über Schlomo in Lublin:

Schmuel »Gross«, Schlomo Morel. Über Gruschka: Gerhard Gruschka.

»Am nächsten Abend rief der Feldwebel...«
An dem Massengrab am Rand des alten Friedhofs von Schwientochlowitz steht heute ein Stein mit der Inschrift: DEN OPFERN DES LAGERS IN ŚWIĘTOCHŁOWICE / ZGODA, und die Nachbarn erinnern sich, gesehen zu haben – obwohl die Wachen sie durch Schüsse vertrieben –, wie die Opfer dort begraben wurden. Die eine oder andere Begebenheit bei Schlomos Party in Schwientochlowitz mag später, bei einer anderen solchen Party, stattgefunden haben. Himmler befahl am 16. August 1935: »Jede selbständige Einzelaktion gegen die Juden durch irgendein Mitglied der SS ist allerstrengstens verboten«; unter anderen wurde ein SS-Obersturmführer, der in Alexandria, Ägypten, Juden umgebracht hatte, am 9. Juni 1943 wegen »grober Pflichtvernachlässigung« verurteilt.

Quellen. Über die Nächte in Schwientochlowitz: Heinz »Becker«, Günther Wollny, Aussagen von Heinz Biernot (Ost-Dok. 2/236C/431), Paul Cyl (Ost-Dok. 2/236D/726), Albert Cyprian (Ost-Dok. 2/236C/258), Erich Kischel (Ost-Dok. 2/236B/3 und 2/236B/5), Viktor Kubitza (Ost-Dok. 2/236B/227), Max Ogorek (Ost-Dok. 2/236C/362), Leo Schwierzok (Ost-Dok. 2/236D/635), Josef Sczakiel (Ost-Dok. 2/236B/130), Max Witkowski (Ost-Dok. 2/235/178, 2/235/183 und 2/235/185) und Günther Wollny (Ost-Dok. 2/236C/297) im Dt. Bundesarchiv. In *60 minutes* vom 21. November 1993 hieß es, laut Aussage von Shmuel Krakowski, dem Archivdirektor in Yad Waschem, habe Schlomo ihm gesagt, er sei ein Lagerkommandant gewesen und habe aus Rache seine Nazigefangenen umgebracht. Krakowski tat dies als »jüdisches Hirngespinst« ab. Über das Massengrab: Józef Blaza, Adelajd Malota, Jan Michen, Eric van Calsteren. Über die vorwiegend aus Gleiwitz stammenden Deutschen: Adam »Krawecki«, Johanna Frystatzki (Ost-Dok. 2/230/2, ebenfalls veröffentlicht unter der Nummer 215 in *Die Vertreibung* von Theodor Schieder) im Dt. Bundesarchiv. Über Schlomos Party: Heinz »Becker«, Efraim Blaichman, Mosche Mąka, Schlomo Morel, Günther Wollny. Über die SS in Auschwitz: *Anatomie des SS-Staates* von Helmut Krausnick et al. Über den Würfel aus Menschen: Mosche Mąka, Günther Wollny, Aussagen von Heinz Biernot (Ost-Dok. 2/236C/431), Max Witkowski (Ost-Dok. 2/235/178, 2/235/183 und 2/235/185) und Günther Wollny (Ost-Dok. 2/236C/297) im Dt. Bundesarchiv. *Quellen für die Anmer-*

kungen. Über die SS in Alexandria: *Anatomie des SS-Staates* von Helmut Krausnick et al.

»Schließlich wurden die Gäste müde...«
Die Schätzungen über die Zahl der Inhaftierten reichen von 1500 bis 6000 Menschen. Nachts gingen die Aufseher in die Frauenbaracke, suchten sich ein halbes Dutzend Frauen aus, nahmen sie mit in ihre Quartiere außerhalb des Stacheldrahtzauns und veranstalteten kollektive Vergewaltigungen. Über die Zahl der Typhustoten liegen unterschiedliche Schätzungen vor: zwischen sechzig und achtzig, zwischen achtzig und hundert und über hundert Menschen täglich. Manchen Schätzungen zufolge betrug die Gesamtzahl der Toten neun Zehntel der deutschen Gefangenen. Ein Gefangener bekam den Appellrapport vom September oder Oktober zu Gesicht, in dem stand, daß nur noch 345 Deutsche übrig seien. Das Büro des Stadtschreibers von Świętochłowice verwahrt die Totenscheine von 1580 Gefangenen aus Schlomos Lager; Schlomo hat jedoch nicht jeden Todesfall gemeldet. Laut Dietmar Brehmer, dem Vorsitzenden eines deutschen Kulturvereins in Katowice, bekamen die meisten deutschen Familien, deren Angehörige im Lager Schwientochlowitz umgekommen sind, überhaupt keinen Totenschein; Brehmer schätzt die Zahl der Toten auf bis zu viertausend. Ob Adams Priester auch darunter war, weiß ich nicht. 1945 kamen in Schlesien mindestens 131 katholische Priester um, und mindestens drei starben in Schwientochlowitz: Eggert aus Kanth, Heidenreich (der möglicherweise ein protestantischer Pfarrer war) aus Beuthen und Edgar Wolf aus Schönwald. Meines Wissens hat kein katholischer Pfarrer Schwientochlowitz überlebt.

Quellen. Über Montag, den 7. Mai: Heinz »Becker«, Mosche Mąka, Günther Wollny, Aussage von Heinz Biernot (Ost-Dok. 2/236C/431) im Dt. Bundesarchiv, Brief von Schlomo an den Untersuchungsausschuß für Verbrechen gegen die polnische Nation vom Dezember 1992. Über Schlomos Besuche: Heinz »Becker«, Günther Wollny, Aussagen von Heinz Biernot (Ost-Dok. 2/236C/431), Paul Cyl (Ost-Dok. 2/236D/726), Albert Cyprian (Ost-Dok. 2/236C/258), Erich Kischel (Ost-Dok. 2/236B/3 und 2/236B/5), Viktor Kubitza (Ost-Dok. 2/236B/227), Max Ogorek (Ost-Dok. 2/236C/362), Leo Schwierzok (Ost-Dok. 2/236D/635), Josef Sczakiel (Ost-Dok. 2/236B/130), Max Witkowski (Ost-Dok. 2/235/178, 2/235/183 und 2/235/185) und Günther Wollny (Ost-Dok. 2/236C/297) im Dt. Bundesarchiv. Über die Zahl der Toten: Aussagen von Johanna Frystatzki (Ost-

Dok. 2/230/2), ebenfalls veröffentlicht unter der Nummer 215 in *Die Vertreibung* von Theodor Schieder. Paul Cyl (Ost-Dok. 2/236D/726), Max Ogorek (Ost-Dok. 2/236C/362), Georg Samol (Ost-Dok. 2/236C/330), Max Witkowski (Ost-Dok. 2/235/178, 2/235/183 und 2/235/185) im Dt. Bundesarchiv. Über die »MITTEILUNG«: Heinz »Becker«. Über das Verprügeln von Gefangenen: Heinz »Becker«, Elfryda »Uracz«, Aussagen von Paul Cyl (Ost-Dok. 2/236D/726), Martha Helisch-Kempny (Ost-Dok. 2/237/162), Max Witkowski (Ost-Dok. 2/235/178/, 2/235/183 und 2/235/185) und Günther Wollny (Ost-Dok. 2/236C/297) im Dt. Bundesarchiv, Brief von Roman Ladenberger an Alfred DeZayas, »Die Arbeitslager in Myslowitz, Schwientochlowitz und Eintrachthütte« in *Vermächtnis der Lebenden* von Konrad Anders. Über den Typhus: Heinz »Becker«, Aussagen von G. Arbansky (Ost-Dok. 2/236B/100), Kunigunde Arondarczyk (Ost-Dok. 2/236D/724), Heinz Biernot (Ost-Dok. 2/236C/431), Johanna Frystatzki (Ost-Dok. 2/230/2, ebenfalls veröffentlicht unter Nummer 215 in *Die Vertreibung* von Theodor Schieder), Helena Hoinkes (Ost-Dok. 2/236C/456), Walter Freund (Ost-Dok. 2/236C/351, ebenfalls veröffentlicht unter der Nummer 216 in *Die Vertreibung* von Theodor Schieder) und Günther Wollny (Ost-Dok. 2/236C/297) im Dt. Bundesarchiv, Aussage Nr. 16 in *Die Tragödie Schlesiens* von Dr. Johannes Kaps. Über das Himmelfahrtskommando: Heinz »Becker«, Aussage von Helena Hoinkes (Ost-Dok. 2/236C/456) im Dt. Bundesarchiv. Über die Zahl der Toten: Heinz »Becker«, Aussagen von Drabnik (Ost-Dok. 2/236D/680), D. Häusler (Ost-Dok. 1/251/3) und Max Ogorek (Ost-Dok. 2/236C/362) im Dt. Bundesarchiv. Über Schlomos Party: Efraim Blaichman, Mosche Mąka, Schlomo Morel. Über zwei-, drei- oder viertausend Tote: Dietmar Brehmer, Michael Gavshon, Marek Grodzik. *Quellen für die Anmerkungen.* Über Vergewaltigungen: Dorota Niessporek Boreczek, Elfryda »Uracz«. Über 345 Überlebende: Gerhard Gruschka. Über den Tod von Priestern: Aussagen von D. Häusler (Ost-Dok. 1/251/3), Max Ogorek (Ost-Dok. 2/236C/362) und Günther Wollny (Ost-Dok. 2/236C/297) im Dt. Bundesarchiv, *Schönwald* von Pieter Bielke, *Vom Sterben schlesischer Priester* von Dr. Johannes Kaps.

Weitere bestätigende Aussagen über Schwientochlowitz stammen von Erich Kischel (Ost-Dok. 2/236B/3 und 2/236B/5), Karl Kukla (Ost-Dok. 2/236C/372), Johann Kworka (Ost-Dok. 2/236C/388), Hedwig Lücke (Ost-Dok. 2/236C/512), Hedwig Respondek (Ost-

Dok. 2/236C/462), Inge Rotter (Ost-Dok. 2/236C/391), Gertrud Furgol-Schnapka (Ost-Dok. 2/236C/369), Anneliese Thieler (Ost-Dok. 2/236C/692) und anderen im Dt. Bundesarchiv.

»Die Deutschen in Schwientochlowitz...«
Der Mann, der rief: »Hier ist die Hölle«, war Franz Ciupka aus Beuthen, und ein anderer, der Botschaften hinausschmuggelte, war Heinz »Becker«. Der Hitlerjunge aus Gleiwitz war Eric van Calsteren, kein Deutscher, sondern Holländer, vierzehn Jahre alt; am 16. Februar 1993 starb er an einem Herzinfarkt in Ryswyk, Holland. Er floh nicht allein: ein SS-Mann entkam ebenfalls, wurde aber nicht in Bartfeld geschnappt; er ist wahrscheinlich in den achtziger Jahren in Deutschland gestorben. Der Junge rauchte russischen Tabak, Schlomo einen groben polnischen, mit Zeitungspapier gedreht. Der Mann, der sagte: »Lieber will ich zehn Jahre in Auschwitz sein«, war Professor Morawietz, ein Pole. Ein anderer Gefangener, der in Auschwitz gewesen war, ein Deutscher, sagte: »Die Methoden, die die Deutschen in Auschwitz anwandten, waren grauenhaft, aber die Methoden der Polen sind noch grauenhafter.« Ein Zivilist in Schwientochlowitz, der die Deutschen schreien hörte und die Leichen sah, nannte die Vorgänge eine »Sonderbehandlung«: mit diesem Begriff hatte die SS den Vergasungs-Verbrennungs-Prozeß in Auschwitz bezeichnet. »Um der Sicherheit willen« identifizierte der Brite den katholischen Pfarrer nicht, aber er sprach mit R. W. F. Bashford, einem Öffentlichkeitssprecher des Oberkommandos des Alliierten Kontrollrats (im britischen Kontingent). Bashford schrieb den »melancholischen Bericht«; er benutzte den polnischen Namen des Ortes: Świętochłowice; und Sir William Strang, der politische Berater des Oberbefehlshabers, schickte seinen Bericht am 25. September 1945 an das Foreign Office, das britische Außenministerium in London. Die Kommandanten von Potulice waren Czajka, Dzieczół und Stolarski, der jüdische Aufseher hieß Isidor. Der Kommandant von Hohensalza hieß Władysław Dopierała. Der amerikanische Senator war William Langer aus North Dakota, der britische Botschafter hieß Victor Cavendish Bentinck, der amerikanische Arthur Lane. Pinek erinnerte sich zwar nicht an die Delegation vom Amerikanischen Roten Kreuz, aber es gab in Polen nur das Polnische und das Amerikanische Rote Kreuz, das im Februar 1945 eingetroffen war. Das Internationale Komitee des Roten Kreuzes in Genf schickte tatsächlich im September 1944 Abgesandte nach Auschwitz, aber die Deutschen ließen sie nicht ein. »Es ging das

Gerücht«, schrieb ein Rot-Kreuz-Abgesandter, »daß das Lager mit einem hochmodernen Duschraum ausgestattet sei, in dem Gruppen von Häftlingen vergast werden.« Die Abgesandten in Pineks Büro sagten, sie müßten ihren Besuch in Warschau melden; ich nehme an, das haben sie getan.

Quellen. Über die hinausgeschmuggelten Botschaften: Heinz »Becker«, Hedwig Rogier. Der Hitlerjunge aus Gleiwitz: Eric van Calsteren, Gerhard Gruschka, Günther Wollny, Aussagen von Heinz Biernot (Ost-Dok. 2/236C/431), Max Ogorek (Ost-Dok. 2/236C/362) und Günther Wollny (Ost-Dok. 2/236C/297) im Dt. Bundesarchiv. Über den Mann, der in Auschwitz gewesen war: Günther Wollny, Aussage von Günther Wollny (Ost-Dok. 2/236C/297) im Dt. Bundesarchiv. Über den Priester und die Briten: Aussage von R. W. F. Bashford, FO371/46990, Büro des Staatsarchivs in Kew, Richmond, Surrey, England. Über die Wasserfolter: Dorota Niessporek Boreczek, Elfryda »Uracz«, Aussage von Martha Helisch-Kempny (Ost-Dok. 2/237/162) im Dt. Bundesarchiv. Über Potulice: Aussage von P. L. (268) in *Die Vertreibung* von Theodor Schieder, Aussagen von Christa-Helene Gause von Schirach (Ost-Dok. 2/148/103) und E. Zindler (Ost-Dok. 2/64/18) im Dt. Bundesarchiv. Über Myslowitz: Kurt Hellebrandt, Aussagen von Hugo Dohn (Ost-Dok. 2/236D/735) und Mathias Hemschik (Ost-Dok. 2/236B/106) im Dt. Bundesarchiv, »Die Arbeitslager in Myslowitz, Schwientochlowitz und Eintrachthütte« in: *Vermächtnis der Lebenden* von Konrad Anders. Über Grottkau: Aussage von Joseph Buhl (343) in *Die Vertreibung* von Theodor Schieder. Über Hohensalza: Aussage von R. S. (267) in *Die Vertreibung* von Theodor Schieder. Über Blechhammer: Aussage von Ernst Leistritz (Ost-Dok. 2/198/47 im Dt. Bundesarchiv. Über »1255 Lager«: Zivilverschollenendienst des Suchdienstes des Deutschen Roten Kreuzes, *Vertreibung und Vertreibungsverbrechen 1945–1948*, herausgegeben vom Dt. Bundesarchiv. Über »zwanzig bis fünfzig Prozent der Deutschen«: *Vertreibung und Vertreibungsverbrechen 1945–1948*, herausgegeben vom Dt. Bundesarchiv. Über Churchill: *Parliamentary Debates, House of Commons; Fifth Series, Volume 413*. Über ein weiteres Unterhausmitglied: *From the Ruins of the Reich* von Douglas Botting. Über den amerikanischen Senator: *Appendix to the Congressional Record, Volume 92, Part 12, S. A4778, 2. August 1946*. Über den britischen und den amerikanischen Botschafter: *Die Anglo-Amerikaner* von Alfred DeZayas. Über das Rote Kreuz: Pinek Mąka. *Quellen für die Anmerkungen*: Über die »Sonderbehandlung«:

Dziennik Zachodni, 20. Juli 1992. Über »Die Methoden der Deutschen«: Aussage von Max Ogorek (Ost-Dok. 2/236C/362) im Dt. Bundesarchiv. Über das Amerikanische Rote Kreuz: Donald Castleberry, Patrick Gilbo, Harry Grady, Archiv des Internationalen Komitees des Roten Kreuzes, Archiv des Schwedischen Roten Kreuzes, Brief von G. R. More, dem stellvertretenden Direktor für Zivilhilfe im In- und Ausland des Amerikanischen Roten Kreuzes an den Botschafter Arthur Bliss Lane im amerikanischen Außenministerium vom 3. Juli 1945 im US-Nationalarchiv. *Foreign War Relief Operations, World War II, July, 1, 1940 – June 30, 1946*, herausgegeben vom Amerikanischen Roten Kreuz, The *Red Cross Courier*, October 1946. Über das Rote Kreuz in Auschwitz: *The Work of the International Committee of the Red Cross for Civilian Detainees in German Concentration Camps*, herausgegeben vom Internationalen Komitee des Roten Kreuzes.

Bestätigungen im Zusammenhang mit Potulice liefern die Aussagen von K. E. (269), E. K. (266), Schwester M. (270) und R. S. (267) in *Die Vertreibung* von Theodor Schieder, die Aussagen von Marta Büller (Ost-Dok. 2/60/11), Heinrich Dinkelmann (Ost-Dok. 2/73/32), Margarete Fischer (Ost-Dok. 2/137/45), Ella Gierszowski (Ost-Dok. 2/55/7), Schwester Erna Kelm (Ost-Dok. 2/51/99), Anna George (Ost-Dok. 2/52/29), Ingeborg Spandera (Ost-Dok. 2/131/55) und anderen im Dt. Bundesarchiv. Weitere bestätigende Aussagen über Myslowitz stammen von Pavil Blacha (Ost-Dok. 2/236C/318), Raimund Bronder (Ost-Dok. 2/236C/270), Konrad Filippek (Ost-Dok. 2/236D/641), Florian Kernbach (Ost-Dok. 2/236D/622 und 2/236D/633), Paul Klaus (Ost-Dok. 2/236D/746), Franz Mainka (Ost-Dok. 2/236B/208), Hedwig Michalik (Ost-Dok. 2/236B/48), Cäcilie Muschalik (Ost-Dok. 2/236C/309), Georg Paff (Ost-Dok. 2/236B/162), Georg Pielka (Ost-Dok. 2/236D/367) und anderen im Dt. Bundesarchiv.

»Jakob Berman aus Warschau…«

Die »polnische Interimsregierung« war das Polnische Nationalkomitee, das später Polnisches Nationales Befreiungskomitee hieß. Der Palast in Warschau war der Belweder-Palast, der Amtssitz des Präsidenten von Polen, Bolesław Bierut. 1945 war Jakob Unterstaatssekretär, aber im Staatlichen Sicherheitsdienst hatte er keinen Titel. Die beiden jüdischen Minister waren Jakob Sawicki und Hilary Minc. Es war Sawicki, der sagte: »Ich werde mich darum kümmern«, und Minc schlief auf Pineks Sofa ein. Pineks Bruder war Mosche Mąka aus Będzin. Für »schädigen« benutzte Gomulka das Wort *szabrować,* und »Bande« bezeichnete er als *grupa.* Laut dem Internationalen Rot-Kreuz-Komitee in Genf war es erst im Sommer 1946 erlaubt, die Lager für deutsche Kriegsgefangene in Polen zu besichtigen; niemals jedoch hatten deutsche Zivilisten Zugang zu einem Lager. Auf Anordnung des Deutschen Bundestages wurde vom Bundesarchiv eine *Geheimstudie* durchgeführt, die dem Bundestag am 28. Mai 1974 vorgelegt wurde. Der Bericht schloß mit den Worten: »In den polnischen Lagern und Gefängnissen waren vermutlich mehr als 200000 Menschen inhaftiert, von denen zwanzig bis fünfzig Prozent starben. Dies würde bedeuten, daß zwischen 40000 und 100000, sicherlich aber mehr als 60000, hier umkamen.« Nachdem die Sterblichkeit in manchen Lagern fünfzig Prozent betrug, wäre die Zahl 40000 zu niedrig; da in anderen Lagern die Sterblichkeit nur zwanzig Prozent betrug, wären 100000 zuviel; daher meine Schätzung, daß 60000 bis 80000 Menschen umkamen. Die Zahl kann in Wahrheit durchaus höher sein, denn in manchen Lagern starben achtzig Prozent der Insassen – was der Bericht nicht erwähnt. In Bergen-Belsen kamen 50000 bis 60000 Juden um, 43045 Menschen, Juden und Nichtjuden, waren es in Buchenwald.

Quellen. Über Jakob: Paula Oleska, Teresa Torańska, Interviews mit William Tonesk in *Nowy Dziennik (Polish American Daily News)* vom 9. Juni 1987 und mit Józef Światło in Radio Free Europe, gesendet am 11. Juni 1954, *Mówi Józef Światło* von Zbigniew Błażyński, *Die da oben* von Teresa Torańska. Über Gomulka: *Gomulka* von Nicholas Bethell. Über Pineks Treffen mit Jakob und Gomulka: Pinek Mąka. Über das Rote Kreuz: Heinz »Becker«, Alfred DeZayas, Internationales Komitee des Roten Kreuzes, Schwedisches Rotes Kreuz. Sechzig- bis achtzigtausend Tote: *Vertreibung und Vertreibungsverbrechen 1945–1948*, herausgegeben vom Dt. Bundesarchiv. Über Bergen-Belsen und Buchenwald: Aaron Brightbart.

10

»Zu Hause in Gleiwitz...«

Der SS-Mann aus Auschwitz hieß Georg. Lola erfuhr durch die Aufseher von ihm; ich habe Teile des Gesprächs aufgrund der Fakten seines Falles »rekonstruiert«. Bei einer anderen Gelegenheit ließ Lola tatsächlich mehrere unschuldige Gefangene frei mit den Worten:

»Sehen Sie? Wir Polen sind nicht so wie ihr Deutschen.« Der Jude im Kattowitzer Gefängnis hieß Stasiak, und die Telefonate nach Warschau führte Josef mit Kliszko.

Quellen. Über Lolas Haus: Gucia Martyn Schickman. Über die Deutschen in der Auschwitzer SS: Günther Ciesla. Die Gerichtsverhandlungen in Gleiwitz: Robert Geilke, Adam Panek. Über Lola, die jüdischen Aufseher und den Deutschen: Günther Ciesla, Stanisław Eweik. Über den Juden im Kattowitzer Gefängnis: Josef Jurkowski. *Quellen für die Anmerkungen.* »Sehen Sie? ...«: Stanisław Eweik.

»Unterdessen wütete der Typhus...«
Der Aufseher, der sagte: »Ich war in Auschwitz!«, war Lucjan Zenderowski aus Sosnowiec, und Irma Grese war die KZ-Aufseherin, die die Holländerin als »Sau« beschimpft hatte. Sie schrie die Frau lange und ausgiebig an – was sie wirklich gesagt hat, konnte ich nur raten. Die Geschichte von Adam und Gott steht in Genesis 18,23–32. Der Rapportführer in Auschwitz hieß Taube.

*Quellen.*Lolas Appell: Lucjan Zenderowski. Über den Appell in Auschwitz: Lola Potok Ackerfeld Blatt. Über die Deutschen in Gleiwitz: Archiv des Provinzgerichts Katowice. Über den Rapportführer in Auschwitz: *Aber ich lebe* von Kitty Hart, *Auschwitz* von Sara Nomberg-Przytyk.

»›Do paki!‹...«
Die beiden Aufseher, die am Typhus starben, stammten aus Warschau. »Laßt die Sünden von der Erde verschwinden« ist die Talmud-Übersetzung (Berakoth 10a) des Psalms 104,35: Beruria, die Frau von Rabbi Meir, sagte zu ihm: »Steht geschrieben: die *Sünder*? Es steht geschrieben: die *Sünden*.« – »Was fordert der Herr?« steht in Micah 6,8.

Quellen. Über die Aufseher: Lola Potok Ackerfeld Blatt, Józef Pijarczyk, Lucjan Zenderowski. Über den Juden, der den Deutschen peitschte: Lola Potok Ackerfeld Blatt, Horst Planelt. Über Lola in Będzin: Lola Potok Ackerfeld Blatt.

»Der Junge sah Lola an...«
Das Gleiwitzer Bürogebäude des Staatlichen Sicherheitsdienstes befand sich in der ehemaligen Fahrschule in der Klosterstraße 10. Der Kattowitzer, der hingerichtet wurde, war ein ukrainischer Leutnant,

der zum Exekutionskommando gehört hatte; er war kein Jude. »Es ist unsere eigene Entscheidung«, oder, wörtlich: »Was der Mensch tut, liegt in seiner eigenen Hand« steht in *Yad*, Kapitel 5, von Moses Maimonides.

Quellen. Die Versammlung in Lolas Büro: Lola Potok Ackerfeld Blatt, Lucjan Zenderowski. Über die Neuerungen in Lolas Gefängnis: Stanisław Eweik, Józef Pijarczyk, Lucjan Zenderowski. Über den ukrainischen Leutnant, der hingerichtet wurde: Pinek Mąka.

»Vielleicht war Gott…«

Ein Jude aus Będzin, der von Elijah »selektiert« wurde, war Mosche Blatt, der zweite Ehemann von Hannah Potok, der verwitweten Frau von Lolas und Elijahs Bruder Jakob. Mosches Freund Hille Hollander, der ebenfalls aus Będzin stammte, setzte sich für ihn ein, aber Elijah sagte: »Halt dich da raus. Er ist Dreck.« Elijah erwartete seine Frau im Haus seiner Schwester Cyrla in Pas-de-Calais; David und Ada waren in Schwandorf in der Oberpfalz. Von den vier Brüdern war Barek in der polnischen Kavallerie, Daniel in der französischen Armee, Chaim diente in der polnischen Staffel innerhalb der Royal Air Force und Mordka in der Luftwaffe der amerikanischen Armee. Cyrla, Lolas Schwester, hatte Polen ebenfalls verlassen und war mit Michel Frydman verheiratet. Zwei Paare unter Lolas verliebten Mitbewohnern waren Schmuel Schickman und Gucia Martyn, Leibisch Jacobs und Jadzia Rappaport Ackerfeld, die alle nach Deutschland auswanderten. Einer der Pensionsgäste, dem Lola Geld aus der Seeräubertruhe mitgab, war Zlatas Neffe Josef Martyn. Himmler hielt seine Rede am 4. Oktober 1943 in Posen; Zitat in: *Eichmann in Jerusalem* von Hannah Arendt. »Wer gegen Ungeheuer angeht…« stammt aus *Jenseits von Gut und Böse* von Friedrich Nietzsche.

Quellen. Über Elijah: Edzia Gutman Ackerfeld, Lola Potok Ackerfeld Blatt, Mendel Blatt, Zlata Martyn Potok. Über David: Lola Potok Ackerfeld Blatt, Ada Neufeld Potok Halperin. Über Lolas weitere Geschwister: Lola Potok Ackerfeld Blatt. Über die Seeräubertruhe: Jadzia Gutman Sapirstein »Banker«, Lola Potok Ackerfeld Blatt, Zlata Martyn Potok. Über Adam: Adam »Krawecki«. Über die SS in Auschwitz: *Kommandant in Auschwitz* von Rudolf Höß. Mark Steven Clinton schreibt in seiner Dissertation über Höß, *Injustice Armed*, eingereicht bei der Claremont Graduate School, laut übereinstimmender Meinung der Experten habe Höß in seinem Buch *Kom-*

mandant in Auschwitz die Wahrheit gesagt; Clinton selbst jedoch bezweifelt dies. Über Himmler: *Die SS* von Gerald Reitlinger.

»Samstag, der 8. September…«
Eine ehemalige Geliebte eines SS-Mannes hießt Beata. Wassersturm, der erste jüdische Leiter der Abteilung Gewahrsam, emigrierte mit ihr nach Frankreich; sein Nachfolger wurde Chaim. Die Seydlitzstraße heißt heute Ulica Poniatowskiego, und das Loch, in dem Chaim sich versteckt hielt, war in Badkowice. Der Befehl »Bringt diesen Mann um!« galt, unter anderen, dem SS-Mann Kuczynski, der in Będzin gewesen war. Die .25er (oder 6,35 Millimeter-) Automatik war eine Mauser Westentaschenpistole, WTP genannt. Chaim änderte auch seinen Nachnamen und nannte sich fortan Studencki. Sein eigentlicher Titel war Leiter der Abteilung Gefängnisse und Lager in Schlesien.

Quellen. Über Lola, die Brot brachte: Stanisław Eweik. Über Chaim: Lola Potok Ackerfeld Blatt, Stanisław Gazda, Ada Neufeld Potok Halperin, Ilana Studencki Hammer, Josef Jurkowski, Eva Studencki Landau, Efraim Lewin, Pinek Mąka, Gaby Mamu, Schlomo Morel, Józef Pijarczyk, Ze'ev Sharone, Zizi Stoppler, Max Studniberg, Genia Rosenzweig Tigel, Edward Witek, Lucjan Zenderwoski.

11

»›Seid gut zu den Deutschen‹…«
Der polnische Staatspräsident war Bolesław Bierut. Seine Verfügung vom 28. Februar war Artikel 18 in *Dziennik Ustaw Pos. 30*, Kapitel III, der Erlaß vom 2. März stand in *Dziennik Ustaw Pos. 45*. Der Steuereintreiber hieß Konrad Reck, er war der Eigentümer des Hauses in der Langen Reihe 29, das höchstwahrscheinlich Lolas drittes Haus war. Der Katholik, der gegenüber wohnte, hieß Sławska und stammte aus Kielce, der Postbote war Józef Strysz, er wohnte in der Langen Reihe 36, und seine Töchter hießen Helene, Klara und Elisabeth. Gerhardt Ronskowski aus Gleiwitz war es, der im Jahr 1952 »*Lumpen, Knochen …*« sang und deshalb eingesperrt wurde. Der Minister für zurückeroberte Gebiete nach dem 9. November 1945 war Gomulka. Polen hatte bis 1772 Danzig besessen, Ostpreußen bis 1660, Pommern einschließlich Stettin bis 1637 und Schlesien ein-

schließlich Breslau bis 1335. Nach dem Krieg nannte die polnische Polizei sich Miliz. In manchen Städten, wie zum Beispiel Kattowitz und Breslau, bestand die Polizei fast zur Gänze aus Katholiken, der Polizeichef aber war ein Jude: Pinek Pakanowski in Kattowitz und Schmuel »Gross« in Breslau. In anderen Städten, wie Ziębice und Żabkowice, waren ungefähr fünfundzwanzig Prozent der Polizisten Juden. Der Deutsche, der protestierte: »Ich bewahre keine Kohlen in der Zuckerdose auf!«, war Josef Wiescholek, der Am Berggraben 28, heute Przewózowa 28, in Gleiwitz wohnte. Das Gesetz gegen die Verunglimpfung der Volksrepublik Polen (und der polnischen Polizei) war Artikel 152 des Strafgesetzbuches, und Wiescholek saß von Mai bis Oktober 1945 in Lolas Gefängnis. Im Juli 1945 wurde ein vier Tage altes Baby im Konzentrationslager Lassowitz bei Tarnowitz in Schlesien interniert. Das Lager an der Ostsee war Potulice in der Nähe von Nagel, und der jüdische Arzt hieß Cedrowski. Der Polizeichef von Schlesien war Oberst Kratko aus Lublin, der Gouverneur des Neisse-Gebiets war Władysław Wędzicha, und der dortige Polizeichef hieß Leutnant Bugajski, Bugalski oder Bukalski. In Ziębice und in Żabkowice, westlich von Neisse, waren fünfundzwanzig Prozent der Polizisten jüdisch, und ich nehme an, daß auch die Polizei von Neisse Juden beschäftigte. Bielitz oder Bielitzfelde nördlich von Neisse ist nicht Bielsko-Biała, sondern heißt heute Bielice. Auf den Lastwagen wurden 897 Männer und Frauen und etwa hundert Kinder abtransportiert.

Quellen. Die polnischen Regierungserlässe: *Die Vertreibung* von Theodor Schieder. Über die Milchkannen: Aussage Nr. 53 in *Die Tragödie Schlesiens 1945/46* von Dr. Johannes Kaps. Über die Vertreibung der Deutschen durch Polen: Lola Potok Ackerfeld Blatt, Elisabeth Strzysz, Aussage von I. F. (Nr. 224) in *Die Vertreibung* von Theodor Schieder. Archiv von Gliwice. Über das Singen deutschsprachiger Lieder: Gerhardt Ronskowski. Über die Polizei: Josef Wiescholek, Aussage Nr. 163 in *Die Tragödie Schlesiens 1945/46* von Dr. Johannes Kaps, Archiv der Staatsanwaltschaft von Gliwice. Über das Baby im schlesischen Konzentrationslager: Aussage von Maria Zimmermann (Ost-Dok. 2/215/40) im Dt. Bundesarchiv. Über die Kleinkinder im Lager an der Ostsee: Aussagen von E. K. (266) und P. L. (268) in *Die Vertreibung* von Theodor Schieder, Aussagen von Emil Finkgruber (Ost-Dok. 2/146/98), Anna George (Ost-Dok. 2/52/29), Schwester Erna Kelm (Ost-Dok. 2/51/99), Ingeborg Spandera (Ost-Dok. 2/131/55), Christa-Helene Gause von Schirach (Ost-

Dok. 2/146/103), E. Zindler (Ost-Dok. 2/64/18) und anderen im Dt. Bundesarchiv. Über den Polizeichef von Schlesien: Jakob Alfiszer, Schmuel »Gross«, Mordechai Kac. Über katholische und jüdische Polizisten: Mordechai Domb, Schmuel »Gross«. Über Bielitz: Israel Figa, Krzysztof Swierkosz, Aussagen von Paul Erbrich (Ost-Dok. 2/236E/890), Ottilie Artelt-Hoffmann (Ost-Dok. 2/236E/910), Karl König (Ost-Dok. 2/236E/994), Erna Lyga (Ost-Dok. 2/223/2), Erzpriester Obst (Ost-Dok. 2/218/79) und Magda Walke (Ost-Dok. 2/236E/884) im Dt. Bundesarchiv, Aussage Nr. 34 (von A. Schm., Ost-Dok. 2/236E/941) in *Die Tragödie Schlesiens 1945/46* von Dr. Johannes Kaps, *Die Hölle von Lamsdorf* von Dr. Heinz Esser (Esser bezieht sich auf die Aussagen Ost-Dok. 2/236E/747–1012 im Dt. Bundesarchiv). *Quellen für die Anmerkungen.* Über Gomulka: *Gomulka* von Nicholas Bethell. Über den Polizeichef von Kattowitz: Lusia Feiner, Pinek Mąka. Über den Polizeichef von Breslau: Schmuel »Gross«, Nachum »Salowicz«. Über die Polizei von Ziębice und Żabkowice: Mordechai Domb. Über den Gouverneur und den Polizeichef von Neisse: Barbara Zaliwska.

»Wenig später...«

Aus Lamsdorf wurde Lambinowice. Czesław heißt mit vollem Namen Czesław Gęborski, der Klavierspieler hieß Obst und wurde später Erzpriester; er kannte die tschechoslowakische Hymne unter dem deutschen Namen *Rosamunde*; der Postbeamte war Richard Schmolke. Der stellvertretende Kommandant war Ignaz Szypulla, ein Junge, dem ein Finger fehlte, hieß Antek, und der deutsche »Kapo« war Herbert Pawlik aus Kattowitz. Ich weiß nicht, ob unter den Aufsehern in Lamsdorf auch Juden waren. Der Mann, der sagte: »Nein, Herr Vizekommandant« und überlebte, war J. Th. aus Grüben, und der Mann, dessen Bart in den Schraubstock eingespannt wurde, war entweder Johann Langer aus Weidengut oder Johann Laqua aus Lippen. Aus Arnsdorf waren 195 Deutsche hier interniert, aus Bauersdorf 76. Aus Bauerngrund kamen 82 Menschen, aus Buchengrund 88, aus Ellguthammer 335, aus Falkenberg 420, aus Fischbach 41, aus Floste 22, aus Friedland 180, aus Freudendorf 18, aus Fuchsberg 36, aus Geppersdorf 47, aus Goldmoor 595, aus Groditz 84, aus Groß-Mahlendorf 23, aus Groß-Mangersdorf 482, aus Groß-Schnellendorf 46, aus Grüben wahrscheinlich 606, aus Heidersdorf 39, aus Hilbersdorf 340, aus Jakobsdorf 285, aus Jatzdorf 172, aus Klein-Mangersdorf 91, aus Kleuschnitz 283, aus Lamsdorf 310, aus Lippen 160, aus Neuleipe

320, aus Neustadt 260, aus Oppeln 130, aus der Umgebung von Oppeln 23, aus Schurgast 88, aus Steinaugrund 332, aus Tillowitz 70, aus Villa Wackerzapp 40, aus Weidendorf 12 und aus Weidengut 8. Nicht mitgezählt sind 828 Kinder. Die Rüppelstraße heißt heute Ulica Wawełska, und der jüdische Club – der Kultur-Club des jüdischen Volkes von Polen – befindet sich in Nummer 6. Czesław sprach unter anderen mit Schlomo Morel und Israel Figa, der heute für den jüdischen *Workmen's Circle* in New York City schreibt. Beide halten Czesław für einen polnischen Katholiken; das glauben auch Mordechai Kac und Paweł Lisiewicz. Dr. Heinz Esser, der Arzt der Deutschen in Lamsdorf, zählte 8064 Gefangene, darunter 6488 Tote; in seiner Dokumentation *Die Hölle von Lamsdorf* führt er Namen, Heimatort und Beruf von 1462 Menschen auf. Edmund Nowak vom Museum von Lambinowice schrieb, die Zahl 6488 sei »ein wenig« zu hoch; diese Zahl wurde jedoch am 16. September 1974 vor dem Bundestag vorgetragen.

Quellen. Über Lamsdorf: Aussage von J. Th. (233) in *Die Vertreibung* von Theodor Schieder, Aussagen Nr. 5, 27, 32, 34 (von A. Schm., Ost-Dok. 2/236E/941 im Dt. Bundesarchiv), 35, 36 und 193 in *Die Tragödie Schlesiens 1945/46* von Dr. Johannes Kaps, Aussagen in *Die Hölle von Lamsdorf* von Dr. Heinz Esser (Esser bezieht sich auf die Aussagen Ost-Dok. 2/236E/747–1012 im Dt. Bundesarchiv), Aussagen von H. Aschmann (Ost-Dok. 2/236E/950), Johannes Bech (Ost-Dok. 2/233/9), Karl Donitza (Ost-Dok. 2/236E/773), Paul Erbrich (Ost-Dok. 2/236E/890), Dr. Heinz Esser (Ost-Dok. 2/236E/946), Ottilie Artelt-Hoffmann (Ost-Dok. 2/236E/910), Rudolf Hübner (Ost-Dok. 2/228/64), Karl König (Ost-Dok. 2/236E/994), Gustav Krell (Ost-Dok. 2/236E/802), Erna Lyga (Ost-Dok. 2/223/2), Erzpriester Obst (Ost-Dok. 2/218/79), Wilhelm Schneider (Ost-Dok. 2/236D/713), Paul Schon (Ost-Dok. 2/236E/979), Magda Walke (Ost-Dok. 2/236E/884) und Paul Willner (Ost-Dok. 2/236E/407) im Dt. Bundesarchiv, *Der Schlesier*, Dezember 1989. Dies sind alles deutsche Quellen; jedoch sagte mir Israel Figa, ein Jude, der oft mit dem Lagerkommandanten Czesław Gęborski gesprochen hat und jetzt für den jüdischen *Workmen's Circle* schreibt: »Was sie sagen, ist wahr.« Über Czesław in Kattowitz: Israel Figa, Schlomo Morel. Über Czesławs Religionszugehörigkeit: Israel Figa, Mordechai Kac, Paweł Lisiewicz, Schlomo Morel, Thomas Urban. Die zwanzig Prozent Überlebenden: *Die Hölle von Lamsdorf* von Dr. Heinz Esser. *Quellen für die Anmerkungen.* Über Ignaz: *Bild* vom 19. Mai 1990. Über

Esser: *Stuttgarter Zeitung* vom 12. Dezember 1991, *Bundestags-Drucksache* 7/2642, 7. Wahlperiode.

»Inzwischen war es September…«
Chaim, der im August oder September 1946 nach Neisse fuhr, sperrte Efraim nicht deshalb ein, weil er sich geweigert hatte, sein Motorrad herzugeben; sondern er besaß auch ein Auto, und als er es verkaufte, behauptete Chaim, der Wagen habe dem Staatlichen Sicherheitsdienst gehört, und verhaftete Efraim: er verbrachte drei Monate im Gefängnis von Kattowitz. Die Mühlstraße heißt heute Ulica Młynska. Der Torwächter in Gleiwitz war Józef Pijarczyk, und einer der Gefängnisschreiber, ein deutscher Gefangener, hieß Mika. Die eine oder andere Begebenheit bei Chaims Inspektionen kann sich auch während eines späteren Besuchs zugetragen haben. Es war Ada, zu der Lola sagte: »Er ist jetzt ein *macher*!« die »Flucht« aus dem Sicherheitsdienst bezeichneten die Polen mit dem Wort *ucieczka*.

Quellen. Über Chaim in Sosnowiec: Stanislaw Gazda, Jósef Pijarczyk. Über Chaim in Neisse: Efraim Lewin. Über Chaim in Gleiwitz: Jadzia Gutman Sapirstein »Banker«, Krystyna Zielinska Dudzinska, Ada Neufeld Potok Halperin, Eva Studencki Landau, Józef Pijarczyk, Ze'ev Sharone, Lucjan Zenderowski. Über Lolas Eindruck von Chaim: Ada Neufeld Potok Halperin. Über Lola und den Russen: Lola Potok Ackerfeld Blatt, Pola Reif, Lucjan Zenderowski. Über Juden in der Tschechoslowakei: Adam »Krawecki«, Rivka »Glickman Singer«, Schlomo »Singer«, Ruth Wilder, Leo Zelkin.

»Sein Plan war…«
Es war geplant, daß Lolas Adjutant Mosche und einer der Aufseher, Lucjan Zenderowski, ebenfalls nach Wien ausreisen sollten. Rivka zitierte den Talmud, Sanhedrin 37a. Lolas Fahrer war Heniek Kowalski. Am 7. September war Lola noch in Gleiwitz. An diesem Tag schrieb sie ihren Brief an die Gefängnis- und Lagerverwaltung in Katowice, in dem sie um den ihr zustehenden Urlaub ansuchte. Lola sagt, sie sei am Yom Kippur, dem 17. September, noch in Gleiwitz gewesen; am 28. September war sie nachweislich nicht mehr dort, denn an diesem Tag schrieb in Warschau jemand auf ihren Brief: »Im Zusammenhang mit der Meldung über ihre Flucht.« Der Aufseher, der zu ihr nach Hause fuhr, hieß Szczęsny. Jadzia wurde ebenfalls in ihrem Haus in Gleiwitz aufgesucht und nach Lola gefragt; sie stahl sich davon und ging nach Kattowitz zu Bernard Fontak. Lolas unmittelba-

rer Nachfolger war ein Katholik, ein Feldwebel der polnischen Armee, aber Chaim besetzte den Posten bald darauf mit einem Juden, Mosche Kalmewicki aus Falenica bei Warschau; wie Lola hatte er den Titel eines Stellvertretenden Kommandanten. Die Aufseherin, die das Angebot des Kommandanten dankend ablehnte und die aufgelöste Gefangene später fragte, was ihr zugestoßen sei, war Krystyna Zielinska. 1946 wurde sie zu zwei Jahren Haft im Gefängnis von Kattowitz verurteilt. 1948 wurde Chaim, dessen Bruder Marek Studniberg hieß, zu sechs Monaten Gefängnis verurteilt. Zwei weitere Nachfolger von Lola hießen Młynczak und Wróblewski. Der Deutsche, dem die Flucht gelang, hieß Hartz, der Aufseher, der ihn entkommen ließ, war Józef Pijarczyk, und der Aufseher, der das Stalinbild von der Wand nahm, war Lucjan Zenderowski. Am 1. April 1937 hatte Theodor Eicke, Inspektor der Konzentrationslager, verkündet: »Jeder Mann in den Totenkopfeinheiten, der nicht gehorchen kann, muß gehen«; achtundachtzig Männer kündigten in diesem Jahr. In Auschwitz war es schwieriger zu kündigen. Höß bat zweimal um Versetzung zur Waffen-SS an der russischen Front, aber: »Ich erhielt nicht die Erlaubnis«; Dr. Wilhelm Hans Münch indessen, der zusammen mit Mengele für die Selektionen zuständig war, gelang es tatsächlich, zu kündigen.

Quellen. Über den Fluchtplan: Lucjan Zenderowski. Über Lola und Gertrude: Lola Potok Ackerfeld Blatt. Über die Arbeiter in Kohle-, Blei- und Zinkgruben: *Die Hölle von Lamsdorf* von Dr. Heinz Esser. Über den 30-Pfennig-Stundenlohn in Auschwitz: *The Arms of Krupp* von William Manchester. Über Lolas Verschwinden: Jadzia Gutman Sapirstein »Banker«, Lola Potok Ackerfeld Blatt, Gertie Gutman Cook, Henry Cook, Józef Pijarczyk, Pinkas Schickman, Lucjan Zenderowski, Archiv des Amtes für Strafanstalten in Katowice. Über das Verschwinden von Geld, Uhren, Ringen: Jadzia Gutman Sapirstein »Banker«, Lola Potok Ackerfeld Blatt, Gertie Gutman Cook, Henry Cook, Lucjan Zenderowski. Über Jadzia: Jadzia Gutman Sapirstein »Banker«, Gerti Gutman Cook, Henry Cook. Über den neuen jüdischen Kommandanten: Krystyna Zielinska Dudzinska, Zofia Kalmewicki, Paweł Lisiewicz, Józef Pijarczyk, Rudek Schmer, Jerzy Szok, Lucjan Zenderowski. Der fingierte Brief: Krystyna Zielinska Dudzinska. Über Chaim im Gefängnis von Kattowitz: Stanislaw Gazda, Ilana Studencki Hammer, Eva Studencki Landau, Zizi Stoppler. Der Befehl »Ausziehen!«: Josef Gorka, Erhard Wierschin, Lucjan Zenderowski. Über unehrenhafte Entlassungen: Józef Pijarczyk, Lucjan Zenderowski. Über Kündigungen bei der SS: *The Last Nazi* von Gerald Astor, *Licensed Mass Murder* von Henry V. Dicks, *Kommandant in Auschwitz* von Rudolf Höß, *Anatomie des SS-Staates* von Helmut Krausnick et al. Über Schlomo: Schlomo Morel. Gerüchte über Lola: Edzia Gutman Ackerfeld, Schlomo Ackerfeld, Jadzia Gutman Sapirstein »Banker«, Stanisław Eweik, Józef Pijarczyk, Lucjan Zenderowski. Die Meinungen der Aufseher: Stanisław Eweik. *Quellen für die Anmerkungen.* Lolas Nachfolger: Stanisław Gazda, Lucjan Zenderowski.

»Auch die Polen stellten die Deutschen...«

Von den ungefähr 200000 Gefangenen in den Haftanstalten des Staatlichen Sicherheitsdienstes kamen wahrscheinlich zwischen 60000 und 80000 um. Von den übrigen 120000 bis 140000 wurden 1000, ungefähr 0,8 Prozent, wegen Kriegsverbrechen verurteilt; ungefähr 99,2 Prozent waren vermutlich unschuldig. 50 von den 119 Häftlingen, die in Schlesien wegen Kriegsverbrechen zum Tod verurteilt wurden, standen in Kattowitz vor Gericht. Im Oktober kam eine polnische Kommission unter Leitung von Rybakiewicz auch nach Schwientochlowitz. Es stellte sich heraus, daß unter den »Deutschen« in Schwientochlowitz auch etliche Polen, Niederländer, Schweizer und, nach Aussage der Gefangenen, ein Amerikaner waren. »Beckers« Familiennamen habe ich auf seinen Wunsch geändert. Am 27. Februar 1991 sagte Schlomo vor dem Provinzausschuß Katowice zur Untersuchung von Verbrechen gegen die polnische Nation aus: »Nahezu alle Gefangenen, die überlebt hatten, wurden entlassen.« Einer, der nicht entlassen, sondern nach Jaworzno, das damalige Krakauer Gefängnis, geschickt wurde, war Gerhard Gruschka, ein vierzehnjähriger Junge aus Gleiwitz; als die Richter ihm sagten: »Wir können Sie in Gliwice, Polen, entlassen«, war er verwirrt und antwortete, er sei doch aus Gleiwitz, Deutschland. Als ich in Katowice war, durchforstete ich mehrere hundert Akten, aber ich stieß auf keinen Gefangenen, der bei der SS, der SA oder ein Nazi gewesen war, auf keinen, der vor Gericht gestellt und zu einer Haftstrafe in einem polnischen Gefängnis verurteilt wurde. Ich habe jedoch berichtet, daß ein Mann namens Schneider ein Nazi war und ein anderer, Bartfeld, ein Angehöriger der Waffen-SS von der russischen Front: Schneider, der nur noch ein Bein hatte, wurde mit seiner Krücke totgeschlagen, und Bartfeld floh. Schwientochlowitz wurde im November 1945 geschlossen; Schlomo diente daraufhin als Kommandant im

Gefängnis von Oppeln. Der jüdische Staatsanwalt in Gleiwitz hieß Rosenkranc. Es war Paweł Pijowczak, ein SA-Mann aus Königshütte, der »*Cici, cici, Polska w życi*« gerufen hatte, Emanuel Stein aus Gleiwitz bezichtigte Pjotr Wons, ein Feind Deutschlands zu sein, und von Tomasz Kopólka aus Schwientochlowitz stammte die üble Nachrede gegen Augustyn Kuczera. Der Mann, der sich für Jehovas Zeugen eingesetzt hatte, war Gottschalk, Rektor einer Gleiwitzer Schule; das Mädchen, dem er geholfen hatte, war Brigitte »Petermann«, eine seiner Schülerinnen. Der Mann, der den Juden geholfen hatte, war Josef Wiescholek aus Gleiwitz, und das Lager befand sich Am Berggraben in Gleiwitz, heute Ulica Przewózowa.

Nach Angaben des Provinzausschusses Katowice zur Untersuchung von Verbrechen gegen die polnische Nation waren im Gefängnis von Gleiwitz achtunddreißig Menschen inhaftiert, die wegen Kriegsverbrechen verurteilt worden waren: Antoni Badura, Jan Bebek, Maks Brzeczek, Adolf Czapla, Konrad Danczyk, Maksymilian Działas, Karol Eiserman, Josef Gorka, Elzbieta Grzybek, Tadeusz Gzurko, Emil Janiczek, Franciszek Jarząbek, Jan Jenel, Jan Karmański, Franciszek Kiełkowski, Gerard Klimek, Tomasz Kopółka, Wilhelm Koziel, Józef Krawczyk, Jan Manka, Wilhelm Manzel, Henryk Matusiak, Bruno Michalik, Paweł Mróz, Wilhelm Müller, Władisław Pietrzak, Rudolf Poloczek, Ryszard Sobota, Franciszek Stas, Emanuel Stein, Franciszek Stus, Wincenty Sudlik, Piotr Szydłowski, Emanuel Tiszbirek, Rufin Trzcionka, Melchior Witek, Małgorzata Zapora und Henryk Zydek. Im Archiv des Provinzgerichts Katowice stieß ich auf die Namen von vier weiteren Häftlingen im Gleiwitzer Gefängnis, die wegen Kriegsverbrechen verurteilt waren: Gerhard Janicki, Hubert Kokoc, Josef Lefniok und Paweł Pijowczak. Mit einer von diesen zweiundvierzig Personen führte ich ein Interview: Josef Gorka, und im Archiv des Provinzgerichts Katowice fand ich die Akten von einundzwanzig weiteren: Eiserman, Grzybek, Janicki, Janiczek, Jarząbek, Karmański, Klimek, Kokoc, Kopółka, Kozieł, Krawczyk, Lefniok, Manka, Matusiak, Mróz, Pietrzak, Pijowczak, Stein, Szydłowski, Zapora und Zydek. Meiner Ansicht nach können Matusiak, der seine Freundin erwürgte, und Pietrzak, der den Antikommunisten Mehl, Kartoffeln, Zigaretten und eine Kuh schenkte, nicht als Kriegsverbrecher bezeichnet werden. Von den übrigen waren nur neun oder zehn zu Lolas Zeiten in Gleiwitz inhaftiert: Kopółka, Krawczyk, Manka, Mróz, Pijowczak, Stein, Szydłowski, Zapora, Zydek und möglicherweise auch Karmański.

Demnach müßten ungefähr acht von den neunzehn Verurteilten, deren Akten ich nicht fand, zu Lolas Zeiten im Gleiwitzer Gefängnis inhaftiert gewesen sein. Das bedeutet, daß insgesamt etwa zwanzig Menschen in Lolas Gefängnis vom Gleiwitzer Gericht später wegen Kriegsverbrechen verurteilt wurden. Darunter waren Pijowczak, der die Polen als »Esel« bezeichnet, Stein, der Piotr Wons als Feind Deutschlands angeschwärzt hatte, und Kopółka, der Denunziant von Augustyn Kuczera. Vermutlich sind in anderen Städten weitere Kriegsverbrecher verurteilt worden; das Gericht von Gleiwitz hat jedenfalls noch Hunderte von Menschen wegen gewöhnlicher Straftaten verurteilt.

Emanuel Stein aus Gleiwitz starb am 7. Juli 1946 am »Herzschlag« im Gefängnis. Małgorzata Zapora, geborene Gröner aus Beuthen und in Gleiwitz ansässig, wurde am 28. September 1948 im Gefängnis gehängt. Auch Matusiak und Stus wurden in Gleiwitz gehängt, aber Matusiak war in der Tat kein Kriegsverbrecher, und Stus, verurteilt wegen bewaffneten Raubüberfalls, war vermutlich ebenfalls keiner. Elfryda »Uracz«, das Mädchen, das den ganzen April, Mai und Juni hindurch jede Nacht die Schläge ertrug, der ein Aufseher einmal die Kleider vom Leib riß, wurde nie wegen irgendeines Verbrechens verurteilt. Als sie verhaftet wurde, hatte sie Semesterferien – sie studierte Medizin in Wien; im Juni wurde sie von Gleiwitz nach Schwientochlowitz, dann ins Gefängnis von Kattowitz und schließlich nach Jaworzno verlegt; sie lebt heute in Katowice.

Quellen. 200000 Gefangene: *Vertreibung und Vertreibungsverbrechen 1945–1948*, herausgegeben vom Dt. Bundesarchiv. Eintausend Verurteilungen: Jerzy Jaruzelski. Über die Richter in Schwientochlowitz: Heinz »Becker«, Dorota Niessporek Boreczek, Gerhard Gruschka, Aussage von Günther Wollny (Ost-Dok. 2/236C/297) im Dt. Bundesarchiv. Über die Prozesse in Gleiwitz: Robert Geilke, Gerard Jankowiak, Adam Panek, Stanisława Świątnicka, Zygmunt Urbisz, Maurice Zak, Akten von Tomasz Kopółka, Paweł Pijowczak und Emanuel Stein im Archiv der Provinzpolizei Katowice. Über den jüdischen Staatsanwalt: Lucjan Zenderowski. Über die beiden »guten Deutschen«: Brigitte »Petermann«, Josef Wiescholek. Zwanzig Verurteilungen: Archiv des Untersuchungsausschusses für Verbrechen gegen die polnische Nation, Archiv des Provinzgerichts Katowice. Über die Hinrichtung von Malgorzata Zapora: Krystyna Zielinska Dudzinska, Józef Pijarczyk, Lucjan Zenderowski, Aussagen von Elfriede Gawlik (Ost-Dok. 2/236C/503) und Angela Schymitzek (Ost-

Dok. 2/236D/652) im Dt. Bundesarchiv, Archiv des Untersuchungsausschusses für Verbrechen gegen die polnische Nation, Akte von Małgorzata Zapora im Archiv des Provinzgerichts Katowice. Über den Henker: Krystyna Zielinska Dudzinska. *Quellen für Anmerkungen.* Über die polnische Kommission: Schlomo Morel. Über Gruschka: Gerhard Gruschka. Über Schneider und Bartfeld: Eric van Calsteren. Über die Schließung des Lagers Schwientochlowitz: Aussagen von Johanna Frystatzki (Ost-Dok. 2/230/2, ebenfalls veröffentlicht unter der Nummer 215 in *Die Vertreibung* von Theodor Schieder), Martha Helisch-Kempny (Ost-Dok. 2/237/162) und Erich Kischel (Ost-Dok. 2/236B/3, 2/236B/5) im Dt. Bundesarchiv, Protokoll vom 27. Februar 1991 für den Provinzausschuß Katowice zur Untersuchung von Verbrechen gegen die polnische Nation, unterzeichnet von Schlomo Morel. Über Schlomo im Kattowitzer Gefängnis: Efraim Lewin, Schlomo Morel, Lucjan Zenderowski.

»Am Mittwoch, dem 17. Oktober...«
Roosevelt, Stalin und Atlee, die vom 17. Juli bis zum 2. August 1945 in Potsdam konferierten, kamen laut Artikel XIII des Potsdamer Protokolls überein: »Die drei Regierungen ... erkennen die Notwendigkeit einer Verlegung der in Polen, der Tschechoslowakei und Ungarn verbliebenen deutschen Bevölkerung oder Teilen derselben nach Deutschland an. Sie erklären übereinstimmend, daß jede stattfindende Umsiedlung in geregelter und humaner Weise durchzuführen ist.« Dieser Artikel machte für die Verfügung der polnischen Regierung vom 17. Oktober den Weg frei. Als 1945 die Russen einmarschierten, betrug die Zahl der in Polen lebenden Deutschen 1293000, in Danzig waren es 373000 und im polnisch verwalteten Teil Deutschlands 8182000, insgesamt also 9848100 Menschen. Auch aus der Tschechoslowakei, aus Ungarn, Rumänien und Jugoslawien wurden Deutsche ausgesiedelt, insgesamt beträgt die Zahl der Vertriebenen 16600000. Die polnische Polizei hieß nach dem Krieg Miliz. Der Polizeichef von Kattowitz war Pinek Pakanowski, der Polizeichef von Breslau hieß Schmuel »Gross«: er legte sich den polnischen Vornamen Mieczysław zu. Weitere jüdische Polizeichefs in Polen und dem polnisch verwalteten Teil Deutschlands waren Yechiel Grynspan in Hrubieszów, Ayzer Mąka in Bielsko-Biała sowie ein Mann, dessen Identität nicht bekannt ist, in Żabkowice. Die Partisanen in Lublin – zweihundert Männer, allesamt Juden – waren in der »Chiel-Gruppe« innerhalb des Holod-Bataillons zusammengefaßt: der Gruppenfüh-

rer war Hauptmann Yechiel (»Chiel«) Grynspan, der Bataillonskommandeur, der 1944 umkam, war Hauptmann Aleksander Skotnicki, bekannt als Zemsta. Der Polizeichef von Polen hieß Juzwak und trat als General Witold auf; er war es, der in Lublin mit Hauptmann Grynspan und dessen rechter Hand, Hauptmann Schmuel »Gross«, sprach. »Gross« wurde Polizeichef von Lublin (im Mai 1945 wurde er nach Breslau versetzt), einer seiner acht Revierleiter war Sever Rubinstein. Nach Aussage von »Gross« waren achtzig Prozent der Lubliner Polizeibeamten und fünfzig Prozent der Polizisten in Lublin jüdischer Herkunft. Weitere jüdische Partisanen, die 1944 und 1945 in den Staatsdienst genommen wurden, waren Jakob Alfiszer, Polizist in Kattowitz, Chanina und Schimon Barbanel, Polizisten irgendwo in Polen, Efraim Blaichman als Fahnder in Lubartów und Kielce, Yurik Chołomski als Offizier in Kattowitz, Stefan Finkel als Leiter der Abteilung Gewahrsam in Krakau, Yechiel Grynspan als Polizeichef in Hrubieszów, Efraim Lewin als Funktionär der Abteilung Gewahrsam in Lublin und Kattowitz und später als Gefängniskommandeur in Neisse, Schlomo Morel als Funktionär der Abteilung Gewahrsam in Lublin und Kattowitz und später als Lagerkommandant in Schwientochlowitz, Oppeln, Kattowitz und Jaworzno, David Rubinstein und Adam Winder, beide als Polizisten in Hrubieszów. In Breslau hieß der Leiter der für die Deutschen zuständigen Sektion des Staatssicherheitsdienstes Kleks, der Befehlshaber des polnischen Armeekorps für innere Sicherheit war Oberst Rubinstein aus Lodz, und der Bürgermeister hieß Drobner; er stammte aus Krakau und wurde Mitte des Jahres 1945 polnischer Arbeitsminister. Weitere Juden in Breslau waren Nachum »Salowicz« alias Tadeusz Zalewski, der die für die Deutschen zuständige Sektion des Staatssicherheitsdienstes im Landkreis Breslau leitete, und Schumacher, der Leiter der Abteilung Gewahrsam für ganz Unterschlesien. Der Berliner Bahnhof war der Lehrter Bahnhof. Der Amerikaner war Robert Murphy, politischer Berater der amerikanischen Militärregierung in Berlin, sein Bericht an das amerikanische Außenministerium stammt vom 12. Oktober 1945. Der Brite war Oberstleutnant W. Byford-Jones, der in *Berlin Twilight* schrieb. Die Frau aus Gleiwitz war Eva Woitinek Lischevski; ich sprach mit ihr anläßlich eines Treffens von Gleiwitzern am 15. April 1989 in Bochum. In ähnlicher Weise verglich Anne O'Hare McCormick in ihrer Kolumne in der *New York Times* vom 4. Februar 1946 die Behandlung der Deutschen in Polen mit den Grausamkeiten der Nazis, und der Kongreßabgeordnete B. Carroll Reece aus

Tennessee sprach am 16. Mai 1957 im Repräsentantenhaus von Völkermord. In der Ausstellung über die »Ethnischen Säuberungen 1944–1948« in der De Paul University Chicago im November und Dezember 1993 war die Rede von einem »unbekannten Holocaust«.

Ich habe ausgerechnet, daß von den Deutschen, die in Polen und in dem nach dem Krieg polnisch verwalteten Teil Deutschlands lebten, bis 1950 ungefähr 1467700 nicht mehr am Leben waren. Nach Angaben des deutschen Bundesamts für Statistik beträgt die Zahl der aus Polen stammenden Deutschen, die bis dahin gestorben waren, 185000, die Zahl der Deutschen aus Danzig 83000 und die Zahl der Menschen aus dem ehemals deutschen Gebiet östlich der Oder-Neisse-Linie 1338700: das sind insgesamt 1606900 Menschen. Der nördliche Teil von Ostpreußen fiel jedoch an Rußland, deshalb habe ich die 139200 Menschen, die (anteilsmäßig berechnet nach der Bevölkerungszahl im Jahr 1939) dort vermutlich umgekommen sind, abgezogen. Auch der Osten Polens wurde russisch, aber dort gab es bis zu diesem Zeitpunkt praktisch keine Deutschen mehr; ich habe also nichts abgezogen. Daraus ergibt sich die Zahl 1467700. Andere Quellen schätzen die Zahl höher: das Bundesvertriebenenministerium geht von 18 Prozent mehr aus, und auf einem Schlesiertreffen im Juni 1961 in Hannover nannte Konrad Adenauer gar eine Zahl, die um 48 Prozent höher lag. Das andere Extrem vertritt Stanisław Schimitzek von der polnischen Presseagentur, der 1966 behauptete, es sei kein einziger Deutscher umgekommen.

Die wichtigste antikommunistische Organisation in Polen war die Heimatarmee: *Armia Krajowa* oder AK. Unter den polnischen Insassen in Lolas ehemaligem Gefängnis war eine Frau, die den Antikommunisten Zuflucht in ihrer Hütte gewährt hatte, und ein Mann, der ihnen eine halbe Tonne Mehl, einen Sack Kartoffeln, eine Stange Zigaretten und eine Kuh geschenkt hatte. Die Frau wurde zu fünfzehn Jahren verurteilt, der Mann, Władysław Pietrzak, zum Tod am Galgen; die Strafe wurde später in lebenslängliche Haft umgewandelt. Barek und Reginas Wohnung befand sich am Andreasplatz 23, der heute Ulica Andrzeja heißt.

Quellen. Die Verfügung vom 17. Oktober: Einführung in *Die Vertreibung* von Theodor Schieder. Zehn Millionen Menschen: *Die deutschen Vertreibungsverluste*, herausgegeben vom Bundesamt für Statistik. Über die jüdischen Polizeichefs: Mordechai Domb, Lusia Feiner, Schmuel »Gross«, Pinek Mąka. Über die jüdischen Partisanen in Lublin: Schmuel »Gross«. 300000 Menschen in Breslau: *Die Tragödie*

Schlesiens 1945/46 von Dr. Johnnes Kaps. Über die Juden in Breslau: Schmuel »Gross«, Nachum »Salowicz«. Über die Vertreibung der Deutschen: Einführung und Aussagen Nr. 11 und 16 in *Die Tragödie Schlesiens 1945/46* von Dr. Johannes Kaps, Einführung und Aussagen von B. F. (219), Georg Fritsch (219) und Adolf Walda (229) in *Die Vertreibung* von Theodor Schieder. Über den Berliner Bahnhof: Botting, Douglas: *From the Ruins of the Reich*, DeZayas, Alfred: *Anmerkungen zur Vertreibung der Deutschen.* Eineinhalb Millionen Tote: *Die deutschen Vertreibungsverluste*, herausgegeben vom Bundesamt für Statistik. 150000 Polen: Teresa Torańska. Die Hinrichtungen in Gleiwitz: Lucjan Zenderowski. Über Barek: Barek Eisenstein, Regina Ochsenhendler Eisenstein, Machela Ochsenhendler. *Quellen für die Anmerkungen.* Über Juden im Staatlichen Sicherheitsdienst und bei der polnischen Polizei: Jakob Alfiszer, Efraim Blaichman, Yurik Chołomski, Mordechai Domb, Lusia Feiner, Schmuel »Gross«, Efraim Lewin, Pinek Mąka, Schlomo Morel. Schätzungen über die Zahl der umgekommenen Deutschen: *Die Vertreibung* von Theodor Schieder, *Truth or Conjecture?* von Stanisław Schimitzek, *Bulletin des Presse- und Informationsamtes der Bundesregierung* vom 13. Juni 1961. Über die Polen in Lolas Gefängnis: Krystyna Zielinska Dudzinska, Archiv der Provinzpolizei Katowice.

»Einer, der sich in Polen wohl fühlte...«

Pineks Mutter begleitete ihn und seine Schwester Schoschana nach Italien, bis zur italienischen Grenze war auch sein Bruder Ayzer dabei.

Quellen. Über Pinek und Schoschana: Pinek Mąka.

12

»Vierundvierzig Jahre später...«

Dieses Kapitel ist nicht chronologisch, sondern geographisch aufgebaut. Ich war vom 2. bis zum 24. Mai 1989, vom 11. Mai bis zum 16. Juni 1990, vom 23. September bis zum 10. Oktober 1992 und vom 15. bis zum 22. Juni 1993 in Polen, um Nachforschungen anzustellen. Die DDR hat am 7. Juni 1950 die Oder-Neiße-Linie als polnische Westgrenze anerkannt, die Bundesregierung akzeptierte mit dem Warschauer Vertrag von 1970 die polnische Souveränität über die Ostgebiete. In der Provinz Katowice, die Gliwice einschließt, gibt es zweiundsiebzig Kohle, Blei- und Zinkgruben und vierundzwanzig Stahl-, Blei- und Zinkwerke. Der Mann, der in Gliwice einen Tunnel grub, entkam Ende 1989; die beiden Skelette wurden am 11. Oktober 1984 freigelegt. Die drei pensionierten Gefängnisaufseher waren Stanisław Eweik, Józef Pijarczyk und Lucjan Zenderowski. Pijarczyk sagte, er habe die Deutschen eine Zeitlang geschlagen; Zenderowski gab Lolas Worte wieder: »Wir sind nicht wie sie. Wir müssen human sein.« Die jüdischen Gottesdienste in Katowice wurden in der *Gmina Wyznaniowa Żydowska Kongregacja*, der Kongregation der jüdischen religiösen Gemeinde, in der Ulica Młyńska 13 abgehalten, und der Kultur-Club des jüdischen Volkes von Polen befindet sich in der Ulica Wawełska 6. Von 1949 bis 1951 war Schlomo Kommandant in Jaworzno, einem Lager für Polen, und die Enthüllungsstory von Grażyna Kuźnik, *Komendant S. M.*, wurde in *Tak i Nie* in der Ausgabe 18.–20. Mai 1990 veröffentlicht. Gomulka hatte in einer der Villen des Staatssicherheitsdienstes, Międzyszyn in Warschau, von Juli 1951 bis September oder Dezember 1954 oder bis April 1955 hinter Gittern gesessen. Am 13. April 1965 schrieb die Landsmannschaft der Oberschlesier in Bonn in Sachen Czesław Gęborski an die polnische Regierung; auf diesen Brief reagierten die Polen am 6. Juni 1965 in *Kierunki*. Im Oktober 1992 stellte der Provinzausschuß Opole zur Untersuchung von Verbrechen gegen die polnische Nation im Lager von Lamsdorf Ermittlungen an, und Tadeusz Imielski, der mir bei den Recherchen half und für mich dolmetschte, rief Czesław in Katowice an. Czesław schrie ihn an: »Wer sind Sie? Wo wohnen Sie? Für wen arbeiten Sie?«, und als Imielski darauf keine Auskunft gab, legte er auf. Vaclav Hrnecek, der stellvertretende Kommandant des Lagers für Deutsche in Budweis in der Tschechoslowakei, wurde im Mai 1954 vor das US-Gericht des Alliierten Hochkommissariates für Deutschland, Fünfter Bezirk, unter dem Vorsitz von Richter Leo M. Goodman gestellt. Ein Mann, dem von den Deutschen wegen Verbrechen gegen Deutsche der Prozeß gemacht wurde, war Głombica, der Arzt in Schwientochlowitz; er wurde 1961 in Essen wegen Mordes zu zwei Jahren Haft verurteilt. Mengele starb 1979 an der brasilianischen Küste, offensichtlich an einem Schlaganfall beim Schwimmen. Außer Höß und Hößler wurde auch Irma Grese, die Auschwitzer KZ-Aufseherin in Lolas Alter, in Deutschland gehängt. Jakob Berman wurde im Mai 1956 als Stellvertretender Premierminister, Parlamentsmitglied, Mitglied des Politbüros und Chef des Staatssicherheitsdienstes ohne Titel entlassen, im Jahr 1957 wurde er auch aus der Kommunistischen Partei ausgeschlossen. Die polnische Schriftstellerin war Teresa Torańska, und ihr Interview ist in ihrem Buch *Die da oben* veröffentlicht. Sie sagte außerdem zu Jakob: »1948/49 haben Sie Mitglieder des Unterstützungsrates für Juden von der Heimatarmee verhaftet.« – »Ja«, antwortete Jakob. »Herr Berman!« sagte Teresa Torańska. »Die Sicherheitsdienste, in denen alle oder fast alle Leiter Juden waren, haben Polen verhaftet, weil sie während der deutschen Besetzung Juden gerettet hatten, und Sie sagen, die Polen seien Antisemiten. Das ist nicht schön.« – »Wir haben sie später alle wieder freigelassen«, wandte Jakob ein. »Władisław Bartoszewski war fast sieben Jahre im Gefängnis«, erinnerte Teresa Torańska.

Quellen. Über den Tunnel: Bogdan Szczepurek, Polnisches Nationalfernsehen. Über die Skelette: Krystyna Kraska, Bogdan Szczepurek, Archiv der Staatsanwaltschaft Gliwice. Über Lola und Gertrude: Lola Potok Ackerfeld Blatt, Pinkas Schickman. Über Schlomos ehemaliges Lager in Schwientochlowitz: Edmund Chanak, Heinz Koizekwa, Rafał Syska. Über Gomulka: *Gomulka* von Nicholas Bethell. Über Czesław: Schlomo Morel, *Die Hölle von Lamsdorf* von Dr. Heinz Esser. Über den tschechischen stellvertretenden Kommandanten: *Die Anglo-Amerikaner* von Alfred DeZayas; der Fall ist dargestellt in *In re Hrnecek*, Strafsache Nr. 52-A-5-486, 26. Mai 1954. Über Höß, Hößler und Mengele: *Kommandant in Auschwitz* von Rudolf Höß, *Mengele* von Gerald L. Posner und John Ware in *New York Times* vom 15. Dezember 1945. Über Jakob: Teresa Torańska, *Mówi Józef Swiatló* von Zbigniew Błażiński, *Die da oben* von Teresa Torańska. *Quellen für Anmerkungen.* Über Głombica: Piotr Bryś, Lszek Nasiadko, *Wieści* vom 1. Dezember 1991.

»Alles in allem...«

In Deutschland war ich vom 12. bis zum 28. April 1989, vom 30. April bis zum 2. Mai 1989, vom 24. bis zum 27. Mai 1989, vom 10. bis zum 12. Juni 1989, vom 4. bis zum 10. Mai 1990, vom 22. bis zum 25. Juni 1990, am 10. und 11. Oktober 1992, am 15. Juni 1993 und am 22. und 23. Juni 1993; in Dänemark vom 28. bis zum 30. April 1989, in Frankreich (allerdings nur teilweise meiner Recherchen wegen) vom 9. September bis zum 22. Oktober 1986 und vom 12. bis zum 14. März 1991, und in Österreich vom 17. bis zum 21. Juni 1990. Ein Treffen von tausend Menschen aus Gleiwitz fand vom 14. bis zum 16. April 1989 in Bochum statt, ein weiteres, bei dem insgesamt 100000 Menschen aus ganz Schlesien zusammenkamen, vom 22. bis zum 24. Juni 1990 in Essen. Die fünf Deutschen aus Lolas Gefängnis waren Günther Ciesla, Horst Planelt, Günter Plasczyk, Elfryda »Uracz« und Josef Wiescholek. Alle, bis auf Wiescholek, waren geschlagen worden, Ciesla mit einem Totenschläger. Die ehemaligen Häftlinge in Schwientochlowitz waren Heinz »Becker«, Dorota Niessporek Boreczek, Elfryda »Uracz«, Eric van Calsteren und Günther Wollny; der Mann, den ich in einem Dorf in der Nähe von Düsseldorf besucht hatte, war »Becker«.

Genauso, wie Tausende von Juden mündlich und schriftlich über ihre Erfahrungen im Holocaust aussagten, schrieben Tausende von Deutschen Berichte über ihre Erfahrungen nach dem Krieg nieder. Vierzigtausend bewahrt das Bundesarchiv in Koblenz auf. 748 davon sind in der achtbändigen *Dokumentation der Vertreibung der Deutschen aus Ost-Mitteleuropa*, herausgegeben von Theodor Schieder, veröffentlicht. Die Bände 1 und 2, *Die Vertreibung der deutschen Bevölkerung aus den Gebieten östlich der Oder-Neisse*, enthalten 382 Berichte von Deutschen aus Gebieten, die heute polnisch sind, und aus der Gegend von Königsberg, Rußland. Im Bundesarchiv las ich an die tausend Aussagen von Deutschen, die einst in Gefängnissen des Staatssicherheitsdienstes gewesen waren. »Alles, was ich im folgenden schreibe...« stammt aus der Aussage von Hubert Jaeschke, dem Mann, der in Neisse sagte: »Ich war nicht in der Partei« (Ost-Dok. 2/227/88), und das handschriftliche »*Gefängnis Gleiwitz*« fand ich in der Aussage von Elfriede Gawlik (Ost-Dok. 2/236C/503). Im Bundesarchiv stieß ich auch auf siebenundzwanzig Berichte über Schwientochlowitz; sechs davon nennen Schlomos Nachnamen, zwei erwähnen seine jüdische Abstammung.

Eine Jüdin, die ich in München traf, war Sonia Baumgarten, die Judenälteste im deutschen Konzentrationslager Gleiwitz, und in Frankfurt traf ich Pinkas Martyn, der in Gleiwitz Hillels Geschichte erzählt hatte. Lola lernte Dr. Michal Blatt in Zeilsheim kennen. Zlata traf ich in Annecy, normalerweise aber lebt sie, nicht weit entfernt, in Albertville. Zlatas und Elos Sohn heißt Simon, ihre Tochter Monique. Ein älterer Sohn kam in Auschwitz um, Lolas weitere Brüder hatten zwei Söhne, die beide in Auschwitz umgebracht wurden, und sieben Töchter. Simon wird im Jahr 2020 fünfundsiebzig sein.

Quellen. Über Lola: Lola Potok Ackerfeld Blatt. *Quellen für die Anmerkungen.* Über die Judenälteste: Edzia Gutman Ackerfeld.

»Ich fuhr nach Israel...«

In Israel war ich vom 27. Mai bis zum 10. Juni 1989. Adas Lied stammt von dem hebräischen Dichter Hayyim Nahman Bialik, ihr zweiter Ehemann heißt Sid Halperin. »Yad Waschem« ist hebräisch und bedeutet »Ort und Name«; dies bezieht sich auf Jesaia 56,5: »Einen Ort und einen Namen... einen ewigen Namen gebe ich ihnen, der niemals ausgetilgt wird.« Eines der dort aufbewahrten Dokumente stammt von Schlomo Morel, dem ehemaligen Kommandanten von Schwientochlowitz; aber Schlomo schreibt nur über die jüdischen Partisanen, nicht über Schwientochlowitz oder den Staatlichen Sicherheitsdienst. Der Präsident von Yad Waschem, Dr. Yitzhak Arad, schrieb mir am 6. Juni 1988, und am 6. Juni 1989 sprach ich mit dem Archivdirektor Dr. Shmuel Krakowski. Die Mutter meiner Mutter war Bessie Krawecki-Levy. Die Internationale Yad-Waschem-Gesellschaft hat vier Präsidenten; derjenige, den ich so gern getroffen hätte, war David Feuerstein, der normalerweise in Genf lebt. Am Freitag, dem 15. Juni 1991, rief ich ihn aus dem vietnamesischen Restaurant in Warschau an; als ich ihn am Samstag, dem 5. Mai 1991, von Brilon in Deutschland aus anrief, sagte Feuerstein: »Ich war schrecklich.« Der Mann in Haifa war Schimon Nunberg, und mit Trauer muß ich berichten, daß Adam, der in Wirklichkeit Kowalski hieß, am 28. Dezember 1992 verstorben ist. Chaims Sohn heißt Ze'ev, seine Tochter Eva. 1982 war Ze'ev in Miami, das Gespräch mit Chaim fand am Telefon statt. Die Worte »auserwähltes Volk« stammen aus dem Buch Deuteronomium 7,6: »Denn du bist Gott, deinem Herrn, ein heilig Volk. Dich hat Gott, dein Herr, erwählet zum Volk des Eigentums aus allen Völkern, die auf Erden sind«; sie werden ähnlich wiederholt in Deuteronomium 14,2. Chaims Adoptivtochter heißt Ilana, seine gute Freundin war Gaby Mamu und seine Lebensgefährtin (nach dem Tod seiner Frau Krystyna im Jahr 1978) Zizi Stoppler; Max Studniberg war sein Bruder, und Ze'ev Sharone ist sein Sohn.

Quellen. Über Ada: Lola Protok Ackerfeld Blatt, Ada Neufeld Potok Halperin. Über Chaim: Gaby Mamu, Ze'ev Sharone, Zizi Stoppler, Ilana Studencki Hammer, Eva Studencki Landau, Max Studniberg.

»Die meisten jüdischen Mitarbeiter...«

Der Kommandant von Ziegenhals war Leo Zolkewicz aus Kattowitz. Der Vernehmungsbeamte in Neisse war Salek »Zucker«, und der Junge aus Kielce Efraim Blaichman; Mosche Mąka war in Schwientochlowitz gewesen und Itzhak Klein in Kattowitz: er starb Anfang der achtziger Jahre. Blaichman lebt im New Yorker Stadtteil Queens, sein Bauunternehmen befindet sich in West New York, New Jersey. Vom 23. bis zum 25. Juni 1989 war ich bei Barek und Regina in Toronto zu Gast; ich muß mit Trauer berichten, daß Barek, der gerade sein fünftes und sechstes Enkelkind erwartete, am 21. Mai 1991 an Bauchspeicheldrüsenkrebs verstarb. Am 9. April 1989 und ein zweites Mal am 7. September 1992 war ich im Haus von Schlomo und Rivka in Brooklyn; in Miami war ich vom 4. bis zum 7. April 1979, und am 20. September 1987, vom 7. bis zum 11. April 1989, vom 12. bis zum 23. Juni 1989, am 30. November 1990 und vom 20. bis zum 22. September 1992 stellte ich in New York und New Jersey Nachforschungen an. In Neisse führte Salek »Zucker« Verhöre durch, der Aufseher in Kattowitz war Leo Zelkin, und Schmuel Kleinhaut war der Kommandant von Myslowitz, was, unter anderen, seine Frau bestätigt; ein deutscher Gefangener hat ihn in seiner Aussage im Bundesarchiv eigens gelobt: »Auch der Gefängnisdirektor hatte vollstes Verständnis für unsere Situation.« Mosches Frau Rose sagte, sie schreibe ein Buch über ihn, er werde also nicht mit mir, sondern mit ihr sprechen; aber Mosche rief mich schließlich an und sagte: »Ich wußte von nichts«; er behauptete jedoch auch, daß in Lolas Gefängnis keine Frauen inhaftiert gewesen seien und kein Gefangener gestorben sei. Am 20. September 1987 war ich auf dem Beth Israel-Gedächtnisfriedhof. Pinek ist mit Hanalah Stolawicki aus Lida, Polen, verheiratet; seine Firma war die Livingston Circle Tool Company, und er war Vizepräsident der Vereinten Synagogen Amerikas, der Präsident des jüdischen Hilfswerks *United Jewish Appeal* und, für seinen Teil von New Jersey, Ehrenpräsident der Bürgschaften für Israel. Im September 1985 nannte Pinek die Deutschen »Tiere« und »Barbaren«; »Nazis *yimach sh'mom*« sagte er im September 1988. Der damalige Präsident des Brüderlichen Ordens von Będzin (oder, richtiger, von Bendin-Sosnowicer) war Henry Cook. Die Aussage, die Pinek las, stammte von Eva Reimann. Zu dem Zeitpunkt war Henry Major Präsident des Ordens.

In New York lebte auch Juleck Furstenfeld, vormals Chef der jüdischen Polizei in Będzin; er war in einem Pflegeheim in Queens untergebracht und erzählte allen, Pinek sei »Dreck«: »Er hat mich ins Gefängnis geschickt!« Er starb am 22. Oktober 1991.

Quellen. Über den Kommandanten von Ziegenhals: Aussage von Joseph Langer (Ost-Dok. 2/232/18) im Dt. Bundesarchiv. Über Lola: Lola Potok Ackerfeld Blatt, Dr. Michal Blatt. Über den Tod von zwanzig bis fünfzig Prozent der Lagerinsassen: *Vertreibung und Ver-*

treibungsverbrechen 1945–1948, herausgegeben vom Dt. Bundesarchiv. Die eindringliche Warnung: Henry Major. *Quellen für die Anmerkungen.* Über den Kommandanten von Myslowitz: Aussage von Max Kroll (Ost-Dok. 2/236/52) im Dt. Bundesarchiv.

»Ich lebte damals…«

Mein Essen im Gasthaus zum Siebten Strahl fand am 16. Januar 1988 statt; die Kellnerin hieß Anna, und Lola war in Begleitung ihrer Tochter Cynthia gekommen. Ihre Firma in Clifton, New Jersey, hieß Aircraft Supplies. 1986 zog Lola nach Kalifornien um. Schlomo, ihr erster Mann, hatte unterdessen Edzia Gutman aus Będzin geheiratet, eine Überlebende des Gleiwitzer Konzentrationslagers, die Schlomo in Schwandorf kennengelernt hatte. Sie leben jetzt in Tamarac, Florida. Lola hat vier Töchter: Estelle ist Assessorin bei der Staatsanwaltschaft von Sacramento County, Evelyn Hausfrau, Arlene Börsenmaklerin bei E. F. Hutton und Cynthia Sekretärin bei Paramount Pictures. Ich hatte am 22. April 1986 geschäftlich bei Paramount mit Lynda Obst von Hill-Obst-Productions zu tun; Anfang Mai traf ich Lola zum erstenmal zum Abendessen im Café Moustache. Vom 9. September bis zum 22. Oktober 1986 war ich, teils beruflich, teils privat, in Frankreich; in Paris sprach ich mit Michel, Basias Sohn, und Monique, Zlatas Tochter, mit Zlata in Annecy, und Lola traf ich in Paris wieder. Unter anderem hatte Lola vergessen, daß ihr Gefängnis in Gleiwitz gewesen war – sie dachte, es sei Breslau gewesen. Sie hatte auch vergessen, daß die deutschen Gefangenen zum größten Teil Zivilisten waren, zum größten Teil nur verdächtig, und daß sie zum Teil Frauen waren; und sie hatte vergessen, daß viele Deutsche gestorben waren. Was ich über Lolas Leben in Będzin und in Auschwitz geschrieben habe, stammt zur Hälfte nicht von Lola selbst, sondern aus anderen Quellen; was ihr Leben in Kattowitz und Gleiwitz betrifft, beziehe ich mich zu ungefähr neunzig Prozent auf andere Quellen. Was Lola mir berichtete, ließ ich mir weitestgehend durch andere Quellen bestätigen. »Nein, das ist nichts…«, sagte Lola nicht auf jener Gasthausterrasse, sondern anderswo, allerdings am selben Tag; bei der Gelegenheit erzählte sie mir auch die Geschichte ihrer Mutter. Das Hochzeitspaar waren Maré Payne und Jason Sakurai.

Quellen. Über Lolas Leben: Lola Potok Ackerfeld Blatt, Dr. Michal Blatt, *New Jersey Business*, Mai 1981.

»Noch weitere sechs Monate…«
Mein erster Verleger war Don Hutter im Verlag Henry Holt. Am 9. September 1988 unterzeichneten wir einen Vertrag, aber Don, mein Lektor, Verleger und neugewonnener Freund, kam am 23. Februar 1990 auf tragische Weise ums Leben; im Juni 1993 schloß ich einen neuen Vertrag mit Basic Books ab. Am 25. August 1988 rief ich Lola an, um ihr mitzuteilen, daß wir einen Verlag gefunden hätten; das Treffen mit Lola, Cynthia, Arlene sowie einem Mann, der sich als Bud Richardson vorstellte, fand am selben Abend um 20.45 Uhr in Cynthias Wohnung statt, die Lola gehörte. Mit dem Dokument, das ich erst später las, hätte ich Lolas Brief für null und nichtig erklären sollen. Cynthia behauptete, sie könne, wenn ich nicht unterzeichnete, keinen Fernsehfilm über Lolas Leben produzieren, was Lola allerdings nie erwähnt hatte. Ich unterschrieb nicht.

Auch dieses Kapitel ist nicht chronologisch. An diesem 25. August 1988 war ich zwar bereits in Frankreich gewesen, aber noch nicht in Polen, Deutschland, Dänemark, Österreich und Israel. Ich hatte mit Juden gesprochen, aber weder mit polnischen Wachen noch mit ehemaligen Gefangenen. Ich wußte noch nicht, daß die Deutschen in Gleiwitz zum größten Teil Zivilisten waren, zum größten Teil nur verdächtig, daß sie zum Teil Frauen waren, und daß viele von ihnen umkamen. Mir war nicht bekannt, daß das Amt für Staatssicherheit über 227 Gefängnisse und 1255 Konzentrationslager für Deutsche befehligte, noch, daß die Leiter des Staatssicherheitsdienstes Juden waren. Ich war auch noch nicht im deutschen Bundesarchiv gewesen und hatte deshalb keine Fotokopien, die ich Pinek vorlegen konnte; und der Präsident des Brüderlichen Ordens von Będzin hatte noch nicht Order gegeben, mit mir nicht zu sprechen.

Im August 1993 rief mich Lola überraschend an, und obwohl wir jetzt wieder häufig miteinander reden, hat sie mir den Grund für ihren Rückzieher im August 1988 nie verraten.

Quellen. über das Treffen in Lolas Wohnung: Lolas Tochter Cynthia und ich machten jeweils eine Tonbandaufnahme von dem Gespräch.

Nachtrag

»Am Montag, dem 11. Dezember…«
Die Frau aus Radlin war Edna Kołodziejczyk; sie schrieb *wykończyć*: »beiseite geschafft«. Im Dezember 1989 hieß der »Untersuchungs-

ausschuß für Verbrechen gegen die polnische Nation« noch »Kommission zur Untersuchung hitlerfaschistischer Verbrechen in Polen«. Sein Name und seine Aufgaben wurden vom polnischen Parlament am 4. April 1991 neu festgesetzt. In einem Brief der Zentralen Agentur für Kriegsgefangene vom Internationalen Komitee des Roten Kreuzes in Genf stand, Wanda Lagler sei am 1. August 1945 in Schwientochlowitz gestorben. Bryś hatte sein Büro beim Provinzausschuß Katowice zur Untersuchung Hitlerscher Verbrechen in Polen, Plac Wolności 10, Katowice. Seine Sekretärin war Gertruda Sawer. Die Artikelserie von Jakub Cieckiewicz in *Wieści* erschien am 24. November, am 1. Dezember und am 8. Dezember 1991.

Quellen. Die Ermittlungen über Świętochłowice: Piotr Bryś, Leszek Nasiadko, Urszula Watoła, Archiv des Provinzausschusses Katowice zur Untersuchung von Verbrechen gegen die polnische Nation. Über Bryś: Piotr Bryś. Über Bryś und Schlomo: Piotr Bryś, Paweł Lisiewicz, Gertruda Sawer, Archiv des Provinzausschusses Katowice zur Untersuchung von Verbrechen gegen die polnische Nation.

»Zwei Wochen später ließ Bryś…«

Bryś' neues Büro befand sich beim Provinzausschuß Katowice zur Untersuchung von Verbrechen gegen die polnische Nation in der Ulica Warszawska 19, Katowice. Dorotas Mädchenname war Niessporek. Im Lager sang ihre Mutter ihr das Schubert-Lied *Die Forelle*, der »Arzt« hieß Głombica, und Trudas Lager war in Wujek.

Quellen. Über Bryś und Schlomo: Dorota Boreczek, Piotr Bryś, Paweł Lisiewicz, Schlomo Morel, Gertruda Sawer, Archiv des Provinzausschusses Katowice zur Untersuchung von Verbrechen gegen die polnische Nation. Über Dorota: Dorota Niessporek Boreczek. über Dorota und Schlomo: Dorota Niessporek Boreczek, Piotr Bryś, Schlomo Morel, Archiv des Provinzausschusses Katowice zur Untersuchung von Verbrechen gegen die polnische Nation. Über Bryś, Schlomo und Truda: Piotr Bryś, Schlomo Morel, Gertruda Sawer, Archiv des Provinzausschusses Katowice zur Untersuchung von Verbrechen gegen die polnische Nation. Über Truda: Gertruda Sawer. Über Schlomos Reise nach Israel: Schlomo Morel.

»Die Geschichte von Schlomos Auszug…«

Unter den ehemaligen jüdischen Partisanen, die Schlomo um Geld bat, war Efraim, einst sein Gefangener in Kattowitz. Nasiadko war

Militärrichter in der polnischen Armee. Der von Brehmer geführte Verein nennt sich Deutsche Arbeitsgemeinschaft und verfügt über einen Geschäftsraum in der Ulica Młyńska 2. Brehmer hatte einen Vorfahren, der im Jahr 1727 den Familiennamen von Bremer in Brehmer umwandelte, ähnlich wie in der Thora Abram sich in Abraham umbenannte; Brehmer nimmt an, daß dieser Urahn Jude war. Brehmer sah mit an, wie seine Mutter im Haus der Familie in der Ulica Ligocka geschlagen wurde. Die vier Dokumente stammen aus dem Bundesarchiv, Verfasser sind Günther Wollny, Walter Freund, Max Ogorek und Heinz Biernot. Jerzy Hob ist heute Richter, und der neue Bezirksstaatsanwalt in Katowice heißt Olko.

Quellen. Über Schlomo in Israel: Efraim Blaichman, Ben Caspit, Michael Gavshon, Efraim Lewin, Schlomo Morel. Die Abkommen von Den Haag und Genf: Alfred DeZayas. Über Nasiadko: Leszek Nasiadko. Über Brehmer: Dietmar Brehmer, Thomas Kleine-Brockhoff. Über Allerheiligen: Josef Blaza. Über das übliche Vorgehen des Untersuchungsausschusses: Stanisław Biernacki, Piotr Bryś, Senator Ryszard Juszkiewicz, Waldemar Kaim, Stanisław Kaniewski, Paweł Lisiewicz, Mieczysław Motas, Leszek Nasiadko, Mieczysław Sosonski, Urszula Watoła.

»Unterdessen hatte ich aus einer deutschen Zeitung…«

Der Mann, der fragte: »Kannst du hebräisch lesen?« war der einstige Inspektor des Staatssicherheitsdienstes Mordechai Kac, und der damalige stellvertretende Leiter der Fahndungsabteilung war Adam Humer, vermutlich ein Jude. Gegenstand einer weiteren Ermittlung, durchgeführt vom Provinzausschuß Opole zur Untersuchung von Verbrechen gegen die polnische Nation, ist das ehemalige Lager von Lamsdorf, heute Łambinowice, das unter dem Befehl von Czesław Gęborski stand.

Quellen. Über den stellvertretenden Leiter der Fahndungsabteilung: Stanisław Biernacki, Senator Ryszard Juszkiewicz, Waldemar Kaim, Stanisław Kaniewski, Zofia Korbonski, Paweł Lisiewicz, Mieczysław Motas, Mieczysław Sosinski.

»Ich flog zurück…«

Die Feier fand auf Veranlassung des Brüderlichen Ordens von Bendin-Sosnowicer am 20. September 1992 auf dem Gedächtnisfriedhof Beth Israel statt. Der Rabbi war Stuart W. Klammer, der Sprecher Toby Reiner. Die Aufseherin aus Mysłowice war Hela Wilder Kleinhaut, die Aufseherin aus Gliwice Jadzia Gutman Sapirstein »Banker«, und der Mann, der zu mir sagte: »Mein Bruder war der Kommandant von Mysłowice«, war Ze'ev Fryszman. Schmuel Kleinhaut sagte, er wisse von nichts. »Mosche« ist Mosche Mąka, und Mendel heißt mit Familiennamen Goldman.

Quellen. Über Schlomos Brief an Bryś: Piotr Bryś, Schlomo Morel, Archiv des Provinzausschusses Katowice zur Untersuchung von Verbrechen gegen die polnische Nation.

»Im Juni 1993...«

Nach sechs Monaten im Untersuchungsausschuß mußte Nasiadko gemäß polnischem Gesetz wieder zur Armee zurückkehren: dies geschah am 2. November 1992. Sein Nachfolger war vorübergehend Jerzy Ruciński, dann, für eine weitere sechsmonatige Amtsperiode, die am 31. Dezember 1993 zu Ende ging, trat Grodzki, Ankläger bei der polnischen Armee, die Stelle an und später ein Richter Chocoła. Der Niederländer war Eric van Calsteren, ein Hitlerjunge aus Gleiwitz, der einmal aus Schlomos Lager floh. Laut Aussage von Schlomos Frau reiste Schlomo wegen seines Herzens nach Israel, dann urlaubshalber.

Quellen. Über Nasiadko: Leszek Nasiadko. Über Brehmer: Dietmar Brehmer. Über den Niederländer: Eric van Calsteren, Aussage von Eric van Calsteren. Über Grodzki: Michael Gavshon, Marek Grodzki. Über Schlomo: Ben Caspit, Michael Gavshon, Marek Grodzki, *60 minutes*.

Quellen

Interviews

Nahezu alle Interviews wurden auf Tonband aufgenommen. Diese Aufnahmen, mehr als dreihundert Stunden, werden zu einem späteren Zeitpunkt der John Sack Collection an der Universität Boston übergeben und sind dann dort zugänglich.

Jüdische Funktionäre im Staatlichen Sicherheitsdienst 1945:

Ackerfeld, Lola Potok, jetzt Blatt. Gefängniskommandantin in Gleiwitz.
Blaichman, Efraim. Fahndungsbeamter in Kielce.
Chołomski, Yurik. Funktionär in Kattowitz.
Eisenstein, Barek. Fahndungsbeamter in Kattowitz.
Feuerstein, David. Vernehmungsbeamter in Neisse.
»Glickman«, Adela. Sekretärin in Kattowitz. Dolmetscherin: Erika Nottebohm.
»Glickman«, Mosche. Adjutant im Gefängnis Gleiwitz.
Jurkowski, Josef. Leiter des Staatlichen Sicherheitsdienstes in Schlesien. Dolmetscherin: Hanna Lehrmann.
Kac, Mordechai. Inspektor in Kattowitz.
Kleinhaut, Schmuel. Gefängniskommandant in Myslowitz.
»Krawecki«, Adam. Vernehmungsleiter in Gleiwitz. Dolmetscher: Josef Kowalski.
Lewin, Efraim. Gefängniskommandant in Neisse. Dolmetscher: Madzia Kukulska, Jerzy Lewinski.
Mąka, Mosche. Funktionär in der Personalabteilung, Kattowitz.
Mąka, Pinek. Sekretär des Staatlichen Sicherheitsdienstes in Schlesien.
Morel, Schlomo. Lagerkommandant in Schwientochlowitz. Dolmetscher: Mordechai Kac, Ewa Nowakowska.
Nunberg, Schimon. Vernehmungsbeamter in Neisse.
Reich, Marceli, jetzt Marcel Reich-Ranicki. Zensurbeamter in Warschau und Kattowitz.
»Salowicz«, Nachum. Leiter der für die Deutschen zuständigen Sektion in Krakau, später im Landkreis Breslau.

Sapirstein, Jadzia Gutman, jetzt »Banker«. Gefängnisaufseherin in Gleiwitz.
»Singer«, Schlomo. Küchenchef in Neisse.
Tinkpulver, Hanka, jetzt Kalfus. Sekretärin in Kattowitz.
Wilder, Hela, jetzt Kleinhaut. Gefängnisaufseherin in Myslowitz.
Zelkin, Leo. Gefängnisaufseher in Kattowitz.
»Zucker«, Salek. Vernehmungsbeamter in Neisse.

Familienangehörige und Freunde von jüdischen Funktionären im Staatlichen Sicherheitsdienst 1945:

Ackerfeld, Jadzia Rappaport, jetzt Jacobs. Mitbewohnerin in Lolas Haus in Gleiwitz.
Ackerfeld, Schlomo. Lolas erster Ehemann.
Blatt, Michael, Dr. Lolas zweiter Ehemann.
»Chaimowicz«, Leon. Freund von Yurik Chołomski.
Cook, Henry. Ehemann von Gertie Gutman Cook.
Eisenman, Helen, jetzt Fortgang. Mitbewohnerin in Lolas Haus in Gleiwitz.
Eisenstein, Jakob. Bruder von Barek Eisenstein.
Feiner, Lusia. Cousin von Pinek Pakanowski, der 1945 Polizeichef in Kattowitz war.
Figa, Israel. Mitglied des jüdischen Komitees in Kattowitz.
Finkelstein, Chaim. Freund von Jakob Berman, dem Chef des Staatlichen Sicherheitsdienstes.
Fontak, Bernard. Freund von Jadzia Gutman Sapirstein.
Fryszman, Ze'ev. Cousin von Hela Wilder.
»Glickman«, Rivka, jetzt »Singer«. Ehefrau von Schlomo »Singer«.
Grosberg, Blima, jetzt Golenser. Freundin von Regina Ochsenhendler.
»Grossman«, Rose. Ehefrau von Mosche »Grossman«, Lolas Adjutanten.
Gutman, Gertie, jetzt Cook. Schwester von Jadzia Gutman Sapirstein.
Ickowicz, Rózia, jetzt Rechnic. Cousine von Lola.
Jacobs, Leibisch. Zweiter Ehemann von Jadzia Rappaport Ackerfeld Jacobs.
Jurkowska, Bronislawa. Ehefrau von Josef Jurkowski. Dolmetscherin: Hanna Lehrmann.
Kalmewicki, Andre. Sohn von Mosche Kalmewicki, dem Gefängniskommandanten nach Lola, 1945/46.
Kalmewicki, Zofia. Ehefrau von Mosche Kalmewicki, dem Gefängniskommandanten nach Lola, 1945/46.
Kaplan, Bella, jetzt Zborowski. Schulkameradin von Jadzia Gutman Sapirstein.
Lewin, Kazimera. Ehefrau von Efraim Lewin.
Mamu, Gaby. Nachbarin (in den achtziger Jahren) von Chaim Studni-

berg, dem Leiter der Abteilung Gefängnisse und Lager in Schlesien im Jahr 1945.

Maryn, Batia. Ehefrau von Josef Martyn, einem von Lolas Mitbewohnern in Gleiwitz.

Martyn, Gucia, jetzt Schickman. Mitbewohnerin in Lolas Haus in Gleiwitz.

Martyn, Pinkas. Neffe von Zlata Potok. Dolmetscherin: Andrea Seppi.

Ochsenhendler, Jadzia, jetzt Eisenstein. Ehefrau von Jakob Eisenstein.

Ochsenhendler, Machela. Mutter von Regina Ochsenhendler.

Ochsenhendler, Regina, jetzt Eisenstein. Ehefrau von Barek Eisenstein.

Oleska, Paula. Nichte von Jakob Berman.

Potok, Ada Neufeld, jetzt Halperin. Ehefrau von Lolas Bruder David.

Potok, Monique. Tochter von Lolas Bruder Elo.

Potok, Zlata Martyn. Ehefrau von Lolas Bruder Elo. Dolmetscherin: Mary Gantet.

Rappaport, Anna. Ehefrau von Moniek Rappaport.

Rappaport, Mania, jetzt Novak. Mitbewohnerin in Lolas Haus in Gleiwitz.

Rappaport, Moniek. Mitbewohner in Lolas Haus in Gleiwitz.

Rechnic, Leibisch. Ehemann von Rózia Ickowicz Rechnic.

Reif, Pola. Ehefrau von David Reif, dem Adjutanten von Oberst Sacharow (Lolas russischem Liebhaber).

Rosenzweig, Genia, jetzt Tigel. Freundin von Ada Neufeld Potok.

»Salowicz«, Mania. Ehefrau von Nachum »Salowicz«.

Schickman, Pinkas. Mitbewohner in Lolas Haus in Gleiwitz.

Schickman, Schmuel. Mitbewohner in Lolas Haus in Gleiwitz.

Schmer, Rudek. Mitglied des jüdischen Komitees in Gleiwitz im Jahr 1945.

Sharone, Ze'ev. Sohn von Chaim Studniberg, dem Leiter der Abteilung Gefängnisse und Lager in Schlesien im Jahr 1945.

Stenard, Jacqueline. Ehefrau von Michel Stenard.

Stenard, Michel. Sohn von Lolas Schwester Basia.

Stoppler, Zizi. Freundin (in den achtziger Jahren) von Chaim Studniberg, dem Leiter der Abteilung Gefängnisse und Lager in Schlesien im Jahr 1945. Dolmetscher: Stewart Lyndh, Danny Stoppler.

Studencki, Eva, jetzt Landau. Tochter von Chaim Studniberg, dem Leiter der Abteilung Gefängnisse und Lager in Schlesien im Jahr 1945.

Studencki,Ilana, jetzt Hammer. Adoptivtochter von Chaim Studniberg, dem Leiter der Abteilung Gefängnisse und Lager in Schlesien im Jahr 1945.

Studniberg, Max. Bruder von Chaim Studniberg, dem Leiter der Abteilung Gefängnisse und Lager in Schlesien im Jahr 1945.

Szok, Jerzy. Freund von Mosche Kalmewicki, dem Kommandanten in Gleiwitz nach Lola, 1945/46.

Wilder, Ruth. Schwester von Hela Wilder.
Zelkin, Regina. Ehefrau von Leo Zelkin.
»Zucker«, Sara. Ehefrau von Salek »Zucker«.

Häftlinge des Staatlichen Sicherheitsdienstes 1945:

»Becker«, Heinz. Häftling in Schwientochlowitz. Dolmetscher: Karl Dietz, Karl G. Frank, Jody Melamed.
Bienek, Walter. Häftling in Gleiwitz (1950). Dolmetscherin: Doris Diana Dame.
Ciesla, Günther. Häftling in Lolas Gefängnis. Dolmetscher: Doris Diana Dame, Thomas Jarosch, Andrea Seppi.
Foitzik, Ursula. Gefangene in Beuthen. Dolmetscherin: Doris Diana Dame.
Gorka, Josef. Häftling in Gleiwitz (1946).
Gruschka, Gerhard. Häftling in Schwientochlowitz.
Hellebrandt, Kurt. Häftling im Lager Myslowitz. Dolmetscherin: Stefanie von Heygendorff-Hoffken.
Niessporek, Dorota, jetzt Boreczek. Gefangene in Schwientochlowitz.
Planelt, Horst. Häftling in Lolas Gefängnis. Dolmetscherinnen: Doris Diana Dame, Stefanie von Heygendorff-Hoffken.
Ronskowski, Gerhardt. Häftling in Gleiwitz (1952). Dolmetscherin: Doris Diana Dame.
»Uracz«, Elfryda. Gefangene in Gleiwitz und in Schwientochlowitz. Dolmetscherinnen: Dorota Niessporek Boreczek, Marilyn Jeanne Odell.
van Calsteren, Eric. Häftling in Schwientochlowitz: Dolmetscherin: Annelies van Calsteren-Lek.
Wiescholek, Josef. Häftling in Lolas Gefängnis. Dolmetscherinnen: Doris Diana Dame, Andrea Seppi.
Wollny, Günther. Häftling in Schwientochlowitz. Dolmetscher: Stefanie von Heygendorff-Hoffken, Jody Melamed, Maximilian Vrecer.

Familienangehörige und Freunde von Häftlingen des Staatlichen Sicherheitsdienstes 1945:

Ewald, Hatko. Freund von Josef Gorka. Dolmetscherin: Stefanie von Heygendorff-Hoffken.
Jendryschik, Sepp. Sohn von Josef Jendryschik, einem Häftling in Schwientochlowitz.
Knabe, Elisabeth. Mutter von Johanna Knabe, einer vierjährigen Gefangenen im Lager Gleiwitz. Dolmetscherin: Doris Diana Dame.
Liszok, Engelbert. Sohn von Josef Liszok, einem Gefangenen der Russen in Gleiwitz. Dolmetscherin: Doris Diana Dame.
Palmer, Engelbert. Cousin von Rudolf Palmer, einem Häftling in Lolas Gefängnis. Dolmetscherin: Stefanie von Heygendorff-Hoffken.

Palmer, Gertrude, jetzt Junge. Schwester von Rudolf Palmer, einem Häftling in Lolas Gefängnis. Dolmetscherin: Stefanie von Heygendorff-Hoffken.
Rogier, Hedwig. Cousine von Franz Ciupka, einem Gefangenen in Schwientochlowitz.
»Schultz«, Jakob. Freund eines Häftlings in Lolas Gefängnis. Dolmetscherin: Ewa Nowakowska.
Wierschin, Erhard, Sohn von Karl Wierschin, einem Häftling in Lolas Gefängnis. Dolmetscherin: Stefanie von Heygendorff-Hoffken.
Zellner, Bruno. Cousin von Rudolf Palmer, einem Häftling in Lolas Gefängnis. Dolmetscherin: Stefanie von Heygendorff-Hoffken.
Zurek, Renate. Tochter von Johann Zurek, einem Häftling in Lolas Gefängnis. Dolmetscherin: Stefanie von Heygendorff-Hoffken.

Nichtjüdische Funktionäre im Staatlichen Sicherheitsdienst 1945:
Eweik, Stanisław. Aufseher in Lolas Gefängnis. Dolmetscherin: Ewa Nowakowska.
Gazda, Stanisław. Sekretär von Chaim Studniberg, dem Leiter der Abteilung Gefängnisse und Lager in Schlesien im Jahr 1945.
Jaruzel, Władysław. Gefängnisaufseher in Kattowitz. Dolmetscherin: Ewa Nowakowska.
Pijarczyk, Jósef. Aufseher in Lolas Gefängnis. Dolmetscher: Tadeusz Imielski, Ewa Nowakowska.
Skowyra, Tadeusz. Gefängnisaufseher in Kattowitz. Dolmetscherin: Ewa Nowakowska.
Zenderowski, Lucjan. Aufseher in Lolas Gefängnis. Dolmetscher: Tadeusz Imielski, Ewa Nowakowska.
Zielinska, Krystyna, jetzt Dudzinska. Aufseherin in Lolas Gefängnis. Dolmetscherin: Ewa Nowakowska.

Juden in der polnischen Polizei 1945:
Alfiszer, Jakob. Polizist in Kattowitz.
Domb, Mordechai. Polizist in Ziebice.
»Gross«, Schmuel. Polizeichef in Lublin, später in Breslau.

Andere Personen, 1945:
Bienek, Horst. Deutscher Schriftsteller aus Gleiwitz. Dolmetscherin: Erika Nottebohm.
Blatt, Mendel. Jüdischer Überlebender aus Będzin.
Blaza, Józef. Zivilist aus Schwientochlowitz. Dolmetscher: Tadeusz Imielski.
Bleiberg, Janina, jetzt Lieberman. Jüdische Auschwitz-Überlebende.
Bugayski, Renate. Freundin von Zlata Potok. Dolmetscherin: Mary Gantet.

Castleberry, Donald. Arbeiter beim Amerikanischen Roten Kreuz in Polen.
Chanak, Edmund. Zivilist aus Schwientochlowitz. Dolmetscher: Wojciech Mrożek.
Frank, Karl. Zivilist aus Bielsko-Biała.
Furstenfeld, Julek. Chef der Jüdischen Polizei in Będzin.
Geilke, Robert. Rechtsreferendar in Schlesien.
Geller, David. Jüdischer Überlebender aus Kattowitz.
Goldman, Mendel. Jüdischer Überlebender des Lagers Płaszów.
Grady, Harry. Arbeiter beim Amerikanischen Roten Kreuz in Polen.
Graff, Georgi. Russischer Soldat.
Gutman, Edzia, jetzt Ackerfeld. Jüdische Überlebende aus Będzin.
Klose, Erwin. Deutscher Kommandant in Gleiwitz. Dolmetscherin: Doris Diana Dame.
Koizekwa, Heinz. Zivilist aus Schwientochlowitz. Dolmetscherin: Iwona Karewicz.
Lewin, Jakob. Jüdischer Auschwitz-Überlebender.
Lewkowitz, Stanisław. Jüdischer Überlebender aus Sosnowiec.
Lipman, Feliks. Jüdischer Überlebender aus Kattowitz.
Malota, Adelajd. Zivilistin aus Schwientochlowitz. Dolmetscherin: Iwona Karewicz.
Michen, Jan. Zivilist aus Schwientochlowitz. Dolmetscherin: Iwona Karewicz.
Panek, Adam. Rechtsreferendar in Schlesien. Dolmetscherin: Ewa Nowakowska.
»Petermann«, Brigitte. Nachbarin von Lolas Gefängnis.
Romankiewicz, Michal. Jüdischer Überlebender aus Kattowitz.
Rosenzvajg, Dov. Jüdischer Überlebender aus Kattowitz. Dolmetscher: Tadeusz Imielski, Iwona Karewicz.
Schaligin, Juri. Russischer Soldat.
Schmer, Rudek. Mitglied des jüdischen Komitees in Gleiwitz. Shapell, Nathan. Jüdischer Auschwitz-Überlebender.
Steinberg, Paul. Jüdischer Auschwitz-Überlebender.
Syska, Rafał. Zivilist aus Schwientochlowitz. Dolmetscherin: Iwona Karewicz.
Szewczyk, Wilhelm. Mitglied der schlesischen Provinzregierung. Dolmetscherin: Ewa Nowakowska.
Szwarc, Mosche. Jüdischer Überlebender aus Będzin. Dolmetscherin: Ewa Nowakowska.
Urbisz, Zygmunt. Rechtsreferendar in Schlesien. Dolmetscherin: Ewa Nowakowska.
Witek, Edward. Polizeileutnant in Kattowitz. Dolmetscherin: Ewa Nowakowska.

Woitinek, Eva, jetzt Lischevski. Nachbarin von Lolas Gefängnis. Dolmetscherin: Doris Diana Dame.
Zideerr, Jan. Jüdischer Überlebender aus Kattowitz. Dolmetscher: Tadeusz Imielski.

Historiker, Journalisten, Beamte:
Biernacki, Stanisław. Leiter der Ermittlungsabteilung im Hauptausschuß zur Untersuchung von Verbrechen gegen die polnische Nation, Warschau. Dolmetscher: Tadeusz Imielski.
Brehmer, Dietmar. Vorsitzender der Deutschen Arbeitsgemeinschaft, Katowice. Dolmetscher: Iwona Karewicz, Thomas Kleine-Brockhoff.
Brightbart, Aaron. Ermittler, Simon Wiesenthal Center for Holocaust Studies, Los Angeles.
Bryś, Piotr. Staatsanwalt beim Provinzausschuß zur Untersuchung von Verbrechen gegen die polnische Nation, Katowice. Dolmetscher: Tadeusz Imielski, Marilyn Jeanne Odell.
Caspit, Ben. Reporter bei *Maariv*, Tel Aviv.
DeZayas, Alfred. Menschenrechtsbeauftragter, Vereinte Nationen.
Deak, Istvan. Professor, Columbia University, New York City.
Dziętkowski. Archivdirektor, Provinzpolizei, Katowice. Dolmetscherin: Ewa Nowakowska.
Filipek, Joachim. Vizepräsident des Provinzgerichts Katowice. Dolmetscherin: Ewa Nowakowska.
Gavshon, Michael. Produzent der TV-Serie *60 minutes*.
Gilbao, Patrick. Leiter der geschichtlichen Abteilung beim Amerikanischen Roten Kreuz, Washington, D. C.
Grodzki, Marek. Staatsanwalt beim Provinzausschuß zur Untersuchung von Verbrechen gegen die polnische Nation, Katowice. Dolmetscher: Roman Z. Hrabar, Tadeusz Imielski, Iwona Karewicz.
Hrabar, Roman Z. Präsident des Provinzausschusses zur Untersuchung von Verbrechen gegen die polnische Nation, Katowice.
Jankowiak, Gerard. Richter, Katowice. Dolmetscherin: Ewa Nowakowska.
Jaruszelski, Jerzy. Angehöriger der polnischen Botschaft in Washington, D. C.
Juszkiewicz, Ryszard, Senator. Leiter des Hauptausschusses zur Untersuchung von Verbrechen gegen die polnische Nation, Warschau. Dolmetscher: Tadeusz Imielski.
Kaim, Waldemar. Leiter des Amtes zur Untersuchung Hitlerscher Verbrechen im Hauptausschuß zur Untersuchung von Verbrechen gegen die polnische Nation, Warschau. Dolmetscher: Tadeusz Imielski.
Katuża, Adam. Leiter des Staatsarchivs, Katowice. Dolmetscherin: Ewa Nowakowska.
Kleine-Brockhoff, Thomas. Redakteur bei der *Zeit*, Hamburg.

Korbonski, Andre. Professor, University of California, Los Angeles.

Korbonski, Zofia. Historikerin, Washington, D. C.

Kowalski, Artur. Historiker, San José, Kalifornien.

Kożera, Wacław, Oberst. Leiter des Amtes für Strafanstalten, Katowice. Dolmetscherin: Ewa Nowakowska.

Kraska, Krystyna. Assessorin bei der Staatsanwaltschaft Gliwice. Dolmetscherin: Ewa Nowakowska.

Kwarta, Edmund. Stellvertretender Archivdirektor, Provinzpolizei Katowice. Dolmetscher: Tadeusz Imielski.

Lerski, Georg. Emeritierter Professor, San Francisco State University.

Lisiewicz, Paweł. Mitglied des Provinzausschusses zur Untersuchung von Verbrechen gegen die polnische Nation, Katowice. Dolmetscher: Tadeusz Imielski, Iwona Karewicz.

Major, Henry. Vorsitzender des Brüderlichen Ordens von Bendin-Sosnowicer, New York City.

Motas, Mieczysław. Stellvertretender Direktor des Hauptausschusses zur Untersuchung von Verbrechen gegen die polnische Nation, Warschau. Dolmetscher: Tadeusz Imielski.

Musiał, Józef. Stellvertretender Justizminister, Warschau. Dolmetscherin: Ewa Nowakowska.

Nasiadkok, Leszek. Staatsanwalt beim Provinzausschuß zur Untersuchung von Verbrechen gegen die polnische Nation, Katowice. Dolmetscher: Tadeusz Imielski, Marilyn Jeanne Odell.

Okulczyk, Aurelia. Sekretärin bei der Staatsanwaltschaft Gliwice. Dolmetscherin: Ewa Nowakowska.

Pomian, Andrew. Historiker, Washington, D. C.

Poszado, Stanisław. Leiter der Rechts- und Organisationsabteilung, Amt für Strafanstalten, Katowice. Dolmetscherin: Ewa Nowakowska.

Ruciński, Jerzy. Staatsanwalt beim Provinzausschuß zur Untersuchung von Verbrechen gegen die polnische Nation, Katowice. Dolmetscherin: Ewa Nowakowska.

Sawer, Gertruda. Sekretärin beim Provinzausschuß zur Untersuchung von Verbrechen gegen die polnische Nation, Katowice. Dolmetscher: Tadeusz Imielski, Iwona Karewicz, Marilyn Jeanne Odell.

Sosinski, Mieczysław. Leiter der Verwaltungsabteilung im Hauptausschuß zur Untersuchung von Verbrechen gegen die polnische Nation, Warschau. Dolmetscher: Tadeusz Imielski.

Świątnicka, Stanisława. Richterin, Katowice. Dolmetscherin: Ewa Nowakowska.

Swierkosz, Krzysztof. Leiter des Provinzausschusses zur Untersuchung von Verbrechen gegen die polnische Nation, Opole. Interviewerin: Barbara Zaliwska.

Szczepurek, Bogdan, Major. Kommandant des Gefängnisses Gliwice. Dolmetscherin: Ewa Nowakowska.

Szwarlik, Kazimierz. Pfarrer der Dreifaltigkeitskirche, Będzin. Dolmetscher: Zbigniew Podgornik.
Torańska, Teresa. Polnische Journalistin in Washington, D.C. Dolmetscher: Leszek Snakowski.
Urban, Thomas. Polen-Korrespondent der *Süddeutschen Zeitung*, Warschau.
Wandycz, Piotr. Professor, Yale University, New Haven, Connecticut.
Watoła, Urszula. Leiterin des Provinzausschusses zur Untersuchung von Verbrechen gegen die polnische Nation, Katowice. Dolmetscher: Tadeusz Imielski, Iwona Karewicz, Ewa Nowakowska, Marilyn Jeanne Odell.
Wiesenthal, Simon. Nazijäger.
Zak, Maurice. Vorsitzender des Provinzgerichts Katowice. Dolmetscherinnen: Iwona Karewicz, Ewa Nowakowska.
Zaliwska, Barbara. Reporterin bei *Tak i Nie*, Katowice.
Zawadzki, Tadeusz. Historiker, London.

Interview von Teresa Torańska in *Them* (Dt.: Die da oben)

Jüdische Funktionäre im Staatlichen Sicherheitsdienst 1945:
Berman, Jakob. Leiter des Staatlichen Sicherheitsdienstes.

Akten des Staatlichen Sicherheitsdienstes (im Archiv des Provinzgerichts Katowice)

Eiserman, Karol. Verurteilter Kollaborateur, inhaftiert im Gleiwitzer Gefängnis (nach September 1945).
Grzybek, Elżbieta. Verurteilte Kollaborateurin, inhaftiert im Gleiwitzer Gefängnis (ab 6. Mai 1946).
Janicki, Gerhard. Verurteiltes Mitglied des Sicherheitsdienstes (SD) der SS, inhaftiert im Gleiwitzer Gefängnis (anscheinend nach 1945).
Janiczek, Emil. Verurteiltes Mitglied der SA, inhaftiert im Gleiwitzer Gefängnis (ab Januar 1946).
Jarzabek, Franciszek. Verurteiltes Mitglied der SA, inhaftiert im Gleiwitzer Gefängnis (ab 14. Mai 1946).
Karmański, Jan. Angeklagtes Mitglied der SA in Lolas Gefängnis (anscheinend ab August 1945). Später verurteilt.
Klimek, Gerhard. Verurteiltes Mitglied der SA, inhaftiert im Gleiwitzer Gefängnis (ab 22. Februar 1946).

Kokoc, Hubert. Angeklagtes Mitglied der SA, inhaftiert im Gleiwitzer Gefängnis (anscheinend ab 28. August 1946). Später verurteilt.
Kopółka, Tomasz. Angeklagter Kollaborateur in Lolas Gefängnis (ab 18. Juli 1945). Später verurteilt.
Kozieł, Wilhelm. Verurteiltes Mitglied der SA, inhaftiert im Gleiwitzer Gefängnis (ab 1946).
Krawczyk, Józef. Angeklagtes Mitglied der SA in Lolas Gefängnis (ab 11. Juli 1945). Später verurteilt.
Lefniok, Josef. Verurteilter Häftling im Gleiwitzer Gefängnis (1947).
Manka, Jan. Angeklagtes Mitglied der SA in Lolas Gefängnis (ab 11. Juli 1945). Später verurteilt.
Matusiak, Henryk. Verurteilter Mörder im Gleiwitzer Gefängnis (1947 und 1948). Später hingerichtet.
Mróz, Paweł. Angeklagtes Mitglied der SA in Lolas Gefängnis (ab 11. Juli 1945). Später verurteilt.
Pietrzak, Władysław. Verurteilter Antikommunist im Gleiwitzer Gefängnis (nach dem 26. Juni 1946).
Pijowczak, Paweł. Angeklagtes Mitglied der SA im Gleiwitzer Gefängnis (am 24. September 1945). Später verurteilt.
Stein, Emanuel. Angeklagter Kollaborateur in Lolas Gefängnis (ab 23. April 1945). Später verurteilt.
Szydłowski, Piotr. Angeklagtes Mitglied der SA in Lolas Gefängnis (ab 18. Juli 1945). Später verurteilt.
Zapora, Małgorzata. Angeklagtes Mitglied der SS in Lolas Gefängnis. Später hingerichtet.
Zydek, Henryk. Angeklagtes Mitglied der SA in Lolas Gefängnis (ab 25. August 1945). Später verurteilt.

Aussagen im Deutschen Bundesarchiv

Fast alle diese Aussagen wurden fotokopiert. Die Fotokopien werden zu einem späteren Zeitpunkt der John Sack Collection an der Universität Boston übergeben und sind dann dort zugänglich.

Deutsche Gefangene in Blechhammer:
Haldan, Willibald (Ost-Dok. 2/236C/371).
Leistritz, Ernst (Ost-Dok. 2/198/47).

Deutsche Gefangene in Bunzlau:
Reiman, Eva (Ost-Dok. 2/236C/288).

Deutsche Gefangene in Gleiwitz:
Häusler, D. (Ost-Dok. 1/251/3).

N. N. (Ost-Dok. 2/213D/173).
von T. (Ost-Dok. 2/235/128).

Deutsche Gefangene in Gleiwitz:
Gawlik, Elfriede (Ost-Dok. 2/236C/503).
Griemla, Georg (Ost-Dok. 2/236C/336).
Kowalski, Georg (Ost-Dok. 2/236C/467).
Schymitzek, Angela (Ost-Dok. 2/236D/652).
Urbanke, Karl (Ost-Dok. 2/236D/721).

Deutsche Gefangene in Kattowitz:
Kroll, Max (Ost-Dok. 2/236B/52).

Deutsche Gefangene in Lamsdorf:
Aschmann, H. (Ost-Dok. 2/236E/950).
Bech, Johannes (Ost-Dok. 2/233/9).
Donitza, Karl (Ost-Dok. 2/236E/773).
Erbrich, Paul (Ost-Dok. 2/236E/890).
Esser, Heinz, Dr. (Ost-Dok. 2/236E/946).
Hoffman-Artelt, Ottilie (Ost-Dok. 2/236E/910).
Hübner, Rudolf (Ost-Dok. 2/228/64).
König, Karl (Ost-Dok. 2/236E/994).
Krell, Gustav (Ost-Dok. 2/236E/802).
Lyga, Erna (Ost-Dok. 2/223/2).
Obst, Erzpriester (Ost-Dok. 2/218/79).
Schneider, Wilhelm (Ost-Dok. 2/236D/713).
Schon, Paul (Ost-Dok. 2/236E/979).
Walke, Magda (Ost-Dok. 2/236E/884).
Willner, Paul (Ost-Dok. 2/236E/407).

Deutsche Gefangene in Lassowitz:
Zimmerman, Maria (Ost-Dok. 2/215/40).

Deutsche Gefangene in Myslowitz:
Blacha, Pavil (Ost-Dok. 2/236C/318).
Bronder, Raimund (Ost-Dok. 2/236C/270).
Dohn, Hugo (Ost-Dok. 2/236D/735).
Filippek, Konrad (Ost-Dok. 2/236D/641).
Hemschik, Mathias (Ost-Dok. 2/236B/106).
Kernbach, Florian (Ost-Dok. 2/236D/622, 2/236D/633).
Klaus, Paul (Ost-Dok. 2/236D/746).
Mainka, Franz (Ost-Dok. 2/236B/208).
Michalik, Hedwig (Ost-Dok. 2/236B/48).
Muschalik, Cäcilie (Ost-Dok. 2/236C/309).

Paff, Georg (Ost-Dok. 2/236B/162).
Pielka, Georg (Ost-Dok. 2/236D/637).

Deutsche Gefangene in Neisse:
Cyrus, Max (Ost-Dok. 2/227/20).
Halke-Rother, Maria (Ost-Dok. 2/227/48).
Hesse, Pavil (Ost-Dok. 2/227/62).
Jaeschke, Hubert (Ost-Dok. 2/227/88).
Neuber, Wilhelm (Ost-Dok. 2/236B/132).

Deutsche Gefangene in Potulice:
Büller, Marta (Ost-Dok. 2/60/11).
Dinkelmann, Heinrich (Ost-Dok. 2/72/32).
Finkgruber, Emil (Ost-Dok. 2/146/98).
Fischer, Margarete (Ost-Dok. 2/137/45).
Gause von Schirach, Christa-Helene (Ost-Dok. 2/148/103).
George, Anna (Ost-Dok. 2/52/29).
Gierszowski, Ella (Ost-Dok. 2/55/7).
Kelm, Schwester Erna (Ost-Dok. 2/51/99).
Spandera, Ingeborg (Ost-Dok. 2/131/55).
Zindler, E. (Ost-Dok. 2/64/18).

Deutsche Gefangene in Schwientochlowitz:
Arondarczyk, Kunigunde (Ost-Dok. 2/236D/724).
Biernot, Heinz (Ost-Dok. 2/236C/431).
Cyl, Paul (Ost-Dok. 2/236D/726).
Cyprian, Albert (Ost-Dok. 2/236C/258).
Freund, Walter (Ost-Dok. 2/236C/351, ebenfalls veröffentlicht unter der Nummer 216 in *Die Vertreibung der deutschen Bevölkerung aus den Gebieten östlich der Oder-Neisse* von Theodor Schieder).
Frystatzki, Johanna (Ost-Dok. 2/230/2, ebenfalls veröffentlicht unter der Nummer 215 in *Die Vertreibung der deutschen Bevölkerung aus den Gebieten östlich der Oder-Neisse* von Theodor Schieder).
Hoinkes, Helena (Ost-Dok. 2/236C/456).
Kempny-Helisch, Martha (Ost-Dok. 2/237/162).
Kischel, Erich (Ost-Dok. 2/236B/3, 2/236B/5).
Kubitza, Viktor (Ost-Dok. 2/236B/227).
Kukla, Karl (Ost-Dok. 2/236C/372).
Kworka, Johann (Ost-Dok. 2/236C/388).
Lücke, Hedwig (Ost-Dok. 2/236C/512).
Ogorek, Max (Ost-Dok. 2/236C/362).
Respondek, Hedwig (Ost-Dok. 2/236C/462).
Rotter, Inge (Ost-Dok. 2/236C/391).
Samol, Georg (Ost-Dok. 2/236C/330).

Schnapka-Furgol, Gertrud (Ost-Dok. 2/236C/369).
Schwierzok, Leo (Ost-Dok. 2/236D/635).
Schyma, Gertrud (Ost-Dok. 2/236D/704).
Sczakiel, Josef (Ost-Dok. 2/236B/130).
Thiele, Anneliese (Ost-Dok. 2/236D/692).
Urbainski, Ernst (Ost-Dok. 2/236B/100).
Witkowski, Max (Ost-Dok. 2/235/178, 2/235/183, 2/235/185).
Wollny, Günther (Ost-Dok. 2/236C/297).

Deutsche Gefangene in Ziegenhals:
Langer, Joseph (Ost-Dok. 2/232/18).

Weitere Deutsche:
Adam, Fryda (Ost-Dok. 2/233/36).
Aschmann, H. (Ost-Dok. 2/236E/950).
Bech, Elli (Ost-Dok. 2/233/3).
Bech, Johannes (Ost-Dok. 2/233/11).
Drabik (Ost-Dok. 2/236D/680).
Gawoll, Emil (Ost-Dok. 2/236D/667).
Mosler, Josef (Ost-Dok. 2/236C/354).

Aussagen in *Die Tragödie Schlesiens* 1945/46 von Dr. Johannnes Kaps

Nummer 4, 7, 11, 12, 14, 16, 17, 23, 33, 47, 49, 62, 82, 101, 105, 110, 191, 192, 194 und 196.

Aussagen in *Die Vertreibung der deutschen Bevölkerung aus den Gebieten östlich der Oder-Neisse* von Theodor Schieder

Nummer 140 (F. K.), 143 (Gerlinde Winkler), 166 (Gertrude Schulz), 169 (Anna Schwartz), 171 (Hermann Balzer), 187 (A. B.), 208 (O. M.), 218 (B. F.), 219 (Georg Fritsch), 220 (Adolf Walda), 223 (I. R.), 224 (I. F.), 229 (Paul Seifert), 266 (E. K.), 267 (R. S.), 268 (P. L.), 269 (K. E.), 270 (M.) und 343 (Joseph Buhl).

Aussagen in *Die Flucht und Vertreibung aus Oberschlesien 1945/46* von Wolfgang Schwarz

Anonym; Behrens, Maria; N.; Sack, Margarete; Wallura, M.

Archive und Museen

Auschwitz: Auschwitz-Museum.
Będzin: Stadtarchiv.
Prozeßakten des US-Militärgerichts in Nürnberg.
Encyclopaedia Judaica.
Genf: Internationales Komitee des Roten Kreuzes.
Gliwice: Stadtarchiv.
Gliwice: Staatsanwaltschaft.
Jerusalem: Yad Waschem.
Katowice: Amt für Strafanstalten.
Katowice: Provinzausschuß zur Untersuchung von Verbrechen gegen die polnische Nation.
Katowice: Provinzgericht.
Katowice: Provinzpolizei.
Katowice: Staatsarchiv.
Stockholm: Schwedisches Rotes Kreuz.
Tel Aviv: Diaspora-Museum.
Washington: US-Nationalarchiv.

Literatur

Aus der unübersehbaren Fülle der Literatur werden hier nur Titel genannt, die der Autor ausgewertet hat.

Anders, Konrad: Die Arbeitslager in Myslowitz, Schwientochlowitz und Eintrachthütte, in: *Vermächtnis der Lebenden*. Augsburg 1979.

Astor, Gerald: *The Last Nazi*. New York 1985.

Bacque, James: *Other Losses*. Toronto 1989.

Bielke, Peter: *Schönwald. Das Schicksal der 700 Jahre alten Sprachinsel*. Bezgenriet 1950.

Bienek, Horst: *Erde und Feuer*. München 1982.

Bienek, Horst: *Die erste Polka*. München 1976.

Bienek, Horst: *Zeit ohne Glocken*. München 1979.

Błażyński, Zbigniew: *Mówi Józef Swiatlo*. London 1986.

Botting, Douglas: *From the Ruins of the Reich*. New York 1985.

Bullock, Alan: *Hitler: A Study in Tyranny*. (Dt.: *Hitler. Eine Studie über Tyrannei*. Düsseldorf 1989.)

Byrnes, James F.: *Speaking Frankly*. New York/London 1947. (Dt.: *Offen gesagt…* München 1947.)

Churchill, Winston: *The Second World War. Vol 5: Closing the Ring*. (Dt.: *Der Zweite Weltkrieg. Bd. 5: Der Ring schließt sich*. Bern 1952.)

Delbo, Charlotte: *Le convoi du 24 janvier*. Paris 1965. (Dt.: *Keine von uns wird zurückkehren*. Frankfurt/Basel 1990.)

Deutsches Bundesarchiv: *Vertreibung und Vertreibungsverbrechen 1945 bis 1948*.

Deutsches Bundesamt für Statistik: *Die deutschen Vertreibungsverluste*.

Deutsches Rotes Kreuz: *Zivilverschollenenliste des Suchdienstes des Deutschen Roten Kreuzes*.

DeZayas, Alfred Maurice: *The German Expellees: Victims in War and Peace*. (Dt.: *Anmerkungen zur Vertreibung der Deutschen aus dem Osten*. Stuttgart/Berlin 1987.)

DeZayas, Alfred de: *Nemesis at Potsdam*. (Dt.: *Die Anglo-Amerikaner und die Vertreibung der Deutschen*. München 1978.)

Dicks, Henry V.: *Licensed Mass Murder. A Socio-Psychological Study of Some SS Killers.* London 1972.
Erickson, John: *The Road to Berlin.* Boulder, Colorado, 1983.
Esser, Heinz: *Die Hölle von Lamsdorf. Dokumentation über ein polnisches Vernichtungslager.* Münster 1971.
Garliński, Józef: *Oświęcim walczący* (»Kämpfendes Auschwitz«). Londyn 1974.
Graber, G. S.: *History of the SS.* New York 1978.
Grunberger, Richard: *Hitlers SS.* New York 1967.
Hart, Kitty: *I am Alive.* London 1961. (Dt.: *Aber ich lebe.* Hamburg 1961.)
Hitlerjugend: *Uns geht die Sonne nicht unter.* Köln 1934.
Höß, Rudolf: *Kommandant in Auschwitz.* München 1963.
Hyde, H. Montgomery: *Stalin: The History of a Dictator.* London 1971.
Kaps, Johannes: *Vom Sterben schlesischer Priester 1945/46.* München 1950.
Kaps, Johannes: *Die Tragödie Schlesiens 1945/46.* München 1962.
Kielar, Wiesław: *Anus Mundi.* Frankfurt/M. 1979.
Kowalski, Isaac: *Anthology on Armed Jewish Resistance.* Brooklyn, N. Y. o. J.
Korbonski, Stefan: *The Jews and the Poles in Word War II.* New York 1989.
Krakowski, Shmuel: *The War of the Doomed: Jewish Armed Resistance in Poland 1942–1944.* New York 1984.
Krausnick, Helmut, et al.: *Anatomie des SS-Staates.* München 1967.
Lengyel, Olga: *Five Chimneys. The Story of Auschwitz.* Chicago, New York 1947.
Levi, Primo: *I sommersi e i salvati.* Turin 1986. (Dt.: *Die Verlorenen und die Geretteten.* München 1990.)
Lucas, James: *War on the Eastern Front.* London o. J.
Manchester, William: *The Arms of Krupp.* London 1969. (Dt.: *Krupp. Chronik einer Familie.* München 1978.)
Marx, Karl: *Zur Judenfrage.* Berlin 1919.
Maschke, Erich (Hg.): *Zur Geschichte der deutschen Kriegsgefangenen des Zweiten Weltkrieges.* Dokumentation der Wissenschaftlichen Kommission für deutsche Kriegsgefangenengeschichte. 22 Bände, Bielefeld 1965 ff.
Müller, Filip: *Sonderbehandlung. Drei Jahre in den Krematorien und Gaskammern von Auschwitz.* München 1979.
Nomberg-Przytyk, Sara: *Auschwitz.* Chapel Hill 1985.
Pawełczynska, Anna: *Values and Violence in Auschwitz.* Berkeley 1979.
Pawelitzki, Richard: *Gleiwitz.* Dülmen 1986.
Perl, Gisella: *I Was a Doctor in Auschwitz.* New York 1979.
Posner, Gerald L., und Ware, John: *Mengele: The Complete Story.* New York 1986.

Rajca, Czesław, und Wiśniewska, Anna: *Obóz Koncentracyjny*. (Dt.: *Majdanek*. Lublin 1983.)

Reitlinger, Gerald: *SS: Alibi for a Nation*. London 1956. (Dt.: *Die SS. Tragödie einer deutschen Epoche*. Wien/München/Basel 1957.)

Schieder, Theodor: *Die Vertreibung der deutschen Bevölkerung aus den Gebieten östlich der Oder-Neisse*. München 1984.

Schimitzek, Stanislaw: *Truth or Conjecture? German Civilian War Losses in the East*. Warszawa 1966.

Schwarz, Wolfgang: *Die Flucht und die Vertreibung aus Oberschlesien 1945/46*. Bad Nauheim 1965.

Suhl, Yuri: *They Fought Back*. New York 1942. (*Jißroel partisan*. Nju Jork 1942.)

Szmaglewska, Seweryna: *Smoke over Birkenau*. New York 1947.

Toland, John: *The Last Hundred Days*. New York 1966. (Dt.: *Die letzten hundert Tage*. München/Zürich 1967.)

Torańska, Teresa: *Them*. New York 1987. (Dt.: *Die da oben*. Köln 1987.)

Ulam, Adam B.: *Stalin: The Man and His Era*. Boston 1989.

Verlag Staatliches Auschwitz-Museum: *KL Auschwitz in den Augen der SS. Höß, Broad, Kremer*. Oświęcim 1973.

Vishniac, Roman: *A Vanished World*. (Dt.: *Verschwundene Welt*. München 1983.)

Wiesel, Elie: *La Nuit*. (Dt.: *Die Nacht*. Gütersloh, o. J).

Danksagung

Vor allem danke ich natürlich Lola. Sie hat in ihrem Leben unsägliches Grauen erfahren; dennoch faßte sie den Mut, darüber zu reden und damit alles noch einmal zu erleben. Was ich über Lolas Vergangenheit weiß, stammt jedoch weitgehend aus anderen Quellen, deshalb danke ich auch den zweihundert Menschen, die mir, oft unter Qualen, manchmal unter Tränen, von Lola und dem Staatlichen Sicherheitsdienst erzählten. Besonders danke ich zwei polnischen Aufsehern in Gleiwitz, Józef Pijarczyk und Lucjan Zenderowski, zwei deutschen Häftlingen in Gleiwitz, Günther Ciesla und Josef Wiescholek, und zwei deutschen Gefangenen in Schwientochlowitz, Heinz »Becker« und Günther Wollny, die in diesem Buch so flüchtig und so anonym in Erscheinung treten, daß der Leser nicht ahnen kann, wie unendlich viel sie in Wahrheit dazu beigetragen haben.

Ich danke den guten Leuten aus Polen. Wenn ein Leser sich fragt, wie ein Amerikaner, der kein Polnisch spricht, in einer Stadt, die kein Englisch spricht, herausfindet, wer von den 210000 Einwohnern vor fünfzig Jahren für die Geheimpolizei gearbeitet hat, dann lautet die Antwort: der Amerikaner sitzt auf seinem Sofa, bis die guten Leute von Gliwice ihn anrufen und ihm in mühsamem Englisch verkünden: »Wir haben sie gefunden!« Im Restaurant *Warszawa* in Santa Monica, Kalifornien, schrieb Eva Polanski an ihre Freunde in Gliwice und bat sie, mich aufzunehmen. Grzegorz und Ewa Bobkowski warteten auf mich am Bahnhof von Gliwice, als ich nach einer kurzfristigen Verhaftung in Ostberlin um halb vier Uhr morgens endlich eintraf. Iwona Karewicz in Sosnowiec, Jan Leassear in Gliwice und Barbara Zaliwska in Katowice gaben mir alle drei ein Heim fern der Heimat. Tadeusz Imielski, Iwona Karewicz, Ewa Nowakowska und Barbara Zaliwska boten mir bereitwillig ihre Dienste an, sie forschten und dolmetschten für mich und verzichteten oft sogar auf die fünfzig Cent Stundenlohn, die ein polnischer Dolmetscher verdient. Ewa Bobkowska, Grzegorz Bobkowski, Dorota Boreczek, Roman Z. Hrabar, Mordechai Kac, Thomas Kleine-Brockhoff, Wojciech Mrozek, Tadeusz Pfützner und Zbigniew Podgornik waren ebenfalls so freundlich, für mich zu dolmetschen. Ohne mein Wissen liefen Edward und Grażyna Jakubowski-Kijonka die Straßen von Gliwice hinauf und hinunter, erklommen die Treppen der Mietshäuser und klopften an Türen, und tatsächlich gelang es ihnen, die drei sehr wichtigen Aufseher aus Lolas einstigem Gefängnis aufzuspüren. Oberst Wacław Kożera und Major Bogdan Szczepurek erlaubten mir, das Gefängnis zu besichtigen, ließen mich sogar die Zellen sehen, und das in einer Zeit, in der Polen noch kommunistisch war. Andere stets entgegenkommende, stets großmütige Menschen in Polen, die nicht als Quellen angeführt sind, waren Ewa Bogdanowska-Jakubowski, Jan Frankiewicz, Anna Lis, Janusz Luks, Mirosław Miernik, Andrzej Niedoba, Dobromira Nowakowska, Zenon Petrałwski, Helena Pijarczyk, Anna Roga und Joanna Słowinska: ihnen allen danke ich.

Ich danke auch den guten Leuten aus Deutschland. Wie ich berichtet habe, besuchte ich riesige Versammlungen von Deutschen aus Gleiwitz, ging von einem Tisch zum anderen und stellte überall meine Frage: »Waren Sie im Gefängnis Gleiwitz?« Ich war, weiß Gott, ein Quälgeist auf diesem Fest, aber für mich war es dank der herzlichen, aufgeschlossenen, lustigen und immer hilfsbereiten Menschen, denen ich im heutigen Deutschland begegnet bin, eine wunderbare Reise. Renate Friedemann, die deutsche Konsulin in Los Angeles, und Frau Simons von der Organisation Internationes in Bonn waren so entgegenkommend, mir die Reise vorzubereiten. Doris Diana Dame, Erika Nottebohm, Andrea Seppi und Stefanie von Heygendorff-Hoffken waren meine fröhlichen Reisebegleiterinnen und Dolmetscherinnen – meine Kindermädchen, wie ich sie nannte; auch Karl G. Frank, Thomas Jarosch, Madzia Kukulska und Maximilian Vrecer dolmetschten freundlicherweise für mich. Im Deutschen Bundesarchiv in Koblenz halfen mir die Herren Hagner, Kuse, Lenz und Verlande unermüdlich, Anka Sarstedt sorgte dafür, daß ich mich in Berlin wie zu Hause fühlte, und Andrea Seppi stellte in Deutschland für mich die Nachforschungen an. Andere Menschen, an die ich mich mit Wärme erinnere, die ich aber nicht als Quellen angeführt habe, waren Wilfried Ahrens, Winfried Bonse, Herbert Czaya, Reinhard Dinkelmeyer, Jens Ege, Andreas Gundrum, Johann Huth, H. Kalcyk, Karin Kiehn, Bernd Kortmann, Hartmut Koschyk, Guntram Kuse, Markus Leuschner, Piotr Mroczyk, Marianne Pietrasch, Sieglinde Roser, Hilde Sachse, Alfred Schickel, Curt Schneider, Siegfried

Schrajaks, Bettina Spier, Bernhild Staffen, Helmut Talazko, Barbara Ungeheuer, Petra Waldraff, Hugo Weczerka, Edith Wichary, Gunda Wolter und Hela Ziegler: ihnen allen danke ich.

Ich danke Hanna Lehrmann, meiner Dolmetscherin in Kopenhagen, Gunnar Nyby und Stig Wilton in Stockholm, Alfred DeZayas, einer Autorität auf dem Gebiet der deutschen Nachkriegsgeschichte, und Floriane Truninger in Genf, Richard Sack, meinem Gastgeber in Paris, Mary Gantet, meiner Dolmetscherin in Annecy, Maximilian Vrecer, meinem Gastgeber in Wien, Josef Kowalski und Danny Stoppler, meinen Dolmetschern in Tel Aviv, Isaac Greengrass in Tel Aviv, Sid Halperin in Aschkelon, Chuck und Ruth Milgrom, meinen Gastgebern in Jerusalem, Barek und Regina Eisenstein, die mich in Toronto bei sich aufgenommen haben, Linda Winston, die in New York für mich recherchierte, außerdem Sandy und Lois Edelstein, Georganne Heller, Denny und Edmond Levy, Penny Morell, Tracy Sack, David und Magee Shields und Linda Winston, meinen Gastgebern in New York. Zurück in Los Angeles und später in den Rocky Mountains, erstickte ich in einer Flut von Unterlagen aller Art in polnischer, russischer, dänischer und schwedischer, deutscher und niederländischer, französischer, spanischer, jiddischer und hebräischer Sprache – Igor Automonow, Marlena Bielecki, Jean-Jacques Bohl, Marju Couris, Karl Dietz, Katharina Ehrhardt, Vera Katz, Jack Lewin, Jerzy Lewinski, Stewart Lyndh, Jody Melamed, Marilyn Jeanne Odell, Eva Polanski, Leszek Sankowski, Schlomo »Singer«, Lise-Lotte Stoffel, Annelies van Calsteren-Lek, Andrea van Every, Eric West und Andrez Zysmanowicz halfen mir bei der Übersetzung von Briefen und Dokumenten, Tonbändern und Telefongesprächen. Andere hilfreiche Menschen in den USA, die nicht eigens als Quellen erwähnt sind, waren Peter R. Aikman, Jackie Berry, Adam Bigwood, Cynthia Blatt, Nini Blatt, John Butler, Josef Dugas, Sam Field, Edith Hall, Sherry Hirsch, Adair Klein, Jerry Knoll, Ann Monka, Noah Nunberg, Barbara Pathe, Ted Post, Adam Simms, Aloha South, Helen Walzer, Bernard Weinstein und Eli Zborowski: auch ihnen allen danke ich.

Anfangs war ein Teil dieses Buchs ein Artikel im Magazin *California*, und ich danke dem Redakteur Bob Roe. Ein anderer Teil des Buches war ein Artikel in der *Village Voice*, und ich danke Jonathan Z. Larsen, dem Herausgeber, für seinen Mut, die amerikanische Öffentlichkeit mit einem Thema wie diesem zu konfrontieren. Vor allem danke ich den mutigen Menschen des Verlags Basic Books: den

Verlegern Martin Kessler und Kermit Hummel, meinem Lektor Steve Fraser, außerdem Patty Chang Anker, Linda Carbone, Bill Davis, Shirley Kessel, Ellen Sue Levine, Marilyn Mazur, Michael Mueller, Gary Murphy, Paul Perlow, Gay Salisbury, Helena Schwarz und Lois Shapiro, die der Meinung waren, diese Geschichte müsse veröffentlicht werden. Andere amerikanische Verleger gaben zwar positive Kommentare ab wie »gut geschrieben«, »verstörend«, »bedrückend«, »erstaunlich«, »außerordentlich«, »bestürzend«, »schokkierend«, »faszinierend«, »erschreckend« und »unwiderstehlich«, teilten mir Überschwenglichkeiten mit wie »Ich war gefesselt«, »Es verschlug mir die Sprache, ich war fassungslos«, »Ich liebe dieses Buch!« – lehnten das Projekt jedoch ab. Hochgeschätzte Lektoren und Redakteure waren Art Cooper, Bob Cowley, Richard Goldstein, Harold Hayes, Alyssa Katz, B. J. Moran, Sallie Motsch, Marilyn Jeanne Odell, Murray Polner, Paul Scanlon, Matt Yeomans und, am meisten von allen, Don Hutter, der im Februar 1990 auf tragische Weise ums Leben kam, dessen zahlreiche Ideen und Anregungen jedoch in dieses Buch Eingang gefunden haben. Ich danke sehr herzlich den mutigen Menschen des Kabel Verlags, die der Meinung sind, diese Geschichte müsse auch in Deutschland veröffentlicht werden. Meine verläßlichen Agenten sind Ellen Levine in den Vereinigten Staaten und Peter Fritz in der Schweiz, mein unentbehrlicher Anwalt Stephen F. Rohde; meine Vertraute war Paxton Quigley, meine engagierten Assistentinnen waren Ewa Nowakowska in Polen und Marilyn Jeanne Odell in den Vereinigten Staaten, Catherine Brightful ist meine Freundin – allen diesen Menschen danke ich. Dazu kommen noch die zweihundert mündlichen und zweihundert schriftlichen Quellen… *Auge um Auge* ist nicht mein Buch. Es ist unser Buch.

Anfrage

Wer immer im Jahr 1945 jüdischer Funktionär beim UB war, dem *Urząd Bezpieczeństwa Publicznego*, dem Amt für Staatssicherheit in Polen, oder einen ehemaligen Mitarbeiter des Staatssicherheitsdienstes kennt: ich würde mich freuen, von ihm zu hören; ebenso von jedem, der im Jahr 1945 deutscher Gefangener in Gleiwitz, Lamsdorf, Neisse oder Schwientochlowitz war. Auch bin ich jedem dankbar, der mich auf Fehler aufmerksam macht; ich werde sie in künftigen Auflagen korrigieren.

Bitte schreiben Sie an John Sack, c/o Basic Books, 10 East 53rd Street, New York, N. Y. 10022, geben Sie mir Ihre Anschrift und, wenn Sie wollen, auch Ihre Telefonnummer. Falls Sie es wünschen, werde ich Ihre Informationen vertraulich behandeln.

Nachwort: Zur Kritik an diesem Buch

Als dieses Buch im November 1993 in den USA veröffentlicht wurde, enthielt es einen eklatanten Fehler. Im Vorwort schrieb ich, 1945 hätten einige Juden, die den Holocaust überlebt hatten, Tausende deutscher Zivilisten umgebracht: Männer, Frauen, Kinder, Babys. Diese Aussage war zwar richtig, doch dann fuhr ich fort: »Wenn ich darüber berichtete, dann wäre das – nennen wir es *Chuzpe*; denn ich konnte mir denken, was die Welt dazu sagen würde.« Zu dem Zeitpunkt hatte ich sieben Jahre an dem Buch gearbeitet und war fest überzeugt, daß die Welt nichts sagen konnte, was ich nicht schon vorweggenommen hätte. Es mag verrückt klingen, aber ich hatte sogar damit gerechnet, daß irgendeine 40-Watt-Radiostation irgendwo in der Wildnis mein Buch zur Sprache bringen und mich einen Nazi nennen würde – es geschah tatsächlich: in einer winzigen Rundfunkstation in Rutherford, New Jersey –, aber selbst in meinen wildesten Spekulationen hätte ich nie angenommen, daß ein herausragender Intellektueller bei einem großen TV-Sender mich als »einen Mann namens John Sack« bezeichnen und eine andere Intellektuelle den Ausspruch tun würde: »Nun, diese Leute sind zuallererst Antisemiten, und zweitens sind sie Neonazis.« Vor zehn Jahren habe ich einen Enthüllungsbericht über die Nazis verfaßt, der auf Channel Two in Los Angeles ausgestrahlt wurde – ich stand immer noch auf der Abschußliste der Nazis und hatte nicht damit gerechnet, daß Wissenschaftler mich mit ihnen in einen Topf werfen würden.

Ich hatte auch nicht damit gerechnet, daß man *Auge um Auge* eine ungeheuerliche Lüge nennen würde. Immerhin war ein großer Teil des Buches auf die Richtigkeit der Fakten hin überprüft worden: von drei bedeutenden Nachrichtenmagazinen und einer Zeitung, deren Herausgeber sagte: »Das ist vielleicht die am exaktesten recherchierte Story in der Geschichte des amerikanischen Journalismus.« Außerdem noch von *60 Minutes*; die Redakteure spürten acht Augenzeugen auf, die ich nicht ausfindig gemacht hatte, und fanden 1580 Totenscheine, unterzeichnet von einem jüdischen Kommandanten, und deshalb hatte ich nicht mit Rezensionen gerechnet, deren Titel lauteten: *Falscher Zeuge* und *Die große Lüge*. Eine bekannte jüdische Zeitung schrieb: »Sack schreibt ein durchsichtiges Dokudrama« und »Sack treibt Handel mit eingebildeter Wirklichkeit« und behauptete später, Lola, die Zentralfigur, könne nicht das Gefängnis für Deutsche, den zentralen Schauplatz in *Auge um Auge*, befehligt haben. Lola selbst hatte mir gesagt: »Ich war die Kommandantin«, fünfunddreißig Menschen (darunter auch der derzeitige Gefängnisdirektor) bestätigten ihre Aussage; ich hatte das Dokument, mit dem sie eingestellt worden war, und ein weiteres Dokument, das sie selbst als *naczelnika*, Kommandantin, signiert hatte, doch die Zeitung schrieb: »Die Unwahrscheinlichkeit ist überwältigend.« In einer anderen Rezension steht Lolas Name stets in Anführungszeichen, als hätte ich sie mir ausgedacht.

Beim Lesen dieser Rezensionen kam ich mir vor, als erhielte ich eine Lektion von Groucho Marx, der mich fragt: »Wem glaubst du? Deinen eigenen Augen oder mir?« Aber was ich auch nicht erwartet hatte, waren *Rezensenten*, die logen, Rezensenten, die schrieben: »Sack liefert nie eine angemessene Schätzung hinsichtlich der Zahl der umgebrachten Deutschen« – das habe ich getan, nachweisbar: im neunten Kapitel – und weiter: »Nur in seinen Anmerkungen erwähnt Sack, daß [Czesław] Katholik war« – auch das ist nicht wahr: es steht, nachweisbar, bereits in Kapitel 11. Andere Rezensenten unterstellten mir Dinge, die ich nicht geschrieben hatte, und behaupteten: »Wagt es irgend jemand, der auch nur ein Mindestmaß an Respekt vor der Sprache hat, einen Ausdruck zu verwenden wie…«, woraufhin der Rezensent, ein Rabbi, zwei Worte zitierte, die ich niemals irgendwo geschrieben hatte. Im vierten Kapitel des Buches sagte ich, daß drei Viertel der Offiziere – die Leutnants, Hauptleute und Majoren – im Amt für Staatssicherheit in der Stadt Kattowitz im Februar 1945 Juden gewesen seien, doch eine Zeitschrift unterstellte mir, ich hätte behauptet, drei Viertel aller Mitarbeiter des Staatssicherheitsdienstes in ganz Polen seien Juden gewesen, und in einer Zeitung hieß es gar, nach meiner Aussage seien drei Viertel aller »Faktoten« in ganz Polen Juden gewesen. Nach Verfälschung dieser Zahlenangaben fuhren die Rezensenten damit fort, sie zu widerlegen. Ein Harvard-Professor schrieb:

Wir wissen, wie viele Juden im Amt für Staatssicherheit mitgearbeitet haben. Nach einer statistischen Auszählung vom 21. November 1945 von Bolesław Bierut, damals Staatspräsident von Polen, arbeiteten 438 Juden im Staatlichen Sicherheitsdienst. 438! Nicht die von Sack behaupteten 75 Prozent, sondern 1,7 Prozent...

Nun, ich war in Harvard, dessen Motto *veritas* lautet, Wahrheit, und damit hätte ich nie gerechnet. Allerdings leugnete der Harvard-Professor nicht, daß der Leiter des Amtes Jude war und alle oder fast alle Abteilungsleiter ebenfalls Juden waren; aber vergessen wir das. Vergessen wir auch, daß dieses Jahr ein polnischer Professor ein geheimes Adreßbuch der 1100 Spitzenoffiziere in Warschau fand – zwischen 1944 und 1953 waren ungefähr dreißig Prozent der Warschauer Bevölkerung Juden. In meiner Naivität hielt ich es für ausreichend, in dem Buch zu schreiben, daß »bereits im Juni 1945« Juden aus dem Staatlichen Sicherheitsdienst ausschieden, daß bis September 1945 »Hunderte von Juden aus dem Sicherheitsdienst flohen« und daß »alle bis auf eine Handvoll Juden zu Thora und Talmud zurückkehrten und bis Dezember 1945 den Staatlichen Sicherheitsdienst verlassen hatten«. Wenn es am 21. November 1945, wie der Harvard-Professor schrieb, noch 438 Juden im Amt für Staatssicherheit gab, dann sind das sechzigmal mehr, als ich in *Auge um Auge* je erwähnt habe – und ich hätte auch nie vermutet, daß man mir nicht erlauben würde, diese Tatsache zu berichten. Als ich an den Herausgeber, der den Text des Harvard-Professors veröffentlicht hatte, einen Brief schrieb, weigerte sich dieser, ihn zu veröffentlichen, und sogar nachdem ich 425 Dollar für eine Anzeige bezahlt hatte, verweigerte mir der Herausgeber die Veröffentlichung der Anzeige. Dann bezahlte ich eine Anzeige in der Studentenzeitung von Harvard, aber die Studenten veröffentlichten sie nicht.

Als ich *Auge um Auge* schrieb, hatte ich nicht damit gerechnet, daß auch in Deutschland Rezensenten lügen würden. Ein Zeitungsrezensent schrieb, daß ich aus der Schule des sadistischen Sensationsjournalismus komme und um dies zu illustrieren, riß er Passagen aus dem Zusammenhang. Dann behauptete dieser Rezensent, meine Botschaft sei »Juden = Nazis« und Juden und Nazis seien »Spiegelbilder«, obwohl ich das genaue Gegenteil nicht nur auf den Seiten 318 und 319 sage, sondern tatsächlich in meinem ganzen Buch. Nachdem mein ursprünglicher Herausgeber in Deutschland diesen Artikel gelesen hatte, geriet er in Panik und vernichtete die 6000 bereits gedruckten Bücher.

Natürlich gab es auch aufrichtige Rezensenten und Journalisten in *New York*, der New Yorker *Daily News*, in *Newsweek* und in *The Progressive*, im öffentlichen Rundfunk und in *60 Minutes*, und in Deutschland in *Die Welt* und *Der Spiegel*, aber die meisten Rezensenten hatten sich anscheinend für die strikte Ablehnung entschieden ... »Manche Juden«, räumten sie ein, »wurden zu Mördern«, aber sie bezeichneten sie als »eine kleine Gruppe jüdischer Überlebender«, und als »eine Jüdin und eine Handvoll jüdischer Männer«, die im Grunde gar keine Juden seien: Sie seien »eher kommunistisch als jüdisch« gewesen, wie ein Professor von der University of California schrieb, – »Kommunisten aus jüdischen Familien«, »Kommunisten mit jüdischem Hintergrund«, »Kommunisten jüdischen Ursprungs«. Nun hatte ich aber die Betreffenden sieben Jahre lang gekannt und nie gedacht, daß ich derlei lesen würde. Ich hatte dreiundzwanzig Juden interviewt, die für den Staatssicherheitsdienst gearbeitet hatten, und nur einer, ein einziger, hatte sich 1945 für einen Kommunisten gehalten. Er und die anderen hatten jüdische Schulen besucht, die Thora studiert, hatten ihr Bar Mizwa gefeiert, manche hatten sogar *pejes* getragen, die Schläfenlocken. In den deutschen KZs hatten manche unter Lebensgefahr zu Passah Mazzen gebacken, 1945 hatten sie am Schabbes Kerzen angezündet, hatten den Seder gefeiert und bei ihren Hochzeiten unter der *huppa* gestanden, hatten zu Rosch Haschana den Schofar geblasen und am Yom Kippur gefastet. Nach wessen Definition wären sie keine Juden? Sicher nicht nach der des Talmud oder der Regierung von Israel, noch nach der Definition der Nazis. Wären sie im Holocaust umgekommen, hätte die Welt sie sehr wohl zu den sechs Millionen ermordeten Juden gezählt.

Aber ich bin, wie man sieht, nicht gut im Raten. Man hat mich gefragt, aber ich weiß keine Antwort: warum die Welt sich auf den Kopf stellt, nur um der Auseinandersetzung mit diesem Buch aus dem Weg zu gehen. Leugnen, heißt es, sei unsere erste Reaktion, wenn der Arzt uns sagt, wir würden demnächst sterben; und vielleicht fürchtet das jüdische Establishment, wenn ich berichte, daß Juden ganz normale Menschen sind, die lieben, hassen, sich rächen können wie jeder andere, kündige ich – möglicherweise auf seiten der Neonazis – das Ende der jüdischen Religion oder der jüdischen Rasse an. Vielleicht fürchtet das jüdische Establishment, wenn ich berichte, daß Juden nicht immer bemitleidenswerte Opfer sind, denen Katholiken, Protestanten und Moslems, ihre ständigen Unterdrücker, Wiedergutmachung schulden, kündige ich das Ende von Israel an. Vielleicht glauben die Männer, die (zusammen mit Gott) die jüdische Gemeinde beaufsichtigen, auch Yom Kippur, der Versöhnungstag, sei nur eine Falle, und Juden, die Gott um Verzeihung bitten

für die Sünde, die wir vor dir begangen haben, als wir unsere Nachbarn in die Falle lockten,

seien eigentlich gar keine Juden, sondern Verbrecher jüdischer Abstammung.

Das glaube ich nicht. Es steht schon in der Bibel, daß Juden nicht Heilige sind, und von König Salomon, sogar von König Salomon heißt es dort: »Er tat Böses« – diese Nachricht ist nichts Neues, sondern zweitausend Jahre alt, und die Juden haben sie wohl kaum vertuscht. Warum dann vertuschte man fünfzig Jahre lang die Nachricht über Schlomo (Salomon) Morel? Die Geschichte eines Mannes, der ein Konzentrationslager kommandiert hat, der laut Zeugenaussage von Juden und Deutschen Tausende von Gefangenen umgebracht hat, der in Polen gesucht wurde, aber (wie letztes Jahr geschehen) in den Nahen Osten flüchtete – diese Geschichte hielt ich für berichtenswert; aber Schlomo ist kein Deutscher, sondern Jude, er floh nicht nach Syrien, sondern nach Israel, und fast fünfzig Jahre lang erwähnte ihn nicht eine einzige amerikanische Zeitung. Als das Buch erschienen war, erkundigten sich zwölf Zeitungen nach ihm, verfaßten sogar Artikel über ihn, die, wie sie mir beteuerten, am nächsten Tag erscheinen würden, aber fast ein Jahr lang geschah nichts dergleichen. Zumindest ein Artikel erschien heute, da ich dies schreibe, in der *New York Times*, und die Berichte der *Times* über Prügel, Folter und Mord in Schlomos Lager bestätigen das, was der Harvard-Professor die »abscheulichsten Behauptungen« in meinen Buch nannte.*

Ich begrüße die Aufrichtigkeit der *Times*, auch wenn sie spät kommt. Ich wüßte niemanden, nicht einmal Überlebende von Schlomos Lager, der nicht Mitgefühl hätte mit einem Mann, dessen Vater, Mutter, Brüder – Schwestern hatte er nicht – Onkel, Tanten und sämtliche Cousinen und Cousins bis auf einen im Holocaust umgekommen sind, mit einem Mann, dessen Seelenqualen im Jahr 1945 so groß waren, daß sie die Worte der Thora »Du sollst dich nicht rächen« übertönten. Aber viele, viele Menschen, ich eingeschlossen, waren bestürzt, als dieselben Zeitungen, die uns immer wieder ein Monster

*Siehe dazu auch DIE ZEIT, Nr. 49, vom 2. 12. 1994, dort S. 20: »Die Rache des Kommandanten« (A. d. Ü.).

des Jahres vorstellten – Barbie, Demjanjuk, Bousquet, Touvier ..., dieselben Zeitungen, die uns immer berichteten *»Hund beißt Mann«*, nicht auch berichteten *»Schlomo beißt Hund«*. Viele, sehr viel mehr Menschen wären bestürzt gewesen, wenn die übliche Reaktion des Leugnens angehalten hätte, bis sie sich fünfzig Jahre später nicht mehr hätte unterscheiden lassen von einer politischen Vertuschung aus grauer Vorzeit. Mit Stolz vermerke ich, daß der Herausgeber der *Times* und der Chefredakteur der *Times* (wie ich, meine Agentin und mein Lektor bei Basic Books) Juden sind. Sollte je der Tag kommen, an dem die Rasse, die einst die zivilisierte Welt lehrte, ihre Nächsten zu lieben, kein *rachmoneß* hat, kein Mitleid und kein Erbarmen, außer für ihresgleichen, und nicht aufgeklärter ist als die Serben und die Somalis, dann, glaube ich, wird das und nicht dieses Buch das Ende der jüdischen Religion, der jüdischen Rasse und das Ende von Israel verkünden.

Angesichts dessen muß ich Ihnen, der Leserin und dem Leser, danken, weil Sie sich nicht von Rezensionen haben abschrecken lassen, die Sie zum Beispiel aufforderten: *»Tun Sie mir einen Gefallen – lesen Sie dieses Buch nicht.«* Und ich hoffe, was so wenigen Rezensenten auffiel, aber sonderbarerweise fast allen Lesern, die mir schrieben: daß dieses Buch von der rettenden Gnade der jüdischen Religion handelt – als Lola zur Religion zurückkehrte, fand sie in ihr Erlösung und Liebe. Ich hoffe, daß Sie trotz allen Krawalls festgestellt haben, daß keiner, weder Jude noch Deutscher, noch Pole, der 1945 dabei war (außer jenen, die sagten »Ich hab's nicht getan«), je eine Aussage in diesem Buch und in den Anmerkungen geleugnet hat. Das Buch, das so viele Rezensenten zur Weißglut gebracht hat, ist haargenau dasselbe, das Sie lesen, bis hin zu den traurigen, arglosen Worten: »Ich konnte mir denken, was die Welt dazu sagen würde.« Siehe Vorwort.

November 1994/April 1995 *John Sack*

Anmerkungen zum Nachwort

Die Radiostation in Rutherford, New Jersey, war WMCA, der Moderator war Zev Brenner. Der herausragende Intellektuelle war Leon Wieseltier, der Chefredakteur für Literatur bei *The New Republic*, die zweite Intellektuelle war Deborah Lipstadt, Autorin von *Denying the Holocaust*, und das TV-Programm war *The Charlie Rose Show* vom 16. Dezember

1993. Mein Enthüllungsbericht über die Nazis, den Ku Klux Klan und die arischen Nationen lief auf KNXT (heute KCBS-TV) in Los Angeles im Januar 1984. Die drei Zeitschriften waren *California*, *GQ* und *Newsweek*, die Zeitung war *The Village Voice* und ihr Herausgeber Jonathan Z. Larsen, wie *Magazine Week* vom 3. April 1993 zitiert. Der Bericht in *60 Minutes* lief am 21. November 1993, und der jüdische Kommandant war Schlomo Morel. *Falscher Zeuge* lautete der Titel der Rezension in *The New Republic* vom 27. Dezember 1993, und als *Die große Lüge, Forts.* war die Rezension in *The Jerusalem Report* vom 10. Februar 1994 betitelt. Die bekannte jüdische Zeitung war *The Forward* vom 14. Januar 1994, und der Artikel, in dem Lolas Name in Anführungszeichen gesetzt war, stand in *The Nation* vom 20. Juni 1994. Daniel L. Wick schrieb im *San Francisco Chronicle* vom 26. Dezember 1993: »Sack liefert nie eine angemessene Schätzung …«, und »Nur in seinen Anmerkungen …« stammt von Howard Kaplan in *The Jerusalem Report* vom 10. Februar 1994. Rabbi Jack Riemer schrieb in *Miami Jewish Tribune* vom 4. bis 10. Februar 1994 »Wagt es irgend jemand …« und sein Ausdruck lautete »naziartiges Verhalten«. *The Jerusalem Report* vom 10. Februar 1994 sprach von drei Vierteln der Mitarbeiter des Staatssicherheitsdienstes in Polen, die *Los Angeles Times* vom 23. Dezember 1993 von drei Vierteln der »Faktoten« in Polen, und der Assistenzprofessor an der Harvard-Universität war Daniel Jonah Goldhagen, der in *The New Republic* vom 27. Dezember 1993 schrieb. Der polnische Professor war Andrzej Paczkowski. Der Zeitungsrezensent in Deutschland war Eike Geisel in der *Frankfurter Rundschau* vom 26. Januar 1995. Mein ursprünglicher Herausgeber in Deutschland war der Piper Verlag. Goldhagen sagte: »Einige Juden wurden zu Mördern«, und Lawrence L. Langer war es, der sie in *The Forward* vom 14. Januar 1994 »eine kleine Gruppe«, und »eine Handvoll« nannte. Der Professor der University of California war Jon Wiener, der am 20. Juni 1994 in *The Nation* schrieb. Die zwölf Zeitungen waren *Boston Herald, Chicago Sun-Times, Cleveland Plain Dealer, Los Angeles Times, Louisville Courier-Journal, Milwaukee Journal, New Orleans Times-Picayune, New York Newsday, New York Post, USA Today, Wall Street Journal* und *Washington Post*; vom *Boston Herald* und der *New York Post* erhielt ich die Information, die Story werde am nächsten Tag erscheinen. Der Artikel in der *New York Times* vom 1. November 1994, verfaßt von Craig R. Whitney, lautete »Polen blicken auf die Behandlung der Deutschen nach dem Krieg zurück«. »Du sollst dich nicht rächen« steht in Levitikus 19,18. Der Herausgeber der *Times* ist Arthur Ochs Sulzberger Jr., sein Chefredakteur ist Joseph Lelyveld, meine Agentin ist Ellen Levine und mein Lektor bei Basic Books Steve Fraser. »Tun Sie mir einen Gefallen – lesen Sie dieses Buch nicht« lautete der Titel in der *Miami Jewish Tribune* vom 4. bis 10. Februar 1994.

Register

Thomas C. Reeves
John F. Kennedy – die Entzauberung eines Mythos
Biographie
656 Seiten
geb., DM 58,–

JFK

Schwerpunkt dieser Biographie ist die Frage nach dem Charakter John F. Kennedys. Aus den Fakten dieses fundiert recherchierten Buches ergibt sich, daß dieser strahlende Präsident im wesentlichen ein mit Geld und Hilfe der Medien aufgebautes Marketing-Produkt war, dessen Helden-Legende der Familien-Clan mit allen nur denkbaren Mitteln über die Jahre hinweg zu wahren verstand.

Gabriele Haefs/ Klaus Gille
Von Sittenstrenge und Aufbegehren
Die wilhelminische Zeit
280 S., geb., DM 38,– / öS 297,– / sFr 39,–

Ein weiterer Band in der Reihe FRAUENLEBEN beschäftigt sich mit der wilhelminischen Zeit. Diese Epoche liegt noch gar nicht so lange zurück – doch was wissen wir wirklich darüber? Sie war mitnichten so muffig und spießig, wie es uns die sepiafarbenen Photographien unserer Großmütter vielleicht suggerieren...

ERNST **KABEL** VERLAG